21世纪普通高等教育
法 学 系 列 教 材

法律诊所（第三版）

主　编　许身健
副主编　袁　钢

撰稿人（以撰写章节先后为序）

马宏俊　祖博媛　袁　钢
李　超　刘　鑫　赵志华
程　滔　李训虎　简乐伟

中国人民大学出版社
·北京·

主编简介

许身健，中国政法大学教授、博士生导师，中国政法大学法律硕士学院院长、数字社会治理研究院院长，中国法学会法律文书学研究会副会长兼秘书长，中国伦理学研究会监事长，中国法律伦理研究会常务副主任，中国法学会法学教育研究会模拟法庭专业委员会主任、诊所法律教育专业委员会副主任，北京律师法研究会学术委员会主任，北京开发区法治建设研究会会长。研究及教学领域为法律职业伦理、体育法学、诉讼法学、实践法学教育、司法制度及法律文书学。

副主编简介

袁钢，中国政法大学教授、钱端升学者、博士生导师，现任中国政法大学法学院副院长，体育法治研究基地、公证法学研究中心副主任，兼任北京体育大学博士生导师，中国法学会体育法学研究会常务理事，中国法学会法律文书学研究会常务副秘书长、理事，中国法学会法学教育研究会理事、副秘书长，全国司法职业教育教学指导委员会委员，全国法律专业学位研究生教育指导委员会法律专业学位教学案例库建设专家委员会副主任。最高人民法院首批法律研修学者，北京市体育局体育产业智库专家，美国哥伦比亚大学法学院、比利时布鲁塞尔自由大学访问学者。入选首批北京高等学校“青年英才计划”、首批“首都法学法律高级人才库”。研究及教学领域为体育法学、法律职业（含法律职业伦理、司法制度）、法学教育。

第三版修订说明

《法律诊所》第一版由中国人民大学出版社于 2014 年出版，本教材出版后受到了业界及法科生的欢迎，成为国内法学院法律诊所课程的重要参考书。当年编写《法律诊所》时，作者们尽力避免千人一面问题，希望这本教材无论是在体例上还是在内容上都有着鲜明的特色。为此，编写组多次召开编写会议，大家集思广益、群策群力，就体例以及大纲展开热烈而深入的讨论。本教材作者都是中国政法大学法律诊所教师，回想当初，大家是以“诊所”方式来编写教材的。初稿完成后，作者又几易其稿，最后由主、副主编负责统稿。

经过几年使用之后，2021 年，各位作者在吸取业界及法科生意见、建议的基础上，加上他们近几年对相关问题的思考，对本教材进行了首次修订。按期修订，不断更新，是一本优秀教材的重要标志，也是对读者负责的体现。本教材的作者不会停下思考的脚步。第三版教材在第二版的基础上又进行了如下修订：(1) 突出实务：结合法律诊所课程、法学教育的最新发展全面更新内容，体现法律诊所教育的中国化特点，体现法律诊所教育近年来的发展和最新研究成果，突出课程面向法学本科生、法律硕士研究生、法学硕士研究生的定位。(2) 引发兴趣：作者根据需要更新“引例”。(3) 突出思想：根据习近平法治思想对章节进行修改，突出课程思政要求。(4) 吐故纳新：采用最新的法律法规，删除陈旧的内容，增加最新的政策和文书写作要求；部分案件涉及的法律法规已经变化，因此进行了更换。(5) 阅读更新：多数章节“推荐阅读”部分进行了更新，更新了推荐书目。(6) 必要删减：原第 11 章以法律诊所学生代理案件为背景，由于法律法规变化而删除了此部分。袁钢教授为本教材第三版的修订做了很多工作，在此表示感谢。

本次修订分工如下：

许身健（中国政法大学教授）：第一章（入门）、第三章（法律职业伦理）

马宏俊（中国政法大学教授）、祖博媛（国际关系学院讲师）：第二章（会见）

袁　钢（中国政法大学教授）：第四章（法律咨询）、第七章（法律检索）

李　超（中国政法大学副教授）：第五章（法律写作）、第九章（法律谈判）

刘　鑫（中国政法大学教授）、赵志华（中国政法大学副教授）：第六章（事实调查）

程　滔（中国政法大学教授）：第八章（法律论辩）

李训虎（中国人民大学法学院教授）、简乐伟（湖北省老河口市人民检察院，法学博士）：第十章（调解）

教材修订完毕交付出版社之际，正值春暖花开之时。俗话说：“一年之计在于春”，希望本教材不断修订完善，成为一本富有生命力、不断成长的好教材。

许身健

2023 年 4 月 20 日于中国政法大学科研楼

序

2009年6月16日，我作为中国政法大学法学院法律诊所负责人在法律诊所成立5周年庆典上做了致辞。当时我是这样说的：

在今天这个重要的日子，作为从第一期就参与法律诊所教学的老师、中国政法大学法学院法律诊所的负责人，我的心中感慨万千。我们的诊所经历了一个曲折的过程，时间会改变一切！

记得比尔·盖茨曾经说过："人们可能会高估一年里完成的事情，但是，往往会低估在5年中能完成的事。"我第一次看到盖茨这样说的时候，禁不住拍案叫绝。的确如此，我们的诊所5年来也创造了一个奇迹：中国政法大学法学院法律诊所成立于2004年6月，从当年9月开办第一期，到目前诊所已经连续开办了10期，参加人数从第一期的实习学生13人，指导教师6人，到现在学生191人，指导老师14人，毕业学生共960人。对于这近1 000人的毕业生以及今后加入诊所的同学，我们会持续关注你们的成长，分享你们的喜悦。就我所熟知的诊所学生而言，有的进入研究生院读研，更上层楼；有的进入实务部门，开始运用所学，经世济民；有的漂洋过海，效仿容闳，在海外研读法科；还有人荣获学术十星，有人折桂准律师大赛。我毫不怀疑在座的同学今后同样会取得佳绩，为学校增光添彩。我期待你们实现老师心中"法治天下"的梦想。

在今天这个盛典上，首先，我要感谢同学们。你们用自己的智慧、勇气以及毅力证明了法学院法律诊所的成功。我们的诊所认同孔子"有教无类"的理念，不分院系，录取不歧视。虽然报名者众多，录取比例5∶1，但也绝不是科举选状元。我们的录取标准就是"诊所需要你，你也需要诊所！"我觉得相互需要的联系才会紧密，大家来自不同的院系，相互砥砺，团队学习，才能取得最佳的学习效果。本期法学院同学的人数就少于友邻某院，但绝没有哪位法学院领导非议过这个结果。法学院追求天下为公，不能一味考虑私利。同学们，希望你们胸怀追求公益的职业精神，带着诊所得来的体验，学习他人长处，认识你自己，做最好的自己。

其次，我要感谢在座的各位老师。我们有全中国最大的诊所教师团队，这个团队也是全中国最好的诊所教师团队。我不想强调、炫耀我们有两位教授、十来位博士，还有三位博士后。我知道这些金光闪闪的头衔不能证明诊所的教师一定是优秀的。当下，法学院系充满了对于实践教学的傲慢与偏见。职称评审完成教学工作量即可，其他时间写论文、办案子、讲司考才是明智的选择。讲课效果好的名师将讲台当成挥洒天地、扮美人间的舞台，名师成为名角。但法学院不是名角的舞台，而是培养名角的科班。与其对名角的亮相叫好，不如让角儿们放下身段，教你手眼身法步，让你体验如何成为名角儿。我们尝试团队教学，成果斐然。就我本人而言，我愿意奉献我的精力于诊所教育当中。我自豪的一个纪录是：我是中国政法大学史上进入诊所值班室——地下室次数最多的一个人。说起地下室，我想到，第一，它可以证明中国政法大学法学院法律诊所的条件有些艰苦；第二，中国政法大学在本世纪的发展目标是成为世界知名法科大学。在这一点上，我们已经和世界上最好的法学院耶鲁法学院并驾齐驱了——因为我们和耶鲁法学院的法律诊所都是在地下室起步的！

今天的盛典即将进入尾声，我的心中涌起了《往日情怀》的优美旋律，我要说，我们的法律诊所会一如既往志在培养德才兼备的法律人，我们全体教师对你们这些在座的法大学生庄严承诺：我们坚持应该坚持的，奉献值得奉献的，坚持到底，痴心不改，你们是我们诊所教师前行的动力，我们会一如既往！The way we were!

读着当年的上述讲稿，不禁感叹时光如梭，我们的诊所成立将近有20载，我对诊所教育的热情丝毫没有减退。尽管目前遇到的困难与13年前相比没有显著减少，然而，我信奉“因其难方见其乐”的原则，对于法律诊所教育仍然一如既往！“The way we were!”习近平总书记指出：“我们要建设的世界一流大学是中国特色社会主义的一流大学，我国社会主义教育就是要培养德智体美劳全面发展的社会主义建设者和接班人。”现代大学是培养人、造就人的机构，它要使青年人充分发展自己的能力，体现个性，使受教育者成为有尊严、有勇气，可以有所担当的具有创造力的现代公民。现代大学强调学生要“树立标准、展示理想、坚持价值”，培养学生能够拥有独特的、有追求的高贵精神，鄙视短见的实用主义，追求虽然被现实嘲笑但是具有永恒意义的价值，比如忠诚而有信仰，负责任而有勇气。总之，大学除了要教会青年人谋生的本领，还要使青年人拥有美丽的心灵。法科生的美丽心灵是法律职业获得人民信赖的关键，这是我国法学教育改革中不应忽视的一个重要议题。除了强化职业技能训练，为实现以委托人为中心的代理打下能力基础，还要强化职业伦理教育，将习近平法治思想融入法学教育，使我们的法科生拥有美丽的心灵。法律职业伦理教育首先应当在法学院校进行，法学院校是专门培养法律职业人才的机构，其在法学教育方面的任务是双重的：一是传授法律职业技能，使学生具备初步的解决法律问题的能力；二是传授法律职业伦理，使学生树立正确的法律价值观念和法律职业行为规范意识。正因为如此，法学院校应当同时兼顾法学教育的职业技能训练目标和职业伦理培养目标，把学生培养成德才兼备的高素质法治人才。作为一名法律诊所教师，遇到诊所学生因棘手案件备受打击、极度郁闷的时候，我鼓励他们：“为弱势群体免费代理功德无量，你选择了正确的道路，我会为你的信心和勇气而骄傲，祝你德才兼备，拥有法科生的美丽心灵。”

时至今日，这本《法律诊所》教材已迎来第三次修订。在2020年中国诊所法律教育20周年庆典上，本教材获评诊所法律教育优秀教材奖。然而，由于诊所法律教育在国内发展不过20年有余，因而相对而言，相关参考资料数量及质量均不尽如人意，加之其他因素影响，本教材必定存在疏漏之处，望同行不吝赐教。

许身健

2013年12月1日初稿

2023年5月1日修订

目　录

第一章 入 门

引 例

法律诊所与教学方法改革

当今的学生们从现今的教育制度中获取知识、社会地位和职业定位，我们不仅需要对制度形式进行进一步的探讨，也应该采取一些适应新形势的实际行动。法律职业是仰仗于社会信任的职业——一言以蔽之，委托人赋予律师广泛的权利，同时也对律师抱有巨大的期待。在学生们从其未来的职业、个人经验的耳濡目染中学会平衡律师的权利与责任之前，学校应该在法律教学中教授关于这个主题的第一课。为了给未来律师们的职业活动打下基础，早在学生的学习阶段，大学就可以为那些有意愿的学生提供直接接触法律职业的机会。20 世纪 60 年代在美国创设的诊所法律教育项目，回应了拉近大学教育与真实生活距离、加快未来律师了解业务实际步伐的需要。法律诊所摒弃了传统的法律教学方法（通过讲授单独学科的方式进行教学），而是通过讲授法律执业过程，向已经具备足够知识的学生们展示如何践行法律职业。因此，在法科生已有相关法律知识的基础上，法律诊所教给学生的是大学通常不教或者教得不够的东西。法律诊所的一项最大益处在于它向学生展示了一个人如何对自己的言语负责，对他们给出的法律意见负责。①

——Maria Szewczyk 教授

课前阅读

苹果的滋味

目的：

通过真实案例的阅读理解诊所法律教育的意义所在，诊所法律教育不仅提高了学生的法律实践基本技能，更重要的是提升了其成为德才兼备的卓越法律人才所必备的法律价值。

资料：

2016 年 5 月，在乌兰巴托召开了蒙古诊所法律教育 15 周年庆祝活动的研讨会，在会上，我介绍了中国诊所法律教育开展的状况、取得的成就以及发展方向，介绍了我所在的中国政法

① 参见波兰法律诊所基金会：《法律诊所——理念、组织与方法》，许身健译，6、7 页，北京，北京大学出版社，2014。

大学法学院法律诊所的经验。我举例说：“一位法律诊所的同学为当事人殚精竭虑，当事人为表达感激之情，用身上仅有的钱买了苹果送给我们这位同学。”会议提供同声传译服务，我话音刚落，就听到蒙古同行的惊叹声，当时我猜想他们一定是被这个故事深深地打动了。

茶歇时，有蒙古同行急切地问我：“你们那个学生收下当事人的礼物了吗？你们的穷人竟然能够买得起iPhone送给学生？”原来，是翻译把apple（苹果）理解成了“苹果手机”。为了消除误会，我澄清了事情的来龙去脉。

这位学生来自东北，身上体现着东北人说话直率的特点。来法律诊所时，她直言不讳地说，选修法律诊所，是因为它可以替代实习，这样她可以在这个学期修完实习的5个学分，而且法律诊所就设在校园内，这样她就不用把宝贵的时间浪费在从学校前往实习单位的路上了。她说：“想想一年后的考研，我心里就焦虑，感到时间不够用。国庆假期本来要回家看父母，但他们告诉我说虽然很想念我，不过不想让我耽误宝贵的学习时间，实在不行他们可以来看我。他们越是这样说，我越是感觉不能把大好时光浪费在无聊的事情上。”她的这番话让我有些担心，我感觉她不像一个愿意把时间和精力用到贫弱当事人身上的学生。然而，当她第一次会见当事人时就令我刮目相看。她没有像有些同学那样手忙脚乱，而是表现出难得的理性从容。她积极倾听当事人的陈述，当事人流泪的时候，她体贴地送上纸巾说：“不要着急，您慢慢说。”当事人陈述完毕后，她一路小跑去复印证据材料，回来又嘱咐当事人等待她和老师同学讨论后再寄出法律意见书。当事人非常感动。最后，这位学生还把当事人送到校门外。不久，当事人又回来了，手里提着一袋苹果。和她一起做伴来的人告知学生：“我老妹妹特别感谢你，所以，她用身上剩下的钱买了苹果来感谢你。”

这件事使这位学生的思想受到了震动，她说：“老师，中国老百姓多么伟大啊。虽然贫穷，而且知道诊所学生扭转乾坤的可能性微乎其微，但却保持着为人处事的礼节，待人真诚礼貌，相比之下，那些贪婪的腐败分子真不知羞耻。这些当事人受尽委屈但还是愿意寻求法律帮助，这是我们实现法治的希望。”事后，这位学生把这件事告诉了父母，电话那端，她母亲沉吟片刻后大声说：“孩子，你要竭尽全力帮助那些当事人，即使耽误学习也在所不惜。”

听完这个故事，蒙古同行眼睛湿润了。他说：“许教授，这个故事体现了诊所教育的最大价值。这位学生是否收下苹果不重要，重要的是苹果的滋味如此香甜，不仅是这个学生及其家长，甚至你我在内都尝到了美好的滋味。学生在帮助他人中实现自身价值，这一点体现了法律职业公共服务的本质，能培养出有公益心而非利己主义导向的法律人，这是诊所教师的责任所在。”

第一节　诊所入门概述

习近平总书记指出：“全面推进依法治国是一项长期而重大的历史任务，要坚持中国特色社会主义法治道路，坚持以马克思主义法学思想和中国特色社会主义法治理论为指导，立德树人，德法兼修，培养大批高素质法治人才。”坚持建设德才兼备的高素质法治队伍是习近平法治思想的重要内容。法学高等院校作为法治人才教育基地，应当为全面依法治国培养德才兼备的法治社会的建设者和社会公平正义的守护者。诊所法律教育通过教学、研究、法律援助服务三种功能的有机融合，将公益教育深度融合于法学专业人才培养工作之中，帮助学生树立正确的理想信念和道德操守，推进德法兼修、明法笃行的高素质法治人才培养目标的达成。①

① 参见卢春龙：《法治人才思政教育的改革创新》，载《前线》，2019（8）。

一、诊所法律教育的历史

根据弗兰克·S. 布洛克的观点，诊所法律教育是在教师的指导和监督下，通过学生积极地参与法律程序的不同方面来教学。它经常被简称作“通过实践学习”。实施诊所法律教育的机构称为法律诊所。法律诊所为全面提高法律教育质量发挥了重要的作用，同时有助于解决职业作风和道德水准问题。①

（一）诊所法律教育的起源和发展

诊所法律教育（Clinical Legal Education）起源于美国，但美国的法律教育并不是一开始就是诊所法律教育。18世纪末以前，美国的法律教育是放在律师事务所进行的，称为学徒制的法律教育。在律师事务所，学生跟着有经验的律师学习，通过阅读法律的方式来培训自己，培训的内容包括阅读文章文献、分析研究案例、复印资料、观察有经验的律师办案等②，至于学习时间的长短，美国各州的规定各不相同。随着美国大学法学院数量的迅速增加，大约在19世纪30年代，法学院教育逐渐取代了学徒制，从而成为法学教育的主要方法。19世纪中叶以后，学院制的法律教育模式盛行一时。这种法律教育模式虽然弥补了学徒制的不足，但又有矫枉过正之嫌。在这种模式下，学院的教授们往往忽视实践技能的培养，而专注于学理研究和对学生进行学术训练。这就形成了一个供需的巨大矛盾，并造成了法律教育的不景气。③ 20世纪60年代，美国民权运动的高涨为诊所教育的发展提供了契机。这一运动促使人们开始重视法律规则与法律实践之间存在的巨大差距，并引发了人们对于法律规则的实践意义的思考。④ 在一些资本的支持下，许多法律院校开始建立诊所式法律教育项目。诊所法律教育模式源于医学院诊所教育的方式，医学院就读的学生需要花费大量的时间和精力从事临床实践，从实践中学习诊断和治疗疾病。当这种医学教育模式被引入法学教育中时，“法律诊所”这一法学领域特有的名称就应运而生了。这个项目融合了理论教学与实践教学，将技能训练又带回到法律教育中，让学生在法学院学习理论的同时，进行律师事务与技能训练。

（二）诊所法律教育在中国的发展

为了推动中国法学教育改革，受美国诊所法律教育模式的启发，自2000年9月开始，中国人民大学、北京大学、清华大学、复旦大学、华东政法学院、武汉大学、中南财经政法大学开设了诊所法律教育课程。在2002年，又有中山大学、西北政法学院、四川大学、云南大学四所高校法学院、系设立该课程。2002年7月，经中国法学会批准，中国法学会法学教育研究会诊所法律教育专业委员会（CCCLE）成立，极大地推进了诊所法律教育事业在中国的普及和发展，国内各法学院陆续开设诊所法律教育课程。诊所法律教育在中国法学教育体系中具有特殊的地位，做出了重要的贡献，经过20余年的发展历程，中国已经初步形成了具有中国特色的诊所法律教育体系的基本框架。近两年来尽管受到新冠疫情的持续影响，但各校克服各种困难，团结一心，共同努力，在进一步推广和完善《法律诊所课程质量标准》的基础上，积极探索和运用新的诊所教育模式，研究新的教学方法，取得了很多有益的成果。各校互相合作，通过各种技术手段，加强了区域内CCCLE委员单位之间的信息互通和资源共享，促进了诊所

---

① 参见彭锡华：《法律援助式诊所有关问题研究》，载中国人民大学法学院：《走向世界的中国法学教育论文集》，2001。

② 参见李傲：《互动教学法——诊所式法律教育》，3页，北京，法律出版社，2004。

③ 参见张红：《学徒制VS学院制——诊所法律教育的产生及其背后》，载《中外法学》，2007（4）。

④ 参见熊跃敏、汤晓贺：《法律诊所教育：价值诉求与本土化实践》，载《沈阳师范大学学报》，2005（3）。

教育水平的提高。各校也继续坚持着诊所法律教育的理念，在习近平法治思想的指引下，通过CCCLE的平台，互相学习和交流，进一步丰富中国诊所法律教育的内涵，把诊所法律教育与全面依法治国、加强涉外法律人才培养的战略目标密切结合起来，在提升中国法学教育的竞争力方面发挥更大的作用。[①]

二、诊所法律教育的特色

1. 使用真实的背景材料[②]

传统的法律教育的思维培养，是建立在已知案件或虚拟想象的基础之上的。即使是模拟法庭或案例分析这样的课程，也是使用虚拟的或是已经发生过的案件作为分析的材料。

诊所法律教育则是建立在真实的案件背景材料和真实的当事人基础之上的。学生通过办理真实案件，可参与案件的全部过程和细节，训练并掌握解决问题的方法和技巧，培养判断力、职业责任心，并可深切理解法律和律师的社会角色。

2. 采用灵活多样的教学方法

法学院中传统的教学方式以课堂讲授为主，主要是教师在课堂上讲，学生坐在下面听，教师是课堂的主角。而诊所法律教育则强调学生的主体地位，强调学生的参与性，教学活动一般分为课堂教学和实践教学两类，主要的教学方法包括：角色扮演、头脑风暴、分组讨论、案件模拟等“体验式”教学方法以及学生办理真实案件。

3. 学生思维方式的转变：从被动到主动

传统法学教育的基础是被动式学习，而诊所法律教育则是以主动性学习为基础。法律是一门实践性极强的学科，没有经过法律实践无法真正学好法律。传统法学教育在很大程度上忽略了这一实践过程，轻视实践中的实际技能。实践性法律教育要解决的正是这一问题。[③] 学生参与真实法律问题的解决过程，不是作为程序之外的旁观者，而是作为程序中的负有责任的相关人，通过运用法律来认识法律和理解法律。[④] 在诊所法律教育课堂中没有传统意义上的老师和学生，师生均是具体案件的承办人，没有了教师的居高临下。由于课堂教学紧紧围绕着所承办案件中面临的法律问题，因而学生会以更主动、更积极的态度参与课堂的教学活动。课堂上没有现成的唯一正确的标准答案，教师不直接告诉学生什么是正确的，而是引导学生去寻找答案。一切都根据具体案件情况的变化而处在动态的变化中，极大地调动学生的积极性和主动性，使学生真正成为课堂的主人。[⑤] 诊所法律教育让学生主动思考，表达自己的观点，这是对于学生独立思维能力的一种提高。诊所法律教育要求学生以律师的角度去思考问题，从当事人的利益出发，并不是以一种是非曲直来判断，这样就要求学生具体问题具体分析，将所学习的法律知识同实际案情结合在一起，从当事人的利益出发，寻找解决问题的最佳途径。

4. 教学评估方式的自主多样化

传统的法学教育评价学生的标准往往是以学习成绩为依据，这个标准同样适用于对教师的评价。在现有的教学模式中，除学习成绩之外无法找到对学生更加客观的评价方法。[⑥] 而诊所

---

① 参见《中国诊所法律教育2021年年会暨“习近平法治思想指引下的中国诊所法律教育”论坛成功举办》，载中国诊所法律教育网，http：//www.cliniclaw.cn/article/?id=1973，最后访问日期：2022年4月10日。

② 参见甄贞主编：《诊所法律教育在中国》，7页，北京，法律出版社，2002。

③ 参见王立东：《“诊所式法律教育”——21世纪法学专业教育的主打模式》，载《职大学报》，2005（4）。

④ 参见曲相霏：《法学教育改革的有益尝试》，载《山东大学学报》，2001（6）。

⑤ 参见夏凤英：《“诊所式法律教育”的特点及意义》，载《中国成人教育》，2007（2）。

⑥ 参见甄贞：《一种新的教学方式——诊所式法律教育》，载《中国高等教育》，2002（8）。

法律教育根据教学目标和价值理念创造出新的评价体系，即主要侧重综合法律实践技能、反思型学习能力及综合运用的考核。因此，课程结束时往往没有书面考试，其评价方式是以学生自我评价、委托人评价、小组成员互相评价和教师评价为基础的一种综合考核。

5. 注重对实践能力的培养：在实践中学习

传统的法律教育模式注重培养学生的理性思维以及理论分析能力，往往强调从全局把握问题。而诊所法律教育更加注重对学生实践能力的培养。学生在代理真实案件的时候，通过会见当事人，同司法机关、行政机关等相关部门接触，能够从多方面思考问题并运用所学的知识分析和解决问题。在代理案件中，会遇到各种各样的情况，这同样是对学生将理论联系实际、具体问题具体分析的能力的一种锻炼。诊所法律教育旨在逐步提高学生的实践能力、应变能力，开拓思维和提高学生的综合素质。

诊所法律教育是一种实践教育，它的特殊性不仅仅在于它同传统的法律教育方法不同，更在于它从根本上改变了教育的模式，从单纯的由理论去指导实践的演绎式模式转为通过实践获得更加全面知识和技能的归纳式模式，让学生学会从实际的个案着手探索法律的精义和对社会的意义。①

6. 注重对法律职业伦理的培养

除了传统实践性教学的技能培养外，对学生法律职业伦理的培养也是诊所法律教育的重要内容。这种培养主要体现在：首先，在法律诊所中有一些课程是课堂教学的固定内容，如“律师与法官的素质要求”“法官的角色定位”“法官怎样运用法律规则”“司法中的歧视”“法律职业伦理”等，“法律与社会公正”“法律与贫困”等课程内容也远远超出了解决法律实务问题的范围，目的在于引导学生从社会的角度思考法律的价值，从法律的角度追求社会的公正。② 其次，诊所法律教育模式产生的一个原因是法律援助制度的出现，社会可以借助法学院师生的力量为穷人提供法律帮助。③ 在法律诊所中，学生向弱势群体提供法律援助，能真真切切地感受到法律职业的高尚、体会到法律职业的价值。而且法律诊所的法律援助是无偿的，诊所学生在无经济利益驱使的情况下，凭借人类所固有的爱心和正义情感为弱势群体办案和伸张正义，从而容易激发学生的社会正义感和社会责任感。④

三、诊所法律教学的目的

（一）为弱势群体提供法律服务，培养学生的公益精神和职业责任感

1. 为弱势群体提供法律服务

在诊所法律教育中，诊所学生向无力支付律师费用的社会弱势群体提供法律服务，在诊所教师的指导下为真实案件的当事人提供无偿的法律援助。诊所教学人员也常常争论：诊所法律教育中培养学生技能与提供法律服务两者之中，到底何者更为重要？但一直以来，也没有确定的答案。本书认为，为弱势群体提供法律服务也是诊所法律教育的目标之一。正如有的美国学者认为的：“诊所是在法学院指导下的法律援助组织，它有双重作用：一是作为一种公共服务

① 参见范利平、孙晓萍：《传统法律教育方式的修正——诊所式法律教育》，载《广东外语外贸大学学报》，2005（2）。

② 参见曲相霏：《法学教育改革的有益尝试》，载《山东大学学报》，2001（6）。

③ 参见杨欣欣主编：《法学教育与诊所式教学方法》，75页，北京，法律出版社，2002。

④ 参见白云：《诊所式法律教育模式在法律职业伦理教育中的应用》，载《教育探索》，2008（12）。

为贫民提供法律援助，二是以诊所教育方式提供法学教育。”①

2. 培养学生的公益精神和职业责任感

诊所学生为社会弱势群体提供法律服务，办理真实的、当事人委托的案件。诊所学生的实践是社会公益活动，这种公益性，有助于将正义和公平的理念植入学生的头脑，有助于学生体会法律工作者的社会责任感与职业伦理。在办理案件的过程中，诊所学生能够强烈地感觉到他们在当事人心目中的重要地位。学生们成为咨询员、调解员、诉讼代理人，在满足当事人不同需求、适用不同法律时，学习如何处理和当事人的关系，如何处理矛盾冲突，如何严守保密准则，如何对自己的当事人负责。

（二）夯实法学专业基础，训练法律思维能力

传统法学教育的思维培养，是建立在已知案件或虚拟想象的基础之上的，存在其天生的不足。传统法学教育中，学生的思维惯性是“法官式思维”，面对问题时常常从一种力求中立和客观的角度做出判断。诊所法律教育建立在真实的案件背景材料和真实的当事人基础之上，学生通过办理真实案件，可参与案件的全部过程和细节，从而激发学生学习的自主性和积极性。最初，在法律诊所中，面对当事人和错综复杂的案情，学生常会束手无策，不知从何处下手、应该做什么。一段时间后，通过亲身体验案件的处理过程，攻克案件中的未知情况和突发事件，不断发挥学生的潜能，学生能从多角度审视案件，训练了自己的法律思维能力，从而最大限度地维护当事人的利益。

（三）在实践中培养法学院学生的法律职业技能

在诊所法律教育中，教师采用角色扮演、分组讨论、头脑风暴、案例模拟等教学方法，使学生办理真实案件，参与案件的全部过程和细节。如此，能针对性地训练学生接待当事人、法律咨询、收集分析证据、谈判、调解、起草法律文书、拟定案件策略等职业技巧，为法学院学生成为法律职业人奠定基础。

第二节　诊所教学方法

一、角色扮演教学法

（一）角色扮演教学法的概念及特点

角色扮演教学法，是指教师事先选取真实案件的片段，并预定演练目标，由学生扮演不同的角色，将学生置身于相关场景去体会各种角色的感受，训练其相关法律技能，解决相应法律问题，达到预定目标的一种教学方法。角色扮演是一种低成本的法律技能教学手段，同时也是一种理想的诊所教学方法。学生在接触真实的案件、为真实的当事人代理案件之前，必须通过无数次的不同角色的演练来学习、掌握不同法律技能的策略、方法与技巧，并将这些技巧运用于具体的案件事实和法律中，以解决相应的法律问题。

由于角色扮演教学具有直观性和可重复性的特点，因而在诊所教学中往往被运用于会见当事人、法律咨询和法律抗辩技巧的教学中。

（二）角色扮演教学法的实施步骤

角色扮演基本材料的选择应注意以下三点：首先，角色扮演所选用的素材应当与诊所教学

① 转引自杨欣欣主编：《法学教育与诊所式教学方法》，72页，北京，法律出版社，2002。

的目的和内容相一致。其次，角色扮演所选用的素材应当考虑现实性与客观性，一般应当从学生正处理的案件中选择某些片段。最后，角色扮演所选用的素材应当突出实用性，即学生能够通过角色扮演充分置身于角色氛围，体验角色的感受。

角色扮演教学法的实施计划应当包括：每次角色扮演演练的时间及课时数、角色演练的主题、案件事实材料、角色演练的目标或任务、事先需完成的阅读及其他准备事项等等。

1. 场所安排

角色扮演演练的场所根据情况而定，很多模拟演练往往可以在课堂集中进行，但是某些特殊技巧的演练（比如法庭抗辩的角色演练）可以安排在模拟法庭进行。

2. 角色分配

根据案情，角色分配包括当事人或其代理人，也可以是法官、检察官和证人等不同角色。在每次角色演练之前应当完成角色分配工作，以保证角色演练顺利、有效地进行。在角色分配时，既可以由学生自由选择自己喜欢扮演的角色，也可以由教师统一指定。

另外，还可以安排学生作为观察员进行观摩并做评论。观察员不参与表演，他们的任务是观察与记录，并在其他同学角色演练之后，对各方的表现做出分析和评价。

3. 学生角色演练

在角色演练环节，学生是通过表演、演练来亲身体验各种角色，学生在角色演练中应当结合所掌握的法学专业知识和有关法律技能的基础知识（包括法律技能的方法步骤、策略技巧等），根据自己对案件事实和法律适用的理解，从中学习、掌握相关法律技能的具体运用。以角色扮演为核心的学生演练是诊所法律教育的核心所在。如果条件具备的话，可以在学生角色演练过程中进行全程录像，以利于课后进一步观摩与评价。

4. 观摩、评价

（1）学生的评价。

相关学生进行角色演练时，其他同学应当充当观察员进行观摩。观察员在观摩过程中应当做详细笔记，为小组成员提供直接的、准确的反馈信息，对其模拟表演好的与不好的方面都要进行评价。这种观摩与评价本身是一种很好的学习方法和习惯，充当观察员的学生也可以通过观摩和评价从中受益。

（2）教师的指导与点评。

教师在角色扮演教学法中的指导与点评可以分两种基本方法：辅助型与主导型。

教师辅助型指导法，即以学生观察员的评价为主，以教师的指导与点评为辅。具体而言，就是在学生角色演练结束后，由观察员对角色扮演进行充分的评论，在充分听取学生的评论后，教师进行必要的概括和总结。这种评价方法往往适用于已经比较熟悉诊所教学并已积累相当实践经验的学生。

教师主导型指导法，即以教师的指导与点评为主。当学生完成角色演练，在充分听取学生观察员的评价后，教师可能觉得学生的观察与点评还没有达到教学目标，此时，教师应当进行必要的具体的点评。此种指导与评价方法往往比较多地适用于诊所教学之初。

点评的内容应当包括学生角色演练中好的表现和有待改进之处两个方面，可以涉及学生演练时的举止谈吐、对案件事实的认识、证据的运用情况、法律技能的运用情况等等。必要时，教师在做出点评后，可就某一个方面进行当场示范，并让学生就此进行再次角色演练，以进一步理解、掌握和深化。

（三）运用角色扮演教学法应注意的问题

（1）观察、如实记录学生在角色演练中的真实表现，并即时做出评价。

（2）教师的指导与评价应当简明扼要、明确清晰，评价具有针对性。

二、反馈评价教学法

（一）反馈评价教学法的概念及特点

反馈评价教学法（case rounds），又称“案件研讨教学法”，是受医学院教学方法的启示而产生的。医学院教学方法是在医学院的教学中，教师在固定的时间对实习医生的工作状况进行检查，及时发现问题并现场解决问题的教学方法。这一教学方法在20世纪70年代被广泛地运用到诊所法律教学中。在诊所教学中，学生们按照指导教师规定的时间，及时向指导教师和其他学生汇报自己所办案件的操作进度，以及自己在实际办案过程中的心得体会和所遇到的问题，并在指导教师的主持下，最终全班共同讨论解决问题的实际方案。在这一过程中，学生能够充分发表自己的意见和观点，教师据以控制教学节奏，学生则通过教师对自己的点评与评议，检验和反思自己的学习能力。

反馈评价教学法的特点是：

（1）信息流畅。反馈评价教学法通过对问题的研讨，把反馈放在了主要地位，师生双方都可以根据反馈信息及时进行调控。

（2）优化学习途径。通过反馈可以得到启发，在信息的交流中可寻求捷径、少走弯路、选择学习的最佳途径。

（3）促进能力发展。师生通过讨论交谈，进行了信息传递，并从中找到自己的不足及产生错误的原因，从而加以改进。因此，我们说通过信息的传递，可以达到互相学习、取长补短、开阔眼界、拓宽思路、提高教师教学能力、促进学生学习能力的效果。

反馈评价教学法对于学生而言，能够激发其学习动机，帮助他们增强学习信心、提高自我认同感和实际操作能力，并且能够帮助他们对自己的实际工作表现有一个现实客观的评定；对于教师，则指明了教学的方向，并且促进师生间的人际沟通。因此，教学反馈的运用和开展在诊所法律教育中发挥着重要的作用，比较多地运用于案件策略的拟定、事实发现和证据的分析与运用等教学环节。

（二）反馈评价教学法的实施步骤

1. 学生的汇报反馈阶段

在诊所法律教育中，反馈主要是对学生为办案所进行的准备、实际办案过程以及办案的结果进行的反馈。反馈的方式可采用不同的形式，既可与一个学生单独进行，也可在一定时间内与参与法律诊所的所有学生集中进行，而集中反馈是诊所法律教育方法的主要方式。集中反馈的形式往往以固定分组（以办案小组为一小组）为主，以自由组合、混合编组为补充。

2. 讨论和评价阶段

评价是对诊所法律教育中学生的反馈进行的评判或衡量。评价的主体包括指导教师、诊所学生自己、其他学生等。评价的内容主要是学生通过实践所获得的技能以及为获得这些技能而进行的思考。诊所教师一般不对学生的信念、态度和价值进行评价。评价的方法是互动性的，包括教师对学生的评价、学生的自我评价、学生之间的评价以及当事人对学生的评价等。评价的方式既可以是口头的，也可以是书面的。评价的标准不应以“分数论英雄”，而应以学生对出现的问题的思考与解决为评价标准，案件处理方案的制订、案件实际操作过程以及案件办理完成后的反思都会运用评价这一教学方法。反馈评价教学法不仅做出总结性的论断，而且更侧重于提出建设性的意见，评价的目的在于通过评价学习，将评价融入学习之中，让评价在学生学习中发挥作用。指导教师在讨论和评价之前必须拟定好讨论和评价的规则，这些相关规则可以由教师事先拟定，也可由教师与学生共同商讨并确定。评价规则一般应当包括：学生有积极参与讨论和评价的义务；学生应当公平地分享发言的权利；发表评价意见应当客观、真诚；遇有观点分歧时，应当尊重他人的意见；等等。讨论和评价过程应当保持开放的气氛，让学生共同归纳，形成最终思考的结果，而不是教师指导的内容。在讨论和评价过程中，指导教师可以进行积极、适时的干预和引导。

（三）运用反馈评价教学法应注意的问题

1. 学会掌握和运用评价的方法

反馈评价教学的核心在于对学生反馈的信息进行评价。学生实际办案的反馈信息，既为教师提供调整教学的信息，又为学生提供调整学习的信息。对于来自学生的反馈信息，教师要及时组织评价，积极地再反馈给学生，使学生改进实际操作技能。对反馈的评价应特别注意三点：一要及时，一般来讲延缓评价会降低效益；二要准确，对不同的意见，尤其是模棱两可的意见，要给予准确的评价，如果不置可否，或评语含糊其辞，如“都正确”“都不对”，就会失去评价作用，或者给学生错误信息，影响学习效益；三要有重点，对来自重点内容方面的反馈要多加评价，反之则精简评价，切勿纠缠，分散精力。

2. 激发学生参与讨论和评价的积极性

积极鼓励每位学生参与，给学生以充分的信任，特别是鼓励性格内向、害羞的学生积极发表意见。保持讨论的自由与开放的良好氛围，有技巧地处理少数学生过多发言的情形，防止少数学生垄断发言权，鼓励每位学生积极参与讨论。

3. 控制好讨论和评价的方向，保证评价不偏离主题

一要及时捕捉学生的反馈信息；二要迅速、准确地把握学生反馈信息的含义，指导教师应当做出判断，确认信息的真实含义；三要及时对反馈做出积极的、适时的干预。

三、录像回放教学法

（一）录像回放教学法的概念及特点

录像回放教学法是教师对相关录像（包括国内外影片、学生代理案件的录像等）进行编辑，选取某些录像资料的片段，学生通过观看录像片段，借鉴、模仿他人的成功经验，或者反思他们的行为，从而帮助学生掌握法律技能的一种教学方法。

这种教学法具有信息量大、形象直观、便于操作的特点，因此可以运用于会见当事人、法律咨询和法庭抗辩的教学中。

（二）录像回放教学法的实施步骤

1. 选择并熟悉相关的录像回放的片段，掌握演练所涉及的相关法律技能

对影视资料的熟悉包括对影视资料所涉及的时间、地点、当事人、纠纷性质、争议焦点、证人证言、鉴定意见、相关的法律规定等诸多情况的知晓。

2. 布置观看录像片段后需要讨论的主题

讨论内容的选取应着眼于学生的知识、阅历和能力，以有效引导学生积极探索、激发学生学习的欲望为目的；讨论的主题应当直接来源于录像片段，既可以是录像所反映的值得学生学习和借鉴的法律技能，也可以是录像所反映的需要改进或者提高的内容。

3. 播放录像片段

播放事先准备好的录像片段，可以围绕某一主题完整地播放录像片段，也可以将相关主题

的几个录像片段对比播放。

4. 讨论与点评

在学生观看录像片段后，首先要求学生对相关录像片段所反映的法律问题发表自己的观点和想法，然后再由教师对学生的观点思路进行完整的点评。

（三）运用录像回放教学法应注意的问题

（1）剪辑录像应当简明扼要、主题突出，一般以三至五分钟为宜。

（2）针对某一具体法律技能，结合案件事实，预测学生在观看录像片段后可能发表的观点和可能存在的问题，找出相应的解决方法和应对措施。

（3）原始并尽可能完整地记录学生的主要观点，为准确、有效的点评准备素材。

（4）教师的指导和建议应当具体而翔实，能够为训练和提高学生们的实践能力提供最直接、真实、有效的机会。

（5）及时地回放，对于学生在演练中表现的重要内容或争议点，由教师原封不动地加以重复表现，进而更好地理解和体会教师的建议和意见。

四、头脑风暴教学法

（一）头脑风暴教学法的概念及特点

头脑风暴教学法又称智力激励法、脑力激荡法，是由美国创造学家奥斯本于 1939 年首次提出的一种激发创造性思维的方法。它通过会议形式，让所有参加者在自由愉快、畅所欲言的气氛中毫无顾虑地提出自己的各种想法，让各种思想火花自由碰撞，形成一场头脑间的信息交流风暴。

头脑风暴教学法比较多地运用在证据的分析与运用、案件策略的筹划等方面。

头脑风暴教学法的特点是：

（1）简便易行。头脑风暴教学法没有高深的理论，对环境也没有特殊要求，实施起来简单方便。

（2）集思广益。头脑风暴教学法能够使学生通过交流信息相互启发，产生思维共振，起到集思广益的作用。

（3）创新性强。头脑风暴教学法采用了没有拘束的规则，使得参与的学生没有心理压力，能够在短时间内得到更多创造性的成果。

（4）有利于人才培养。头脑风暴教学法由于使用了自由畅谈、禁止批评等规则，因而不仅有助于创新，并且还可以发现并培养思路开阔、有创造力的人才。

（5）增强团队精神。头脑风暴教学法为参与的学生创造了一种无拘无束的信息交流平台，大家可以自由地发表自己的意见和看法，从而增进参与学生的交流与了解，有利于增强群体凝聚力和团队精神。

（二）头脑风暴教学法的实施步骤

1. 准备阶段

头脑风暴教学法在实施前要做好准备工作。

（1）教师应事先对所讨论的问题进行一定的研究，弄清问题的实质，找到问题的关键，设定所要达到的目标。

（2）确定参与学生的数量，一般以 8～12 人为宜。会议人数太少不利于交流信息、激发思维；而人数太多则不容易掌控，并且每个人发言的机会相对减少，也会影响现场气氛。

(3) 将时间、地点、所要解决的问题、可供参考的资料和设想以及需要达到的目的等事宜一并提前通知参会学生，让学生做好充分的准备，以便其了解议题的背景和外界动态。

(4) 布置现场，圆桌式的环境往往比教室式的环境更为有利。

2. 热身阶段

这个阶段的目的是创造一种自由、宽松、祥和的氛围，以便活跃气氛，使大家得以放松，进入一种无拘无束的状态，促进思维。教师应先说明讨论的规则，然后提出一些有趣的话题或问题，让大家的思维处于轻松和活跃的状态，比如说笑话、猜谜语、听一段音乐等。

3. 明确问题

教师扼要地介绍有待解决的问题。介绍时须简洁明确，不可过分求全，否则，过多的信息会限制人的思维，干扰学生的思维创新力和想象力。

4. 畅谈阶段

畅谈是头脑风暴教学法的创意阶段，为了使大家能够畅所欲言，需要制订一些规则。教师首先要向大家宣布这些规则，如果时间允许，可以让每个人先就所需要解决的问题独立思考10分钟左右，随后引导学生自由发言、自由想象，使彼此相互启发、相互补充，真正做到知无不言、言无不尽；也可以按顺序一个接一个，轮流发言，如轮到的人当时无新构想，可以跳到下一个。在如此循环下，新想法便一一出现。与会人员每讲出一个主意、方案，记录员随即记录在黑板上，使每位与会人员都可以看见，以利于激发出新的方案。经过一段时间的讨论后，大家对问题已经有了较深程度的理解。为了使大家对问题的表述能够具有新角度、新思维，教师应对发言记录进行归纳，整理出富有创意的见解以及具有启发性的表述，供下一步头脑风暴时参考。

5. 筛选阶段

通过组织头脑风暴畅谈，往往能获得大量与议题有关的设想，但任务至此只完成了一半，更重要的是对已获得的设想进行整理、分析，以便选出最有价值的创造性设想来加以开发实施，即设想处理。设想处理的方式有两种：一种是专家（由其他教师或学生组成）评审，可以聘请富有实践经验的其他有关教师及学员代表若干人（5人左右为宜）承担这项工作。另一种是二次会议评审，即所有与会学生集体进行设想的评价处理工作，通过评审将大家的想法整理成若干方案，再经过多次反复比较，最后确定1～3个最佳方案。

（三）运用头脑风暴教学法应注意的问题

一次成功的头脑风暴除了程序上要科学以外，更为关键的是与会学生是否克服了心理障碍和从众行为，是否进行了充分、无偏见的交流，是否在头脑中产生了思维共振，从而出现了组合效应。为了提高头脑风暴教学法的使用效果，在运用过程中应注意以下几点：

(1) 运用头脑风暴教学法的教师最好对所议问题的背景比较了解。教师的发言应能激起参加者的思维灵感。通常在头脑风暴开始时，教师需要采取询问的方法，努力创造一个自由交换意见的气氛，并激起参加者踊跃发言。教师的主动活动也只局限于会议开始之时，一旦参加者被鼓励起来，新的设想就会源源不断地涌现出来，这时教师只需根据头脑风暴的原则进行适当引导即可。应当指出，发言量越大、意见越多种多样、所论问题越广越深，出现有价值设想的概率就越大。

(2) 创造自由畅谈的气氛。要求每个人都不受任何约束地说出解决方案，不管这个方案听起来多么可笑或多么不切实际。头脑风暴中除了不具体的方案，没有无效方案，该教学法认为任何方案都是有效的，即使表面看起来无效、可笑，但若再发散组合一下，极有可能得到另一个平时你不敢想也想不到的绝佳方案。只有一类方案被认为是无效的方案，那就是不具体的方案。

（3）严守头脑风暴教学法的原则。头脑风暴教学法的基本原则主要是：禁止批评和评价。与会学生在头脑风暴的第一阶段不能对任何人提出的任何设想进行评价，既不能肯定也不能否定某个设想，也不能对某个设想发表评论性的意见。同时，也禁止发言人的自我批评，因为自我批评同样会破坏会议气氛、影响自由畅想。也不准参加者私下交流，以免打断别人的思维活动。这样做，一方面可以防止评判方案会约束与会学生的积极思维，破坏自由畅谈的气氛；另一方面可以使参与的学生精力集中，促进创造性方案的大量产生，从而提高会议的质量与效率。

（4）活跃思维，追求数量。参加者不应受任何条条框框的限制，而是放松思想，让思维自由驰骋，思维越狂放、构想越新奇越好。要从不同角度、不同层次提出独创性的想法。没有任何一个创意是愚蠢的，这是头脑风暴的金科玉律之一。有时看似荒唐的设想，却是打开创意大门的钥匙。头脑风暴教学法的目标是获得尽可能多的设想，追求数量是它的重要任务。每个与会人员都要抓紧时间多思考，多提设想。至于方案的质量问题，可留到设想处理阶段去解决。在某种意义上，设想的质量和数量密切相关，产生的设想越多，其中的创造性设想就可能越多，可行办法出现的概率就越大。

五、对谈式教学法

（一）对谈式教学法的概念及特点

对谈式教学法的原意来自诊所教育中的“督导制度”（Supervision）。督导，顾名思义包括“督”与“导”两个方面。“督”具有监督、督促、检查和评估的意蕴；“导”则具有指导、帮助、服务和咨询的职能。它是学生与指导教师就办案中所遇到的问题进行一对一的谈话讨论，寻求解决问题的方法与途径的一种诊所教学方法。

对谈式教学法的特点：

（1）对谈的话题自由。有些可能是学生在办理案件中遇到的实体问题，有些可能是遇到的程序问题，还有些可能是遇到的与办案相关的心理问题、社会问题、人际关系问题，等等。总之，只要是学生认为对案件解决有帮助的话题都可能拿来与指导教师进行探讨。

（2）师生真诚沟通，相互分享。真诚沟通、主动表达、互相倾听、相互分享、自我反思、彼此质疑和自主创新等，是对谈式教学的主要行为。教师和学生是平等的，教学过程与结论是师生互动合作共同生成的，每名参与者都需要独立思考、真实表达、包容不同、欣赏新颖、互相倾听、互相借鉴、共同完善与进步。而对谈式教学中的“话题”一般都不存在什么标准答案，即使有相对固定的结论，一般都是多元的，有多种可能性，每个人究竟会怎样选择与表达，任何人都不能做出提前的预测与安排。正因为如此，对谈式教学具有更大的自由度和发挥空间，更能够激发学生的想象力与潜能。

（3）学生参与度高。平等、自主、自由、尊重、信任、谦虚、多元、批判、创新、合作和共同进步等对话精神，是对谈式教学的灵魂，对谈式教学设计和实施过程处处体现着这种对话精神。对谈式教学的功能主要是提升学生的参与度，还学生以主体地位，更好地实现以学定教、教为学服务，激励学生独立思考和自主创新，有效培养学生民主、负责、独立、表达、对话、合作、反思、批判与创新等良好的人格品质。在诊所法律教育中，对谈式教学法比较多地运用在会见当事人、法律咨询、案件策略的筹划等方面。

（二）对谈式教学方法的实施步骤

（1）提出问题阶段。对谈式教学法往往是从学生叙述事实、陈述所遇到的问题开始。学生们将自己在办案或学习期间遇到的各种问题或者困惑，向教师进行倾诉或向教师求教。这种沟通既可以共同探讨诊所教学内容或方法方面的问题，也可以一起研究办案思路，还可以就办案中遇到的其他问题进行探讨。

（2）启发、引导阶段。诊所教师不应把学生仅仅当成受教育的对象、接受命令的对象，直接把教师个人认为的应该怎么做、不应该怎么做的所谓“正确答案”告诉学生，而是应当采用对待同伴或合作者的态度，以一种平等的、倾听的姿态，把学生的问题听清楚、搞明白，然后在内心做出正确的判断和选择，并以启发式的态度和商量的口吻与学生交谈。在循循善诱的对谈中，帮助学生解开谜团、理清思路、分清利弊、理智判断、做出选择。启发和引导的方法应当以学生已有的知识为基础，教师的启发起着提示思路和“搭桥”的作用，使学生在原有知识的基础上通过思考理解来拓展思路；具体方式可以是要点提示、举例说明和以浅喻深。

（3）比较、筛选阶段。诊所教师运用启发、引导性的方法让学生谈出自己解决该问题的思路和方法。不论学生提出的解决办法是否行得通，教师都应当尊重其独创性，尤其注重学生形成思路的原因和思路的形成过程，以便从中观察学生的办案思想，找出产生问题的根源。一旦发现症结所在，就应当及时启发引导学生自己认识问题的性质、分析现有思路及解决方法的优劣，再让学生用排除法、筛选法、比较法寻找出最佳的解决办法。这种对谈式教学法在诊所课上课下应用得十分广泛，中国教师必须克制住急于告诉学生正确答案的欲望，学生也必须改变从名师那里可以最直接、最容易地获得所需信息的习惯做法。师生必须共同努力，创造对谈氛围，演示探求真理的过程，这样形成的结论，才是学生在教师启发下自主形成的、逐步认识到的、发自内心的选择。这一方法培养了学生独自探求真理的习惯，以便今后在无人指导独立办案时有一个清晰的解决问题的思路。可以说，对谈式教学法是几种诊所教学方法中最费时、费力的，也是与中国传统教学方法冲突最大的，但却是对学生今后独立工作最有益的一种教学方法，因为它不仅仅告诉学生现成的正确答案，还教会了他们思考问题的方法；不仅仅引导学生们寻找到问题的最终答案，还教会了他们思考问题的路径，这对学生们来说是受益终生的。

（三）运用对谈式教学法应当注意的问题

（1）学会积极倾听。“教育从倾听开始”这个理念透出教育的哲理：教育必须倾听。倾听意味着教育的开端，在某种意义上，倾听就是一种教育的言说，甚至就是一种教育。事实上，一个有说服力的教师、一个善于做诊所教育工作的教师，必须是一名好的聆听者。师生间的谈话在教师的启发中开始、在学生的述说中进行、在教师的点评中升华。作为教师，在实际的教育教学生活中与学生交流时，不但要认真听懂学生通过言语表达出来的意思，而且要看懂学生的肢体言语，还要听出学生在交谈中省略或者没有表达出来的内容。一种比较正确有效的倾听状态应该是这样的：教师在与学生交流时，必须高度集中注意力，用眼睛看着学生，细心注意学生的一言一行，尤其是要注意学生在谈论时使用的词语、表达自己想法的方式、谈论别人时的态度、陈述一个事件时所带的感情色彩，尤其是要关注学生在说话过程中语调、语气、语速的变化，比如一下子变得犹犹豫豫、欲言又止的地方等。

（2）积极、及时、适当地回应。倾听除了要全神贯注地听之外，还需要教师适当地参与和恰如其分地回应。因为有效的师生交流，绝对是一个互动的过程。如果只是一方唱独角戏，交流就无法起到有效沟通的作用。这种回应，可以是言语性的，也可以是非言语性的。这就得根据教师自己的个性特点来做出选择。教师应该尊重学生，鼓励学生畅所欲言，说出自己的问题和事情的来龙去脉；同时，也应该进一步搞清楚问题，充分了解和掌握学生的谈话内容。因此，对于学生的谈话，教师的反应应该是鼓励性、支持性的，而不是批判性、阻止性的。要尽量避免出现过度的惊讶、厌恶、憎恨、奇怪、不可理解、气愤的神态，而多用微笑、点头等肢体言语，对学生的所谈所说表示充分的尊重、理解和接纳。如果教师用诸如此类的方式回应学生，肯定能取得意想不到的效果。

(3) 循循善诱，努力营造和谐的对谈氛围。“循循善诱”，其意在诱导，因为诱导可以转变人的思想，具有说理自然、思想渗透性强、使人易于受感染的特点。其基本方法是注重对学生学习思路的开启；让学生在学习中受启发而“开窍”、联想、顿悟，产生带有一定创见性的认识；创设一种促进学生成长的自由氛围。循循善诱，需要一种和谐、宽松的氛围。要形成这种氛围，需要如下条件：第一，教师要真诚、真实，即教师在师生关系中越以真实自我出现，不带专家面具或伪装自己，学生就越有可能获得改变或成长；第二，教师需要学会接纳、关心或称赞学生，也要学会包容接纳学生在实践中的种种情感——困惑、厌恶、恐惧、愤怒、勇气、爱或自豪，无论学生怎样，如果教师都持一种积极的、包容接纳的态度，那么就很可能使学生发生改变；第三，教师应当学会换位思考，变化“姿势”来认识学生，以满足学生成长的需要，即教师暂时放弃自己固有的单一的视角，尝试着从学生的视角或其他新的视角来认识学生，这样会发现以往发现不了的东西，例如学生的潜能和学生在某些方面的创新。

六、合作式教学法

（一）合作式教学法的概念及特点

合作式教学法是一种参与式或协作式的教学法，这种教学法以学生为中心，充分应用灵活多样、直观形象的教学手段，鼓励学生积极参与教学过程，使之成为其中的积极因素；加强教学者与学习者之间以及学习者与学习者之间的信息交流和反馈，使学习者能够深刻地领会和掌握所学知识，并能将这种知识运用到实践中去。合作式教学法是近年来国内兴起的一种参与式教学法，被广泛地应用于诊所法律教学。这种教学法在培养法科学生的评判性思维能力方面具有重要意义。

合作式教学法的特点是强调学生共同学习、共同研究、共同作业、相互协作，从而达成共同进步的学习目的。因此，合作式教学法比较好地运用在会见当事人、证据的分析与运用、案件策略的谋划以及法律信息的检索等方面。

（二）合作式教学法的实施步骤

1. 办案（学习）小组的组建

(1) 成员数量。办案小组成员的数量在很大程度上会影响到小组学习的效率。目前我国法学院校开设诊所法律课程的班级人数一般在 20 人左右，因而一组的成员在 3～4 人。这样的组合既能确保每个人都有参与的机会，便于组织监控，又能确保知识来源的多样化。

(2) 成员组成。在进行分组时，首先要尊重学习者的分组愿望，考虑到学生的自愿性，即自己积极主动地找合作伙伴的意愿。一方面，自主选择的成员比较熟悉，在兴趣爱好、性格特征、语言基础和学习风格等方面较为相似，从而组成性情投合、优势互补的学习小组，便于进行话题讨论；另一方面，可以消除组员间不合作或某些成员消极怠工等不利因素。同时教师可适当地参与并给以建议，充分考虑学生的个体差异，协调好小组成员之间特别是程度好的学生和程度差的学生之间的关系，发扬相互协助的精神，保证小组内成员都有思考、发言和表现的机会，让每个人都有为小组做贡献的成功感和荣誉感。分组时要考虑到各组的层次性和均衡性。特别需要强调的是诊所法律的办案小组（学习小组）可以是“强-弱”搭配，也可以是“强-强”搭配，当然从实际实施的效果来看，最佳的组合应当是“特色＋互补”型的搭配。

2. 小组合作活动

（1）以真实案例为导向的合作式教学模式。这是指教师根据学生在诊所代理的真实案例，训练学生在真实的案例情境中全方位、多角度地思考，引导学生在原有知识的基础上进行假设、质疑、推理、反思、讨论，探究客观事实，以挖掘学生潜在的智慧和能力。教师根据学生代理的案件，以办案小组为单位，以学生在办理案件中遇到的道德困惑、证据收集的思路与方法、适用法律等问题为线索，要求学生查找与处理案件相关的网络信息或书籍资料并进行讨论。教师鼓励和启发学生大胆假设、质疑，激发他们主动参与学习的兴趣，一旦他们需要进一步了解相关的信息，就会分头查找资料再进行分析讨论，在积累知识和经验的基础上为当事人做出恰当的决策，从而制订出相应的诉讼策略与对策。

（2）以角色扮演为导向的合作式教学模式。角色扮演是现代合作式教学法中一种独特的教学方法，用于培养法科学生处理实际问题的能力和沟通技巧。学生课前根据教学内容查找资料，创设情景，展开讨论和排练；课中根据授课内容在模拟法庭进行真实情景角色扮演，模拟真实的场面，并摄像。角色扮演结束后，教师引导学生分析、讨论、总结。在练习时教师也可充当“当事人”的角色，而让学生充当“代理人”或者“辩护人”的角色，模拟真实的场面。教师通过设置一些问题，引导学生思考、讨论案件存在的或潜在的法律或事实问题。教师和学生应共同讨论，不断修正假设和干预措施，以形成完整的案件处置方案。在整个形成问题、解决问题的过程中，训练学生的评判性思维能力。角色扮演结束后，由教师总结学生在整个过程中存在的优、缺点。

3. 课堂汇报

合作式教学法所采用的课堂活动很多，下列的课堂教学活动更加适合我国法律诊所教学的特点。

（1）独立思考—对话—小组讨论。指导教师根据学生处理真实案件的状况，梳理出一些难点或者问题供学生思考。教师先让学生对所提出的问题进行独立思考，然后每个学习小组内的学生相互交换意见，意见统一后，再与其他学生进行交流和讨论，以期最终达成一致。这种课堂活动的适用面很广，小到案件的某个具体证据的分析与运用，大到整个案件处理的思路和方向。

（2）主题发言、众人补充的活动。教师将学生办理真实案件过程中遇到的问题进行初步的分解或者归纳，将每个具体的问题分别交由该办案小组的不同组员，由该组员对该问题进行信息检索、信息分析并写出自己的思路和想法。在课堂讨论中，由该组员先进行该问题的主题发言，然后在全班进行交流与补充。

（3）编号讨论法。指导教师将某些真实案件中的某些问题依次进行编号，并对每个学习小组的组员也同样依次进行编号。在课堂活动中，教师首先要求每个小组开展小组讨论，讨论完毕后，教师会选择一个问题的编号，每个小组相同编号的组员各自代理自己所处小组对该问题进行发言。

（三）运用合作式教学法应注意的问题

1. 正确定位“教”与“学”的关系

“教为主导，学为主体”是对合作式教学法基本的“教—学”定位。合作教学法应着重从学生的角度设计学习的形式与方法。但这并不代表教师的角色有任何弱化，也不代表让学生完全“自主”。在合作教学法中教师仅仅是由“台前”向“幕后”转化，学生由“被动”向“主动”迈进，因而教师的职责也由“监护、执行”向“筹划、指导”深化。学生的学习形式由“记忆、理解”向“求索、应用”升华。因此，“教”与“学”的内涵也不能仅仅用“给予”与

"接受"来定义。一般而言，教师主要是担负合作教学的宏观设计、学习指导、成果评估等职责。宏观设计也可被称为教学设计，主要是对教学任务和学习任务的规划计划；学习指导是指为学生的学习提供启发性指导和经验性帮助；成果评估主要是评定学习成果与学习成效。学生在教师的设计、指导和帮助下，自主、自由地探索未知。这里需要确立一个认识：合作教学中学生学什么（其实也就是教师教什么的问题）？传统观念下学的"好"与"坏"教师都是用"对"与"错"来评判的，也就是学生给出的答案与标准答案相符就是学得好，与标准答案不相符就是学得不好。1＋1 一定要等于 2，否则就是错。至于 2 是如何得来的就无关紧要了，记住就行了。合作教学不在于要教给学生 1＋1 等于几，而在于为什么等于一个数，这个"为什么"也不是学生唯一和必须要知道的。更重要的是让学生在求索过程中获得认知和得到锻炼。简而言之，合作教学法让学生从中学习的应当是"为什么"和"怎么办"。这是一个周而复始无限循环的过程、一个求知的过程，带来的是更多的未知和求索，学生也就学到了更多的知识、得到更多的锻炼，这样，学生提高的不仅是智商，还有情商。

2. 制定规范的合作式教学制度

任何的教学形式，都应当具备完备的教学制度和组织形式。合作式教学法作为一种科学的教学形式必然有自身的组织规范，这是合作式教学取得效果的必要条件。合作式教学是基于"以学生为主体"这一原则提出的，其所有的制度和规范都应当体现这一原则，并为此服务。优秀的学习小组至少应具备六个条件：

（1）明确的学习宗旨。学习小组不是基于帮扶的需要，而是教学的必需。其宗旨是通过小组的合作完成学习任务，在过程中教育、锻炼学生，使每个组员都取得各自的学习成果，实现各自的发展目标。

（2）明确的职责分工和协作机制。首先要保证每个组员功能的必要性，不能使任何一个组员无事可做或者可有可无；其次要保证组员间能充分合作，分开不分离。

（3）定期而有效的集体学习活动。合作式教学毕竟是一种教学和学习活动，组织尽可能多的集体活动是非常必要的。广泛地讨论交流，有利于组员间的互动和完成学习任务；共同调研、讨论便于组员间更好地融合；集体读书、信息检索和研究能更好地促进对课题的理解。总之，集体活动是合作式教学的灵魂，是规范的重点。

（4）明确的研究型学习任务。合作式教学主要适用于对应用性知识的教学，重在能力培养。学习小组围绕这一任务梳理思路、搜集资料、研究提纲、撰写法律文书、交流成果，在这一过程中深化对知识的理解和运用，培养能力。

（5）规范的交流平台，如期刊、讲座、网络等，以供学生交流体会、拓宽视野、共享成果。

（6）固定的指导教师和广泛的学习资源。合作式学习不应局限于教材或书本，只有拓展至更广泛的领域，才能实现探索式学习，才能更深入地培养发现、认知、思辨、操作等能力。

3. 准确评定学习成果与成效

由于合作式教学的形式往往是开放式的，因而合理的评定是维持合作教学的正确方向和高效率所必需的。它包括两个方面：一方面是成果的评定，主要看学员学到什么了，离真知有"多远"。这是基础，但不是最主要的。另一方面是成效的评定，主要看学生学得怎么样，能力素质有多大提升。这是核心，是主要的。为此，对合作学习的评定包括以下内容：一是学习成果；二是基本能力，如协同能力、研究能力、人际沟通能力、表达能力等；三是特定能力，主要是指专业内的分析判断能力、思辨能力、法律文书撰写能力等。评定的对象包括：成果质量、学习效益、进步幅度、自主性、创新度、特色性等。评定的方式则侧重于过程评定。

第三节 诊所教学内容

一、会见当事人

会见当事人（Interview）是指诊所学生与当事人进行会晤和谈话。会见当事人、与当事人交流是诊所学生实践的第一步。掌握会见当事人的技巧与方法，从而获取当事人的信任，才能为工作的顺利开展奠定基础。

训练学生会见当事人的技巧和方法是本部分的主要内容，具体的教学目的包括：（1）学生掌握会见当事人的目标；（2）学生掌握会见当事人的基本步骤；（3）学生掌握会见当事人过程中的发问技巧和倾听技巧；（4）学生掌握获取案件信息的技巧；（5）学生学会与特殊当事人交谈沟通的技巧。

在教学中，可以采用角色扮演、录像回放等教学方法。

二、法律职业伦理

职业伦理是关于从事某种职业的群体或个人的一些总体性的价值要求。法律职业有不同的分工，如检察官、法官、律师等，具体法律职业之间存在一定差异，可以把法律职业伦理主要区分为法官职业伦理、检察官职业伦理、律师职业伦理。诊所学生不具有律师执业资格，但所从事的却是律师的工作，应当以《律师法》《律师执业行为规范》等相关法律规范为行为准则，遵循法律职业者的总体价值，恪守法律职业伦理规范。让学生树立法律职业伦理意识，具体的教学目标如下：（1）认识法律职业伦理的重要性；（2）认识法律职业伦理的具体内容。

必须指出的是，职业伦理教育并不是一堂课或一个专题能完成的教学任务。准确地讲，职业伦理教育贯穿于诊所教学的全过程，是训练诊所学生每一种技能时都要加以关注的内容，使学生在办案中不仅掌握职业技能，同时培养法律职业伦理。具体教学过程中可以采用讲授法、案例讨论法、分组讨论法、角色扮演法等方法。

三、法律咨询

法律咨询是律师业务的重要组成部分，是一种独立的律师技能。咨询的种类包括电话咨询、来信咨询、网络在线咨询、来访咨询等，这里所讲的法律咨询是指正式的来访咨询。对于诊所学生而言，提供法律咨询是一项具有挑战性的工作。训练学生法律咨询的技巧和方法是本部分的主要内容，具体的教学目标包括：（1）学生学会拟定法律咨询的计划；（2）学生掌握法律咨询的步骤与方法；（3）学生掌握法律咨询的实践技巧。

在教学中，可以采用角色扮演、录像回放、案件模拟等教学方法。

四、法律写作

法律写作是每一个法律职业者必须掌握的技能。法律文书的范围十分广泛，对于诊所课程来讲，涉及的法律文书只是法律文书中很小的一部分。在诊所课程中，主要是结合真实的案件，让学生练习相关法律文书的写作，然后由师生共同进行点评分析，以提高诊所学生的法律文书写作水平。具体的教学目标包括：（1）学生认识法律文书在实务办理中的重要性；（2）学生掌握法律文书的基本结构和语言特点；（3）学生能熟练撰写常见的法律文书。

在教学中可以采用分组讨论法等教学方法。

五、事实调查

事实调查，是代理人了解、分析案件事实，获取有关案件事实的证据资料的过程。要为当事人提供法律服务，诊所学生就必须掌握获得证据的基本技巧，了解证据搜集的方法。

训练学生调查取证的技巧和方法是本部分的主要内容，具体的教学目标包括：（1）学生了解调查取证的目标；（2）学生了解调查取证的规则；（3）学生掌握调查取证的方法。

在教学中，可以采用讲授法、角色扮演、模拟练习等教学方法。

六、法律检索

法律检索是以规范的、科学的、系统的方法查找、收集法律资料、信息的过程。它既是一个过程，也是一种方法；最终目的是解决实际法律问题。这里的法律检索不是在传统和网络资源中查询和研究相关法学理论或者法学观点，即非学术性质的，而是以现实问题的分析为前提，以解决现实问题为目标，以形成对策研究报告为结果的发现、分析和解决问题的过程，即实务性质的。具体的教学目标包括：（1）学习法律检索概念和相关理论；（2）掌握多种检索资源和检索方法；（3）培养学生的信息检索能力和研究能力。

七、法律论辩

法律论辩是指双方当事人及其律师在庭审过程中依据事实和法律对一定的法律命题进行论述和辩驳，以维护自身诉讼权益的口头语言表述过程。法律论辩与法律论证不同：前者重在辩，即主要以口头的方式就某一法律命题与对方进行辩驳；后者重在证，即主要以文笔的方式对某一法律命题进行证明。法律论辩的一个基本目标或曰直接目标是说服对方当事人和律师。本部分的教学目标如下：（1）学习法律论辩的概念、目的和方法；（2）了解法律论辩背后的现代法律价值；（3）以王萍案件为例（详见本书附录），实际操作，掌握论辩的技巧和方法。

八、谈判

谈判是法律诊所教学的重要组成部分。作为职业法律人员，解决各种形式的冲突、解决特定的“危机”是其职业活动的一大特点。正如“危机”一词的构成那样，“危”可以是“危”险，但“机”（会）也正蕴含在危险之中。就某种意义上而言，法律职业人员的生存之道离不开利益冲突所带来的“危机”。作为解决利益冲突的途径之一，谈判是重要的法律职业技能，具体的教学目标是：（1）了解谈判的概念和意义；（2）学习谈判的各种方法和技巧；（3）在案例中实际运用谈判技能。

九、调解

调解是由调解员作为公正、中立的第三方，帮助双方当事人自愿达成协议解决纠纷的活动，它具有中立性、保密性和自愿性的特点。基于中国传统的“低头不见抬头见”等人情观念，发生利益纠纷的双方都不愿意通过一种带有法律强制性的或一种僵硬的处理方式，使得双方丧失日后交往的基础，于是，在双方当事人谈判或和解无望的情况下，他们并不排斥通过中立的第三方来帮助解决纠纷。劳动争议、民商事纠纷、家庭纠纷等双方甚至多方当事人之间的利益冲突，绝大多数可以通过调解的方式解决。即使在国际事务中，也不乏通过调解来解决纠纷的实例。调解作为法律诊所的教学内容之一，其目标如下：（1）了解调解的重要性和优势；（2）学习调解的基本概念和理论；（3）掌握调解原则和具体的调解技能。

十、诉讼

法学应当是一门实践性的学科，法律的功用不仅仅是定分止争、稳定社会秩序，更重要的功能是引导社会良性运转，实现一种善的价值目标。法律的作用和功能主要依赖于社会中的法律职业人士来实现。诉讼，是实现法律内容和目的的最直观、最直接的途径。在真实的诉讼过程中，检验和反思自己对法律的学习和研究，是一个法律人成长的必经之路。法律诊所中本部分内容的学习是为达到以下教学目标：（1）学会慎重对待案件当事人的委托请求；（2）掌握庭前诉讼准备和法庭诉讼中的基本技能；（3）在具体案例中熟练运用。

第四节 推荐阅读

一、兴趣阅读

【资料一】诊所法律教育对律师职业伦理教育的促进作用

1. 诊所法律教育有助于增强学生的律师职业伦理责任感和荣誉感

法学院的学生毕业以后，大部分将长期从事律师职业，因此通过法学院的学习养成律师职业的责任感和荣誉感是十分重要的。美国最初法律诊所的教育目的是培养公益律师，即要求学生应当具备强烈的社会正义感、责任感以及同情心。目前，我国法律诊所的运作模式主要是学生在教师的指导下，为民众提供无偿的法律服务，尤其是为弱势群体提供法律援助，这对于学生法律道德的培养具有明显优势。一位乔治敦大学法学院的从事诊所法律教育的教授提到，当学生在处理未被驱逐的外国人提出寻求美国政治庇护案件时，如果发现此外国人没有任何文件或事实证明时，该学生就会启动一个专门的程序，而这个程序会导致这个外国人被驱逐出境。在依法启用这个专门程序时，该学生会经过激烈的思想斗争，并战胜传统的伦理道德观。所以，启用这个程序本身就意味着该学生的律师职业伦理经过了一次洗礼、有了一次飞跃。在中国也是如此，学生们常常会接收一些法律援助案件，绝大部分当事人对学生们寄予高度的期望和给予高度的信赖。正是这种期待、需要和依赖，让学生真真切切地感受到法律的价值及掌握和运用法律的力量，并激发了他们深入学习并为社会做更大贡献的内在动力。当然，社会与人性的复杂，确实有时令学生在办案过程中深感挫败、郁闷。诊所教育恰是让学生在面对这一状况时不会孤独，而是有老师相伴与指引，这样更有助于他们从挫败与郁闷中获得积极而有益的启示和内心的历练，并逐渐成熟起来。

2. 诊所法律教育有助于促成律师职业伦理的内化

所谓律师职业伦理内化，是指学生把一定的律师职业伦理要求转化为自身的需要。通俗地说，就是学生对律师职业伦理的要求入耳、入脑、入心，从而变成自己的行动。如何把外在的教育影响变成学生自身的需要，是培养学生律师职业伦理的关键。诊所法律教育不是单向传递律师职业伦理规范的过程，而是教师与学生道德情感交流的双向活动过程。法律诊所专职化的教师以其个人魅力感染学生，通过提问式的教学方法启发、引导学生，充分调动学生的主观能动性，使学生由客体变成主体，认同和接纳律师职业伦理规范，形成深刻的职业伦理情感，坚定顽强的职业伦理意志，崇高的职业伦理信念。但这些属于职业伦理意识的范围。学生如果只停留在这些阶段，而不现实地去履行职业伦理义务，那么就只能说他仅具有职业伦理品质的愿望和动机，而不能认为他已实际具有了职业伦理品质。法律诊所通过实案办理教学法，让学生承办真实的法律案件、接触真实的当事人，而不收取任何代理费，把律师职业伦理的要求转化为自己的需要，把职业伦理意识变为实际履行职业伦理义务的职业伦理行为，实现从道德意识到道德行为的飞跃。学生接受的职业伦理一旦达到内化的程度，即使毕业后走上工作岗位，也会持续下去，以至逐渐形成履行职业伦理义务的行为习惯。

3. 诊所法律教育有助于培养合格的法律人

法学教育家孙晓楼先生指出，合格的法律人才至少要有三个要件："要有法律学问；要有社会常识；要有法律道德"。诊所法律教育有助于改变我国长期以来只重视理论讲授、教学方式僵化等弊病，将对学生的实践能力和法律职业伦理的培养提高到与知识的传授同等甚至更高的地位，让学生学会如何像法官、检察官、律师那样去思考和处理问题，举手投足间表现出法律职业者应有的素质、能力和才智，成为符合社会需要的法律人。法学院的学习在很大程度上是岸上学习游泳的阶段，学会游泳要进入水中，学习法律也要接触真实的案件。如果没有到真实的案件中像律师那样操作和演练，就不可能真正领悟和掌握法律职业的真经。在真实的案件中，我们不仅会碰到法律和事实问题，而且还会碰到法律以外的人际、经济、政策、文化、道德、传统等非法律因素。法律诊所课程中的实践型课程会突破教室的空间、内容和环境的局限，把各种现实生活中碰到的问题摆到学生的面前。由于学生在这些课程中处理的问题一般是小案件和具有法律援助性质的案件，这对于学生真正理解社会正义、培养良好的职业伦理观念具有非常现实的积极意义。[①]

【资料二】法学实践教学中的国际经验

1. 法学教育中贯穿始终的全面的美式实践教育模式

在美国，法学教育就是法律职业教育或研究生层次或本科后教育的职业教育，美国法学教育拥有一个明确的职业目标即培养律师。经美国律师协会认可的法学院学生拿到 J.D 学位后，可以参加各州的律师协会的考试。事实上，只有获得经美国律师协会认可的法学院的 J.D 学位（例外情形下如纽约州和加州 LLM）的人，才可参加各州律师协会考试。美国的法律教育有一个基本出发点：将学生设想为一个肩负为当事人服务的任务的出庭律师。基于这个出发点，美国法律教育自然极其重视实践教育，尤其是写作和讨论等基本技能的培养，因为这些能力看起来对美国律师极为重要。美国律师需要有口头辩论的天赋、逻辑分析能力及能给人留下深刻印象的写作能力，大学里的教育专注于提供发展学生的这些能力。法律诊所、两造对抗等法律教育方式被系统地开发出来。

2. 德国法学教育中层式分明的有制度保证的实践教育模式

德国法学教育分为以第一次国家考试为分界的基础教育和职业预备期两个阶段。法律专业学生在大学基础阶段的学习时间应为 4 年。在完成了基础阶段的学习以后，法律系的学生必须参加由各州组织的国家考试。考试由笔试和口试组成，成绩分优秀、好、完全满意、达标、尚欠缺和差六个等级，达到达标以上分数的考生才算通过第一次国家考试。

通过第一次国家考试的学生就可以进入法学教育的第二阶段，即职业预备期，带有很强烈的职业色彩。这种将职业素质培养融于法学教育的体制，正是德国的特色所在。处于这一阶段

① Pacific Sakai CLE，at https：//pacific. rsmart. com/xsl-portal.

的学生被称为候补文官。在见习期结束以前，他们必须参加第二次国家考试，如果通过这次考试，就可以成为一名完全法律人。第一阶段教育的目的在于引导学生进入法学领域，使其具备从事法学研究和法律实践的基本知识。在课程形式上，除了教授的集中授课外，还设置有练习课和专题讨论课。前者主要是就相关领域中的案例进行讨论，使学生较早接触解决实际问题的方法，加深对理论的理解；讨论课（seminar）主要由教授主持，学生发言。

第二阶段基本上是见习期。见习为期两年，其间必须经过必需见习地点和选择见习地点的见习。前者包括法院、检察院、政府机构等；后者则由候补文官根据自己的兴趣和以后的就业意向自由选择，甚至可以包括在国外的见习经历。这种两阶段的培养方式，一方面使法律专业的学生通过听课学习掌握了法学的基本知识；另一方面又体现了法学实践性较强的特点。这种体制下培养出的人才可以较快地适应现实的法律工作，同时具有良好的专业素养。

然而，金无足赤。早在20世纪60年代，对于向来被德国法学界引以为豪的法学教育体制就出现了批评之声，并且越来越强烈。在经过数十年的论证和激烈的讨论后，德国于2002年3月颁布了《法学教育改革法》，并于2003年7月1日开始实行。经过这次改革，大学基础教育和职业预备期的划分仍然被保留了下来。改革涉及的一项主要内容就是在大学基础教育中贯穿实践性的指导思想。改革以前基础阶段的法学教育主要着眼于基础知识的传授，对实践性要求较低，法律的实务性主要放在见习阶段，改革后这一要求被提前到基础教育阶段进行，例如，司法、行政以及法律咨询方面的实践经验被纳入基础教育中。同时，增加了对其他技能的要求。在改革中各方已经达成共识，要在法学领域进行卓有成效的工作，必须要具备其他专业的知识，对法律专业的学生提出了附加的技能要求，如谈判管理、论辩、调解纠纷、听证和交往能力。

3. 偏重于理论训练到吸收他人之长的日本法学实践教育模式

在战后大学教育日渐普及的情况下，日本法学教育逐步成为一种法律修养式的普及型教育。不仅本科法学教育与法律职业无直接关系，而且研究生教育也与法律职业没有直接关系。研究生院培养的法学硕士研究生和博士研究生大多从事法学教育和研究工作。对日本的法学教育一直有批评的声音，通常来自律师，就是指责法学院的教学不具有实践性。律师协会则指责大学里的法学教育太过于理论，缺乏写作能力也被归结为日本律师的缺点。他们并没有接受这方面的训练。大学里的教育并没有提供发展这些能力的空间。然而，到了20世纪90年代，法律教育利益相关者的博弈使得法学教授们不得不考虑改变法学教育的理念，而引入以技巧训练为核心的实践教育。利益相关者包括作为法学教育顾客的学生、作为法学教育产品法学院毕业生的顾客的律师界、法学教育的竞争者——如美国，迫使日本法学教育改弦易辙。

日本法学院所做的一切就是为了弥补教学与实践的差距，东京大学、京都大学、北海道大学等在二战前被称为“帝国大学”的国立大学和大城市中的主要私立大学，纷纷开设了以面向实务为主的硕士专修课程，这些课程的设置起到了在职培训的作用。公司治理就是一个很好的例子，它需要公司法、证券法、会计学甚至管理学等多个领域的综合知识。这样的课程在大学的传统课程表上是罕见的。①

【资料三】美国的法学实践教学

1. 以为法律职业培养人才为教学目标

美国始终将法律定位在社会实用技术的范畴，非常注重法律职业化，并且将法律与自由、民主、法治等实用目标联系在一起，将法律职业化当作保护个人自由和发展社会与经济的实用

① 参见孔庆江：《法学实践教学：国际的经验和中国的反应》，太平洋大学会议材料。

工具。即便是在美国博大精深的法学理论界，无论是霍姆斯的经验主义法学、庞德的社会法学、卢埃林的现实主义法学以及昂格尔的批判法学，都有实用的成分。美国的法学教育就是孕育在这样的实用哲学的土壤中。美国法学教育受其法律职业化目标的影响，一直有一个实用目标：为联邦、州两套司法系统输送合格实践人才——法律人。

美国法学教育的内容，不是纯粹的理论体系或学术体系，而是探讨解决社会问题的理论体系；其法学教育不仅要教理论知识，更要教运用法律知识的能力和技巧。法学院培养出来的法律人才不是仅仅会理论的人才，也是能够熟练分析现实案件、提出解决方案的人才。法学院以其培养的学生参加律师资格考试的一次通过率，以及联邦、州各级法学院中校友法官的数量等多种实践性指标来衡量教学质量。美国法学院实行的行业组织而非行政机关管理、多元的学位设置、理论与实践相结合的师资队伍、具备综合素质的学生、灵活的课程设置、诸多富有成效的实践性教学方法、回馈社会的课外活动等等，都是由以法律职业化为目标而决定的，目标明确，实施方能一致协调。

2. 以职业伦理培养为精髓

职业伦理，即职业道德，是指律师在法律实践中应当具备的特有的道德观和责任感。美国法学教育非常注重对“未来律师”职业伦理的培训。从美国法学院的职业伦理培训可以看到：第一，法学院训练学生学会从职业律师的角度对可能遇到的各种问题做出判断和慎重选择的有效方法；第二，法学院重视关于个人道德和职业道德之间差别的讨论，逐步在法律教材中纳入公认的合乎职业道德规范的选择标准；第三，法学院的职业伦理教育是建立在真实的案件背景材料和真实的当事人基础之上的。学生通过办理真实案件，可参与案件的全部过程和细节，训练其解决问题的方法和技巧，培养其判断力、职业伦理，并可深切理解法律和律师的社会角色。

3. 以针对性、创造性、互动性教学为表现

（1）有针对性地培养学生像律师那样思考。

中国的法学教育经常培养学生从一种力求中间和客观的角度做出判断，即“法官式的思维”。美国的实践法律教育要求学生用律师的思维去思考问题，“像律师一样思考”，而不是从法官的角度对事物的是非曲直做出判断。法学院的学生对每一个细节都要注意并认真思考，即便是对案件的处理并不会起重要作用的环节也应当注意。不能简单地对事情做出判断，要结合具体的事实和证据进行分析，得出结论。要考虑法律与事实背后的联系，甚至要去推测和判断法官的想法，了解案件所具有的特定社会背景，从委托人角度出发，寻找有利于委托人的解决问题的途径。

（2）注重对学生创造力的培养。

在美国从事实践性法学教育的教师，除具备一般法学教师必备的法律专业知识、办案实践经验、课堂授课技巧和丰富的人生阅历外，还必须具备充分的想象力、创造力和表现力，富有十足的爱心、细心和耐心，懂得心理学、社会学及法律相关学科的基础知识，同时还要有号召力、感染力和激情。正是由于教师具有上述综合素质，他们才能在授课和对学生进行的一对一指导中，在其周围形成一定的磁场，将同学的兴趣和注意力吸引到诊所教学中来，吸引到案件的处理上，用持续的热情和激情引导、鼓励诊所学生不畏困难、不怕辛苦，用不断提问的方式启发学生的思路，鼓励学生们积极思考，互相反馈信息，并与教师沟通，在提问、反问、自问自答、互问互答中，探求解决问题、难题的路径与方法。从学生的角度来看，学习不是为了“应试”，美国文化让青年学生并不迷信权威，他们要依靠自己，依靠自己的思考。他们在学习的过程中，将是什么引发他们的思考看得更为重要，所以，美国大学的学生学习时比较主动。

(3) 强调教与学的互动性。

强调教与学的互动性是实践教育的重要环节。美国法学院的教师希望自己的学生能够超过自己，视野开阔，思想成熟，有理性的社会关注，勇于创新。教师的能量是有限的，如果把教师比喻成光源，那么教学的模式、方法、手段帮助学生实现了不同形式的传播，有散射、有反射、有折射、有衍射等等；对于学生来说，不同的教学模式和方法会给学生带来不同的感受，有的获取单色光，有的感受白光，有的会驾驭激光，等等。能够从同一种教学模式中获取截然不同的益处，这是实践性教育带给老师和学生的共同挑战。

4. 以系统化实践课程设置为核心

诊所法律教育仅是美国法学院实践教学的一个重要环节，经过总结、归纳与反思经验，美国各主要法学院都建立了自己各具特色的系统化、体系化的实践教学课程。例如，太平洋大学麦克·乔治法学院就设立了必修的“法律程序”、选修的“上诉与国际辩护”“法庭论辩”课程，颁发“辩护证书”，将模拟庭审竞赛和法律诊所作为该院的实践教学课程。美利坚大学华盛顿法学院的实践教学包括校内的诊所教育和校外的实习计划两个部分。耶鲁大学法学院的实践教学实行教学小班制、专业教师指导制、学长辅助学习制度、指定必修课程等教学。纽约城市大学法学院建立新的法学教育评估体系。

行业制的法学教育管理体制，让各法学院都有完全自主的课程设置权限，表现形式多样。各法学院为提高其竞争力，都在想方设法地设置实践教学课程。我们体会到，对于美国实践教学的认识不能只停留在对于诊所法律教育方式上，不能以偏概全，误把诊所法律教育等同于实践教学，而是需要更全面、更宏观地来认识和考察美国的实践教学。

5. 以传统法学教育为根基

在美国，虽然以诊所法律教育为代表的实践教学曾经出现过实践法学教育与传统法学教育之争，也许这种斗争在今天还一定程度地存在着，但这并不意味着实践法学教育与传统法学教育具有不相容性，相反，这是教育实现的不同层面。传统法学教育是高等院校法学教育的基础，实践法学教育是学生在基础法学教育之上的个性化培养和社会实现。例如，在对太平洋大学麦克·乔治法学院的访问过程中，我们曾就美国传统的苏格拉底式的教育现状展开过讨论，美方教授多对于传统的法学教育模式予以肯定，更多地认识到需要在传统法学教育中增加新的因素，活跃教学氛围。

6. 以注重实效的评价制度为特色

美国实践教学是根据教学目标创造出的对学生的新的评价方法，这种新的评价方法对教师来说同样重要。这种评价方法的确立是对传统评价方法的挑战。如何科学地评价诊所教师的工作和诊所学生的表现，是诊所教育发展中一个有代表性的问题，在美国法学院存在着不同的模式，但一个基本的原则是把对教师的考察与对学生的考察结合起来。

在诊所教育评价制度中，对学生的评价由学生的自评、教师对学生的考评、当事人对学生的评价组成，并且学生自评的重要性要远远超过教师评价的重要性。在学生的自评中，学生们更加关心他们所承办的案件的成与败，更加关心当事人对案件结果的感受，也更加注重自己承办案件的感受。学生们的关注焦点也应当是教师对其进行评价的关注焦点。教师要让学生理解，案件的成败固然是评价教学效果的重要指标，但是更重要的是他们在承办案件中是否真正地成长了，是否得到了他们所想得到的方法、技能和知识。如果得到了，即使案件没有成功，他们仍应得到好的评价，而这种评价方法在传统的教学模式中是无法实施的。至于对学生的考评，教师在考虑教与学的互动过程以外，还把当事人的评价作为一个参考的因素。

在美国法学院中对诊所学生的评价有多种方式，有的学校只是把诊所课程作为一个重要的实践经历，并不给诊所学生记录学分；有的学校给诊所学生计算选修学分，但不作硬性要求；有的法律诊所给学生的成绩只有通过和不通过，只有极少数的同学能够取得优秀的成绩；也有把给学生赋分的档次分成 A、B、C 三档，对学生的考评有具体而明细的指标体系。

在诊所教育评价制度中，对教师的评价往往由教师的评价、学生对教师的评价、教员和聘任委员会对教师的评价组成。学生在诊所教育中的这种作用使诊所教师必须针对学生的成长规律开展有效率的工作，否则自己就没有办法在学生那里获得满意的评价，但学校在考虑学生意见的同时，更注重发挥教员考评和聘任委员会的积极作用，有时候一个诊所教师被炒鱿鱼往往是因为他自己没有信心继续从事诊所教育。

7. 以理论和实践兼行的教师为主体

在美国从事实践教学的教师不仅是具备必备的法律知识的专业人士，而且是具有办案实践经验的执业律师，并且实践教学的教师主要是专职从事实践教学，他们以极大的热情来从事实践教学工作。

8. 以多元化支持与资助为支撑

美国法学院非常重视实践教学，无论是从人力还是财力上都给予大力支持。我们根据考察情况了解到，每所法学院每年都在诊所项目上投入重金，并且对从事诊所法律教育的教师予以倾斜性支持。

诊所法律教育项目也得到法学院外的支持和帮助。例如美国诊所教育在发展的初期也得到某些基金会的大力支持，但现在他们基本上实现了从“输血”向“造血”的发展转变。一些基金会仍然关注和支持美国的诊所法律教育，但重点已经不在教育教学本身，而是诊所教育的横向交流与理论研究。诊所法律教育在美国有 30 多年的发展历史，这种教育模式在美国社会已得到了广泛的认同，美国许多州在立法中对大学法学院学生在法律援助和服务中的权利、义务作了明确的规定，这使法律诊所的学生在代理和服务社会弱势群体的过程中不必为身份等问题发愁。[①]

二、推荐书目

中文类

1. 甄贞．诊所式法律教育在中国．北京：法律出版社，2002.

2. 杨欣欣．法学教育与诊所式教学方法．北京：法律出版社，2002.

3. 梅隆．诊所式法律教育．彭锡华，等译．北京：法律出版社，2002.

4. 比尔德，威尔逊．体验式学习的力量．黄荣华，译．广州：中山大学出版社，2003.

5. 李傲．互动教学法：诊所式法律教育．北京：法律出版社，2004.

6. 李傲，PHAN P N. 实践性法律人才的培养：诊所式法律教育的经验．北京：法律出版社，2005.

7. 王立民，牟逍媛．诊所式法律教育研究．上海：上海交通大学出版社，2004.

8. 兰兹伯格，罗文燕．为当事人抗辩：法律职业技能模拟训练案例集萃. 杭州：浙江工商大学出版社，2008.

9. 左卫民．诊所式法律教育在中国：本土化与多元化探索．成都：四川大学出版社，

① 参见许身健：《明确法学培养目标　提升实践性法学教育》，载许身健主编：《实践性法学教育论丛》，第 1 卷，7～12 页，北京，知识产权出版社，2011。

2008.
10. 郭峰．全球化背景下的法律实践教学．北京：知识产权出版社，2008.
11. 陈建民．实践性法学教育讲义．北京：清华大学出版社，2009.
12. 王立民，牟逍媛．诊所式法律教育的理论与实务．北京：法律出版社，2009.
13. 滕宏庆，刘长兴．通往正义的诊所式法律教育．北京：光明日报出版社，2010.
14. 许身健．实践性法学教育论丛：第1卷．北京：知识产权出版社，2010.
15. 斯塔基，等．完善法学教育：发展方向与实现途径．许身健，等译．北京：知识产权出版社，2011.
16. 波兰法律诊所基金会．法律诊所：理念、组织与方法．许身健，译．北京：北京大学出版社，2013.
17. 龙翼飞，潘文军．实践性法学教育论丛：第2卷．北京：知识产权出版社，2014.
18. 许身健．实践性法学教育论丛：第3卷．北京：知识产权出版社，2014.
19. 袁钢．实践性法学教育论丛：第4卷．北京：知识产权出版社，2015.
20. 袁钢，刘大炜．实践性法学教育论丛：第5卷．北京：知识产权出版社，2016.
21. 龙翼飞．中国诊所法律教育探索与创新．北京：法律出版社，2017.
22. 吉丁思．推进正义的法律诊所教育．袁钢，译．北京：中国人民大学出版社，2017.
23. 李长城．法律诊所典型案例实训教程．北京：法律出版社，2017.
24. 杨军，汪艾文．法律诊所之实战篇．北京：知识产权出版社，2017.
25. 刘瑛．知识产权法律诊所之运行研究．北京：中国政法大学出版社，2017.
26. 黄爱学．民事法律诊所教程．北京：中国政法大学出版社，2018.
27. 王英明．法律诊所理论与实践．沈阳：辽宁大学出版社，2019.
28. 杨军，王保成．法律诊所之行政诉讼篇．北京：知识产权出版社，2021.
29. 王晨光．理论与实践：困惑法学教育的难题之一．中外法学，1998（6）.
30. 彭锡华，贾林娟，操旭辉．诊所式法律教育评述．中南民族大学学报，2001（5）.
31. 莫洪宪．临床法学教育与法学人才培养：平等式对话教学方式的魅力．法学评论，2002（1）.
32. 王晨光．法学教育的宗旨：简论案例教学模式和实践性法律教育模式在法学教育中的地位、作用和关系．法制与社会发展，2002（6）.
33. 李傲．法律援助与法律诊所之甄别与整合．法学杂志，2003（6）.
34. 李傲．美国律师的调解技能．求索，2004（4）.
35. 王立民．法律援助与“诊所式法律教育”．政治与法律，2005（1）.
36. 王菊英．“诊所式法律教育”本土化的思考．河北法学，2005（3）.
37. 左卫民，兰荣杰．诊所式法律教育若干基本问题研究．环球法律评论，2005（3）.
38. 李傲．诊所式法律教育的公益性．法学研究，2006（6）.
39. 王立民．也论诊所式法律教育的方法．法学，2007（11）.
40. 闫海，张晓静．诊所式法律教育：我国法学实验教学的新领域．辽宁大学学报（哲学社会科学版），2008（3）.
41. 李军．在比较中学习进步：赴美考察诊所式法律教育报告．法学教育研究，2009（1）.
42. 贾国凯，李晨光．论诊所式法律教学在我国面临的问题及解决思路．教育与职业，2010（12）.
43. 李长城．浅谈法律诊所教育的困境与对策．湖北社会科学，2011（8）.
44. 杨中领．高校法律人才培养中的诊所式教学初探．中国人才，2012（8）.

45. 邓卫卫．诊所式教育的内生性诉求及其优化路径．求索，2013（2）.
46. 徐亚文，程骞．法律诊所与法律赋能的有机结合：法律赋能诊所．浙江大学学报（人文社会科学版），2015（1）.
47. 苗鸣宇．社区法律服务学习中青年“法科生”的需求实现：以中青法律诊所的相关实践为例．中国青年社会科学，2015（4）.
48. 许身健．卓越法律人才教育培养计划之反思与重塑．交大法学，2016（3）.
49. 冀祥德．以诊所法律教育统领法律实践教育：可行性及制度设计．山东大学学报（哲学社会科学版），2017（5）.
50. 谢梅．论我国法律诊所实践教学的发展路径．实验技术与管理，2018（6）.
51. 刘湘琛．法学实践教学的本土化探索：三段六步全程参与式庭审实战教学法：基于与法律诊所式教学法的比较．时代法学，2019（2）.
52. 李响．美国法学教育的人才培养机制及其借鉴．学位与研究生教育，2019（5）.
53. 刘坤轮．走向实践前置：中国法律实践教学的演进趋势．政法论丛，2019（6）.
54. 李丹．实践教学视角下法律案例教学思路的重塑．高教探索，2020（6）.
55. 刘勇．法律援助与法学教育的互动模式及其本土化路径：评《大学生法律援助立德树人培养机制研究》．中国教育学刊，2021（9）.
56. 陈彦艳．诊所式法律教育课程思政的多维进路．内蒙古财经大学学报，2021（6）.
57. 郭斯伦，马韶青，冉晔．卫生法学专业法律诊所教学体系的构建．中华医学教育探索杂志，2021（1）.
58. 王威．运用多元化教学方法培养应用型法律人才：评《行政法律实务实训教程》．山西财经大学学报，2021（6）.

英文类

1. John S. Bradway. The Nature of A Legal Aid Clinic. 3 S. Cal. L. Rev. 173（1930）.
2. Gary Bellow & Bea Moulton. The Lawyering Process：Materials for Clinical Instruction in Advocacy. Foundation Press，1978.
3. Anthony G. Amsterdam. Clinical Legal Education—A 21st Century Perspective. 34 J. Legal Educ. 612（1984）.
4. Association of American Law Schools，Section on Clinical Legal Education. Report of the Committee on the Future of the In-House Clinic. 42 J. Legal Educ. 511（1992）.
5. Ann C. Shalleck. Clinical Contexts：Theory and Practice in Law and Supervision. 21 N. Y. U. Rev. L & Soc. Change 109（1993—94）.
6. N. R. Madhava Menon ed.. Clinical Legal Education：Concepts and Concerns，A Handbook on Clinical Legal Education. Eastern Book Co.，1998.
7. David A. Binder，Paul Bergman & Susan C. Price. Lawyers as Counseling，Negotiation and Persuasive Fact Analysis. Aspen Law & Business，1999.
8. Margaret Martin Barry，Jon C. Dubin & Peter A. Joy. Clinical Education for This Millennium：The Third Wave. 7 Clinical L. Rev. 1（2000）.
9. Lawrence M. Grosberg. Clinical Education in Russia：“Da” and “Nyet”. 7 Clin. L. Rev. 469（2001）.
10. Richard J. Wilson，Three Law School Clinics in Chile，1970—2000：Innovation，Resistance and Conformity in the Global South. 8 Clinical L. Rev. 515（2002）.
11. Jeff Giddings. Clinical Legal Education in Australia：A Historical Perspective. 3 Int'L J. Clinical Legal Educ. 7（2003）.

12. Richard J. Wilson. Training for Justice: The Global Reach of Clinical Legal Education. 22 Penn. St. Int'L L. Rev. 421 (2004).

13. Pamela N. Phan. Clinical Legal Education in China: In Pursuit of a Culture of Law and a Mission of Social Justice. 8 Yale Hum. Rts. & Dev. L. J. 117 (2005).

14. Peter A. Joy, Shigeo Miyagawa, Takao Suami & Charles D. Weisselberg. Building Clinical Legal Education Programs in a Country without a Tradition of Graduate Professional Legal Education: Japan Educational Reform as a Case Study. 13 Clinical L. Rev. 417 (2006).

15. Peggy Maisel. Expanding and Sustaining Clinical Legal Education in Developing Countries: What We Can Learn from South Africa. 30 Fordham Int'L L. J. 374 (2007).

16. Frank S. Bloch. Access to Justice and the Global Clinical Movement. 28 Wash. U. J. L. & Pol'Y 111 (2008).

17. Elliott S. Milstein. Experiential Education & the Rule of Law: Teaching Values through Clinical Education in China. 22 Pac. Mcgeorge Global Bus. & Dev. L. J. 55 (2009).

18. Frank S. Bloch. The Global Clinical Movement: Educating Lawyers for Social Justice. Oxford University Press, 2011.

19. Alex J. Hurder. Frank S. Bloch, Susan L. Brooks & Susan L. Kay ed.. Clinical Anthology: Readings for Live Client Clinics. LexisNexis, 2011.

20. Evans Adrian. Global Agendas, Cultural Capital and Self-assessment of Clinical Legal Education Programs. Monash University Law Review. 38 (2012).

21. Donald Nicolson. Calling, Character and Clinical Legal Education: A Cradle to Grave Approach to Inculcating a Love for Justice. Legal Ethics. 16 (2013).

22. Combe. Selling Intra-curricular Clinical Legal Education. The Law Teacher. 48 (2014).

23. Bamgbose, Oluyemisi. Access to Justice Through Clinical Legal Education: A Way Forward for Good Governance and Development. African Human Rights Law Journal. 15 (2015).

24. Duncan. Jeff Giddings, Promoting Justice through Clinical Legal Education. The Law Teacher. 50 (2016).

25. Francina Cantatore. Australian Clinical Legal Education: Designing and Operating a Best Practice Clinical Program in an Australian Law School by Adrian Evans, Anna Cody, Anna Copeland, Jeff Giddings, Peter Joy, Mary Anne Noone and Simon Rice. Australian Journal of Clinical Education. 2 (2017).

26. Alicia Raymond, Dakalo Singo. Clinical Legal Education and Social Justice-A Perspective from the Wits Law Clinic. Stellenbosch Law Review. 29 (2018).

27. Shefali Raizada, J. K. Mittal. Contours of Clinical Legal Education. Indian Journal of Public Health Research & Development. 10 (2019).

28. Spencer, Brooks. Reflecting on Reflection: A Dialogue Across the Hemispheres on Teaching and Assessing Reflective Practice in Clinical Legal Education. The Law Teacher. 53 (2019).

29. Lindsey Stevenson-Graf. Clinical Programs, Social Justice and Transformation Through Student Learning. Alternative Law Journal. (2019).

30. Balan. Investigating the Feasibility of Using Student Reflective Journals to Understand How Clinical Legal Education can Develop the Ethical Competence of Law Students. The Law Teacher. 54 (2020).

31. Nicholas Ross, Carly Ardussi, David Tushaus, Soe Thiri Win, Zwe Pyae Sone Lwin.

Understanding Myanmar and the Way Forward for Legal Education：From Rote Learning to Community Engagement Through Clinical Legal Education. Asian Journal of Legal Education. 7 (2020).

32. Anna Cody. Reflection and Clinical Legal Education：How do Students Learn About Their Ethical Duty to Contribute Towards Justice. Legal Ethics. 23 (2020).

33. Linden Thomas，Nick Johnson (eds.). The Clinical Legal Education Handbook. University of London Press，2020.

34. Arifin Saru，Wedhatami Bayangsari，Alkadri Riska. Adoption and Implementation of Clinical Legal Education Programmes in the Indonesian Legal Education System. Asian Journal of Legal Education. 8 (2021).

35. Richard Grimes. Correction to：A Tribute and A Legacy：Clinical Legal Education and The Bountiful Harvest. Jindal Global Law Review. (2021).

36. Marium Jabyn. Advancing Justice Interests and Human Rights of Vulnerable Groups Through Clinical Legal Education. Jindal Global Law Review. (2021).

37. Ajay Pandey. Social Justice，the Raison D'etre of Clinical Legal Education. Jindal Global Law Review. (2021).

38. Balan Anil. Using Interpretive Phenomenological Analysis (IPA) to Understand the Development of Legal Ethical Competence Through Reflection in A Clinical Learning Environment. The Law Teacher. 55 (2021).

39. Madhloom Omar，Antonopoulos Irene. Clinical Legal Education and Human Rights Values：A Universal Pro Forma for Law Clinics. Asian Journal of Legal Education. 9 (2022).

40. Singh Ravindra Kumar. Clinical Legal Education—A Robust Instrument for Attainment of Justice：An Indian Perspective. Asian Journal of Legal Education. 9 (2022).

第二章
会　见

引　例

望闻问切

扁鹊见蔡桓公，立有间，扁鹊曰："君有疾在腠理，不治将恐深。"桓侯曰："寡人无疾。"扁鹊出。桓侯曰："医之好治不病以为功！"居十日，扁鹊复见曰："君之病在肌肤，不治将益深。"桓侯不应。扁鹊出。桓侯又不悦。居十日，扁鹊复见曰："君之病在肠胃，不治将益深。"桓侯又不应。扁鹊出。桓侯又不悦。居十日，扁鹊望桓侯而还走，桓侯故使人问之。扁鹊曰："疾在腠理，汤熨之所及也；在肌肤，针石之所及也；在肠胃，火齐之所及也；在骨髓，司命之所属，无奈何也。今在骨髓，臣是以无请也。"居五日，桓侯体痛，使人索扁鹊，已逃秦矣。桓侯遂死。①

同学们是否思考过"法律诊所"的名称含义？学生在法律诊所会见当事人与医生为病人看诊有什么相似之处吗？医生的对症下药在法律诊所中能实现吗？怎样实现呢？医生看诊的程序和注意事项对会见当事人有什么借鉴之处呢？法律诊所与医生看诊的区别又在哪里？请你带着这些问题，进入本章的学习，定会受益匪浅。

课前阅读

了解会见

目的：

在诊所法律教育中使学生习得会见礼仪，培养学生良好的思维习惯和职业习惯，帮助学生理解在法律诊所中会见当事人，就如同医生为病人诊治开药，需要针对案件的争点和疑难问题，为当事人提出解决办法，让学生体会到"寻求争议解决的办法蕴含在会见的过程之中"。

资料：

客户会见的工作之所以困难，原因有二。第一个是智力上的挑战，律师在开始对客户问题进行诊断的同时，还必须仔细地探询客户目标以及客户所知的事实。第二个是情感上的挑战，客户或许正处于巨大的压力之下，而律师则要和客户建立信任的纽带并帮助他。如果你是个特别理智的人，你或许会忽视会见气氛中四处弥漫的情感因素——客户的挫败感。如果你是一个

① 《韩非子·喻老》。

对情感比对思想更为敏感的人，你或许能在会见中让客户的情感得到满足，但却会在事实挖掘过程中留下漏洞。如果你正处于这两种困境中的一种，你可以通过丰富自身来提高会见水平。正处于其中某种困境的学生，通过他人对其第一次会见的评论，就能更多地了解自己。

代理客户通常起始于一次会见。在会谈中，律师了解到客户所需要解决的问题，以及客户在解决问题过程中的目标；律师还了解到客户对该问题事实的认知情况，并试图了解到客户的个人情况。同时，律师也给予客户一个了解律师的机会。

律师会见客户的目标有如下四个方面：一是建立与客户之间的关系。这涉及三个层面。首先是个人层面，你和客户将彼此了解对方的个人情况。为了满足客户的要求，你不但要了解客户的个人情况，同时还要了解客户对该问题影响的认识。如果通过你和客户的共同努力，双方要达成合作关系，你们需要对彼此有着深刻的了解。如果客户对你的为人不能形成切实的感性认识，他就不会信任你。其次是教育层面，你将向客户解释各种事项（如果客户对此尚不知晓），诸如律师与客户间的保密义务，以及客户在解决问题中所应当或能够担任的任务。最后是合同层面，客户同意雇用你并支付律师费和案件费用，作为你完成承诺事项的交换条件。二是了解客户的目标。客户希望或需要做什么；对于实现这些目标的各种方法，客户持什么态度。三是了解客户所知的全部事实。这通常占据了会见的主要部分。四是切实减少客户的忧虑。就理智层面而言，客户来寻求律师的帮助是因为他们希望问题得到解决。但就情感层面而言，他们是为了减轻忧虑而来的。在通常情况下，客户只要知道该律师工作能力强、负责任、招人喜欢，并且已承诺会为解决问题做一切努力时，其忧虑便会在首次会见中大幅度地减轻。当你帮助客户获得这种感觉时，你便是在切实减少他们的忧虑。①

第一节　会见概述

一、会见当事人的概念

会见当事人是法律诊所学生掌握法律实务技巧的一个重要方面，也是律师承办任何业务不可或缺的重要环节。所谓会见是指诊所学生和当事人、证人以及其他与案件相关的人进行谈话。② 但会见仅仅是谈话而已吗？法律诊所中诊所学生与当事人、证人以及其他与案件相关的人的谈话有什么特殊性？其与一般的谈心、聊天一样吗？日常生活中，人们通过聊天、谈话达到情感交流的目的，在诊所中与当事人谈话，除了情感交流，还有其他的目的吗？当事人来诊所寻求什么样的帮助？我们通过会见当事人能否为其排忧解难？思考了这些问题之后，会见当事人的含义就不言自明了。会见当事人的谈话更强调会见的目的之实现，即通过与当事人交谈，找到解决争议的路径。

诊所法律教育旨在引导学生找出“病症”所在，而学生参与诊所实践的过程，恰似医生为病人诊断医治。医治过程中的“望”“闻”“问”“切”恰恰也体现在“会见”的过程里：以“望”来判断当事人的情绪、精神状态，以“闻”来了解当事人的诉求，以“问”来把握案件的来龙去脉，以“切”来找出案件的问题所在。会见当事人之最终目的是找出案件需要解决的问题。带着问题意识对争议案件做出判断，才能保证解决问题时不南辕北辙。

---

① 参见［美］斯蒂芬·克里格、理查德·诺依曼：《律师执业基本技能——会见、咨询服务、谈判、有说服力的事实分析（第二版）》，中伦金通律师事务所译，94～95页，北京，法律出版社，2006。

② 参见李傲：《互动教学法——诊所式法律教育》，117页，北京，法律出版社，2004。

二、会见当事人的过程

会见当事人的过程也是学生思考分析的过程：在会见过程中找出案件的问题，分析案件事实与法律规范之间的关系，据此找出解决问题的方法。这实际上是在事实与规范之间做出法律推理，寻找法律推理的大前提、小前提，并得出结论的过程。在会见当事人的过程中，寻找法律推理的小前提就是寻找案件的事实。这些事实是有证据支持的客观真实。客观真实的构建需要证据。在会见过程中思考可能存在的证据链条，为下一步的事实调查做前期准备。大前提可以理解为案件应当适用的法律规范。这需要学生在会见过程中逐步确定案件性质，即思考该案件是属于民事案件、行政案件、刑事案件中的哪一种？在确定案件性质之后，寻找适用的法律规范。这一思考过程有助于后期明确法律检索的方向。为当事人解决争议案件的过程，就是得出法律推理的结论的过程。这个过程也是法律推理大前提与小前提经过涵摄得出结论的过程。涵摄过程中会应用到法理学中有关法律解释的理论内容。如何对案件适用的法律进行解释，怎样适用法律有利于当事人，这都是法律推理过程中不可忽略的思维过程。

第二节　会见理论

本节按照提出问题、分析问题、解决问题的总体思路，在下文中详细介绍会见当事人应当注意的事项，从会见的目标、会见的程序、会见的评估三个方面，探讨在法律诊所中如何会见当事人的问题。

一、会见的目标——找出案件争议焦点

会见当事人旨在为当事人解决法律争议，帮助其定分止争。达成此目的的前提就是了解案情，迅速掌握案件的争点，找出案件当事人究竟对哪些问题存有疑虑，案件的主要争议事实是什么。例如，在“王萍（化名）诉派尼科包装公司劳动争议仲裁案”（详见本书附录）中，约翰·汉密尔顿（John Hamilton）解雇王萍的原因是什么？是否王萍真是因为拒绝了汉密尔顿的追求才遭到解雇？

为什么找出案件的争议焦点如此重要？因为案件的争议焦点关系案件事实是否客观、清楚。案件的证据塑造的事实与当事人主观上想象的事实，这两者之间有很大的差别。会见当事人时首先就要不遗余力地找出这两者之间的差别，从而清楚地找出案件争议焦点发生的原因。其次再根据案件的争议焦点，构建询问当事人的问题思路，为下一步寻找法律依据做好基础。

简而言之，寻找案件的争议焦点就是提出问题的过程。只有提出了有待解决的问题，才能进一步分析问题、解决问题。这又回到了上文提到的法律推理的过程上来。在提出问题之后，找出该问题涉及的大前提和小前提，才有利于我们最终得出结论。就当事人的具体案件来说，小前提即案件事实，大前提即应当适用的法律。

案件事实如何寻找？要通过会见当事人，在谈话、交流中了解基本案情，在当事人提供的证据中寻找相对客观的事实。在此基础上，逐步找出小前提，对案件争议的来龙去脉了然于心。这就像医生为病人看病，通过询问患者的生活习惯、观察患者的病情，为病情的初步诊断奠定基础。

在对案件事实有了初步的了解之后，结合当事人的诉求，在会见时寻找案件可供适用的法

律，即大前提。大前提的确定，关系案件解决思路的正确性。大前提的确定主要有两个步骤：首先确定案件的性质，即该案件该适用哪种类型的部门法，是民事案件、刑事案件还是行政案件？其次确定该案件具体适用该部门法中的哪些具体的法律规范。以下案例的定性问题，直接关系案件争议解决的整体路径，请仔细体会案件大前提的定性对案件解决的重要性，并思考哪一种诉讼类型有利于该案件的解决。

例 2—1

姬某某重伤案

【案情简介】

2021 年 12 月 10 日凌晨 0：05 分，在河南省新乡市新秀路、中马坊路路口发生了一起交通事故，伤者为新乡市 D 村的一个年轻女孩。当日凌晨 0：02 姬某某送两个朋友（刘某、李某，均住在辉县市北云门镇 W 村）回家后从北云门镇 W 村返回。当晚是大雾天气，凌晨 1 点左右，姬某某骑摩托车行至中马坊路路口时，发现前面警灯闪烁，于是减速慢行。就在此时，突然有人向姬某某走来，大骂后将他从摩托车上拉下来，接着就是一阵猛烈的殴打，姬某某当时昏死了过去。等他醒来时，发现在一个屋子里的水缸前坐着一个交警（后查明是交警大队的交警金某），此人正揪着他的头发审问："刚才跑掉的那个人是谁？说吧！"姬某某不知道他指的是谁，就把送朋友回家又返回的事讲了一遍。而交警不听他解释，硬说他和一个莫须有的朋友是中马坊交通事故的肇事者，并捏造肇事后那个莫须有的朋友丢下他逃逸的情节，同时扣留了他的摩托车和身上的现金、手机。此后姬某某一直要求交警大队做出事故认定书，但屡被无理拒绝。经鉴定，姬某某的伤为"开放性颅脑损伤"，属于重伤。①

这是一个真实的案例，而上文中提出的问题也正是当时困扰诊所学生的问题。当时来到诊所的是姬某某的父亲，他想帮儿子洗清身上的罪名，找出把他儿子打成重伤的人并且追究其责任。然而，问题在于姬某某的父亲没有任何证据和线索，一来当天大雾，不知道是谁打的人，二来向公安机关报案，公安机关立案后迟迟不破案，称证据不足。所以本案关键问题就是证据。怎么解决证据的问题呢？办案的学生张某某疑惑了，这种一点证据都没有的案件是没办法解决的啊！指导老师就提示他说："拓宽你的思维，我们找不着证据，那就让能找到证据的人去找嘛。"张同学还是似懂非懂，指导教师见状告知四个字"行政诉讼"，张同学终于明白了指导教师的意思，找到了案件的解决方法，他十分高兴。指导教师的意思就是从行政诉讼的角度入手。因为交警大队称被害人是交通肇事人，但迟迟没有做出责任认定。通过责任认定，可以从中了解到本案案情，当时发生了什么事情，什么人在场，见证人、证人是谁，等等。通过责任认定书，被害人可以得到当时在场的人的姓名，这样的话可以为进一步打刑事官司找到一个证据来源。也就是说，通过一个诉讼来完成另一个诉讼的取证工作。这种整体的法律思维逻辑、触类旁通的应变思考，让学生受益匪浅。就是通过这种活生生的案件，通过指导老师的引领、点拨，学生深刻地领悟到了法律的博大精深。②

这个真实案件恰恰体现了案件定性正确对案件的顺利解决会发挥重要的作用。本案证据的确定直接关系本案小前提即案件事实是否清晰。而证据的寻找又涉及案件的定性问题，是民事

---

①② 参见马宏俊：《试论法律诊所教师对学生的指导方法》，载《中国诊所法律教育 10 周年庆典暨诊所法律教育论坛论文集》，44 页。

案件还是行政案件？这又涉及案件大前提的定性问题。可见，实务中的大、小前提之关联是十分密切的。这更要求我们在会见当事人时，对案件的事实和待适用的法律心中有数，这样才能为案件的解决找出最佳方案。

二、会见的程序

会见当事人分三个阶段：会见前的准备阶段，会见时的接待阶段，会见后的后续工作阶段。了解案件概况、倾听当事人诉说并询问案情、总结案件的争议焦点，都是会见当事人时需要做的工作。会见当事人的过程就是提出问题的过程。会见当事人是了解案件争议的最佳途径。

（一）准备阶段

会见前的准备阶段，在案件方面要做好两方面的准备：第一，制订会见计划。会见的准备工作旨在与当事人能够尽快建立良好的信任关系，这有助于双方的互动和沟通。制订会见计划包括简短的自我介绍、案情概要、提问要点、证据的搜集、明确案件争议等。第二，准备相关案卷。在准备阶段，需要准备会见登记表等诊所办案的案卷材料，为后续工作初步建档。

在会见前的准备阶段，也要做好心理准备。会见当事人的程序虽然相似，但每次会见都会面对不同的人。会见前，应当尽量了解要会见的当事人的身份、教育背景，以及其争议案件经历过哪些诉讼程序。如果有条件，尽量事前电话沟通，以此获得重要信息，为自己会见当事人创造心理预期。会见当事人，不免遇到情绪激动者，这时如何安抚当事人，让他恢复平静心态，就成为会见的首要任务。建议在会见前充分了解不同群体的心态，学习有关心理学的知识，争取在情感和心理上控制会见的进程。

（二）接待阶段

1. 与当事人建立互信关系

会见当事人的接待阶段旨在了解案情，通过倾听和询问，找出案件争点。在会见接待阶段，首先要积极主动地与当事人建立互信关系。在与当事人谈话时，你的言谈举止都会影响到信任关系的建立，切忌以专业人员的身份自居。对待当事人要表现出真诚和耐心，发自内心地尊重每一个人。当事人会感受到你的态度和诚意，在良好的气氛下，会更加主动地、自愿地与你交谈。

2. 通过提问引导当事人的陈述

受当事人的教育背景等因素的限制，有些人并不会准确表述案件的核心内容，这就需要诊所的学生通过提问引导当事人的陈述，将事前准备的提问要点与当事人陈述的情况相结合，适时把握时机，引导、控制会见进程。但要注意，应当尽量提出开放式的问题，避免回答简单的“是”或“不是”，不要企图得到一个事实陈述或一个“坦白”，不要问探听性问题，不要作带有判断性的陈述。①

3. 取得资料

在征得当事人许可后，可以复制当事人的证据资料，便于后续工作的进行；也可以根据案件需要，询问当事人其他相关资料的获取途径，早做安排。注意不要留存当事人材料的原件，以免遗失。

4. 详细的会见记录

在此阶段，要根据当事人的情况做出详细的会见记录。会见记录主要包括以下内容：当事

① 参见贾午光主编：《法律援助管理技能》，13页，北京，中国方正出版社，2008。

人的基本信息，接待人员的基本信息，会见时间、地点，案情概要，证据清单，案件争议点，下次会见时间，反馈方式，等等。详细的会见记录记载了争议案件的解决进程，有助于后续工作的进行。会见还要做详细的会见笔录，在会见结束时，请当事人签字确认。（参见下文表格“会见笔录”）

（三）后续工作

会见当事人之后，学生要及时向诊所指导教师反馈会见情况，在教师的指导下，制订后续的工作计划。在会见的后续工作中，主要的工作内容有二：一是查找相关的法律依据，二是撰写有关的法律文书。在这一阶段，学生要与团队充分交流，一起探讨案件争议的解决方法。在查找法律依据方面，本书下文会有详述。后续工作是会见当事人效果的体现。法律文书的写作尤其需要学生在实践中不断学习，是联结规范与事实的最佳契合点。

三、会见的评估

会见的评估是同学们对自己在会见中的成功与失败的反省。根据上文对会见阶段的划分，会见的评估也主要从这三个阶段展开分析。

1. 对会见准备阶段的评估

对会见准备阶段的评估要考虑以下几个问题：

（1）制订的会见计划与实际发生的会见存在哪些差别？

（2）会见目标是否达到？

（3）预先准备的开场介绍是否达到效果？有何需要改进之处？

（4）会见的时间、地点安排是否妥当？电话预约会见应当注意什么问题？

（5）团队分工是否发挥作用？有哪些需要改进之处？

2. 对会见接待阶段的评估

对会见接待阶段的评估要考虑以下几个问题：

（1）是否抓住了案件的争点，找到了案件的问题，是否对大前提和小前提有了充分的认识？

（2）是否能通过提问引导、控制当事人的叙事进程？

（3）是否能清晰明确当事人的目的？

（4）通过交谈，是否能掌握案情概要？

（5）是否能安抚情绪不稳定的当事人，帮助其恢复平和的心态？

（6）言谈举止是否得当？是否既体现出专业素养又不失谦虚谨慎？

（7）当事人对询问的回答是否清晰？提问的设计是否需要改进？

（8）是否保留了详细的会见登记和会见笔录？

（9）会见笔录是否经当事人签字确认？

（10）复制保存当事人的证据等材料是否经过当事人同意？

（11）与团队合作是否融洽？有何需要改进之处？

3. 对后续工作阶段的评估

对后续工作阶段的评估要考虑以下几个问题：

（1）是否及时向指导教师汇报会见情况？

（2）采取哪些方式向指导教师汇报情况？书面行文是否言简意赅？口头语言是否逻辑清晰、表达流畅？

（3）需要进一步学习法律文书写作的哪些内容？

（4）资料搜集还存在哪些困难？

（5）团队分工合作是否有待改进？

（6）回顾整个会见过程，是否真正达到会见的目的，帮助当事人定分止争？

第三节 会见训练

本节内容将结合“王萍诉派尼科包装公司劳动争议仲裁案”，引导诊所学生学习如何在实践中会见当事人。从会见的准备、会见的接待、会见的后续工作三个阶段入手，训练学生的会见技巧，帮助学生掌握倾听、提问、搜集和反馈信息、评价环境影响、引导会见进程等一系列会见技巧。

一、会见的准备

正如上文所述，会见的准备工作包括制订会见计划、准备相关的案卷，也要做好相关的心理准备。现在我们就通过“王萍诉派尼科包装公司劳动争议仲裁案”体验如何准备会见，在实战中学习。

训练 2—1

王萍诉派尼科包装公司劳动争议仲裁案——案情概要

【案情简介】

2008 年 5 月 16 日，派尼科包装公司雇用申请人王萍在其车间工作。根据公司规定，申请人有 60 天的试用期。同年 6 月 30 日，车间经理汉密尔顿解雇了申请人，申请人称被解雇的原因是她拒绝了汉密尔顿的追求，因此，向杭州市西湖区劳动争议仲裁委员会申请仲裁，要求派尼科包装公司赔偿相关损失。

【训练方法】

（1）根据学生人数，分为若干小组，每小组分别有一位同学负责完成登记表、会见笔录、会见备忘录。

（2）以小组方式，集体讨论会见计划的制订。

（3）请每位同学都准备一份会见王萍时的自我介绍，并在指导教师的指导下实战训练。

（4）请另外一组的一位同学扮演王萍，实战演练会见过程。

（5）会见结束后，团队评估利弊得失。

【训练要求】

（1）如果诊所安排你会见王萍，请你制订一份会见计划。

（2）请你准备相关的案卷：会见登记表、会见笔录、会见备忘录等。

（3）请你预想会见时王萍的心理状态，调整自己的心态，准备一份妥当的针对会见王萍的自我介绍。

（4）请你参照以下会见计划、会见登记表、会见备忘录、会见笔录，完成会见王萍的实战练习。

【参考表格】

________案会见当事人________的会见计划

会见计划 时间安排	准备工作所需时间	会见时间	会见地点
计划人			
会见目标			
预见的问题与困难		对策	
1. 2. ⋮		1. 2. ⋮	
准备工作	1. 2. 3. ⋮		
团队分工	姓名	联系方式	工作内容
备注			

______________案会见登记表

当事人	姓名	性别	联系方式	其他基本信息	
接待人员	姓名	性别	联系方式	其他基本信息	
会见时间					
会见地点					
会见次数	（这是与当事人的第几次会见?）				
下次会见的预约					
证据材料	名称	份数	原件/复印件	当事人意见	当事人签章
其他材料	名称	份数	原件/复印件	当事人意见	当事人签章
备注					

______________案会见备忘录

<table>
<tr><td>会见时间与地点</td><td colspan="2"></td></tr>
<tr><td>当事人</td><td colspan="2"></td></tr>
<tr><td>记录人</td><td colspan="2"></td></tr>
<tr><td>会见接待人</td><td colspan="2"></td></tr>
<tr><td>案情简介</td><td colspan="2"></td></tr>
<tr><td>案件争点</td><td colspan="2"></td></tr>
<tr><td>案件发展阶段</td><td colspan="2"></td></tr>
<tr><td>当事人请求</td><td colspan="2">1.
2.
3.
4.
⋮</td></tr>
<tr><td colspan="2">待解决问题</td><td>对策</td></tr>
<tr><td colspan="2">1.
2.
3.
⋮</td><td>1.
2.
3.
⋮</td></tr>
<tr><td>备注</td><td colspan="2"></td></tr>
</table>

______________案会见笔录

会见时间与地点	
当事人	
记录人	
会见接待人	
笔录内容	（笔录内容是对当事人和会见接待人之间问答的真实记载，主要采取对话方式，逐句详细记载会见时的对话。）
当事人核实确认	（请当事人仔细阅读，确认笔录内容真实）
当事人签章	
记录人签章	

二、倾听

倾听是会见当事人的重要技巧，学会倾听有助于有效沟通。学习倾听，首先要摒除以自我为中心的态度，以帮助他人的心态，认真耐心地听取当事人的诉说。时刻提醒自己保持中立态度，不被偏见左右，不纠缠于细枝末节的问题。通过耐心的倾听，让当事人体会到真诚与信任。

倾听要注意以下技巧：(1) 针对不同的当事人群体，了解当事人的心态。(2) 避免使用引起歧视或蔑视的言语，言语之间要体现对他人的尊重。(3) 当不明白对方的意思时，请真诚地问清楚对方要表达的意思。(4) 耐心的态度是取得当事人信任的第一步。(5) 倾听并非只听不回应，要对当事人的言语做出有效、及时、可信的回应。

在“王萍诉派尼科包装公司劳动争议仲裁案”中，如果当事人王萍来寻求法律援助，面对她的哭诉，你将如何平复她的情绪、耐心倾听呢？

训练 2—2

王萍诉派尼科包装公司劳动争议仲裁案——王萍的哭诉

【案情简介】

我的姓名是王萍，1986 年 3 月 21 日生，学历是大学本科。2008 年 5 月，通过我的好朋友李玉的介绍到了派尼科包装公司工作。当时填完工作申请表后，我接受了汉密尔顿经理的面试，并顺利签订了雇佣合同，5 月 16 日开始正式上班。

根据当时公司的规定，所有新员工要下车间实习 60 天作为试用期，期满后另行分配工作。我的实习工种是车间包装工，工作时间是每天 8 小时，一周 40 小时左右，午餐时间休息半小时，上午下午各有 15 分钟轮休，实习阶段月工资 1 200 元人民币，转正后进入采购部工作，月工资将是 1 500 元人民币，表现好的话，每年还有一定的奖励。试用期开始后，我开始从事包装工作，领班是陈石。周一开始上班，第一个星期安然无事。

周五是陈石的生日，这个流水线上的员工下班后和他一起去喝酒。我们去了距离公司一公里远的“九点半”酒吧。因为整个星期我都是和李玉一起去挤公交车上班，所以我们也是一起去的酒吧。到了那里大概有 20 个员工在聚会，因为开始没有足够的座位，所以我们都站着，等到 7 点之后，我和李玉把两张桌子拼到一起，然后坐下来。汉密尔顿一个小时后才到，那天晚上我没有与他讲话。他坐我旁边时，我有点惊讶。当然，陈石也坐在那里，和汉密尔顿坐对面。

我们又聊了一会儿，汉密尔顿为桌上的每个人买了一瓶酒。我喝了 4 瓶，因为空腹喝酒我感到有一点头疼。派尼科包装公司着装要求很随便，那天我穿了 T 恤衫和牛仔裤。我们大家一起聊天，后来李玉的男友马克也来了，由于座位比较挤，我又正好坐在汉密尔顿的旁边，所以只能 4 个人挤在一张沙发上了，但是过了一会儿汉密尔顿突然就把他的手放在我的膝盖上。我不知道该怎么做，所以我什么也没说。我试图做得像什么也没发生，继续我们的谈话。很明显，汉密尔顿因为我什么也没做而大胆起来，他的手又移到我的大腿上。我只能坐得更靠近李玉，把我的腿移开，他才住手。

之后我们一群人一起准备离开酒吧，无意中，我和汉密尔顿落在了后面一点，等到我们出来的时候，其他人已经走掉了，这时汉密尔顿说他有车可以送我，我虽不太乐意，但是当时头很痛，所以也就勉强答应了。当车在我家楼下停下时，他告诉我我工作做得很好，还说当我试用期结束后会得到提升，还说通常陈石提出提升建议，但是他才是最后决定者。当他跟我说话的时候他又把手放到我的大腿上。我当时很害怕，因为只有我们两个人，而且街上的灯光不好。我没有离开，但告诉他我得走了。他说想给我一个 Goodbye Kiss，我想这是美国人说再见的礼节，所以也不好意思拒绝，但是没想到我在把面颊转向他时，他突然吻了我的嘴唇，我当时很惊讶，所以没有抵抗或把他推开。我很快下了车。当我进到楼里以后，我给李玉打了电话告诉她刚才发生的一切，我告诉她我的心里怪怪的，很不舒服。她当时说汉密尔顿是要追求我吧，我说我才不要，他都可以做我爸爸了。

【训练方法】

（1）以小组方式，讨论揣摩王萍的心理状态。请一位学生扮演王萍，一位学生接待会见王萍，另一位学生负责完成会见记录。请观摩的同学评价双方的心态。

（2）请记录的学生和接待的学生共同商议，引导王萍对关键问题做出确认性回答。

（3）模拟会见之后，以小组讨论的方式进行评估，由指导教师做出总体评议。

【训练要求】

（1）请你通过倾听，安抚王萍激动的情绪，争取使她恢复平和的心态。

（2）请你思考，如何在倾听的同时有效地回应王萍的倾诉。

三、提问

在会见当事人时，如何有效迅速地理清案件脉络，抓住案件争点呢？这主要依靠提问。我们时常在法律题材的影视作品中体验到英美国家交叉询问的激烈与精彩，这正是提问的精华所在。在诊所学习的过程中，教师应指导学生自己营造这种精彩的氛围，巧妙地设计问题，在与证人和对方律师的斗智斗勇中找到诊所学习的快乐。提问是一种对问题意识的培养，如何发现问题真是一门大学问。诊所提供了实践的土壤，创造了实践出真知的宝贵机会。

（一）提问的类型

1. 封闭式提问

封闭式提问的问题比较具体，回答问题者只需用简短的言语，如“是”或者“不是”即可做出回应。封闭式提问主要用于对某些事实做出回答，比如在上文案件中提问王萍：“是汉密尔顿经理对你进行的面试吗？”王萍回答：“是的。”

2. 开放式提问

开放式提问主要用于对事件整体的提问，旨在了解对方对整个事件的陈述、看法等。在会见当事人时，开放式提问旨在引出当事人对案情的陈述、对案件的看法等。比如，问王萍：“请你谈谈你的遭遇吧？”王萍对此问题展开叙述。

3. 探索式提问

探索式提问旨在探寻对方的真实原因、目的，找到问题背后的动机。在诊所学习过程中，常常遇到当事人词不达意的情况，此时就需要探索式的提问，比如，“你为什么要告诉我这些？”“你为什么会这样想？”“你能说说原因吗？”等等。

（二）提问的设计

在对案情的来龙去脉有了整体掌握之后，提问主要围绕案件的争点展开。提问旨在把模糊的事实变清晰，把混乱的脉络理清楚。提问的设计主要围绕关键事实展开。关键事实根据不同案件表现不同。比如交通肇事案件的时间先后顺序直接关系案件核心事实的客观真实，因此，时间的先后就是这类案件的关键事实。关键事实其实就是案件争点需要明晰的小前提，小前提是否正确，关系结论是否正确。小前提的确定还需要与案件证据相联系。提问的设计要注意是否有助于形成证据链条，做到有理有据。

（三）提问的引导

提问的引导不是诱导。诱导含有从主观上扭曲客观事实的含义。引导则是在尊重客观事实的基础上，与当事人进行一定的思路互动。引导旨在让当事人的陈述重点突出、详略得当，达到有效沟通的目的。例如，当事人的教育背景和文化程度各异，如果面对某个语无伦次的当事人，诊所学生会见时的重要任务就是不断用提问来引导当事人按照案情的主要线索陈述事实。这就是引导的作用。引导主要是通过及时的提问和说明，不断澄清案件的客观真实，围绕证据线索，理清当事人的思路，从而达到控制会见节奏的目的。

以下将通过模拟会见陈石，锻炼大家提问的能力。

训练 2—3

王萍诉派尼科包装公司劳动争议仲裁案——陈石的证言

【案情简介】

我叫陈石，在派尼科包装公司工作了16年。9年前，汉密尔顿成为车间经理时，我代替他成了两条流水线的领班。李玉在我的流水线上工作了4年。

流水线出现空缺时，李玉告诉我她有个朋友正在找工作。我告诉李玉她得跟汉密尔顿说，因为他作雇用或解雇的决定。几周后，王萍被雇用了。

根据公司规定，所有新员工都有60天的试用期。在包装流水线工作很累，因为你必须快速工作，并举起一些重的包裹。从一开始，我就怀疑王萍能否胜任这项工作。

第一个星期，王萍接受培训，跟我或者其他的员工在一起工作。我注意到王萍喜欢聊天，而她应该花更多的时间工作。我开始对王萍做出书面评价以促其提高工作效率。

每个员工上下午各有15分钟的休息时间，加上午饭30分钟的休息时间。流水线不能关闭，所以员工一般会在运行慢的时候或者有人休息回来时去休息。我们没有要求员工记录休息时间。如果有人滥用休息时间的话，我会加以指责的。

王萍从一开始在休息时间上就有问题。有时她会跟要休息或者休息回来的员工说话。员工有时会快速地离开去休息，而王萍看起来并不想利用她的休息时间去休息室休息。

在王萍工作的第一周结束时，我们去酒吧庆祝我的生日。王萍和李玉一起来的，和汉密尔顿一起离开的。在他们离开前我们坐了一两个小时。在酒吧我没有看到王萍和汉密尔顿之间的接触。他们双方离开时看上去也没有什么不高兴。

王萍被解雇后，我听到了一些汉密尔顿骚扰她的议论。汉密尔顿没有告诉我他请王萍出去，也没有对我说应该怎样对待王萍。当汉密尔顿在车间转时，我看到他俩经常谈话。因为王萍有点卖弄风情，我以为她在巴结老板呢。

2008年6月2日星期一我给了王萍第一份书面意见书，那是因为她工作拖拉，不在工作的时间太长。如果我给了某个员工一份书面意见书，那个员工和我就要去见汉密尔顿来谈这个问题。

我们俩同汉密尔顿见面时平静无事。他告诉王萍她想试用期满后转成固定员工就必须更好地工作。员工必须在意见书上签字，还可以在上面写意见。当王萍在签字时我离开了办公室。他们谁也没对我说我离开后他们的谈话。

那个星期的另一天，我口头指责了她的着装。车间里很热，王萍把T恤衫的袖子卷起来，并且把T恤衫的下面打了个结，所以她的腹部就露出来了。我告诉她她的着装不合适，把结打开，把袖子放下来。马强说王萍很漂亮，但是我说我们不是在海滩上。

几天以后，王萍穿了一件上面写着“当你在读这些文字时，你正在盯着看”的T恤衫。我告诉她不应该穿那样的T恤衫来上班，休息时反过来穿。马强又说要让王萍立即换过来。王萍觉得很有意思，可我没觉得。

后来一周王萍的工作表现也没有大的改变。有时她工作得很努力，但是我感觉当我在旁边时她才会更努力地工作。2008年6月11日，王萍迟到了。我因为她的迟到、全部的工作表现和不合适的着装，又给了她一份书面意见书。

我给了汉密尔顿一份意见书复印件，他说他会跟王萍谈谈的。那天上午很忙，我没有参加王萍和汉密尔顿的谈话。我不知道他们说了些什么，但是下午晚些时候我看到当汉密尔顿在车间里转时王萍走过去了，他们交谈了一两分钟。

下个周一我和王萍又发生了另一件事。那天车间里很热，王萍应该是在她午饭休息时把水从头上浇下来。当我在车间看见她工作时，她的头发和T恤衫全湿了。我告诉王萍她的外表不合适，马强又说了些话。我感觉到王萍喜欢她所引起的注意。

2008年6月27日周五，王萍又迟到了。当我遇见她时，她说路上堵车。这是她第二次迟到，而且她的工作表现没有丝毫进步。与其再给她一张书面意见书，我决定不如直接找汉密尔顿谈谈这个问题。

周五一整天都很忙，直到员工们离开后我才有机会跟汉密尔顿说话。我告诉他王萍又迟到了，应该被解雇。我们讨论了所有的问题。汉密尔顿说周一王萍来工作时他会解雇她。

我准备了最后一份书面意见书，计划6月30日周一王萍来上班时交给她。我没有看见她进来，大约在8点15分我在她工作的地方见到了她。我把意见书给她，对她说她得立即去见汉密尔顿。我没有去汉密尔顿的办公室，但是一会儿我就看见保安人员护送她出去了。

王萍被解雇几个星期后人力资源部的冯青联系我。她说王萍已向劳动争议仲裁委员会申请仲裁，声称汉密尔顿对她性骚扰。我告诉冯青，汉密尔顿没有跟我说起过请王萍一起出去，而且对王萍的所有指责是我指出的而不是汉密尔顿。

据我所知，王萍是唯一的一个试用期60天未满即被解雇的人，我觉得没有理由拖延这个决定，因为她的工作表现没有进步。

【训练方法】

(1) 以小组方式，共同找出案件争点，设计提问。

(2) 以小组方式，请一位学生扮演陈石，一位学生负责会见接待，另一位学生负责完成会见备忘录。

(3) 请记录的学生和接待的学生共同商议，引导陈石对关键问题做出确认回答。

(4) 模拟会见之后，以小组讨论的方式进行评估，由指导教师做出总体评议。

【训练要求】

(1) 请你设计一份与证据目录联系紧密的提问计划。

(2) 请你在提问计划里，灵活使用开放式提问、封闭式提问和探索式提问。

(3) 请你注意如何通过提问引导会见节奏。

四、信息收集和反馈

信息收集主要有两种途径：一种是直接从当事人处取得，另一种是从其他途径取得。在了解基本案情之后，围绕着案件争点，可以向当事人询问能够从其手中获取的案件材料，比如相关的证人证言等其他证据。在征得当事人同意后，可以对相关材料进行复制保存，留作办案依据。

从其他途径取得信息，要依据案件的性质和具体情况，依法采取不同的程序。行政诉讼案件、刑事案件、民事案件各有不同的诉讼程序，调解和仲裁案件也是如此。还有一些案件没有进入司法程序，因此获知信息的方式也有所不同。诊所学生在学习过程中，要随时关注不同案件实践操作的异同，根据有关的法律法规制度规范，获取有效信息。

以下将举一例，希望能启发大家，发掘不同案件的信息收集方法。

训练 2—4

清华女研究生状告三部委要求公开副部长职权信息案①

【案情简介】

清华大学法学院女研究生要准备一篇关于“我国的副职研究”学术研究论文，从2011年5月中旬开始，就陆续向24个国务院部委提出申请，要求公开各自部委的“副部长分管部门、兼职状况及负责联系的单位”等信息。

在申请政府信息公开的24家部委机关中，国家民委、国家人口和计划生育委员会、农业部、财政部、国家发改委、交通运输部、外交部等7部门都是主动进行信息公开的；经李燕申请主动向社会公开的有商务部和文化部；经申请向李燕本人公开的部委是水利部、中国人民银行、环保部、人力资源和社会保障部。

教育部在6月9日给李燕的答复中，明确拒绝公开副部长职权信息，理由是李燕申请的“各副部长分管部门、兼职状况及负责联系的单位”等信息，属于部机关在日常工作中制作的内部管理信息，与李燕本人的特殊需要无关，根据《中华人民共和国政府信息公开条例》和《国务院办公厅关于实施〈中华人民共和国政府信息公开条例〉若干问题的意见》及其他文件规定，一般不属于政府信息公开的范围。

在被教育部拒绝后，李燕又收到了科技部在7月4日做出的答复，内容是：“根据《中华人民共和国国务院组织法》的规定，各部委实行部长、主任负责制。各部部长领导本部门的工作，召集和主持部务会议，签署上报国务院的重要指示、报告和下达命令、指示。副部长协助部长工作。目前，科技部有5位副部长。在部长领导下，各位副部长的分工是机关内部工作协调机制，工作分工随工作的开展和领导职务的变化不断调整。”李燕认为这样的答复，并未对她所提出申请公开的信息进行披露，等于是没公开。

紧接着李燕又遭到了第三次拒绝：国土资源部在7月11日做出答复称，国土资源部门户网站已经公开了部职责职能及部领导的有关信息，请李燕在国土资源部门户网站（www.mlr.gov.cn）上查询。可是李燕经查阅，国土资源部并未在其官方网站上公布副部长的职责。

李燕向国土资源部、科技部和教育部，申请公开“副部长分管部门、兼职状况及负责联系的单位”等信息被拒绝后，2011年9月9日，她向北京市第一中级人民法院递交行政诉状，要求法院裁判上述三部门履行信息公开义务。

【训练思考】

（1）《中华人民共和国政府信息公开条例》对于政府信息公开的程序是如何规定的？

（2）如果遇到类似的困难，你是否会申请政府信息公开？

---

① 参见万静：《清华女研究生状告三部委要求公开副部长职权信息》，见 http：//www.legaldaily.com.cn/index_article/content/2011-09/14/content_2953118.htm?node=5955，最后访问时间：2011-11-12。

第四节　推荐阅读

一、兴趣阅读案例

例 2—2

乔某诉中华人民共和国铁道部侵害其合法权益案

【案情简介】①

原告乔某不服被告中华人民共和国铁道部关于 2001 年春运期间对部分旅客列车实行票价上浮的行为，于 2001 年 4 月 9 日向本院提起行政诉讼。本院受理后，依法组成合议庭，公开开庭审理了本案。原告乔某，被告铁道部的委托代理人张某、刘某，第三人北京铁路局的委托代理人朱某、上海铁路局的委托代理人沈某、广州铁路（集团）公司的委托代理人陈某到庭参加了诉讼。本案现已审理终结。

2000 年 12 月 21 日，铁道部向有关铁路局发布了《关于 2001 年春运期间部分旅客列车实行票价上浮的通知》（以下简称《票价上浮通知》）。原告认为该通知侵害其合法权益，向铁道部提起行政复议。2001 年 3 月 19 日铁道部对原告做出铁复议（2001）1 号《行政复议决定书》（以下简称《复议决定》），《复议决定》维持了《票价上浮通知》。

原告诉称：首先，依据《中华人民共和国铁路法》第二十五条、《中华人民共和国价格法》第二十条的规定，制定火车票价应报经国务院批准，而此次涨价只有国家发展计划委员会（以下简称国家计委）批复，故《票价上浮通知》的做出缺乏法律依据。其次，依据《价格法》第二十三条的规定，票价上浮应召开有消费者、经营者和有关方面参加的价格听证会，但被告未提供价格听证会的有关文件。故被告做出的票价上浮行为违反了法定程序，属于违法行为。另外，在对《票价上浮通知》申请复议时，其一并提出了对国家计委计价格（2000）1960 号批复（以下简称《计委批复》）的效力予以审查或转送有关部门审查的请求，但被告未履行转送职责，属于不履责行为。故请求本院判决：（1）撤销《复议决定》，并责令被告履行《中华人民共和国复议法》规定的审查或转送审查的法定职责；（2）请求判决撤销《票价上浮通知》。

被告辩称：首先，《票价上浮通知》是针对不特定的对象发布的，且是可以反复适用的行为，故该通知属于抽象行政行为，依法不能提起行政诉讼。其次，《复议决定》是维持《票价上浮通知》的行为，依据《中华人民共和国行政诉讼法》的有关规定，原告不能对维持原行政行为的复议行为提起诉讼。最后，《票价上浮通知》是依法做出的，未侵害原告的合法权益，且与原告也没有法律上的利害关系，故请求法院依法予以支持。

第三人北京铁路局认为：《票价上浮通知》对原告没有行政强制力，不是具体行政行为，应属于抽象行政行为，不可诉，乔某亦不具有原告主体资格，并且铁道部所作的《票价上浮通知》是合法的，故请求判决驳回原告的诉讼请求。

第三人上海铁路局认为：《票价上浮通知》是合法合理的，请求判决予以维持。第三人实施《票价上浮通知》的行为属于铁路运输企业经营行为，其合法权益应予以法律保护。

---

① 节选自北京市第一中级人民法院（2001）一中行初字第 149 号行政判决书。

第三人广州铁路（集团）公司认为：《票价上浮通知》是合法的，应判决予以维持，第三人的铁路运输经营行为亦是合法的，应予以法律保护，故请求判决驳回原告的诉讼请求。

庭审中被告所举证据有：

1. 铁道部铁财函（1999）428 号《关于 2000 年铁路春运票价浮动的函》。

2. 国家计委计价格（2000）8 号《关于 2000 年春运期间对部分铁路旅客列车实行浮动票价问题的批复》。

上述证据 1、2 用以证明铁路票价上浮的惯例。

3. 铁道部铁财函（1998）305 号《关于下放部分铁路客票价格定价权限的函》，用以证明铁道部向有关部门建议，随着市场经济的发展，铁路客运价格应当以及如何引入市场调节机制的问题。

4. 国家计委计价格（1999）1862 号《关于对部分旅客列车运输实行政府指导价的请示》，用以证明国家计委向国务院请示，拟将原由国务院行使的制定火车票价的审批权部分授予国家计委的意见。

5. 国务院办公厅国办发（1993）81 号《国家行政机关公文处理办法》。

上述证据 5 用以证明国家计委计价格（1999）1862 号的请示得到国务院的批准。

6. 铁道部铁财函（2000）253 号《关于报批部分旅客列车政府指导价实施方案的函》，用以证明铁道部根据国家计委计价格（1999）1862 号文的要求，向国家计委上报拟定对部分旅客列车实行政府指导价，其中包括在春运期间票价上浮的有关实施方案。

7. 国家计委计价格（2000）1960 号《关于部分旅客列车票价实行政府指导价有关问题的批复》，用以证明国家计委对上述铁道部铁财函（2000）253 号方案同意的批复意见。

8. 铁道部《关于 2001 年春运期间部分旅客列车实行票价上浮的通知》，用以证明铁道部根据国家计委计价格（2000）1960 号批复，向各有关铁路局发布 2001 年春运期间部分旅客列车票价实行上浮的通知。

9. 铁复议（2001）1 号《复议决定》，用以证明铁道部对乔某所提《票价上浮通知》的复议申请予以维持的结论。

10. 国家计委办公厅计办价格（2000）931 号《关于颁布铁路旅客票价有关问题的复函》，用以证明铁路旅客票价颁布的有关程序问题。

11. 铁路旅客运输管理规程之旅客票价表，用以证明铁道部公布票价的职责、程序等。

12. 国务院国办发（1998）85 号《关于印发铁道部职能配置内设机构和人员编制规定的通知》，用以证明有关铁道部职责权限及铁路局性质等问题。

13. 国务院《关于重要生产资料和交通运输价格管理暂行规定》。

14. 国家物价局关于颁布《国家物价局及国家有关部门分工管理价格的重要商品和交通运输目录》。

上述证据 13、14 用以证明铁路客运价格的性质。

15.《国民经济和社会发展第十个五年计划纲要》。

16. 国家领导人有关铁路发展、体制改革、经营管理等方面的讲话。

上述证据 15、16 用以证明铁路价格管理体制的性质以及随着市场经济发展所发生的变化状况等。

17. 历年春节期间铁路运输繁忙紧张的有关新闻报道，用以证明涨价的必要性。

18. 国务院国阅（1996）43 号《关于研究铁路协议运输及收费问题的会议纪要》，用以证明国务院及其有关所属部门针对市场经济多元化发展的状况，研究建立铁路运价管理新体制的思路。

19. 铁道部铁财（1996）120号《关于铁路运价管理体制改革建议的报告》。

20. 铁道部铁财（1997）37号《关于铁路运价体制总体改革建议方案的报告》。

上述证据19、20用以证明改革铁路运价体制的必要性及基本思路。

21. 城乡居民家庭人均收入增长与铁路旅客票价上涨对比表，用以证明票价上浮幅度的可行性。

22. 有关2001年春运情况与近年春运情况的对照资料。

23. 有关铁路局春运客流调查报告。

上述证据22、23用以证明春运期间对部分高峰线路采取旅客票价上浮以缓解运能压力的必要性。

24. 乔某在提起行政复议时提供的1月17日石家庄开往磁县、1月22日石家庄开往邯郸的火车票各一张。被告认为仅以该火车票不能证明原告乘坐了上述列车，因此不能证明原告与被诉行政行为有法律上的利害关系。

庭审中原告所举证据有：

1. 铁复议（2001）1号《复议决定》，用以证明铁道部对其所提《票价上浮通知》的复议申请予以受理并维持的具体行政行为。

2. 被告出具的收到原告提交的两张火车票的收据，用以证明其乘坐了涨价的火车。

庭审质证时，原告对被告提供的证据1、2、3、15、16、17、18、21提出异议，认为该8份证据与本案无关或与证明被诉行政行为合法性无直接关系。对证据4、5、6、7、11、19、20提出异议，认为不能证明本案所争议的旅客票价上浮行为经过了国务院的批准，亦不能成为旅客票价上浮的依据。对证据11提出异议，认为不属于计委的批复。对证据12、13、14提出异议，认为不能证明旅客票价上浮行为合法。对证据22、23提出异议，认为数据片面，只有上浮对比，没有下浮对比，缺乏说服力。对证据24没有异议，并认为被告的推断没有根据。被告对原告的异议予以辩驳，认为证据1～15能够证明其调整客运价格的行为符合有关法律规定及程序规定。证据16～23能够证明其调整客运价格的行为具有事实依据，合法适当，不是任意行政行为。被告对原告提供的证据的真实性无异议。

经庭审质证，本院认为被告提供的证据4、5能够证明国务院根据全国铁路客运业在市场经济发展的影响下所发生的根本变化，为促进铁路客运市场的健康发展与合理竞争，将其依法行使的部分客运价格调整与制定的审批权授予国家计委。被告提供的证据6、7、8、10、11能够证明铁道部2001年春运期间调整部分旅客列车票价上浮所履行的拟定、申报、审批、公告程序。被告提供的证据22、23能够证明历年春运期间均出现客运高峰，对此有针对性地通过部分旅客票价上浮的行政调节措施，从而缓解旅客流量、流向高度集中与运能有限的矛盾与压力。被告提供的证据12能够证明铁道部与铁路局的职责权限以及铁路局的机构性质等。被告提供的证据24不能否认原告没有乘坐涨价后的列车。被告提供的证据10能够证明被告依法作为复议机关，受理了原告向其提起的复议申请并对该申请做出维持的决定。对上述证据本院依法予以采信。被告提供的证据13、14、15、16、17、18、19、20、21能够说明我国铁路客运价格管理体制的性质，以及随着市场经济的发展，铁路客运在运力、服务等多方面出现的不相适应和有关部门为适应市场经济多元化发展，研究改革和建立铁路运价管理新体制的思路等有关情况，虽然对本案定性与裁判无直接关系，但可以作为本案裁判的参考资料。被告提供的证据1、2、3与本案所诉行政行为的合法性审查无直接关系，本院不予评价。

本院根据以上有效证据认定以下事实：1994年以来，随着市场经济的加速发展，铁路客运市场形势发生了根本性的变化。为适应市场经济的发展，促进铁路客运与公路、民航的合理竞争和全国运输市场的健康发展，国务院及其所属的铁路行政主管部门和国务院其他有关所属部门开始逐步改革并试行引进新的客运价格行政管理体制。为此，1999年11月8日，国家计委以计价格（1999）1862号文件向国务院请示关于对部分旅客列车运价实行政府指导价的有关问题。在该请示的第二部分中请示了“允许部分铁路客运票价适当浮动”，如“（一）允许客流较大线路、经济发达地区线路和春运、暑运、节假日客运繁忙线路的铁路旅客票价适当上浮”等问题，并请示拟将原由国务院行使的制定和调整铁路客运票价的审批权部分授予国家计委的有关问题。如“（四）跨局行驶的旅客列车，由铁道部负责确定浮动的区域、线路和时间，报国家计委批准后实施”等请求授予权限的问题。同月，国务院批准了该请示。2000年7月25日，被告根据国务院批准的计价格（1999）1862号请示的要求，以铁财函（2000）253号《关于报批部分旅客列车政府指导价实施方案的函》向国家计委上报，拟定对部分旅客列车实行政府指导价，其中包括在春运期间实行票价上浮的有关实施方案。同年11月8日，国家计委依据国务院的授权，以计价格（2000）1960号《关于部分旅客列车票价实行政府指导价有关问题的批复》批准了被告的上述实施方案。同年12月21日，被告根据国家计委计价格（2000）1960号批复做出《票价上浮通知》。该通知确定2001年春节前10天（1月13日～22日）及春节后23天（1月26日～2月17日）北京铁路局、上海铁路局和广州铁路（集团）公司等始发的部分直通列车实行票价上浮20%～30%。为此，原告购买的2001年1月17日2069次列车到磁县的车票多支付5元，购买的1月22日2069次列车到邯郸的车票多支付4元。

本院认为，依据《行政诉讼法》第二条、第十二条第（二）项，最高人民法院《关于执行〈中华人民共和国行政诉讼法〉若干问题的解释》（以下简称《最高法院解释》）第三条的规定，人民法院应当受理对具体行政行为不服而提起的行政诉讼。《票价上浮通知》是针对有关铁路企业做出并设定和影响有关铁路企业经营权利和义务的行为，故该《票价上浮通知》应认定为具体行政行为，对其提起的行政诉讼应当属于人民法院受案范围。原告作为购票乘客，虽不是《票价上浮通知》所直接指向的相对人，但因有关铁路企业为执行《票价上浮通知》而实施的经营行为影响到其经济利益，依据《最高法院解释》第十二条的规定，其与《票价上浮通知》有法律上的利害关系，有权就《票价上浮通知》提起行政诉讼。被告和第三人北京铁路局关于《票价上浮通知》不是具体行政行为，不能对此提起行政诉讼及乔某不具备原告主体资格的意见缺乏法律依据，本院不予支持。

被告所作的《复议决定》，因其认定的事实、适用的依据、论述的理由及复议的结论均与原行政行为相一致，没有改变或做出新的行政行为，故应认定该《复议决定》是维持原行政行为的行为。依据《行政诉讼法》第二十五条第二款、《最高法院解释》第五十三条第一款的规定，原告对维持原行政行为的复议决定不服的，应当以做出原行政行为的行政机关为被告，对原行政行为提起行政诉讼。原告坚持对《票价上浮通知》和《行政复议》同时提起行政诉讼的请求缺乏法律依据，本院不予支持。原告关于确认被告在复议期间未根据其一并提起的审查申请，将《票价上浮通知》所依据的《计委批复》转送有关机关审查属于不履责的请求，因相关复议行为不属于本案审查范围，故该请求本院不予支持。

根据1990年《铁路法》第二十五条“国家铁路的旅客票价率……由国务院铁路主管部门拟定，报国务院批准”，《价格法》第五条“国务院价格主管部门统一负责全国的价格工作。国务院其他有关部门在各自的职责范围内，负责有关的价格工作”，第二十条“国务院价格主管部门和其他有关部门，按照中央定价目录规定的定价权限和具体适用范围制定政府指导价、政府定价；其中重要的商品和服务价格的政府指导价、政府定价，应当按照规定经国务院批准”

等的规定，被告有对全国铁路客运价格调查拟定和管理实施的法定职责。近年来随着国家经济的全面发展，全国范围内的人口流动数量越来越大，致使历年春节期间铁路旅客运输量骤增、骤减的状况越来越突出，在一些重点城市已经造成一些严重的社会问题。因此，调整和缓解春运期间客运量与铁路运能的突出矛盾，是保证铁路客运正常发展的客观需要。为此，被告根据《价格法》第二十一条“制定政府指导价、政府定价，应当依据有关商品或者服务的社会平均成本和市场供求状况、国民经济与社会发展要求以及社会承受力，实行合理的购销差价、批零差价、地区差价和季节差价”的规定，依职权拟定的《票价上浮通知》包含了市场需求、地区差别、季节变化和社会承受力等因素，符合上述法律规定及客运市场的价值规律。但是，由于铁路客运价格关系广大群众切身利益，属于国家重要的服务性价格，为保证其统一和规范，保证国家和广大群众的利益，客运价格依法纳入了政府定价、政府指导价范畴，其制定和实施均应当经过法定程序申报和批准。被告做出的2001年春运期间部分旅客列车价格上浮的决定，是经过有关程序做出的，即被告经过有关市场调查、方案拟订、报送国家计委审查，国家计委在国务院授其批准的权限范围内予以批准，被告依据国家计委的批准文件做出《票价上浮通知》的程序未违反有关法律规定。原告认为被告所作的《票价上浮通知》未经国务院批准，被告未能提供已组织价格听证会的证据，因而应判定被诉行为违反法定程序的诉讼请求缺乏事实依据和法律依据。且依据《价格法》第二十三条的规定，主持价格听证会不属于被告的法定职责，故本诉并不涉及价格听证及其相关问题。原告据此认为被告所作《票价上浮通知》程序违法，要求予以撤销的诉讼请求本院不予支持。综上所述，依照《中华人民共和国行政诉讼法》第二条、第十二条第（二）项、第二十五条第二款，最高人民法院《关于执行〈中华人民共和国行政诉讼法〉若干问题的解释》第三条、第十二条、第五十六条第（四）项，《中华人民共和国铁路法》第二十五条，《中华人民共和国价格法》第五条、第二十条、第二十一条，判决如下：

驳回原告乔某的诉讼请求。

本案案件受理费80元，由原告乔某负担（已交纳）。

如不服本判决，可在判决书送达之日起15日内，向本院递交上诉状，并按对方当事人的人数提出副本，上诉于北京市高级人民法院。

【训练思考】

（1）本案的争议焦点是什么？

（2）阅读本判决书后，你是否掌握了判决书的阅读方法？

例 2—3

限期卖羊令案①

【案情简介】

2016年7月11日，山西临汾市蒲县黑龙关镇农民陈齐（化名）决定“豁出去了”，要赶着羊逃出蒲县。陈齐因腰伤严重不再外出打工，在村里靠养奶羊过活。经过苦心经营，如今已达到150多只羊的规模，但2016年6月，村主任告诉他，镇上要封山禁牧，10天内他必须把羊卖掉，否则就要罚款。两年前，农民被镇政府鼓励走“羊”路发“羊”财，并从贷款、技术、

① 新华网，2017-03-19.

补贴等方面给予全方位的扶持。然而，谁能料到，两年后镇政府却突然以封山禁牧之名发布“限期10日卖羊令”，让农民致富美梦戛然而止。

【训练思考】

如果陈齐来诊所寻求帮助，你该如何为他出谋划策？

例2—4

冉某故意杀人案①

【案情简介】

重庆市人民检察院第三分院以渝检三分院刑诉（2011）05号起诉书，指控被告人冉某犯故意杀人罪，于2011年2月23日向本院提起公诉。本院依法组成合议庭，公开开庭审理了本案。重庆市人民检察院第三分院指派代理检察员黄某出庭支持公诉，被告人冉某及其辩护人陶某到庭参加诉讼。现已审理终结。

公诉机关指控：被告人冉某与其丈夫张某于某年结婚后，因家庭琐事长期争吵，经常被张某打骂。1998年4月6日，冉某趁张某外出放牛之际，将家中的老鼠药毒鼠强放入煮好的小汤圆碗中。当日下午5时许，张某回家食用冉某放有毒鼠强的汤圆后中毒死亡。经法医鉴定：张某系毒鼠强中毒死亡。

针对上述指控，公诉机关在法庭上举示了接受刑事案件登记表，证人张某某、张某、张某、杨某某、张某某、张某某、张某某、华某某、张某某、华某某、张某某等人的证言、物证检验报告、尸体检验报告、现场勘验笔录以及被告人冉某的供述等证据。公诉机关认为，被告人冉某的行为构成故意杀人罪。提请本院依法判处。

被告人冉某对起诉书指控的事实无异议。其辩护人提出，本案系家庭纠纷引起，被害人有明显过错，被告人冉某认罪态度好，建议对其从轻处罚。

经审理查明：被告人冉某与其丈夫张某于1961年结婚，婚后因家庭琐事经常被张某打骂。1998年4月6日上午，张某又与冉某发生争吵，张某要将冉某赶出家门，冉某遂产生毒死张某之念。当日中午1时许，冉某趁张某外出放牛之际，将家中的老鼠药毒鼠强放入一碗煮好的小汤圆里，并将该碗汤圆放入厨房碗柜里。后冉某离家到丰都县湛普镇其女儿张某的家中。当日下午5时许，张某放牛回家，因食用冉某放有毒鼠强的汤圆后中毒死亡。经法医鉴定：张某系毒鼠强中毒死亡。2010年10月11日，被告人冉某在重庆市黔江区被公安机关抓获。

认定上述事实，有经庭审质证、认证的下列证据证明：

1. 接受刑事案件登记表载明：据群众报案称，1998年4月6日，冉某因家庭矛盾，在重庆市涪陵区罗云乡铜矿山村1组的家中将其丈夫张某毒死。公安机关遂立案侦查。

2. 证人张某某证实：从她懂事以来，她父亲张某经常为一些小事殴打她母亲冉某，记得最深的一次是她父亲骑在她母亲背上又打又骂。在她父亲死后，她听杨某讲，她父亲要与她母亲分家，她父亲叫她母亲把家里的腊肉、谷子、铺盖分了自己滚。1998年农历三月十日左右天要擦黑的时候，她母亲到丰都县湛普镇春安村她家中，说是去耍。当晚，华某某到她家说她

① 节选自重庆市第三中级人民法院（2011）渝三中法刑初字第9号刑事判决书。本案原判决书中对证人等的姓名未作区分，将多人称为张某某、华某某，故此处除将被害人张某某处理为张某外，其他人无法一一区分。——编辑注

父亲死了，叫她们回去办后事。当时她母亲也没伤心，也没表示要回去，第二天上午她母亲才回去的。由于要照顾小孩，她是过了两天才回去的。在“坐夜”那天晚上，幺叔张某某和一些村民都在说她父亲是她母亲毒死的，并说她父亲是吃汤圆类的东西后死亡的。她问她母亲为什么要这样做，她母亲说：“张某把我做过分了，没办法才弄死他的。”在约半个月后，张某某对她讲，幺叔张某某报了案，她母亲得到消息后就跑了。后听说跑到河南躲藏，跟着一个姓刘的老汉收破烂。2010 年七八月份，姓刘的老汉给她说派出所在调查她母亲，她才到河南把她母亲接回重庆黔江，让张某某照顾。

3. 证人张某证实：他父亲张某和他母亲冉某的关系一直不好，他父亲经常打他母亲。记得他小的时候，有一次他父亲把他母亲打得头破血流。他父亲德性不好，他的母亲要勤快些，什么农活都做。1998 年农历三月十日，他去给同队的刘某胜抽水，中午回到家，他叔娘杨某某告诉他，他父母又打架了。他听后很生气，就跑到丰都县三合镇丁庄村他哥张某某家中去了。当天晚上八点钟左右，他幺叔的儿子张某某和华某某到张某某家，说他父亲去世了。他听后很吃惊，因他父亲身体很好。他和张某、张某某、华某某一同到丰都湛普镇他姐姐张某某家，见到他母亲也在他姐姐家。由于他姐姐要带小孩，天又在下雨，他们就没让他姐姐和他们一起回去。当时他母亲也没有主动说要和他们一起回去，只是坐在床上发呆。他们走的时候，他母亲当着他和张某某、华某某的面叫他回家后，不要吃碗里煮好的汤圆，也不要拿去喂猪和喂鸡，要马上拿去倒了。

他们到家后，看到他父亲尸体放在床前木板上，脸上是黑色的，感觉死得很不正常。听他幺叔张某某说，当时听到他父亲在家里“哇哇”乱叫，并看见他爸爸口吐白沫。同村的张某某说，在路过他家时，还看见他父亲在吃汤圆。他当时就怀疑是汤圆里有毒，就和他哥去看坛子里面的汤圆，见坛子的边边有些红色的点点，他就将汤圆倒在了自家的厕所里面。他母亲是第二天上午回的家，他姐姐是第三天回去的。三天以后，他们就将他父亲埋在了他家后面左边的坡上，家后面的右边是他奶奶的坟。过了一个多月，听说罗云派出所要去抓他母亲，他母亲就跑到丰都躲了几天，他将他母亲送到丰都的船码头，之后就没联系了。2010 年七八月份，他姐张某某说母亲在河南，公安在调查，要他找个地方把他母亲安顿好。他将他母亲接到黔江正阳打工的地方租房住。其间，他专门就他父亲死亡的事情问他母亲，他说：“妈妈，你这样做(毒死父亲)，给他们造成的伤害多大，你晓得不?”他母亲一边流泪一边说：“你们都晓得，你爸爸经常打我，现在我的头痛病，就是他造成的，他把我逼得实在没得办法了!”他觉得父亲也死了那么多年，母亲也活不了几年，如送到公安机关去要少活几年，所以就没有把他母亲送到公安机关。

4. 证人张某某证实：张某是他哥哥，冉某是他的嫂嫂。张某和冉某感情不好，经常打架和吵嘴。案发当天上午，张某和冉某又在吵嘴，张某把铺盖和腊肉装在一个背篼里面，喊冉某“滚”。他是第一个发现张某出事的人，时间是 1998 年农历三月十日下午天要黑的时候，他们家的厨房和张某的房子就隔了一个土墙，当时他在厨房里听见张某在隔壁“哇哇”乱叫，他觉得不对劲，跑过去看见张某在牛圈里面，他问张某啷个了，张某手舞足蹈地“哇哇”乱叫。他不晓得是啷个一回事，就跑去附近找村医张某某。几分钟后，他和张某某跑回去看见张某已经倒在地上，口吐白沫，四肢硬起，没乱舞了。张某某一看就说是中毒了，他和张某某就把张某抬到床上。张某某抢救了一会，张某还是死亡了。张某刚死亡时脸色发乌、发青，后来下葬的时候脸色更乌更青。张某每天上午牵牛出去放，下午四五点回家吃饭，案发当天也是下午四五点钟回的家。张某死亡的时候，冉某不在家，是第二天才回去的。在料理后事这几天，冉某一点也不悲伤。后来公安机关调查张某死亡的事情时，冉某就跑了。张某死亡后，他们都看见有一碗小汤圆，是一个白土瓷碗装起的，没剩几个了，汤圆是白色的，没变色。听说张某某回来把汤圆倒掉了。

5. 证人杨某某（证人张某某妻子）证实：他家紧挨着冉某的家住。张某与冉某平时关系不好，张某是个脾气暴躁的人，平时为点小事经常打骂冉某，三天两头都在吵架。在1998年农历三月十日上午8点钟左右，她听到张某和冉某又在吵架。冉某对她讲，张某要把鸡、腊肉、谷子分给冉某，要冉某离开家。后来她和丈夫张某某就上坡去了。中午1点多钟回去，看到冉某一个人在家。天擦黑，她丈夫先回家，她后头回去看见张某已死了。她在张某灶屋里看到有一碗未吃完的汤圆。第二天上午冉某才回去。张某死亡后，她丈夫张某某想不通，张某身体很好，不会无缘无故死亡，于是隔了些时间就报了警，后来冉某就跑了，之后一直没看到过冉某。她没有听说张某、冉某的生活作风有问题，也没听说与其他人结仇。

6. 证人张某某证实：他是乡村医生，学习过诊断中毒和抢救中毒的医疗知识。1998年农历三月十日下午，他抢救过张某。张某当时口吐白沫，手脚发硬，说不出话，后来眼睛鼓起不动了，只有出气没有进气，并且脸色发青发乌。根据这些现象，他怀疑是药物中毒。从抢救张某到张某死亡，只有十几二十分钟；如果是食物中毒，发作和死亡时间没这么快。

7. 证人张某某（罗云乡铜矿山村村主任）证实：张某脾气不好，很暴躁。冉某和张某几十年感情一直都很不好，两口子经常吵嘴和打架，冉某打不赢、骂不赢张某。张某死亡的当天，他们在张某家厨房的灶台上看到一碗还剩有几个小汤圆的白色瓷碗，小汤圆没变色，当晚被张某某倒掉了。他联想到村医生张某某说张某可能是中毒死亡，他和张某某就在厨房看了一遍，在厨房灶台附近的墙体缝隙中发现了一张纸，他把那张纸拿给华某某等人看，他们都觉得是一张包老鼠药的纸。因为在当时他们每家每户基本上都有老鼠药，对包装纸都很熟悉，当时一看到那张纸，都说是包老鼠药的纸。那种老鼠药叫“一步倒”，白色粉末，当时在罗云场的流动摊上都能买到，后来国家禁止卖了。

8. 证人张某某（罗云乡铜矿山村村主任）证实：张某和冉某是夫妻关系，张某的脾气很暴躁，村民都很清楚。从1964年开始，张某和冉某经常吵嘴、打架。案发当天，也就是1998年农历三月十日下午5点多钟，他当时担粪去淋洋芋，路过张某家门口的时候，看见张某蹲在门口，端起一碗小汤圆在吃。他在地里还没淋完一桶粪，张某某就跑去说张某不行了。他立即跑过去，村医生张某某已经在那里了，他看见张某躺在地上，他们赶紧跑过去喊张某，但张某已经不能回答了。当时张某口里吐出很多白泡沫，眼睛鼓起，四肢直起。他们将张某抬到床上，张某某抢救了一会，但没得行。当时他看见张某厨房灶台上有碗小汤圆，是一个白色土瓷碗，里面还剩下几个。当时他就怀疑张某是吃了小汤圆中的毒，就将那碗汤圆拿到堂屋，准备等张某的娃儿回去后，将剩下的汤圆拿去喂鸡做试验。后来张某某、张某某回来后，那碗汤圆就不见了。当天晚上，他在张某厨房灶台附近的墙缝中发现了一张纸，这张纸的大小和他们平时很多家买的老鼠药“一步倒”的包装纸一样。当时在罗云场上的流动摊上可以随时买到“一步倒”老鼠药。由于毒性太强烈，后来国家禁止卖了。张某某死亡的当天，华某某和张某某到丰都通知张某某和张某某回去，冉某是第二天才回去的。在张某的葬礼上，冉某一点都不悲伤。公安机关调查时，冉某就跑了。因此，他们当时都怀疑张某是冉某毒死的。

他亲眼看见张某下葬的。张某埋葬后约一个月，公安机关去开棺验尸，他在现场，尸体是张某。

9. 证人华某某证实：张某死亡的当天晚上，张某某和张某某在张某某家的厨房灶台附近的墙缝中发现一张纸，他们看过后，都觉得与老鼠药的包装纸是一样的。因当时铜矿山的农户基本上都在毒老鼠，家家都有老鼠药，是一种白色粉末的老鼠药，叫“一步倒”。在张某家发现的那张纸与他们农户用的老鼠药包装纸大小、颜色（白色）、质地都一样。张某死亡后，他们都在帮忙料理后事，他见过张某的尸体，脸色乌黑。

10. 证人张某某证实：张某是他大伯，冉某是他大伯妈。从他记事开始，张某和冉某的感情就不好，经常吵嘴、打架；他曾看见张某拿一把杀猪刀追冉某。1998 年农历三月十日下午天快黑的时候，他放牛回去，华某某说他大伯死了，让他一起到丰都去通知人。他们赶到丰都通知了张某某、张某某，当时冉某也在张某某家。冉某听到张某死了的消息时，只轻轻地叹了一声“哎呀”，没得吃惊的表情，也没问一下张某是怎么死的，好像她晓得张某的死因一样。他们从张某某家准备返回时，冉某叫张某某回到家以后，要将屋里煮的汤圆倒了，一定要倒在猪圈粪池里，不要喂鸡喂狗。三天后，他们就将张某埋在他们家后面的山坡上了。后来公安机关去调查张某的死因，冉某就跑了，之后一直没见过冉某。

11. 证人华某某（铜矿村四社社长）证实：冉某和张某关系不好；张某脾气很怪，经常打骂冉某。冉某和张某在村上的作风都较好。张某在村上没有与谁结仇，为人较正直。1998 年农历三月的一天，听说张某在屋里不行了，他去看到张某某在给张某喂药，医生张某某也在。随后，他和张某某到丰都县湛普镇去给张某的儿女报信。在张某某家，冉某叫张某某、张某某回去把家里汤圆倒了，不要喂猪。村上的人都认为张某死得奇怪，后来好像是张某某报了警。

1998 年，他是村上的管理员，和村上的干部一起参与了张某后事的料理。张某下葬在张某屋后坡上。2010 年，公安人员挖墓开棺的墓地，绝对是张某的墓。张某当年下葬时，他在场；附近除了张某母亲的墓，没有其他墓地。

12. 证人张某某证实：张某是他大伯，张某和冉某的关系不好。从他懂事起，张某经常为琐事打骂冉某。张某在村上没与其他人结仇，村上的群众都在议论是冉某毒死张某的。案发后约一个月，公安机关去调查，公安局的车停在张某的坝子上，他说可能要来抓哪个人，冉某就离开了家。

13. 被告人冉某供述：她于 1961 年和张某结婚。结婚后才晓得张某的性格不好，脾气暴躁，经常打骂她。结婚不久，张某拿一根竹竿将她打在地上，有一次张某用一根麻绳将她捆起打，还有一次张某在田坎上骑到她的身上，把她的头反复按在水里，每个月她都要被张某打。特别是 1975 年她生了张某某以后，安节育环偏离了位置，张某经常强行与她“同房”（发生性关系）；如果不顺从，张某就变本加厉地打骂她，还把她不愿意“同房”的事情说给别人。从 1975 年到 1998 年，她的日子过得很痛苦，她对张某没得一点感情，但为了三个娃儿，她只有忍了。1998 年农历三月十日（公历 4 月 6 日）早上，张某因头天晚上提出与她同房被她拒绝，张某心中有气，将铺盖和几块腊肉放在一个背篼里，叫她滚出去嫁给别人；她说她没有去处，张某就说“那你闹死（毒死）我嘛”。之后，张某就牵牛出去了。她听了张某的话之后，非常气愤，心中一直不舒服。后来她回家煮汤圆吃，煮了一碗小汤圆，因没有放糖不好吃，就放在灶台上不吃了。心想这么多年，她被张某打骂都忍了，但张某仍不罢休，还要她滚，便产生了将张某毒死的想法。于是，她将家里剩下的半包老鼠药放入她没吃的汤圆碗里，并将汤圆放在碗柜中，因为她知道张某放牛回家后，肯定会找东西吃。之后，她就到她女儿张某某家去了。当晚，在女儿家吃过晚饭，张某某、华某某就去告诉她们，说张某在家里死了。张某某、张某某和她女婿就与张某某等人回去了。在张某某走之前，她让张某某回去把吃剩的汤圆倒进茅厕里，别拿去给鸡吃。第二天上午，她才回去。回去后，她在厨房的水洞处发现有个小汤圆，应该就是张某某倒汤圆时留下的，还没有流到猪圈屋茅厕中。她在家里没管张某的后事，也没哭。第三天，张某就被埋在她们家左后侧山林里。埋了张某之后的一天晚上，张某的儿子张某某和张某某跑去说派出所的人要去抓她，她便躲到树林里，当晚都没敢回家。之后，她在附近躲了一段时间，直到当年端午节前一天才回家。端午节早上，张某某送她到丰都码头坐船，后到河南省泌阳县郭集乡她侄女周某某处。她去的当天就把事情告诉了周某某。后周某某的丈夫怕受影响，便将她介绍给刘某某，她就和刘某某一起生活了12年。

她当时放在汤圆碗里的是家里剩下的半包白色粉末的老鼠药，卖药的人（罗云乡跑滩的，不认识）说白色的老鼠药无色无味，毒性大。她曾经将拌了这种老鼠药的饭倒在地上，结果家里的三四只鸡和两只小猪儿吃后都死了。她将包老鼠药的纸随手丢在灶房屋地上。张某死后，听说社长华某某等人在灶屋里捡到那张纸后塞到了墙缝里。案发当天，她离开家的时间大约在下午三四点钟，她到女儿家大约有30里路，走到时天要黑了。

2010年六七月份，听说派出所在找她，女儿张某某接她回的重庆。之前，她和儿女都没有联系过。她毒死张某的事，张某某、张某某、张某某问过她，她没否认。从河南回重庆黔江住后，张某某单独问她，她才明确承认自己毒死张某的事。她与张某在当地都没有与人结仇，大家都晓得张某性格暴躁、冲动，但爱帮忙，没有得罪人。

14. 公安机关出具的抓获经过载明：2010年10月初，民警查明冉某于2010年8月初逃至重庆市黔江区。2010年10月11日晚，办案民警在黔江区正阳镇319国道附近朝阳居委一出租房内将冉某抓获。经审讯，冉某对故意毒死张某的犯罪事实供认不讳。

15. 户口信息、常住人口登记表载明：张某与冉某系夫妻关系。

16. 公安机关制作的现场勘验、检查笔录载明：（1）出勘情况：1998年5月4日14时30分，刑警大队陈涛带领侦查、技术人员赶赴现场，对张某的尸体进行开棺验尸。开棺验尸现场：尸体埋在罗云乡铜矿山村一社北面山坡上（土地名为杉树盘），该坟墓为一新鲜坟墓，坟墓前搭有花圈。坟墓北为山坡，东、西、南面为庄稼地。张某家现场情况：张某家为一土墙瓦房，坐北朝南。其分布为：东南为堂屋、东北为厨房、西南为卧室、中间南面为张某某卧室、中间北面为猪圈。堂屋中：堂屋中间摆放有两张方桌。厨房中：靠厨房南墙正中为南北向的灶台；靠厨房北墙西侧为碗柜。张某卧室中：靠西北墙角为木架子床。现场其他无异常。（2）法医现场勘验登记表、收案登记表载明：1998年5月5日上午9点，法医提取死者胃及胃内容物300g送检，从死者家墙壁缝内提取“老鼠药”一包、白纸一张。（3）2010年10月22日现场勘验检查笔录、现场示意图、照片载明：开棺验尸从2010年10月22日11时0分开始，至2010年10月22日12时10分结束。开棺验尸方位为涪陵区罗云乡铜矿山村四组。罗云乡铜矿山村四组北部为杉树盘山，中间一条东西向的机耕道（西到丰都、东到罗云街上）。张某坟地北在杉树盘上中部南面灌木丛（土地名为青杠林）中，坟地北、东、西三面为灌木丛，南面为庄稼地，坟地上长满杂草及低矮灌木。开棺验尸中，在尸体胃所在部位及附近提取检材适量、尸体下葬时衣物及黏附物适量、尸体下方刮取物适量、死者棺木旁土壤适量。

17. 鉴定意见：（1）中华人民共和国公安部物证检验报告，公物证鉴字［2010］7189号载明：送检材料：1）死者胃部及附近提取物，10g，物证袋包装，编为1号检材；2）死者下葬时穿的衣物及黏附物（胃附近区域），50g，物证袋包装，编为2号检材；3）死者棺木上刮取物（胃附近区域），20g，物证袋包装，编为3号检材；4）死者棺木旁土壤，70g，物证袋包装，编为4号检材。鉴定要求：毒鼠强定性检验。检验方法：取所送检材各一定量，采用IF-SC321-04方法分析。检验结果：从所送1号、2号、3号检材中均检出毒鼠强成分，从所送4号检材中未检出毒鼠强成分。（2）张某某法医学尸体检验报告，渝涪公（物）鉴（法）字【2010】515号载明：根据案情需要，重庆市涪陵区公安局办案民警分别于1998年5月4日下午和2010年10月22日上午对死者张某某坟墓进行了两次开棺验尸，提取物证送检。一是检验对象：死者张某某。鉴定要求：明确死亡原因。检验地点：重庆市涪陵区罗云乡铜矿山村四组。二是检验过程：1）1998年5月4日下午开棺验尸：打开棺木盖板，见死者着寿衣，颜面部高度腐败，成巨人观。剪开腹部的寿衣后，剖开腹腔提取死者胃及胃内容物300g送检。1998年5月6日送检，检验结果为：未检出磷化锌（见收案登记表）。2）2010年10月22日上午开棺验尸：打开棺木盖板后见衣着已经破损，尸体已经白骨化，各骨所在解剖位未见异常，颅骨、下颌骨、椎骨、肋骨、四肢诸骨等均未见骨折。在尸体胃所在部位及附近提取部分检材、尸体下葬时衣物及黏附物、尸体下方刮取物（棺木上）、死者棺木旁土壤等检材送检。毒化检验：中华人民共和国公安部物证检验报告（公物证鉴字［2010］7189号）结果：死者胃部及附近提取物、死者下葬时穿的衣物及黏附物（胃附近区域）、死者棺木上刮取物（胃附近区域）均检出毒鼠强成分；死者棺木旁土壤未检出毒鼠强成分。三是论证：根据尸体检验，可以排除骨折情况。开棺验尸中提取的死者胃部及附近提取物、死者下葬时穿的衣物及黏附物（胃附近区域）、死者棺木上刮取物（胃附近区域）均检出毒鼠强成分，死者棺木旁土壤未检出毒鼠强成分，说明下葬地方的土壤中不含毒鼠强成分，所检出的毒鼠强成分应该来自死者，而正常人体内不含毒鼠强成分（毒鼠强本身为剧毒化学物质），综合分析张某应该是毒鼠强中毒死亡。四是鉴定意见：张某是毒鼠强中毒死亡。

鉴定意见表明，死者张某系毒鼠强中毒死亡。

本院认为，被告人冉某故意非法剥夺他人生命，致人死亡，其行为已构成故意杀人罪，公诉机关指控的罪名成立。本案因家庭矛盾激化引发，被害人张某对妻子冉某长期打骂，实施家庭暴力，致使被告人冉某身心受到伤害，被害人在案件的起因上有过错，可对冉某从轻处罚。对辩护人提出本案系家庭纠纷引起，被害人有明显过错，被告人冉某认罪态度好的辩护理由成立，建议从轻处罚的意见，予以采纳。据此，依照《中华人民共和国刑法》第二百三十二条、第五十五条第一款、第五十六条第一款的规定，判决如下：

被告人冉某犯故意杀人罪，判处有期徒刑十年，剥夺政治权利二年。

（刑期从判决执行之日起计算。判决执行以前先行羁押的，羁押一日折抵刑期一日。）

如不服本判决，可在接到判决书的第二日起十日内通过本院或者直接向重庆市高级人民法院提出上诉。书面上诉的，应当提交上诉状正本一份、副本二份。

【训练思考】

（1）如果冉某不服一审判决，情急之下向诊所寻求帮助，你该怎么办？

（2）如果有其他遭遇家庭暴力的妇女来诊所寻求法律援助，你该怎么办？

（3）会见此类当事人，你认为有哪些注意事项？

二、推荐书目

（1）马宏俊．法律文书价值研究．北京：中国检察出版社，2009.

（2）赖建冬．全流程辩护：思路指引与办案技巧．北京：法律出版社，2020.

（3）高云．思维的笔迹：上、下．北京：法律出版社，2013.

（4）陈耀权，杨骏啸，天同律师事务所．天同办案手记．北京：中国法制出版社，2021.

（5）王洪．制定法推理与判例法推理．北京：中国政法大学出版社，2016.

（6）OKUN B F. 如何有效地助人：会谈与咨询的技术．高申春，魏连娣，冯晓杭，译．北京：高等教育出版社，2009.

第三章
法律职业伦理

引 例

坚持立德树人、德法兼修，努力培养造就高素质法治人才

2017 年 5 月，习近平总书记在中国政法大学考察时发表重要讲话，强调法学教育要坚持立德树人、德法兼修，抓好法治人才培养。教育部高度重视法治人才的德育工作，出台了一系列举措，将“法律职业伦理”课程列为法学专业核心必修课程。2018 年初，教育部发布实施《法学类本科专业教学质量国家标准》，明确法学专业核心课程体系，将“法律职业伦理”课程列入十门法学专业核心必修课程之一，要求所有开设法学专业的高校必须面向法学专业学生开设。为贯彻落实习近平总书记重要指示要求，2018 年 10 月，教育部会同中央政法委联合印发《关于坚持德法兼修 实施卓越法治人才教育培养计划 2.0 的意见》（教高〔2018〕6 号），提出 8 项改革任务，首要任务即为“厚德育，铸就法治人才之魂”，强调要注重培养学生的思想道德素养，大力推进中国特色社会主义法治理论进教材进课堂进头脑，将社会主义核心价值观教育贯穿法治人才培养全过程各环节；要结合社会实践，积极开展理想信念教育、社会公益教育、中华优秀传统法律文化教育；要加大学生法律职业伦理培养力度，面向全体法学专业学生开设“法律职业伦理”必修课，实现法律职业伦理教育贯穿法治人才培养全过程。对法科生的培养目标是使其成为德才兼备的法律人才，这里的“才”是指职业技能，“德”是指良好的职业伦理，法律职业伦理课程对法科生职业伦理养成的作用显然是至关重要的。因此，强化法律职业伦理课程建设势在必行。强化课程建设的思路有：将其设立为必修课，增加案例教学及探讨课的比重以克服灌输式教学的弊端，在教学方法上予以改进。另外，将法律诊所及模拟课程等体验式的教学方式纳入教学中，鼓励学生在教师指导下从事公益法律服务，践行法律职业公共主义的使命。总之，从多方面多渠道，理论教学加之法律实践课程，多管齐下，提升学生的法律职业伦理水准。

课前阅读

守住职业秘密

目的：

在具体案例中了解诊所法律教育对于学生法律职业伦理的培养与重视，以及职业伦理教育在帮助学生树立正确价值观和道德操守中的重要性。

资料：

在美国，医院以及医生需要对病人的治疗过程守口如瓶。据美籍华裔医生介绍，根据《健康保险便利和责任法案》的相关规定，医务人员有义务对病人诊疗过程的所有信息保守秘密。1996年该法案颁布实施，它规定医院及医生如何传递、查阅和储存受到严格保护的医疗信息。如果医疗机构违反病人信息保护原则，可能会面临高达150万美元的罚款。医疗从业人员凡是有可能接触病人资料者，必须接受关于该法案的培训，每年一次。违反者，有可能丢了饭碗，甚至可能锒铛入狱。该法案要求之严格超出了国内医疗机构的想象。

医生和律师有很多相似性，人们对优秀律师的褒奖有“好律师若良医”之说。就职业伦理而言，保守职业秘密也是律师应当遵循的伦理义务，如果律师泄露委托人的个人隐私导致其利益受损的，委托人可要求律师赔偿，律师应承担相应的赔偿责任。美国律师协会《律师职业行为示范规则》规定，除非与委托人协商后得到同意，律师不得公开与代理委托人有关的信息。在法国，要求有关人员遵守保密规定的义务是绝对义务，它甚至适用于实际上已为他人知晓的事实。1972年第468号法令第89条规定：“律师绝对不得泄露任何涉及执业秘密的事项。律师尤其必须保守与刑事侦查活动有关的秘密，而不得传播从案卷材料中了解到的情况，也不得公开与正在进行的预审程序有关的案卷材料、文件或信件。”对于违反上述规定的行为，无论实际后果如何，都按犯罪“既遂”处理。

我国《律师法》也规定：“律师应当保守在执业活动中知悉的国家秘密、商业秘密，不得泄露当事人的隐私。”中华全国律师协会发布的《律师执业行为规范》规定的律师保守执业秘密的范围包括与委托人有关的所有的信息。北京市律师协会发布的《北京市律师保守执业秘密规则》第6条规定：“律师对在执业过程中获悉的当事人的隐私，应当保密。当事人的隐私的范围包括当事人住宅、通讯、情感、健康、个人癖好、家庭成员、个人财产和家庭财产等相关信息。”

我在美国某法学院做访问教授时就发现，法学楼里法律诊所办公区使用的是密码锁，法律诊所的指导教师告诉我，因为法律诊所的学生要在办公区接待当事人，会见当事人时的谈话内容以及相关案件材料均属于应当保密的内容。之后，我提出为了借鉴其教学经验，有意旁听法律诊所的案件研讨课。这位教师让我在保密协议上签字。上课前，这位老师对学生们说：“许教授是咱们院的访问教授，他想旁听咱们的法律诊所案件研讨课，事先他已经签署了保密协议。上课前我再问一下大家，你们同意让他旁听吗?”没有人反对，我这才能踏踏实实地开始听课。

诊所式法律教育起源于20世纪60年代的美国，它借鉴了医学院学生在医疗诊所临床实习的做法，倡导在实践经验中学习法律知识和律师的执业技能。同时，诊所法律教育作为一种实践性法律教学方法，除了教授律师执业基本技能外，也要求法科生遵守职业伦理，确立职业责任感，注重提升学生的思想道德素养。

第一节 法律职业伦理概述

职业伦理，即职业道德，是关于从事某种职业的群体或个人的一些总体性的价值要求。法律职业有不同的分工，如检察官、法官、律师等，具体的法律职业之间存在一定的差异，可以把法律职业伦理主要区分为法官职业伦理、检察官职业伦理、律师职业伦理。习近平总书记强调：“法学教育要坚持立德树人、德法兼修，不仅要提高学生的法学知识水平，而且要培养学生的思想道德素养。”法律职业伦理教育是为了让学生树立法律职业道德意识，认识法律职业伦理的重要性，认识法律职业伦理的具体内容，通过加强法律职业所特有的伦理体系教育来提升思想政治教育工作的实效性，强调法学教育的首要任务是立德铸魂，使学生形成对中国特色社会主义法治体系的真诚信仰与衷心维护。① 当然，职业伦理教育并不是一堂课或一个专题能完成的教学任务，准确地讲，职业伦理教育贯穿于诊所教学的全过程，是训练诊所学生每一种技能时都要加以关注的内容，让学生在办案中不仅掌握职业技能，还具有法律职业伦理观念。

一、法律职业伦理的核心——律师的使命

学生在法律诊所的学习中，在学习职业技能的同时，也要培养法律职业伦理。诊所学生作为准律师，了解法律职业伦理的核心——律师的使命，是至关重要的。根据我国律师法规的相关规定，律师的使命在于：

（一）维护当事人的合法权益

律师接受当事人的委托，维护当事人的合法权益是律师制度的重要功能。律师是当事人的代理人，律师的工作需要当事人的授权，律师应当在当事人授权的范围内提供法律服务。作为当事人的代理人，律师要使委托人明确其法律上的权利与义务，要运用自己的专业技能通过具体的法律行为最大限度地维护委托人的合法权益。这是律师最基本的职责。维护委托人的合法权益，是律师的第一使命。国家设立律师制度就是为了给社会提供法律的专业帮助渠道和机制。律师通过专业的法律服务为当事人提供咨询、代理等活动，全面维护委托人的合法权益。对于当事人，律师扮演着一种法律帮助者和翻译家的角色。一方面，律师帮助缺乏法律知识的当事人按照法律的要件发现问题，并据此提出恰当的资料要求法院予以解决；另一方面，律师能够把当事人的主张准确无误地翻译成法庭标准用语。现代民事诉讼遵循依法审判和当事人主导原则，法院的裁判往往以当事人提出的诉讼请求和证据资料为界限。在这种模式下，律师的帮助具有前提性的意义。对于争议事实，律师的调查取证有助于接近事实的本来面目，并提供可资判断的充足信息与资料，而实现生活事实向“法的事实”、客观事实向程序事实的转化，也有赖于律师的某些技术性的操作。②

从某种意义上说，把律师界定为当事人代表，也等于承认两者可以联合起来共同抵制权力者或社会强势群体对公民自由以及合法权益的恣意侵犯。律师的客户本位尽管不必像布鲁厄姆勋爵主张的那么绝对，即要求“律师在履行职责时只应该知道一个人，即自己的客户；要把不惜任何代价、甘冒任何危险并采取一切手段和办法解救客户作为首要的甚至唯一的义务”，但毫无疑问，就职守属性而言，律师还是应该忠于客户的，应该成为真正值得当事人信任和委托的“权利卫士”③。

（二）维护社会正义、保障人权

维护社会正义、保障人权也是律师制度的一个重要功能。律师的使命从理论上很好概括，就是维护人权、法治，维护社会正义，等等。④ 律师作为一种现代法治力量，更突出地表现在对公民权利的保护上。人权既是一种理论，也是一项实践；既是一个国家的基本制度，也是每个公民的个人权利。整体的人权保护制度是通过对个体的保护来彰显和实现的，律师在这方面

① 参见卢春龙：《法治人才思政教育的改革创新》，载《前线》，2019（8）。

② 参见［日］谷口安平：《程序的正义与诉讼》，王亚新等译，75页，北京，中国政法大学出版社，1996。

③ 季卫东：《律师的重新定位与职业伦理》，载《中国律师》，2008（1）。

④ 陈兴良主编：《法治的使命》，300页，北京，法律出版社，2001。

的作用更为突出。[①] 律师职业在各国人权事业发展的历程中扮演了独特的角色，例如，在日本，“律师制度从创立到今天，已走过了一百多年的历程，这段历程是律师争取自治、拥护人权的斗争历程……在今天，日本的律师可以自豪地说，正义的实现是从律师开始的”[②]。

对于律师制度的这一功能，耶鲁大学法学院前院长科罗曼在《迷失的律师》一书中作了很好的解读。他指出，法科生基于各种考虑准备投身律师行业，追求金钱、权力、地位及声望者是多数，以上述目标体现职业的满足感。这是人之常情，可以理解而不必苛求。但是，这些目标并非法科生的最高职业理想。如果所有法科生均追求上述目标，那么法律职业就没有了灵魂，成为利欲熏心的生计而不是以追求社会公益为本的职业。科罗曼提出，美国法律职业理想衰落的直接原因在于职业价值的危机，律师并非单纯的技术人员，他们应当追求超越技术层面的精神追求。科罗曼提出，美国法律职业的危机是精神危机，危机源于美国律师政治家职业理想的式微。从律师政治家视角看来，法律人的道德追求优于技术取向，应当倡导以社会公益为本的奉献精神。这就是法科生美丽心灵的权威解读。

在当今社会，律师是维护社会正义与公平的重要力量。许多国家和地区律师法规的有关规定均反映了律师的职业价值是公共服务、保障人权、实现社会正义。我国《律师法》规定了律师的使命：“维护当事人合法权益，维护法律正确实施，维护社会公平和正义。”在我国台湾地区，有关律师的相关规定认为：“律师以保护人权、实现社会正义及促进民主法治为使命。律师应基于前项使命，诚实执行职务，维护社会秩序及改善法律制度。”在德国，《联邦律师条例》第 1 条规定：“律师是独立的司法人员。”律师的“自由业”与商业行为以追求利润和报酬为主要目的不同。该条例第 2 条规定：“律师执业并非营业行为。”在日本，《律师法》第 1 条规定：“律师以拥护基本人权、实现社会正义为使命。律师必须根据上述使命，诚实地履行职责，为维护社会秩序以及改善法律制度而努力。”日本律师联合会提出：律师制度是国家司法体系中的一个组成部分，同时也是一个国家主权的重要组成部分，是维护基本人权、实现社会正义的社会公益性的崇高职业。从上述规定可以看出，上述国家和地区的律师法或相关规定殊途同归，均认同“保障人权、实现社会正义”是律师的职业价值。具体而言，律师的职业价值在于：维护当事人的权利，促成法律政策、司法目的的实现，最终实现社会正义。外国学者戈登指出：“尽管律师的服务是出售给委托人的，但是，委托人所可以购买的忠诚是有限的，因为律师职业的人格的一部分必须另外贡献给公益。”[③]

编者曾在韩国某大学法学院担任外聘教师，快回国的时候，正赶上最近两年通过司法考试、当时正在司法研修院接受培训的学生返校举办谢师宴，编者也应邀参加。席间，编者与他们谈到在司法研修院的培训费用问题，他们异口同声地告诉编者费用由政府承担。编者事先就知道，他们中的有些人会在司法研修院结束培训之后，直接走上职业律师之路，因此，编者好奇地询问：“想做律师者的培训费难道韩国政府也负责买单吗?”学生们说那是当然。这倒是出乎编者的意料。法官和检察官属于公务员序列，因此，他们在司法研修院的培训费由国家负担，这不奇怪。但是，律师是自由职业者，他们将来执业后所取得的收入，除了交税，剩下的国家得不到分毫。赚大钱的律师由国家支付培训费，难道韩国政府就不觉得这钱出得太冤枉?编者向同来的韩国教授征询个中缘由，他说：“这是提醒律师们，尽管他们不是公务员，但是，也绝不等同于一般商人之辈。律师是法庭的一员，是对司法负有特殊责任的公民，国家出培训

① 参见王丽：《律师是人权保护的实践者》，载《中国律师》，2002（10）。

② 卓朝君：《浅论律师的地位与形象》，载《律师世界》，2002（12）。

③ 许身健、刘晓兵：《电影中的律师职业伦理》，21 页，北京，知识产权出版社，2009。

费就是因为上述原因。”原来如此，没有免费的午餐，这笔钱花得很值。韩国教授的话令编者沉思良久，韩国司法研修院的上述做法，其背后所隐含的一个理念就是：律师是在野法曹，换言之，是在民间的司法人员。正因如此，律师也要像法官、检察官一样对公众利益及社会正义负有责任，他们是“法庭的官员”“正义的维护者”。总之，律师职业价值的核心正如日本司法制度改革审议会意见书所说：律师作为“可依赖的伸张正义者”，无论在法庭内外，都是国民“可靠的权利保护者”，因此，他们应该具有超出一般的业务活动，具有在“公共性空间”实现社会正义的社会责任感。①

（三）维护法律的正确实施

在当今社会，律师是促进法律正确实施、维护社会正义与公平的重要力量。“法律制度在总体上的责任以及作为法律制度的要素的法律职业的责任，也就是律师的责任，至少在某些最重要的时刻，律师应该为法律制度的总体目标作贡献，律师的角色要求律师这样做。”② 我国《律师法》强调律师要把维护法律的正确实施与维护当事人的合法权益相统一。我国《律师执业行为规范》明确规定律师要维护法律的正确实施。律师制度是国家司法制度的组成部分，律师不仅要为当事人提供法律服务，同时也应当维护国家法律的尊严。律师制度是国家法律制度的有机组成部分。美国《律师职业行为示范规则》序言中开宗明义地指出，律师是客户的代理人，是法律制度的职员，是对司法的质量具有特殊责任的公民。日本《律师法》规定，“律师要维护司法人权”。德国《联邦律师条例》规定，律师是独立的司法人员。日本法学界通常称律师为在野法曹，在野即非政府，法曹即司法人员，在野法曹即非政府的司法人员。这些都反映了律师在国家法治体系中的地位。在我国，有人形象地把律师同法院、检察机关、公安机关一起比作法治运行的四个轮子，缺一不可。

律师制度体现的是现代司法制度和法治社会的基本要求。国家司法机构的设置目的是保障国家法律的正确和全面实施。律师制度与国家司法制度的建立宗旨完全一致，就是要维护法律的尊严，促进法律的正确实施，实现司法公正。律师在执业过程中一方面作为当事人的代理人，帮助当事人实现其合法利益；同时律师作为法律专业人员，在执业的过程中要对法律负责。律师如果不能有效地把维护法律的正确实施与维护当事人的合法权益有机地结合起来，律师的执业就会偏离正确的方向。在诉讼领域，律师具有法律所赋予的执业权，如调查取证权、辩护权等，这些权利的行使过程不仅是维护当事人合法权益的过程，同时也是帮助国家司法机关查明事实、正确适用法律、促进国家司法公正的过程。在非诉讼领域，律师利用自己的法律专业知识，为当事人完成各类法律事务，这一过程同样表现为维护当事人的合法利益与促进国家法律在现实生活中的有效实施的有机统一。因此，律师在现代司法体制中的核心价值在于，律师应当凭着裁判活动之协力及防止纠纷或诉讼的咨询意见而促进“法的实现与执行”，实现社会正义。

所谓促进“法的实现与执行”，是指在现代司法体制中，人民同样对律师抱有促成法律政策的角色期待。其原因在于，由于律师在代理某些特殊案件时认识到现有法律法规难以保障当事人的权益，而立法的疏漏或滞后加之行政体制的僵化以及司法体制的保守、被动难以纠正当事人利益受损的状况。置身僵化的行政官僚体制及保守被动的司法裁判体制中的律师群体对上述情况感受颇深。如在美国法庭片《公民行动》中，尽管片中的大型企业严重损害居民健康，但是政府机构却麻木不仁，只有当律师提交了历尽千辛万苦所搜集的如山证据之后，政府的环

① 参见许身健：《律师职业价值的核心在于实现社会正义》，载《中国律师》，2007（4）。

② ［美］维吉尼亚·赫尔德等：《律师之道》，袁岳译，13、14页，北京，中国政法大学出版社，1997。

保机构才慢吞吞地干预。而该律师借助司法程序之初也举步维艰，因为法庭无法制止大企业利用雄厚财力玩弄程序于股掌之间，损害受害人的利益。因此，在现实生活的类似情况下，某些有社会责任感的律师不再拘泥于具体的案件，而是瞄准了现行的法律及制度缺失，力图从根本上解决问题。当代社会的纠纷形态呈现出新的特点，由于环境问题、消费者权益保护问题、产品质量问题以及其他特殊问题的存在，律师看到企业和政府推诿责任、文过饰非，而受害者又无力实现权利，因此自告奋勇为受害人提起公益诉讼，典型的公益诉讼是律师不计功利，为受害人主张权利、向大企业宣战的诉讼。律师面对日常所见的立法、司法或行政之缺失，积极为受害人代言，经过有效抗争，促使上述机关改弦更张，形成新的政策，实现社会正义。如两位律师针对铁道部所提起的诉讼，就反映了律师在促成法律政策方面所扮演的积极角色。河北乔律师状告铁道部在春运期间以所谓控制客流的借口提高火车票价格，北京郝律师也对铁道部提起相关诉讼，同时郝律师还针对列车餐车以铁路部门拒绝向其提供就餐发票的行为提起诉讼。这几起案件在国内经传媒的广泛报道，对铁道部造成了很大的压力。如今，春运期间铁路部门不再提高火车票的价格，同时列车餐车向在餐车进餐的旅客提供发票。两位律师凭借自己的行动为律师制度的这一功能做了生动写照。

二、法律职业伦理的关键——正确处理与委托人的关系

法律诊所学生在接待委托人，会见、咨询、处理受理的案件过程中，不仅要提升自身的职业技能，而且要使自身的职业伦理得到提升，而提升学生职业伦理的关键是正确处理与委托人的关系，这是法律职业伦理的关键问题。学生学习处理与委托人的关系，可以参照有关法律规定的律师与委托人关系相关规则。

（一）律师与委托人之间的关系问题

从专业角度而言，律师与委托人之间的关系是合同关系，也就是说，律师与委托人之间签订合同，代委托人办理法律事务。这种关系中双方当事人的地位并不平等，律师通常居于优势地位。这种不平等有多种表现形式，分析其原因，可概括如下：

（1）一般而言，委托人是因遇到麻烦或棘手的问题才找律师咨询或委托其代办事务。此时，委托人心绪迷乱甚至深陷痛苦之中，加之委托人觉得自己束手无策，因此对律师的依赖心态强烈。

（2）律师作为法律实务专家，具有一般人并不具备的法律专业知识和实务技巧，而委托人一般是外行人，往往是欠缺法律知识，不熟悉法律实务技巧。

（3）律师的言辞与众不同。律师使用法律专业术语，这种专业术语如同医生就某些病理进行讨论时使用的医学专业术语，一般人不易懂。使用难解的专业术语必然带来律师在法律领域上的优越地位。

（4）律师的专业化，使得处于困境中的委托人很难对律师是否勤勉尽责，忠实维护其利益做出评价。其实律师是否勤勉尽责，忠实维护委托人的利益，只有其他法律人才能够做出判断。因此，客观上委托人除了信赖律师，别无他法。

（5）法学院录取竞争的激烈程度以及取得律师资格的难度增加，导致社会上普遍认为律师的经济地位、社会地位相对偏高，这又使得律师本身一般以精英自居，应受到他人的尊重，获得与众不同的待遇。

基于上述原因，律师容易产生一种优越感，更为甚者不把委托人视为具有独立人格的人或与其平等的人，而视其为幼稚的孩子或因有缺陷需要调理的人。这种优越感往往使律师觉得在合同关系中自己掌握和主宰委托人的命运。在这种情况下，律师与委托人之间很难进行坦诚的

对话，有关道德与伦理问题的讨论几乎是不可能的。于是，律师在代办委托人事务的过程中，很少考虑自己的良心、道德观、价值观，认为自己不过是一个中立人，甚至认为其所代办事务的行为与自己的良心、道德观、价值观是毫无关系的。值得注意的是，律师把委托人非人格化，视委托人为案件，将其代理行为与自己的良心、道德观、价值观相隔的时候，我们很难期待律师能够提供优质的法律服务。

实践中，这种不平等的关系，导致辩护律师和委托人双方并不能相互敞开心扉。因为不存在平等关系，良心、道德与伦理问题也不在讨论范围之内。只要委托人支付律师费，律师就成为委托人的“拉拉队”，甚至是被委托人雇用的“杀手”，帮助委托人实现其意愿，而律师自己的行为在道德上得到何等评价在所不论。有的律师在收取了代理费用之后不努力承办案件，仅仅敷衍了事，置当事人的利益于不顾；有的律师充当当事人的“意愿工具”，只要是当事人所想到的，无所不用其极，而不论是否合法；还有的趁当事人为案件焦头烂额之际落井下石、漫天要价；等等。同时，当律师处于劣势地位，丧失其独立性时，委托人无论选择何种措施，律师只能盲目地予以支持，而且难以提出最终有利于委托人的最佳方案。

（二）“以委托人利益为中心的代理”理论及其在我国的实践

在过去的一个世纪中，法律职业已经有所演变，律师-委托人关系亦是如此。而委托人也必然随着法律服务的变化而变化。国外有些法律教育者致力于一项改革，这项改革是关于推动“委托人中心主义”法律服务方式。律师和委托人之间的权限界限的模糊性，体现在律师的道德规则中。1969 年，美国律师协会通过的《律师职业责任示范守则》DR7-101（A）（1）规定：“律师不得……通过合理可得的方式实现其委托人的合法目标……”这种目的/目标（goals/objectives）二分法可能反映了这种关系的现实，但是没有为律师提供什么指导，告诉他何时应当或不应当对决策进行控制。现行美国律师协会制定的《律师职业行为示范规则》试图解决《示范守则》语言的模糊性。《律师职业行为示范规则》1.2 的规定摘录如下：(a) 律师应当遵循委托人就代理的目标做出的决定……应当就追求这些目标所要使用的手段同委托人进行磋商。委托人就是否调解某事项所做出的决定，律师应当遵守。在刑事案件中，委托人就进行何种答辩、是否放弃陪审团审判以及委托人是否作证等事项同律师磋商后所做出的决定，律师应当遵守……(c) 如果在磋商后委托人表示同意，律师可以限制代理的目标。

《律师职业行为示范规则》1.2 需要与 1.4 前后联系在一起加以理解。1.4 确立了一项与委托人交流的明智同意的标准，包括委托人就代理范围所做的决定。《律师职业行为示范规则》1.4 规定：(a) 律师应当就事态使委托人有合理的了解，并迅速遵从委托人对有关信息的合理要求。(b) 律师应当就代理事项向委托人进行合理必要的说明，以使委托人能够就代理做出明智的决策。委托人中心主义的律师服务暗含的是，只要律师实现了委托人的目标，委托人就会满意。而满意了的委托人再次遇到需要律师帮助的时候就会回来，并且他们还会介绍别人来。委托人中心主义模式是在双方交流的基础上，为在法律的范围内解决委托人的问题提供了最好的机会，同时又与律师职业责任相符合。此外，开诚布公的交流能够让委托人了解律师为其利益所付出的努力。[①]

受美国律师法理论的影响，以委托人为中心的代理理论也影响到我国的律师实践。马英九在《法律人，你为什么不争气》一书的序言中指出：“我常想，医生与法律人其实是非常相像的。作为医生，有这么一篇流传千古、撼动人心的希波克拉底誓言，成为医生行医济世的指示明灯，而法律人的希波克拉底之誓在哪里呢?”其实，好律师和好医生还是有颇多共性的，最

① 参见［美］加里·A. 芒内克：《论律师事务所管理材料和案例》。

重要之处在于将服务对象置于中心位置：好医生以病人为中心，好律师以委托人为中心。《协和医事》一书提到，在哈佛医学院，人们认同以病人为中心的理念，因此，无论医术多高，不理解病人的医生是不合格的。设身处地为病人想，根据他的背景结合他的信息，提出诊疗方法，这被认为是一个好医生的最重要的素质。协和名医郎景和认为，治疗（包括手术），显然并不总是意味着治疗某种疾病，而是帮助患者恢复个人的心理与生理的完整性；医患关系，也不意味着我们只注重治疗疾病的过程，更应该考虑病人的体验和意愿。同样，对于律师界而言，好律师应当信奉以委托人为中心的理念。这个理念是决定委托关系的关键所在。律师代理工作围绕着委托人及其目标的实现，以委托人为中心意味着委托人享有自治权，即由其自身决定代理的目标，而律师要向委托人提供实现上述目标的方法及建议，换言之，委托人要在决策中发挥重要作用。毋庸讳言，有相当多的律师在代理关系中将自己的利益置于委托人利益之上，追求金钱、声望等利益，利用自己的专业知识操控委托人。影视作品所描述的大律师当然是委托人利益的捍卫者，但是，在很大程度上，这些律师将自己化为救世主，委托人成了扶不起的阿斗，成为不谙法律的可怜虫。这就意味着，此时，委托人的利益是律师根据自己的价值体系衡量的，而不是置于委托人的立场考量。实际上，要真正做到以委托人为中心，律师须做到与委托人有效沟通，沟通时要直率、真诚，同情并理解委托人，了解其感受及需求，经过充分沟通、协商后，向其提供个性化的解决方案，供其选择。[①]

以委托人为中心的代理，其理论基础源于对律师属性的定位，换言之，自由职业者的社会角色定位是以委托人为中心的代理理论的基础。自由职业者要在与委托人形成信赖关系的条件下为委托人提供服务。在这种社会角色定位中，律师将自己的身份定位成相对独立的为公民提供法律服务的自由职业者。他们认为，法律的基础是尊重个人的尊严以及个人通过理性指导而获得的自治能力。律师的职责就是通过自己的职业行为保护这种个人尊严及理性自治的状态，防止任何人包括国家任意地侵犯公民个人神圣的权利。对于律师来讲，被代理人的利益是律师职业的最高价值诉求，胜诉是达至这种诉求的唯一途径。关于这种只忠诚于当事人的社会角色定位，早在1820年伯罗汉为英女皇卡罗琳辩护时就有精彩的论述。他在上议院为卡罗琳辩护时提醒议员们："辩护人在实施其义务时，心中唯有一人，即他的当事人。千方百计地解救当事人，甚至不惜牺牲其他人的利益，是辩护律师的首要和唯一的义务，在实现这一义务时，不必考虑他可能会给他人造成的惊恐、折磨和毁灭。律师必须把爱国者与辩护人的义务区分开来，他必须不顾一切后果地工作，即使不幸命中注定要将他的祖国卷入混乱之中。"这种角色定位依据的主要是个人主义的价值观念，他们认为人的价值是所有价值中最高的价值，任何其他价值，甚至国家和社会的共同价值的达至也不能以牺牲个人的利益为代价。在具体的诉讼中，国家的利益自有强大的国家机器来维护，而当事人自我价值的保护却只能由律师个人依靠其对当事人的忠诚来维护。因此，这种忠诚必须是"最高的忠诚……受信托所处的位置要求他放弃自我……忠诚不二是不懈的最高原则"。他们认为，国家机关和律师双方或者双方当事人的律师各方各自为自己所代表的利益进行的斗争越激烈，他们所代表的利益才能获得最大限度的彰显。因此，任何一方无须顾及对方的利益，对方的利益受损是对方的社会职责不完全履行的结果，本方无须介入也无须考虑。因此，这种社会角色定位用一句话来概括，就是追求当事人利益最大化的个人主义价值要求。[②]

---

① 参见许身健：《好律师若良医》，载《检察日报》，2007-11-14。

② 参见王彧：《律师社会角色定位与我国律师职业道德体系的建构》，载陈卫东主编：《3R视角下的律师法治建设》，204、205页，北京，中国检察出版社，2004。

第二节　法律职业伦理与法律诊所教学方法

一、以委托人为中心之理念

在法律诊所教学中的法律职业伦理教学应当贯彻法律职业伦理的关键问题“以委托人为中心”的代理原则。本部分系法律诊所课堂讲授职业伦理时的讲义（powerpoint）展示，讲授内容是以委托人为中心的理念。通过展示讲义内容，学生将对法律诊所进行法律职业伦理的教学有深刻的理解。

1. 问题提出

律师与委托人：到底应该谁说了算？

到底委托人与律师的关系模式是什么？

2. 从电影中学习职业伦理

《律政俏佳人》

《生死朗读》

《卡钦斯基邮包炸弹案》

3. 案例分析——《律政俏佳人》中的会见

电影情景：

在电影中艾黎会见委托人，委托人不愿披露不在场证据，担心名誉受损，宁愿坐牢。

问题分析：

（1）如果你是辩护律师应该怎么办？

（2）艾黎是否应当告知督导教授？

（3）为何委托人信赖艾黎而非教授？

4. 案例——《生死朗读》中的审判

电影情景：

审判到最后出现了令人意想不到的结果：法官要求汉娜核对一份重要报告的笔迹时，汉娜没有在纸上写下任何东西，而是说这份报告是她本人写的，全然不顾这样做会给她带来严重后果。此时，旁听席上的法学院学生突然意识到，汉娜原来是一个文盲，她不会读写，这才是她多年听人朗读的真正原因。小伙子意欲帮助汉娜澄清真相，说出她是文盲这个有利事实，但他没有这样做，他突然止步不前。最终，汉娜被判终身监禁，而同伙只有几年刑期。

问题分析：

（1）如果你是学生应该怎么办？

（2）如果你是汉娜的辩护律师应该怎么办？如何委婉告知汉娜，你已经猜到个中内情。

（3）片中的学生为什么这样做？

学生没有说出真相而改变审判结果，他尊重汉娜的意思，是她想要保守这个秘密。这是非常重要的。这个绝望的、颜面丢尽的女性不想继续当众丢脸，希望能够保护自己的那点秘密，维持一个稍稍体面的外表，挽回属于她自己的尊严。尽管这给她带来更深的灾难和艰难局面，但没有人可以说，这个要求是不合理的。她的秘密应当得到尊重。

5. 案例分析——卡钦斯基邮包炸弹案

电影情景：

公益律师 Judy Clark 及 Quin Denver 希望作精神病辩护，以免卡氏被判死刑，但卡氏认为描述自己是疯子等于人格侮辱。

问题分析：

（1）如果你是卡氏的辩护律师该怎么办？

（2）如果你是坚定持反对死刑立场的辩护律师，该怎么办？如果你是卡氏的辩护律师呢？

（3）律师要在委托人自主与职业责任之间平衡。律师大多建议卡氏活下去。如果卡氏坚持呢？尊重并退出，建议找他人（无害）？如果找不到呢？

6. 教师

我们要解决的是人的问题，人性是复杂的，不仅是简单的事实与法律。在《生死朗读》中，法学院学生在保守秘密的同时，与汉娜建立起了某个秘密通道，如同“攻守同盟”。这个“攻守同盟”并不是增添和隐藏罪恶（恰恰通往承担责任），而是通过这平台，年轻一代分担了上一代人的罪责、耻辱和历史负担，将这份特殊的遗产继承下来。不难设想，如果年轻人说出真相，那么他们之间便不再有任何联系，即使汉娜几年后出狱，他们也很难重叙旧情。而他帮助汉娜保守了这个秘密，他与汉娜之间的联系便不可斩断，不管以何种方式。他后来多年如一日往监狱邮寄朗读磁带，保持着与汉娜精神上的密切联系，包括对汉娜不识字这件事情负起责任。在历史负担面前，他不认为自己可以当甩手掌柜。这样的立场，比起他的同学的咄咄逼人和道德优越感，要沉静、深刻得多。小说作者在接受访谈时说：“是爱将米夏卷入了汉娜的罪责之中；是爱，孩子对他们的父母、亲人、老师和神父的爱，将战后一代卷入了上一代人的罪责之中”。所谓“卷入”，是继续承担的意思，是觉得自己也有某种责任，而不是轻易地指责他人。这一点最为重要。

7. 为什么要尊重委托人的自主权

在《生死朗读》中，汉娜的这份尊严感，一个罪人身上的这份要求，是否可以被看作在滔滔恶名之下，试图重新找回自己的尊严与体面？试图建立和恢复自己的那份不可侵犯的感觉以及荣誉感？正是这个东西，才成了战后德国人重建自身和家园的动力。汉娜珍视和维护自己的形象，年轻人帮她一道努力。也就是说，年轻人在参与承担汉娜的罪责、继承历史负担的同时，也在试图保护上一代人身上需要保护的那些东西。这些东西将战前与战后的德国联系了起来，将它们视为一个整体。对于这些问题的回答，包含了一种扑朔迷离的气氛，不管是肯定的还是否定的，都面临一些危险，但是故事显然触及了它们。这或许是这个故事引起争议的原因，也是这个故事在前人基础之上往前迈出的一小步。不能说是辩护——汉娜必须服刑，而是将问题放在更加复杂的层面上展开，得到更加复杂深邃的表述。①

8. 尊重个人自主权的意义

公正社会的根本价值就是尊重每个成员的人格尊严，而人的自治权对其人格尊严至关重要。

律师剥夺委托人的自治权或者主观臆断委托人的道德立场，既不职业也不道德。

9. 医生以患者为中心

人都是有理性的，病人自身有能力发现治疗他们疾病的最好方式，而医生的工作就是在这个过程中伴随着病人让他们去理解，去接受。

简单说，医生的工作首先是聆听，并尽力去理解病人。

好医生的养成：经验及临床素质需要点滴培养，从最初级、最笨重的工作开始认真学习、积累，形成自己的财富。真正体察病患疾苦，形成医患的信任关系，这也是医生的必备素养。

——胡大一教授

① 参见崔卫平：《人既有尊严，又邪恶》，载《经济观察报》，2009-03-06。

医学是一门需要博学的人道主义职业，核心是人道，做不通人的文章，忽略了医学的社会和人文内涵，就不能真正理解医学。

医生获得患者的信任，既包括对其技术的信任，也包括对人的信任。医生不能只见疾病不见人。

医生解决的问题越来越细节和深入，却也开始忽略了把患者作为一个整体的治疗。

10. 法律人可以只见法律不见人

我们要解决的是人的问题，人性是复杂的，不仅是简单的事实与法律。律师与委托人的关系是律师职业行为规范中的核心内容。律师作为委托人法律上的代理人，维护委托人的权益是其最基本的职责。委托人-律师关系是律师职业行为规则中所要调整的最重要的关系之一。律师最基本的职责都是针对委托人的。委托人和律师之间的关系是律师执业法的核心问题。为了体现这种关系服务于委托人的性质，美国律师协会库塔克委员会在制定《律师职业行为示范规则》时，将通常所说的"律师-委托人关系"订正为委托人-律师关系，以凸显委托人的中心地位。

11.《律师和委托人：谁说了算?》(*Lawyer and client*，*Who's in charge*)

罗森斯沃（Rosenthal）分析了律师-委托人关系的基础，认为法律问题属于委托人，那么律师的首要责任就是实现委托人的目标。基本的代理原则构成了委托人中心主义的理论基础。律师是委托人的代理人，律师被授权代表委托人行事，但是需要遵守委托人的指示。同时，考虑到律师的专业知识和技能，律师在战略和策略上拥有很大的自由裁量权。在这种代理中，还是委托人"说了算"，但律师不仅仅是被雇用的枪手。

12. 如何做到以委托人为中心

首先，要成为一个好的聆听者，并设身处地地从委托人的立场出发去思考委托人的要求。其次，就是在不太确定委托人的要求时，要和委托人逐步去明确它。显然，委托人很可能不会和律师很快确立信任关系，委托人有时也有自己的一些想法，这些想法他们可能会以很模糊的话语表述出来，而诊所学生要学会分辨，并和委托人一起去明确他的要求。

13. "我和你，心连心"——委托人与律师的互动

委托人中心原则听起来很简单，它没有一个特别的构架引导律师一步一步去做。但委托人中心原则对律师职业行为方式带来的变化是非常大的，你可以把它视作委托人认知自己，也是律师认知自己的过程。尤其是委托人，他们不需要按照律师的意愿去努力地配合他们，而律师则要尽力去发掘案件材料，理解他的委托人，律师不要将处理委托人的纠纷简单地看作一种技艺展现，正像医生在治疗病人疾病的时候不要仅仅视之为一种医术的展现。从律师职业伦理来说，委托人中心原则带来了律师和委托人关系的变化，律师不再是仅仅以自律的方式对待委托人或者仅仅是律师技能的表现。

14. 好律师若良医

法科生应当具有美丽的心灵。真正的好律师不是满口专业术语却对委托人漠不关心的人，而是那些能够站在委托人的角度以法律的方式分析、思考和解决问题的人——这才是职业工作的本质。[①]

① 参见刘思达：《失落的城邦：当代中国法律职业变迁》，北京，北京大学出版社，2008。

二、法律职业伦理实践篇[①]

(一) 律师职业伦理问题调查问卷

在法律诊所学习中，为了使学生对于法律职业伦理的现状有所了解和认识，法律诊所教师可以安排学生调研，派学生到律师协会或者律师事务所发放调查问卷，对回收的问卷进行分析，以便对我国法律职业界的法律职业伦理有所认识。

问卷内容可以做如下设计：

(1) 你认为在现阶段，律师在执业过程中一定会遇到职业伦理问题的两难考验吗？

(2) 你在执业过程中是否遇到过有关职业伦理方面的问题？都有哪些？你是如何处理这些问题的？能否举例说明？

(3) 你认为现有的职业伦理方面的规范和相应的监督体制有效吗？

(4) 你如何评价近期一些涉及律师的案件？

(5) 你如何看待“关系”对职业伦理的影响？你认为职业伦理是一种底线道德还是一种上位的道德观？

(6) 你如何处理和应对某些时候不得不采取一些违规的行为而达到一种你所认为的实质正义的局面？

(7) 在当前的职业界，违反职业伦理的具体表现有哪些？你认为解决这些问题的有力手段是什么？

(8) 如今各地都在尝试建立律师的诚信体系，这种诚信体系的建立会对律师执业行为和职业道德产生哪些影响？

(9) 你认为职业伦理与律师职业发展之间的关系是什么？

(10) 你认为在校的法学院学生是否有必要接受职业伦理方面的教育，应该如何进行？

(11) 目前一般的律师在为当事人保守秘密方面做得怎么样？

(12) 请你评价一下国内律师在职业伦理方面的总体素质。

(13) 律师避税（如有的律师声称开餐饮发票可以避税）是否与职业伦理相违背？

(14) 你刚从校门出来踏入这个行业的时候，是否有过一些心理上的斗争？当委托人提出一些非法要求时你如何应对？如何处理好遵守职业伦理和委托人至上的矛盾？抛开大环境不谈，如果律师无法维护当事人的利益，你是否会觉得很沮丧？

(15) 律师服务的对象往往只是社会的上层，范围较狭窄。那么律师的社会责任如何体现？

(16) 律师对于当事人隐瞒或歪曲事实的情况该如何应对？

各小组对访谈调研情况进行总结，请围绕以下三个方面：

(1) 律师职业伦理包含哪些具体层面？应重点注意哪些问题？

(2) 对律师职业伦理问题的综合理解和认识。

(3) 作为一个准律师身份的诊所学生，我们应当如何处理职业伦理问题？

(二) 律师职业道德问题的讨论案例

下面是一起涉及农民工的劳动争议案件，可以用于训练和评价法律诊所学生的职业伦理水准。

【案情】

委托人何某等 20 多名来自农村的女工在 H 制衣厂打工，工厂不但提供的工作环境极为恶

---

① 该部分内容参考了中国法学会诊所教育委员会诊所教育年会的培训材料。

劣，并且拖欠女工工资长达一年之久。女工们在诉求无门的情况下找到法律诊所，向诊所求助。

1. 关于代理劳动者立场的职业伦理问题

【事实一】

在和委托人何某以及24位女工第一次会见时，你发现了H制衣厂恶劣的工作条件以及厂方拒绝支付她们工资的情况。但在会见结束时，你作为一位一丝不苟、井井有条的律师，通过询问得知，所有流动女工中没有一人有政府部门要求的居住证。

【思考问题】

（1）没有居住证会带来什么法律后果？

（2）你对何某和女工们负有什么保密责任？

（3）决定为没有合法身份的何某和女工们做代理是否符合职业道德？

（4）女工们自2018年到来之初付不起申请费，H制衣厂拒绝支付工资使她们的经济状况更加恶化，知道这些事是否使情况有所变化？

【事实二】

H制衣厂在2021年年底由法院宣告破产并关闭。你知道何某和有些女工已经找到其他工作，并在北京的另一个制衣厂工作，以维持自己和一家人的生计。她们仍然没有申请必要的居住证。

【思考问题】

（1）你是否有责任劝告你的委托人申请合法的居住证？

（2）如果她们拒绝，你是否有责任把你的委托人的非法身份报告有关政府部门？

【事实三】

你会见她们时发现，除了来找你的25位女工外，另外还有大约20名女工也没拿到工资。何某告诉你说，她虽然费力寻找这些女工，却无法全部找到。她又告诉你，她决定把有些人排除在外，是因为厂方发现她们偷工厂里的东西，所以扣发工资并且开除。她最后告诉你说，有些排除出去的女工“很难合作”，是“捣乱分子”，她根本不希望把她们包括进来。

【思考问题】

（1）如果把其他工人全部或部分排除出去，是否有什么道义上的两难之处？

（2）你是否有道义上的责任帮助其他20名工人？

【事实四】

假如你的法律诊所认为这25名女工的案件有价值，处境值得同情，因而决定代理她们的案子。虽然你努力协商调解以求解决问题，但仍达不成协议。于是，案子到了劳动争议仲裁委员会。你注意到，H制衣厂提交给负责听取你案子的仲裁庭的辩护词，并未提到女工们缺少必要的居住证。（虽然你没有把握，可是你估计这可能是因为H制衣厂怕因雇用非法流动工人而受到行政处罚。）

【思考问题】

（1）你是否有责任在庭上披露此事？

（2）如果你选择不披露此事，是否有违维护法律、正义的职责？

【事实五】

经过6个月的辛苦努力，你和H制衣厂的协商与调解失败了。现在你准备好要在两个星期以后在劳动争议仲裁委员会和H制衣厂、其主办单位、其主管部门对簿公堂。你对自己所做的调查工作，以及你收集的支持这些原告的关键性事实都很满意。你认为在仲裁以前，法律诊所方面的法律论点是强有力的。根据要求，你选了一位仲裁人参加三人仲裁庭。H制衣厂也选了一位仲裁人。仲裁委员会将在这个星期选择第三位仲裁人。你知道何某和其他女工对此案都十分担心。她和几名女工下午来找你，她们犹豫了一会儿以后，问你说你的法律诊所是否认识仲裁委员会的人。你很有外交手腕地回答说，你的法律诊所和本市所有的司法和仲裁部门关系都很好。然后她们问道，你或者法律诊所的任何一位指导教授是否可以打一个电话给其仲裁委员会的朋友，请他们安排一位“友好”的仲裁人参加她们的仲裁庭。

【思考问题】

（1）在法律规定和职业伦理方面有什么限制不允许你根据你委托人的要求去做？

（2）你应该如何把你的看法告诉你的委托人？

（3）如果何某坚持这种要求，你应该怎么办？

【事实六】

何某然后递给你一个信封，对你说，自从法律诊所接受她们的案子以后，她们25名女工加上老家的乡亲们一直在存钱。她问你，在这当口，给仲裁委员会的人（就是选主要仲裁的人）送一点小礼或请吃一顿饭是否恰当。

【思考问题】

（1）你怎么回答？

（2）如果你的委托人执意要求你这样做，你该如何处理？

【事实七】

假使你设法使你的委托人有了信心，认为你不需要用这种走后门的手法赢得案子，她们也没有再提此事。但是，几天以后，当仲裁庭的三位仲裁人都已选定以后，法律诊所的一位同事告诉你说，他看到对方的律师和主要仲裁人在饭馆里吃饭。他觉得好像看到这位主要仲裁人的面前还放着一瓶XO酒。他虽然不敢肯定，但是他相信他看到有人把一个信封递给了那位主要仲裁人。你尽了一切努力去收集这次饭局的证据，你访问了饭店老板和服务员，可是你所得到的这次饭局的唯一证明，就是你法律诊所的那位同事的话。

【思考问题】

（1）你的反应是什么？

（2）你是否有责任把法律诊所的那位同事的话告诉你的委托人？

（3）你是否能向仲裁委员会提出动议，迫使这位主要仲裁人主动退出仲裁庭（就是使用回避制度）？

（4）在实际工作中，你是否会建议你的委托人采取这样的行动？

（5）谁决定是否向仲裁委员会提出这种动议，是你还是你的委托人？

2. 关于代理H制衣厂立场的职业道德问题

【事实一】

假定H制衣厂的老板王某请你帮忙。在初次见面时，他告诉你在2008年经济危机之后，他的制衣厂生意下滑，因为以前这个厂一直制造一般出口国外的产品，最后工厂终于在2021年年底被命令停产。工厂的所有资产都被查封，他的工厂被宣告破产。虽然H制衣厂正在进行破产处理手续，但王先生告诉你，他仍然是H制衣厂的主办单位Y工贸公司的董事。由于生活挥霍无度，他个人也欠下一些债务，他和家人一直被债权人逼款讨债。实际上，债权人已经损坏了他的财产，并威胁说，如果不立刻还债就要伤害他的家人。他已经把财产差不多都变卖了，现在住在狭窄的只有一间卧室的居室里躲债。他告诉你说，在债权人中有一群组织良好的流动工人和他们的亲友，他们已经采取人身威胁手段，并继续骚扰替他看守已封工厂和工厂存货的 3 位亲戚。他把贴在工厂大门上的威胁性字条给你看，并出示了他表亲写的声明，描写他自从开始看守工厂以后受到的骚扰。他说他的公司已经尽可能把钱付给那些流动工人，最后一批钱是在 2021 年年初付的。根据他的计算，工厂还欠他们大概 6 个月的工资，可是流动工人却谎称工厂欠其 15 个多月的工资。他是来找你代表他的工厂对付流动工人的索要行动的。

你开始你的初步调查，并和 M 居民委员会联系，因为工厂就在那里。居民委员会的委员们异口同声地对你的委托人表示愤怒。居民委员会的副主任告诉你说，流动工人被迫一天工作十五六个小时，有一天还 24 个小时连轴转，不得休息或很少休息。有一个委员告诉你，他亲眼看到她们受到虐待和侮辱，有时还挨打。另外一个邻居激动地告诉你，老板们戴着贵重首饰开着豪华轿车，却不肯付给工人们正当的工资。你发现大多数流动女工们来自农村，受教育程度很低。居民委员会的人又告诉你，他们听说，工厂拒绝和工人签订合同，对雇佣条件只作口头允诺。

居民委员会对工人恶劣的劳动条件的叙述是一致的，你相信他们的话，你发现自己很同情这些请不起律师的流动工人（因为像你这样的法律诊所很少），她们只能自己上庭。

【思考问题】

（1）如果你的发现是有影响的，那么会如何影响你代理 H 制衣厂的决定？

（2）面对着你所相信的公平和公正，你对委托人承担什么义务？

（3）如果你开始怀疑自己是否有能力为你的委托人争取到最好的结果，怎么办？

【事实二】

假设你虽然有种种怀疑，但还是决定继续为你的委托人做代理。何某和女工们显然在经济上十分困难，她们是无法进行一场持久的法律战的，而你的委托人却打算充分利用这种情况。在你代表他的整个期间，他一直要你使用拖延战术。你发现，他作为主办单位的董事，指示 H 制衣厂的法定代表人（他对这个案件的所有事实以及工厂过去的所有经营事项了如指掌）不接所有有关这个案子的电话。他还指示这位法定代表人不出席所有调解和协商会议，也不出席任何仲裁庭的仲裁会议。你的委托人很清楚，何某和女工们的经济十分紧张，是拖不起这种“消耗战”的。

【思考问题】

（1）你应作何反应？

（2）虽然及时地坚持警告你的委托人不要这样做，但他仍然采取如此不合作的态度。你在道义上有什么义务？

（3）你应该在什么时候放弃努力，拒绝继续代表这样一位委托人。

【事实三】

假设王先生作为 H 制衣厂的前老板，他个人有责任支付拖欠工人的工资，而他也已向仲裁庭提交了一份财务情况报表，公布了他所有的个人财产。有一天王先生来找你，大大称赞你处理他的案件一丝不苟、效率很高。然后，他又请你帮他处理另外一件一直困扰他的事。他告诉你，他上个月才借给他的朋友 8 万多元人民币，因为他的朋友无法支付他经营的饭店的开支，但是，这位朋友现在拒绝还钱。王先生想知道你是否能帮他起诉这位朋友。

【思考问题】

你的委托人显然违反了他对仲裁庭公开所有个人财产的义务。你对仲裁庭负有怎样正直坦率的责任？你下一步该怎么办？

【事实四】

假定案子已经到了劳动争议仲裁委员会。你第二次访问居民委员会的成员，他们有些人现在对流动女工是否曾和制衣厂签订劳动合同之事的回答矛盾百出（有的人认为少数女工曾经签过合同）。此外，他们对听说的工厂到底拖欠工人多少钱都不太清楚。

有一天，你的委托人拿来了15张分散而不同的收据复写本。他说，这是从散乱的公司档案中找出来的。每张收据上都盖有2021年2月的日期印章、H制衣厂的公章，并注明项目是“某某人2020年2月至2021年2月的工资”。每张收据上都有索要拖欠工资的25名女工中某个人的签名。看到支持你的委托人的证据时你非常高兴，马上把证据呈交给仲裁庭，仲裁庭在不到一个星期的时间内就要开始仲裁了。

两天以后，你的委托人和他的侄子请你去吃饭，对你的辛苦工作表示感激。你一边吃一边举杯祝贺案件成功。大家用五粮液和茅台酒一轮轮地相互敬酒，很快你就数不清喝了多少杯了，三个人都觉得醉醺醺的。你的委托人问你，上星期才找到的收据复写本对案子是否是好消息，并且高兴地笑了。

这时，你说对不起，要去打电话，可是电话又占线，于是折回去向饭桌旁走，你突然听到那位侄子（很大声地）对他叔叔说：“叔叔，我花了整整一个晚上，可是你必须承认我做的那些假签名做得很好吧，你如果不是我的叔叔，我是根本不会考虑这样做的!”

【思考问题】

（1）你下一步怎么办?

（2）如果你决定和你的委托人谈谈，你怎么告诉你的发现?

（3）你是否有义务把真实情况告诉对方当事人?你对仲裁庭负有什么样的揭露义务?

第三节　推荐阅读

一、课堂反馈及随笔

本部分内容系法律诊所学生在诊所学习期间对职业伦理的反思，从法律诊所学生的反馈演讲以及法律随笔中可以清晰地看出，学生在法律诊所学习中是如何逐步提升自身法律职业伦理水准的。

（一）法律诊所学生期中反馈演讲

张华

同学们，大家下午好。今天是我们诊所重要的期中反馈，在此我和大家分享我们小组的经验。

（1）我们的工作和医生很相似，我们叫作法律诊所，也是恰如其分的。

（2）医学和法学很相像，这里在讲好医生的养成，如果把这里的医学替换为法学，也一样适用，我给大家读一下。法律人获得当事人的信任，既包括对其技能的信任，也包括对人的信任。

（3）医生最大的问题就是只见疾病不见人，蔡志忠四格漫画《三国演义》里面，张飞在攻打黄巾军时被飞箭射中了，结果找来一个医生，医生身上写着外科大夫四个字，结果他拿来一把剪刀把身体外的箭支剪断了，然后便扬长而去。在漫画的最后一格，一边是张飞双眼瞪得跟馒头一样大，一边是那个医生扬长而去后留下的话：“外科医生当然管不了你体内的事了。”

(4) 那我们这些准律师呢？有没有出现过只见疾病不见人的时候。当事人来诊所有可能并不对扭转案情抱有希望，只是想找个环境诉说心中的郁闷。咱们一句过了诉讼时效就直接把当事人赶走了，是否合适？

(5) 如何才能当好医生呢？照例，我们把这个院士的话改一改：经验和办案素质需要点滴培养……真正体察当事人的需要，形成法律人与当事人的信任关系，这也是法律人的必备素质。

(6) 经过之前的铺垫，老师谈到了最核心的论点：法律人不能只见法律不见人。

如何才能做到这一点呢？

(1) 足够的沟通。人是非常复杂的，事情是非常复杂的，不能单单以善与恶或者对与错来对案件做出论断。不能一听到可怜的事情就想和当事人一起哭，一听到违法乱纪的事情就想立刻枪决大坏蛋。希腊有句箴言：“认识你自己”。这句话说的是人能认识自己是一个终极目标，认识自己尚且困难，况乎他人。所以，在诊所之中，如果我们只对案件进行有冤没冤、能办不能办这样简单粗暴的划分，那么我们永远不能认清复杂的当事人，不能认清复杂的案件背景，最终，也永远不能认识你自己。在诊所中，我们要把每个案件都当作复杂的案件，认真对待，与每一位当事人都进行足够的沟通。

(2) 明确接案的目的是什么。我们在接待当事人时，不能抱有帮当事人翻案，帮他们力挽狂澜、扭转乾坤的心理，那样想其实很自私，我们那样做只是为了满足自己当救世主的欲望，根本谈不上以当事人为中心。

一个好的法律人肯定不会满脑子都是法律条文，同时充满救民于水火的幻想，却对具体的当事人漠不关心，一个好的法律人会站在当事人的角度，以法律的方式分析、思考、解决，这才是诊所工作的本质。

所以，我们接案的目的应是：了解当事人真正需要什么，然后再依据他们的需要去帮助他们。当事人身处的环境、背景都不相同，需求也不会一样。

什么叫途中校正？老师的意思是我们每个人都是一枚火箭，在进入诊所的第一周，就已经发射。对于一枚火箭来说，其价值在于目的地，我们现在正飞在半空中，必须进行校正，不校正别的，只校正目标，老师不希望我们做一个法律机器：吞进去控诉书、判决书、证据，根据法条吐出一个生硬的法律意见书。老师希望我们能认真与当事人沟通，了解他们真正的需要，之后再去帮助他们，透过法律看到一个实实在在的当事人。这样，我们才能够成为一个德才兼备的法律人。

（二）法律诊所实践报告

周静

每一次，走进地下室，都会见识到不一样的来访者；每一次，学习理论课，都会学习到不一样的知识；每一次，写下心情志，都会表达不一样的感情。从最初的懵懵懂懂、毛毛躁躁，到如今的熟练运作、认真准备，这是一个进修的过程，也是一次实践的历练，或者说，是一次成长的记录——从无到有的一个螺旋上升过程。写下第一份法律意见书的生涩感，填上第十份案件登记表的充实感，送走第十五个当事人的沉重感，这些都印记在心。

我的成长不在于案件登记表的数量，不在于法律意见书的厚度，而在于收获了一些宝贵的财富——老师们悉心的教导，接待中收获的经验，文书中积累的知识。就像值班室墙上贴着的标语一样：今天的准律师，明天的大律师，我们正一点一点地向着这个目标前进。

二、良医的进修——培养职业伦理

张华

许老师在第一节理论课的时候就对我们说过“好律师若良医”，需要用我们的美丽心灵和仁心仁术去治愈那些在现实泥潭中挣扎着的当事人，不是满口专业术语，漠不关心，而是能够站在来访者的角度，以法律的方式分析、思考和解决问题——因为，这才是法律职业工作的本质。

究竟什么样的人才算是一个好的“医生”呢？以下就是笔者的一点想法：

（一）捍卫、职责

捍卫自由，追求公正——人生而自由：这是一个法律人必需的职业信念，不论社会现实如何，对于法律的信仰是绝对不能动摇的。这段日子，我不止一次地被当事人的激愤情绪所感染，一度对社会失去信任，对法律充满无奈。当其中一个80多岁妇女被拆迁部门强拉出门，在走访县、市、省政府均被拒之门外的时候，我震撼了，不禁发问：法律究竟给我们带来了什么？平等一词是否形同虚设。就在这个时候许老师告诉我们，我们不是救世主，坚持自己的信仰，在法律的范围内给予来访者帮助，这就够了。不论现实的困难是什么，对法律的信仰是绝对不能丢的。

我们是肩负着双重责任的，对当事人的忠诚、保密、胜任，对法庭的诚实。我们不是当事人的奴隶，跟着他们的思路走，我们不是法院的拥护者，追求公正是我们共同的目标。在一次接待校友来访者时，我忘却了自己的责任，仅从同情的角度去帮她做事，一度被许老师教导：做事情要动脑子。一度因为这样的同情而使自己陷入自责的境地，迷失了作为法律人应当坚守的责任。从自己的专业出发，把责任划分清楚，一步一步地去解决问题，因为这是我们的职责。

（二）客观

客观总是与公正相伴而来的，若不能客观看待案件的事实，将个人感情带入其中，这是对公正的巨大动摇。职业要求我们客观地看待问题——准确、简单、清晰地呈现法律及事实。这种客观不仅体现在个人的思考上，也是法庭上辩论的一种精神，更是法律文书中表现的职业伦理。

在诊所实践的前期，总有一个问题困扰着我，那就是主观思想的泛滥。每遇到一个来访者，每听到一个撕心裂肺的案情，那些从岁月眼角流出的泪水总会影响我的情绪，让我不能客观地看待整个事件。尤其在吴某某、王某工伤补偿案中表现得最强烈。当事人的案件发生在30年前，由于不懂法一直让纠纷处于没有得到解决的状态，丈夫已经瘫痪在床，自己也不敢回家……说着说着，来访者就哽咽了，随后就是眼泪哗哗地流，一时间，听着听着，我也开始伤心起来。随后在仔细分析案件之后，发现这个案件早已过时效了，无奈之际，我向政法系统工作的父亲抱怨。父亲的话让我羞愧不已，他告诉我：作为一名法学大三学生，即将走向社会，连客观这种基本素质都没有，何来追求公正之说。请收起你的情绪，客观地对待所有的案件。

（三）诊断

医生在诊断病情的时候不是对照书本行事的，一位好医生定会以患者为中心。同样，一名好律师也必须学会以委托人为中心，学会聆听和理解，成为一个好的聆听者并设身处地地从委托人的立场出发去思考委托人的要求。这就是委托人中心原则，它要求我们把当事人放在中心位置，同时进行换位思考。

（四）合作

在诊所值班的时候，我不是单枪匹马的，和我一起工作的有组队的搭档，也有组团的同伴。每个人都会有不同的想法，每个人都会提出不同的意见，接待来访者和制作法律文书都是一个团队合作的工作，虚心接纳别人的意见也是团队的精神所在。这一点在我们周一上午组表现得非常和谐，讨论案件、互相学习、真诚请教，这种合作现在是局限于组员之间。真正的合作却是更大的范围，和工作同伴的合作，和当事人的合作，和调查协作单位的合作。

合作才能更好地解决问题。在第一次接待当事人的时候，由于不懂得如何合作，自己都没来得及开口说话就结束了这次案件；与搭档沟通不够导致一案出现两份法律意见书，等等。欠缺合作往往事倍功半。

（五）敞开心扉

一个案件的到来往往也伴随着一次心情的起伏，若不敞开心扉，与学友交流，与老师交流，经常会陷入现实的旋涡，不可自拔。在面对困难的时候，在接触复杂案件的时候，我们必须学会用开阔的思维与豁达的态度去对待。心理素质的高低直接与我们的专业知识水平相连。在讨论中说出自己的想法，这就是我对这种素质的解答。

（六）尊重

尊重他人也是尊重自己。来诊所咨询的当事人通常都是处在社会基层的农民或工人，他们的身上总是混杂着怪异的气味，并穿着略带灰尘和泥土的衣服。记得有一次，看到来访者的包包里甚至还留着吃剩的橘子和半个苹果，包裹纸巾的竟是方便面的塑料袋，诸如此类，不胜枚举。在地位上，我们已经把他们降级一等了，这不是职业人应有的理念。许老师对我们说过，虽然他们来自基层，但也是需要得到尊重的，人生而平等。

不论面对什么样的人，不论遇到什么样的事，作为职业人，我们一定要学会以委托人为中心去客观处事，重视合作，开阔思维，尊重他人，成为一个好的“医生”。

三、专业的夯实——增强实践技能

张华

美国律师协会提出：法学院就是培养未来的职业律师。何谓职业律师，这个问题用许老师提出的“仁心仁术”足以解答：良好的职业伦理加专业的职业技能。

“技能五到”法充分展示了专业的要求：

一是眼到。观察来访者的表情举止，注意其情绪变化，从而形成和调整自己的思路。这一点在接待当事人的时候尤为重要，每个当事人的表情都是不一样的，或是冷静，或是激动，或是抑郁，或是亢奋，我们需要用眼睛去观察，同时针对不同情绪的当事人，说出不一样的话语，提出不一样的问题。眼神交流同样是需要的，这是建立互信的基础。我的搭档刘建丛同学这一点做得非常好，当来访者提到伤心处泪流不止时，刘建丛同学凭借对当事人的观察，引导并给予精神上的鼓励，让本已伤心绝望的当事人又燃起新的希望——毕竟他们还有自己的家庭和子女。眼睛不仅是心灵的窗口，也是职业技能的窗口。

二是耳到。每一个案件都是由一个故事开始的，听来访者的叙述是打开案件的钥匙。认真倾听捕捉关键信息，配合表情体态等动作反映倾听的兴趣，让当事人的情绪得到宣泄，让事实完整呈现。三人行必有我师，在听取他人意见时也需要耳到，重视并认真对待每一个人的声音，案件的关键之处也许就悄然而至了。曾经有一个经验丰富的实践者，过于自信于自己的能力，草草看完当事人的案件材料就做结论，来不及听当事人的想法，来不及听同伴的意见，一份残缺的民事起诉书就这样被送到当事人的手中。送别时，那种失落感深刻地印记在心，而这个实践者正是我的同学。不论自己的能力有多大，都要学会成为一个好的聆听者。

三是口到。沟通和询问是接待当事人过程中主体性的工作，要了解案件的情况，弄清现实的状况，开口说话是必要的手段。在提问的时候不能打断来访者的思维，而应启发式地提问，让来访者对所陈述的事实进行必要的补充。在迷惑的时候，不要吝啬自己说话的次数，直接提出，无所畏惧，学无止境。我们组的戴某梅同学很好地实践了这项技能，不懂就问，直接问老师，直接问周边的同学；不清楚的时候，直接问当事人。最终把问题搞清楚，弄明白。

四是手到。好记性不如烂笔头，在面对纷繁复杂的案件时，我们必须记录，做案件登记表、法律备忘录、实习周记、随笔、笔记等等。每次来地下室值班，我们必带的工具就是笔记本和笔，因为记录是必要的实践技能。在面对疑难问题时，动手查阅文书等资料，跑图书馆、上互联网，法律检索的技能是必要的。当袁老师指导我们后，检索工具不再是百度和谷歌。

五是心到。我们不是救世主，也不是现实的被动接受者。把心态调整好，不要一味地跟着当事人走。在面对那些伤心欲绝的来访者时，不要让自己情绪化。尊重他人，就要心到。用心去对待每一位来访者，用心去对待每一个案件。交换思想也是职业人相当重要的技能，心到信任到，思想得到交流。书写法律文书同样需要心到，避免错误，认真对待。

当你把眼、耳、口、手、心都带上的时候，别忘了还有“医生”的理念。如此一来，一个职业律师展现在眼前，心灵美丽，技能专业。

这就是我和法律诊所的成长印迹，真实、单纯，却不失惊喜。这就是为了成长的聚会，而另一段聚会正在孕育之中……

四、法律诊所学生实习手札

戴亚梅

诊所的实习已经结束，但是我会把这三个月在诊所里的经历和收获带到将来的学习、生活和工作中去。

诊所让我变得理智与成熟，而不是盲目地去运用法律。弱势群体的权益有时得不到实质的保障。公权力与私权利的冲突和对抗，在弱势群体身上的体现总是私权利居于次要位置。这些现实，是我们这些未来的法律人必须时时反思的。虽然暂时拿不出一个实际的解决方案，但是也要不断思考和探索。

诊所的学习，教会我一种全新的学习方式。活生生的案件逼迫我们去发现问题，寻找答案。它教会了我思考，教会了我一种团结合作的精神。思想的碰撞，往往比一个人苦思冥想要高效得多。大家团结协作，取长补短，能学到更多的实用性知识。

在快要离开诊所的时候，想对我们新生的法律诊所提一点小小的建议。我在诊所实习论文中也有所提及。

这个学期接过不少涉农案件，但均是无果而终。建议老师及时从诊所同学那里了解案件情况，然后一起选择一个操作性相对较强的案件，深入当地调查，寻找解决途径。这比我们待在地下室听当事人的一面之词要实际得多，而且也能学到更多知识。比如说这学期我接到一个吉林的征地补偿费用“同地不同价”的案件。当事人曹某某称征地补偿费用一些区域8 000元/亩，而她所在的区域只有36元/亩。她频频向上级机关反映情况，每反映一次，征地补偿费用就能给提高一点。截至她来诊所时已经反映过十次左右，征地补偿费用已经升至122元/亩。我们也很想了解案件的真实情况，但是又不能只相信当事人的一面之词，案件只能无果而终。这个案件如果能有机会到当地进行实地调查，得到的效果会更明显。

总之，三个月的时间，虽然我们没能改变当事人的命运，但是当事人带来的实际问题却让我们接触到现实案例，收益颇多。就如中律原项目官员所说——“在法律诊所走过的这几年里，我们一直在反思一个问题，诊所的受益人究竟是农民还是大学生。经过调研，我们发现，真正受益较多的是法学专业的大学生们。”感谢法律诊所给我们提供的这次值得珍视的机会，让我们从象牙塔里走出来，直面社会现实。

在今后的学习生活中，我会把诊所的精神延续下去，做一个合格的法律人！

五、兴趣阅读案例

案 例

见义勇为确认案

【案情简介】

2018年8月14日下午5时，福建省N市检察院干部任某和朋友庞某在闽江上游（南平安丰湖尾段）游泳时，突然听到身后四五米远处，有个女人在拼命拍打水面，并多次呼叫“救命”。当时，她本能地抱住旁边的一名男子，两个人正渐渐地往下沉。见情况危急，任某迅速游过去想托住女子，但是反被她抓住手臂。经过几次努力，任某采用仰泳姿势，最终和那个男子一起将女子带到了附近的浅水区。

同行的任某的朋友庞某可以证实，这一男一女名叫黄某和金某，当日也是和他们一起到湖尾去游泳的，但是任某和这对夫妇并不熟。金某被救到岸边后，很快就消失在暮色当中……

N市检察院在任建平的一次工作汇报中知道他曾救起一名溺水女子，当时派人进行调查核实后，便向N市政法委有关部门要求确认表彰。但是，他们得到的答复却是，要先由公安机关调查核实后，才能确认并予以表彰。事情就这样过了近两年，而任某也没再提起此事。

2020年3月，任某从媒体上获悉，福建省政府规定见义勇为者子女可在“中考”或“高考”升学考试中享有加10～20分的待遇。这对于即将面临中考的儿子来说，意义非同小可。5月25日，任某向N市公安局Y分局见义勇为办公室正式提出申请，要求对其见义勇为的行为进行确认。

2021年3月2日，Y分局以“告知单”的形式“建议向Y区见义勇为工作协会提出申请”。此后任某了解到该协会尚未成立。于是，他向Y区政法委有关领导反映了这一情况，区政法委领导答复，见义勇为的行为应由公安机关负责调查核实并予确认。

3月8日，任某终于收到Y分局见义勇为办公室复函，认为他的行为“仅属于游泳中常见的互相帮助、互助友爱行为”，对任某申报见义勇为的行为不予确认。

4月10日，他再次收到一份Y分局结论大致相同但却未盖公章的复函，不同的是，该复函中增加了得出结论的依据是被救人金某“不认为自己当时处在危险状态”，并且她和她丈夫“都不认为该行为属于见义勇为行为，仅属于游泳中常见的互相帮助、互助友爱”。

5月26日，N市公安局做出见义勇为行为复核决定书，认为任某不符合《福建省奖励和保护见义勇为人员条例》第六条规定的见义勇为情形之一，因此决定维持N市公安局Y分局不予确认的结论。

在收到复核决定书之后，任某对这一结论不服，向N市Y区人民法院提起诉讼，要求确认其“见义勇为”行为。

【思考问题】

（1）如果你是任某，你会向N市公安局Y分局提出确认“见义勇为”行为的申请吗？

（2）你认为任某要求确认见义勇为的行为损害了公平吗？

（3）代理任某的案件是否有违律师的职业伦理，能否拒绝代理？

（4）如果你是任某的律师，你会怎么办？针对委托人你的权利和义务是什么？

六、推荐书目

中文类

1. 杨欣欣．法学教育与诊所式教学方法．北京：法律出版社，2002.

2. 李傲．互动教学法：诊所式法律教育．北京：法律出版社，2004.

3. 朱力宇，袁钢．法律伦理教程（导读本）．北京：中国人民大学出版社，2007.

4. 许身健，刘晓兵．电影中的法律职业伦理．北京：知识产权出版社，2009.

5. 滕宏庆，刘长兴．通往正义的诊所式法律教育．北京：光明日报出版社，2010.

6. 许身健．法律职业伦理：原理与案例．北京：北京大学出版社，2020.

7. 袁钢．法律职业伦理案例研究指导．北京：中国政法大学出版社，2020.

8. 白云．诊所式法律教育模式在法律职业伦理教育中的应用．教育探索，2008（12）.

9. 袁钢．诊所法律教育教学评估考核研究．中国法学教育研究，2010（1）.

10. 王洪松，董宁博．法律诊所教学中学生法律职业素养的培养研究．中国法学教育研究，2010（3）.

11. 徐苗，王绪权．诊所法律教育：法律职业伦理教育之救赎．中国大学生就业，2012（8）.

12. 万勇华．我国法律伦理教育的现状及其对策分析．长春工业大学学报（高教研究版），2012（4）.

13. 陈伟，王昌立．法律职业能力提升与法律诊所教育．中国法学教育研究，2015（2）.

14. 刘晓兵．法律职业伦理及其基本教学问题．中国法学教育研究，2016（1）.

15. 许身健．卓越法律人才教育培养计划之反思与重塑．交大法学，2016（3）.

16. 刘继虎．法律职业伦理养成教育的实践性特征与综合途径．湖湘论坛，2017（1）.

17. 张涛，刘聪．司法改革视阈下法律职业伦理教育之路径研究：以大学生法律援助“课程化”为视角．交大法学，2017（2）.

18. 许身健．完善法学教育：路径与方法．中国法律评论，2017（3）.

19. 杜晓君．对我国高校法律职业伦理教育创建的思考．法治论坛，2018（1）.

20. 刘坤轮．“学训一体”法律职业伦理教学模式的实践与创新．政法论坛，2019（2）.

21. 齐凯悦．论澳大利亚法律职业伦理教育的发展及启示．法学教育研究，2020（1）.

22. 李博．新时代我国法学教育展望：基于法律职业伦理与规范的分析．法学教育研究，2021（2）.

23. 覃振模．关于法学研究生职业伦理课程构建的探讨．上海法学研究，2021（16）.

24. 曹奕阳．国外法律职业伦理教育的实践与启示．长江论坛，2022（1）.

英文类

1. Michael Meltsner & Philip G. Schrag. Public Interest Advocacy：Materials for Clinical Legal Education. Little Brown (1974).

2. Gary Bellow & Randy Hertz，Clinical Studies in Law，in Looking at Law School：A Guide from the Society of American Law Teachers (Stephen Gillers ed.，4th ed.，1997).

3. Margaret Martin Barry. Jon C. Dubin，& Peter A. Joy，Clinical Education for This Millennium：The Third Wave. 7 Clin. L. Rev. 1 (2000).

4. Jane H. Aiken. Provocateurs for Justice. 7 Clin. L. Rev. 287 (2001).

5. Gruben V. New Developments at the University of Ottawa Community Legal Clinic. Canadian HIV/AIDS policy & law review. 6 (2001).

6. Margaret Graham Tebo. Lessons in Law：In-School Legal Clinics Help Teenagers Find Solutions to Poverty-Based Problems. ABA Journal. 88 (2002).

7. Mariela Puga. Challenges for Legal Clinics in Argentina. The Law Teacher. 37 (2003).

8. Seyyed Masoud Noori. University Legal Clinics Their Nature Justification and Prospects. Human Rights. 2 (2007).

9. Petrušić Nevena，Konstantinović-Vilić Slobodanka，Žunić Natalija. Legal Clinic Gender Sensitive Method for Law Students. Temida. 11 (2008).

10. Kevin Kerrigan. Assessment and Feedback in Clinical Legal Education. Report：An Overview of the Proceedings of the Symposium Held at Northumbria University on 9th January 2009. Revista de Educación y Derecho. 1 (2009).

11. Kim In Hoe. A Study on Practical Applications of Legal Clinics in Law Schools. Inha Law Review：The Institute of Legal Studies Inha University. 13 (2010).

12. Filip Czernicki. The Polish Legal Clinics Program and the Role of the Polish Legal Clinics Foundation. Revista de educación y derecho=Education and Law Review. 4 (2011).

13. Hidetake Akamatsu. Law School and Legal Clinic Law Curriculum：Essential or Incidental? . The Law Teacher. 51 (2017).

14. Dunn，Roper，Kennedy. Clinical Legal Education as Qualifying Work Experience for Solicitors. The Law Teacher. 52 (2018).

15. Daniel Fodorean. Ethics and Law-The Role of Legal Ethics Course in the Formation of Future Romanian Juridical Professionals. Scientia Moralitas-International Journal of Multidisciplinary Research. 3 (2018).

16. Patrick Emery Longan，Daisy Hurst Floyd，Timothy W. Floyd. The Formation of Professional Identity：The Path from Student to Lawyer. Taylor and Francis，2019.

17. Balan. Addressing the Challenges of Teaching Legal Ethics to Take Account of the Widening Participation Agenda. The Law Teacher. 53 (2019).

18. Seyed Ali Hosseini. Complexity Faced by Legal Clinics in Afghanistan：Addressing the Challenges. Asian Journal of Legal Education. 7 (2020).

19. Balan. Investigating the Feasibility of Using Student Reflective Journals to Understand How Clinical Legal Education can Develop the Ethical Competence of Law Students. The Law Teacher. 54 (2020).

20. Dryanykh N. V.，Lodkin A. E.，Uglitskikh D. V.，Lodkina T. V.. Comparative Analy-

sis of the Activities of Universities' Legal Clinics in the Context of Domestic and Foreign Experience. International Scientific and Practical Conference "Russia 2020-a new reality: economy and society" (ISPCR 2020), 2021.

21. Benfeld Johann, Lazo Patricio. Formative Assessment in Teaching Profession Ethics of Future Lawyers: Cognitive and Evaluative Aspects Through A Case Study. Revista de Pedagogia Universitaria y Didactica del Derecho. 8 (2021).

22. Sabiha Shala, Dukagjin Leka. The Right to an Effective Education: Live Legal Clinics as an Innovative Teaching Method. International Journal of Innovation and Learning. 31 (2022).

第四章
法律咨询

引　例

律师提供免费法律咨询

根据《北京律师发展报告 No.1（2011）》，北京律师履行社会责任的方式各异。就参与免费法律咨询活动而言，其不同于普法宣传，而是更强调受益者的主动性。律师开展普法宣传的目的在于让大众更好地认识、理解法律；提供免费咨询的目的在于解答公众的法律疑惑与问题，针对具体案情提出自己的观点。换句话说，免费咨询与普法宣传的区别在于：前者针对具体、特定的案件，律师结合法律规定做出答复，旨在帮助他人解决实际生活中遇到的问题；后者则相对强调对法律本身的宣传。因此，免费法律咨询在一定程度上能够更直接地为市民解决问题，这对于律师履行社会责任、帮助社会弱势群体解决问题也许效果更加明显。提供法律咨询的方式多种多样，包括信件咨询、网上留言、网络咨询、电台、电话咨询、面谈咨询，等等。① 根据《深圳律师行业社会责任报告》，2015 年至 2018 年期间，深圳律师积极担当社区法律顾问的助理，接受法律咨询达 17.5 万人次，调解案件达 4.3 万宗。深圳律师化身法治的火种，把法律服务送到社区，送到人民群众身边，送到矛盾纠纷现场，让市民在家门口就能获得免费的基础法律服务，助力人民美好生活。②

课前阅读

“女侠”玉霞③

目的：

在具体案例中了解律师提供法律咨询对于法律援助的重要性和对于律师执业的重要性，有助于培养学生在法律诊所课堂中主动学习法律咨询的意识，不断提高自己的专业能力。法律咨询更是服务人民群众的重要方式。

资料：

张玉霞是全国三八红旗手，也是第二届“新时代上海司法为民好榜样”。她躬耕一线，开拓进取，是广大司法行政干警和法律服务工作者的优秀代表。上海市民对经常出现在电视上的

---

① 参见王隽等主编：《北京律师发展报告 No.1（2011）》，97 页，北京，社会科学文献出版社，2011。

② 参见深圳市司法局、深圳市律师协会编：《深圳律师行业社会责任报告》，47 页，北京，法律出版社，2020。

③ 参见上海司法局：《全国三八红旗手：“女侠”玉霞丨榜样》，载《上观》，2022-03-08。

“女侠”玉霞很熟悉：她是上海申浩律师事务所高级合伙人，也是上海市法律援助中心和静安区法律援助中心的资深骨干律师。

十几年来，张玉霞律师用专业绽放夏花般绚烂，照亮受助者人生。她承办了超过1 500起法律援助个案，接待了超过10 000名法律援助受援人咨询。作为帮教志愿者，她定期到上海市各个监狱进行普法讲座和咨询；作为普法者，她每年参加社区街道、学校安排的针对老年人、未成年人、残疾人等群体的普法宣传超过50场，自2015年起参加老龄委主办的“银龄法宝”，每年到各个区给老年人普法30余场；作为律师调解员，她在二中院、铁路运输法院、上海电视台调解平台以及居委会等参与了上千起矛盾纠纷的调解。静安区司法局和检察院联合设立了全国首家以律师名字命名的未成年人工作室，为数百名未成年人提供了法律和心理援助。

由于专业和公益的律师形象深入人心，张玉霞律师被亲切地称为“女侠”和“小张律师”。上海市首例行政机关起诉剥夺未成年人生父母监护权案、多起妇女反家暴案、未成年人保护案、百岁老人赡养案、数百人农民工群体讨薪案等等这些法律援助和公益案件，都有小张律师作为一名公益律师实实在在的付出。

作为公益律师中的优秀榜样，如今张玉霞律师是上海市律师协会社会公益和法律援助业务研究委员会副主任、上海市青年志愿者协会的监事长、静安区青年志愿者协会会长、静安区社会帮教协会副会长，她致力于发展法律援助与社会公益事业，积极广泛引导身边的青年律师共同投入公益法律服务的行列。在她的感染带动下，越来越多的青年律师加入她的公益志愿者服务团队，一起从事社区自治、法律援助、未成年人工作等公益事业。张玉霞总说，帮助特殊群体，维护公平正义，是她当年选择法律专业时的初心，她也用实践印证着自己的这份坚守。

第一节　法律咨询概述

加强法律服务人才培养是加强法律服务队伍建设的重要组成部分，习近平总书记指出：我们要“推进法治队伍建设，发展壮大法律服务队伍，加强法学教育和法治人才培养”[①]。法学教育是法律服务人才的前提和基础，没有完善的法学教育是不可能造就出高素质的法律服务人才的。高校仅是开启法律服务人才培养过程，法律服务人才是在法律实践中逐步成长起来的，是在接待当事人，获知当事人法律服务需求，并提供合格法律咨询意见过程中逐步成长起来。因此，新时代法律服务人才应当具有法律咨询的基本技能。

一、法律咨询的概念

（一）法律咨询的定义

法律咨询是指法律专业人员就当事人提出有关法律事务的询问，做出解释、说明，或者提供法律方面的解决意见或建议的一种专业性活动。在法律诊所教学中，法律咨询是诊所学生在真实环境中，面对真实当事人，解决真实法律问题的最常见、最基础的教学方式。法律诊所中的法律咨询不是单纯地向当事人提供建议，还包括商量、讨论、解释、分析、权衡利弊，直至共同做出决定，是双向的、互动的、参与式的法律实践活动。同时，法律咨询又往往与法律写作、事实调查、法律检索、会见等多种技能培养密切相关，可以说法律咨询是对于法律诊所学

① 中共中央宣传部、中央全面依法治国委员会办公室：《习近平法治思想学习纲要》，6页，北京，人民出版社，2021。

生进行的综合性的教学形式。

（二）法律咨询的特征

1. 法律咨询具有专业性

法律诊所学生的法律咨询不同于技术咨询、决策咨询等其他咨询，法律咨询仅限于法律方面，并且具有很强的专业性，即面对现实问题，出具口头或者书面的解答意见。特别是随着我国市场经济的迅速发展，金融、证券、期货、知识产权等专项法律服务不断增加，人们对法律专业人员的法律咨询专业化的要求越来越高。因此，法律专业人员应该不断提高自身的法律知识，以适应现实的不断发展。

2. 法律咨询具有广泛性

首先，表现为法律咨询的对象具有广泛性，包括国家机关、企事业单位、社会团体以及自然人；其次，法律咨询的内容具有广泛性，从国内法到国际条约，从生活琐事到大政方针，无所不有，涉及民事、刑事和行政等各个方面；最后，法律咨询的手段具有广泛性，法律诊所学生解答法律咨询，不仅需要依靠法律知识，还需要一定的社会经验以及丰富的综合知识，并可以依据情况采用口头解答和书面解答这两种方式。

然而，受到学校教学资源等各方面的制约，法律诊所中法律咨询的范围常常有一定的限制。多数高校设立的法律诊所，仅仅针对某一类特殊群体提供咨询等法律援助服务，例如消费者权益保护法律诊所、老年人权益保护法律诊所等；或者只对某一类别的案件提供咨询等法律援助服务，如行政法律诊所、劳动法律诊所、民事法律诊所、刑事法律诊所等；或者针对某一类特别事项提供法律援助服务，如农村法律诊所、公益法律诊所等。

3. 法律咨询具有经常性

法律咨询的进行一般没有严格的时间限定，形式也多种多样，既有书面解答又有电话解答，还有口头解答；既有在学校内的面向来访者的法律诊所形式，又有在校外设点解答的形式。

4. 法律咨询具有无偿性

这个特征是法律诊所中的法律咨询独有的特点。律师提供的法律咨询一般是有偿的服务；与律师提供的法律咨询相比，法律诊所中的法律咨询是一种法律援助服务，因此是无偿的，服务对象多为符合法律援助条件的社会弱势群体，主要包括生理性弱势群体和社会性弱势群体，如老弱病残者、下岗失业人员、农民等。①

5. 法律咨询无法律约束力

在具体实践中，由于法律诊所与咨询者之间一般不会签订书面合同，没有合同关系，只是法律诊所学生在指导教师的指导下，运用自己的法律知识和专业技能为咨询者提供一种法律服务，法律诊所学生对法律问题的解答是一种单纯的建议行为，是对法律咨询者提供法律上的帮助，因而法律诊所学生就有关问题所作的解答、所提出的建议和方案等均不具有法律效力，对法律诊所学生和咨询者均无法律约束力。不过，法律诊所学生的建议对咨询者起着重要的指导作用，正确的咨询意见会使咨询者的法律问题得到较好的处理，同时也能提高法律诊所的声誉，发挥法律诊所教学的社会效果。

（三）法律咨询的意义

解答法律咨询是《律师法》第 28 条赋予律师的一项重要职责，也是《法律援助法》第 16 条第 1 款规定的律师事务所、基层法律服务所、律师、基层法律服务工作者负有依法提供法律援助的义务，更是法律诊所教学中的一项重要内容。在法律诊所教学中，解答法律咨询是法律

① 参见王英明编著：《法律诊所学习》，103～104 页，北京，中国人民公安大学出版社，2008。

诊所学生凭借其自身所拥有的法律知识为当事人提供法律服务，它具有重要的作用，主要体现在以下几个方面：

1. 法律咨询有利于保护有关咨询者的合法权益

在现实生活中，各种纠纷不断发生，许多自然人、法人或其他组织在自己的权益被侵害时不知道该通过何种渠道获得救济，有的甚至不知道自己有许多利益是受法律保护的。法律诊所的学生通过解答法律咨询，告诉咨询者法律保护什么、禁止什么，当自己的合法权益受侵害时怎样处理纠纷是正确的、怎样做是错误的，这样就能够让更多的咨询者知道如何保护自己的权利。咨询者通过法律诊所学生提供的法律咨询懂得了如何正确对待和处理纠纷，因而可以将许多矛盾、纠纷消除在萌芽阶段，而且也可以抑制、阻止许多更大矛盾被激化，预防违法犯罪行为的发生，从而有助于社会的稳定和社会秩序的建立与发展。

2. 法律咨询有助于宣传社会主义法治，提高公民法律意识，维护社会安定团结

法律诊所学生通过法律咨询，直接、有针对性地普及法律知识，宣传社会主义法治，增强公民法治意识。法律诊所学生可以通过这种最直接、最简便的形式，准确、及时把法律、政策的精神贯彻到人民群众中去。法律诊所学生在解答法律咨询时，对自然人、法人或者其他组织在生产、生活中遇到的具体的与切身利益相关的法律问题，有针对性地提出建议，就能够满足咨询者的迫切需要，使其懂得如何运用法律来解决问题、维护其合法权益；并且能使咨询者懂得什么是法律所保护的、什么是法律所禁止的，应怎样对待和处理矛盾、纠纷，从而使抽象的、原则的法律规定变为具体的、明确的行动指南，发挥法律的规范作用，提高公民法律意识，把矛盾纠纷消除在萌芽阶段，防止矛盾的扩大和激化，减少诉讼，以增强人民内部团结，加强社会治安综合治理，促进生产和工作。

3. 法律咨询有助于法律诊所学生提高法律执业技能

(1) 法律咨询有助于培养学生的沟通能力，让学生学会在会见、电话、信件往来、网络互动等咨询活动中，与当事人建立起信任和融洽的关系。没有这种信任与融洽的关系，学生就无法取得咨询者的信任，代写法律文书、案件代理等其他活动也难以开展。(2) 法律咨询有助于培养学生的咨询技巧，学生通过记录、倾听、提问、讨论、反馈等多种过程，学会法律咨询基本技巧，也锻炼和提高了其搜集信息的能力和对咨询者的问题及其法律主张进行归纳、分析和判断的能力。(3) 法律咨询有助于培养学生运用法律知识的能力。在法律诊所解答法律咨询过程中，学生会接触到各种复杂问题，这就要求其必须有广博的法律知识和社会经验，这有利于全面锻炼法律诊所学生，从而激发其不断学习，促使其不断提高业务素质和办案能力、增长才干。此外，实践是复杂多变的，法律诊所学生解答法律咨询时，会接触到社会各个层面的各种纠纷，这就需要法律诊所学生具有较高的法律理论水平以及处理问题的应变能力。(4) 有助于培养学生的职业道德。在对特定对象的法律咨询活动中，学生能够参与到法律援助过程中，不断提高职业道德水准，增强职业责任感和社会使命感。

总之，法律诊所学生解答法律咨询工作能力的高低，集中反映了学生的业务水平和处理实际问题的能力。因此，法律诊所教学中应当重视法律咨询工作，鼓励学生在实践中不断学习，提高自身的法律素养，以满足解决越来越错综复杂的法律问题的需要。

二、法律咨询的范围

解答法律咨询的范围非常广泛，凡是有关法律、法规、政策等方面的问题以及有关具体事务的问题都属于法律咨询的范围。法律咨询是建立咨询者与法律诊所学生之间信任关系的桥梁。法律诊所学生解答法律询问的范围不宜过宽，但也不宜过窄，应当是就咨询者所提出的有

关法律、政策问题做出正确解答，防止对法律做出扩张解释，也应尽量避免主观臆断。实践中经常涉及的业务主要有如下几个方面：

（一）关于法律条文的解释

咨询者对具体法律条文方面提出的咨询是法律咨询中常见的情形，并且主要是就实体法方面的法律咨询，即就民法、刑法、行政法等实体法方面事关维护咨询者人身和财产等权益的咨询。这种咨询一般分为以下三种情况：

（1）单纯的法律条文解释。有些法律条文本身可能会有解释，另外，立法解释、司法解释等可能会对法律条文的具体含义进行解释。法律诊所学生在进行解答时，要注意有明文规定、解释的，应向咨询者讲明具体解释的出处和各自的效力。没有此类解释的，法律诊所学生应根据制定该条文的立法意图和学理解释向咨询者进行解释。

（2）相近或相似法律条文的解释。有些法律条文规定比较相似，没有多少法律知识的咨询者可能会混淆这类法律条文。对于这类情况的解答，法律诊所学生应注意弄清各自的概念以及它们之间的相同点与不同点，从而抓住两者的本质区别，使得咨询者能够区分清楚。

（3）对司法文书中引用的具体法律条文的解释。法律诊所学生解释这类法律条文时，首先要分析该文书中概括的案情，结合具体案情给予具体的解释，并且要照顾到实际情况的变化，特别要注意结合立法的立、改、废的情况，解释不能一般化。其次需注意的是，法律诊所学生在解释司法文书中引用的法律条文时，只需说明引用这些条文是否正确，对情节轻重、过错大小等情况一般不作解释，因为后者需要了解案卷中的证据情况才能做出评判。

（二）关于诉讼常识方面的咨询

诉讼常识包括聘请律师的程序、起诉的条件、诉状的写作、案件的管辖、当事人的权利和义务、诉讼费用、诉讼时效、举证责任、证人以及执行申请期限等内容。法律诊所学生需要解答咨询者就民事诉讼、行政诉讼、刑事诉讼等程序法方面事关维护咨询者合法权益的咨询。对于诉讼常识方面的咨询，法律诊所学生不仅要耐心告知咨询者法律规定，使其弄懂有关法律，还应当竭力使咨询者掌握具体方法，使其能够运用诉讼程序方面的法律规定独立地行使或维护自己应有的诉讼权利。

（三）涉及其他内容的咨询

有时咨询者所询问的问题可能涉及金融、税务、会计、评估等其他内容解答。多数情况下，由于法律诊所学生多缺乏生活经历，很难给予准确的答复。例如，来访者就曾咨询法律诊所学生关于工资的个人所得税的计算问题。法律诊所学生在知识范围内能解答的，可以立即解答。但如果对具体的规定不是很了解，应向其说明并指引其向有关部门咨询。如设立公司需要哪些手续，可以指引其向地方市场监督管理局进行咨询；如劳动者应该享受哪些社会保险，可以指引其向地方社会保障中心进行咨询。在一般情况下，解答法律咨询时无须对问题进行调查或与有关部门联系解决，但可以为咨询者提供解决问题的途径和办法。现实中，法律诊所学生熟悉互联网，可以将有关部门、机构的工作网站、咨询电话提供给咨询者。

（四）有关申诉的咨询

咨询者对已经发生法律效力的裁判文书不服而向法律诊所寻求法律咨询，也是国内不少法律诊所经常遇到的问题。对于有关申诉的咨询，法律诊所学生应认真查阅相关案卷材料，特别要认真研读已经发生法律效力的裁判文书，结合裁判文书中提及的有关证据认真分析案情。对于围绕冤假错案提出的各种询问，要热情接待，认真倾听，尽力给予帮助，而不能感情用事，随声附和。对于确属冤假错案的，法律诊所学生要给予帮助，告知其提出申诉的方式和期限；对于理由明显不合法而要求申诉的，应加以说服，使之放弃无理要求。对于不属于司法机关处理的，应告诉当事人向有关部门申诉落实。

法律诊所学生在会见当事人之后，可以按照如下方式提供法律咨询：

（1）给予口头或者书面解答、代写文书。根据咨询者的要求，法律诊所学生应该针对咨询案件或者事务的不同情况，在征询指导教师的意见之后，给予咨询者正确的口头咨询意见，也可以代写相关的法律文书，如起诉状、申诉状等。如案件情况较为复杂，也可以针对案件撰写法律意见书，在经指导教师审定后交给咨询者。

（2）代理诉讼。咨询者在法律诊所学生解答其问题后要求学生进行代理的，为了保护咨询者的合法权益，对于合法、合理的有关民事、行政事项的请求，在符合《中华人民共和国民事诉讼法》《中华人民共和国行政诉讼法》所规定诉讼代理人条件并征得指导教师同意后，应积极予以代理，运用法律手段予以解决。

（3）发现异常情况应做特殊处理。异常情况是指咨询者是精神病患者或者危险人物等情形。发生此类情形时，法律诊所学生应采取措施，不能听之任之，积极联系指导教师，防止事态进一步扩大。必要时，法律诊所学生应直接联系有关部门。

（4）及时纠正错误。法律诊所学生在解答法律咨询时，由于主、客观的原因可能会出现错误。在咨询后，学生发现解答错误的或者指导教师指出错误的，要及时告知咨询者予以纠正，不能因为害怕丢面子而拒绝承认错误，误导他人。

总之，法律咨询的范围很广，包括人们生活、工作、学习、生产、经营等各个方面与法律相关的问题，既包括诉讼法律事务，也包括非诉讼法律事务，如解答通过非诉讼方式解决债权债务纠纷，以及公民的婚姻纠纷、继承和财产纠纷、赡养纠纷等法律咨询。随着我国社会主义法治不断完善，人们的法律意识越来越强，从而需要在各个方面获得法律的帮助。因此，法律诊所学生解答法律咨询的范围将不断扩大，法律诊所学生应不断地提高法律技能，以更好地为弱势群体提供法律咨询服务。

第二节 法律咨询理论

一、法律咨询的原则

（一）以事实为依据，以法律为准绳

以事实为依据，以法律为准绳，这不仅是我国司法工作一项最基本的原则，也是法律诊所提供法律咨询中应当贯彻的基本原则。这一原则体现在法律咨询中，就是要求法律诊所学生在解答法律咨询时，应该以事实为基础、忠于事实真相，并正确运用有关法律、法规和政策来解答咨询的问题。因此，法律诊所学生在解答咨询时，应当首先提醒咨询者提供真实的情况，不能歪曲、隐瞒、捏造事实。法律诊所学生在听取咨询者陈述的同时，应该分析判断其所述事实是否真实可信。

需要指出的是，一般而言，法律诊所学生只对咨询者提供的事实负责，而不对真正的客观事实负责。这是由法律咨询的性质决定的。法律诊所学生在认真分析了咨询者提供的事实后，针对其提出的问题，准确运用法律、法规进行合理的解答。如何正确运用法律是法律诊所学生法律咨询工作中一个重要的方面。对于比较简单的问题，能够立即做出判断的，法律诊所学生应立即向咨询者做出解答；对于确实比较复杂的问题，难以立即做出决定的，法律诊所学生一定要向咨询者说明，经过仔细查阅相关的法律，与其他法律诊所学生或者指导教师讨论后，再

向咨询者做出解答。法律诊所学生切忌不懂装懂，乱用法律，误导他人。

（二）热情服务的原则

解答法律咨询是法律诊所学生对咨询者提供法律上的帮助，法律诊所学生在解答法律咨询时应热情服务，树立服务至上的观念。法律诊所学生作为准法律人，必须树立全心全意为人民服务的工作态度，最大限度地保护当事人的合法权益。热情服务不仅体现在服务态度的和蔼亲切上，更应体现在解答法律问题的认真负责上。

法律诊所学生在解答法律咨询时，要注意考虑咨询者的认识能力，避免使用非常专业的法律词汇，要做到深入浅出、通俗易懂。法律诊所学生应当平等对待咨询者的问题，不能因问题过于简单而不愿作答，也不能因问题复杂而冷漠敷衍、傲慢推诿。法律诊所学生应根据咨询者提出的问题做出有针对性的解答。若答非所问，要么会导致咨询者对解答仍然疑惑不解，要么会使咨询者按学生的解答来指导自己的行为，最终导致错误的结果，从而使咨询者对学生产生不信任感。当然，对咨询者的热情服务并不意味着“有问必答”，法律诊所学生只能就法律方面的问题做出解答，回答超出咨询业务范围的问题是不负责任的。总之，法律诊所学生在解答法律咨询时，应当热情服务、认真负责，具有高度的责任感。

（三）维护社会秩序的原则

法律诊所学生在解答法律咨询时，应从维护社会安定团结的大局出发，对于矛盾较小、可诉可不诉的纠纷，应尽量帮助咨询者寻找和解的途径，劝说咨询者与对方当事人相互谅解，通过和解等方式妥善地解决纠纷，以防止纠纷的激化和扩大，减少当事人的讼累。法律诊所学生鼓动咨询者扩大矛盾的行为是不允许的。同时，法律诊所学生应根据不同的情况，向当事人宣传社会主义法治，从而维护社会的稳定。

二、法律咨询的方法

法律诊所学生解答法律咨询，有口头解答和书面解答两种方法。口头解答方便快捷，书面解答易于掌握。法律诊所学生在解答法律咨询时可根据不同的情况灵活运用这两种方式。

（一）口头解答

口头解答指法律诊所学生用口头方式对咨询者提出的法律问题进行解答。口头方式在实践中具体包括面谈、电话方式，也可以通过互联网的方式进行。口头解答是法律诊所学生提供法律咨询的主要方式。法律诊所学生在进行口头解答时，要注意以下问题：

首先，法律诊所学生在解答法律咨询时，一定要听清楚咨询者所提供的事实和问题，准确把握问题的基本情况。对于普通话不好或者存在语言表达障碍的咨询者，法律诊所学生一定要耐心地听，也可以与同一值班组内来自不同地域的其他学生合作，一起进行法律咨询。这样不仅能解决方言困扰，而且能拉近咨询者与学生之间的距离。对于咨询者所说的事情有模糊的地方，法律诊所学生一定要反复核对，以求得到准确的事实。

其次，法律诊所学生在解答法律咨询时，尽量使用通俗易懂的语言，不要故意搬弄法律术语，故弄玄虚。对于必须使用的法律术语、法律名词，应尽量用通俗的语言进行解释，深入浅出，使咨询者能够听懂。在适用法律条文时要准确无误，不让咨询者误解；对于某些不能公开的内部文件，要注意不公开引用。

最后，在某些情况下，由于时间和经验的原因，法律诊所学生在进行口头解答时可能会遇到一时难以圆满回复的问题。如果认为需要回复的，法律诊所学生可以把问题记录下来，需要查阅资料、集体讨论、请示指导教师后才能解答的问题，可以与咨询者另外约定时间再以口头方式进行回复，或者记录咨询者的通讯方式以邮寄答复的方式进行书面回复，而不能不懂装懂，给咨询者错误的或者含混不清的解答。

（二）书面解答

书面解答指法律诊所学生以书面形式对咨询者提出的法律问题进行解答。书面形式主要包括信函、书面留言、传真、电子邮件等。随着网络技术的迅速发展，人们进行交流的方式日益增多，可以使用互联网即时通信软件等工具进行音频、视频交流，并且利用信息技术方式将法律咨询过程记录下来。书面解答需要注意信函准确、及时、安全地投递与接受，通过网络技术进行解答的，更要注意对回复的安全保护。

在各种书面回复中，正式的法律意见书[①]或者分析报告等类似的法律文件，往往是咨询者进行重大行动的指导。因此，法律诊所学生在进行书面解答时，一定要高度认真，仔细分析案件事实，认真研究法律规定。否则，若法律诊所学生解答存在重大错误表述，或者隐瞒重大事实，或者适用错误的法律，则会给咨询者带来重大损失。

三、口头解答的程序

法律诊所学生口头解答法律咨询，要掌握好“记、听、看、问、析、答”六个环节（见图4－1）。“记”是要求法律诊所学生首先要做好登记工作，写明咨询者的基本情况和所问的具体问题；做出回答的，所答的内容也要记录。“听”是要求法律诊所学生认真耐心地倾听咨询者的陈述。“看”是要求法律诊所学生仔细阅读咨询者随身带来的材料和文件，并随时注意观察咨询者的情绪变化。“问”是要求法律诊所学生针对关键性的事实和情节向来访者提问。“析”是指法律诊所学生正确快速地运用法律知识和理论分析判断问题。“答”是指法律诊所学生认真准确、通俗易懂地回答咨询者的询问。

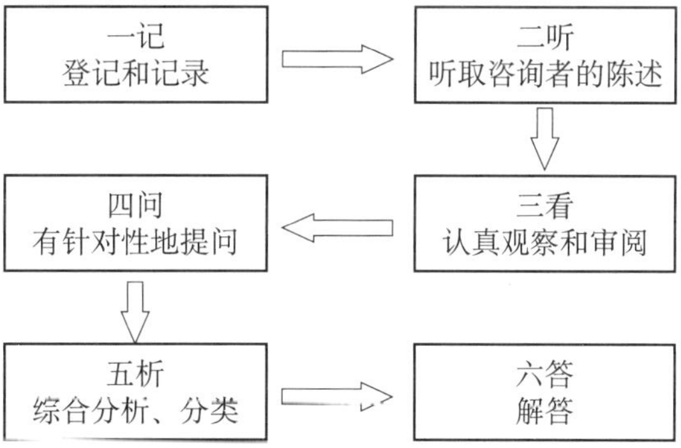

图4－1　法律咨询程序

以上六个环节是相互联系、不可分割的，在排列上也无绝对的前后顺序。法律诊所学生在提供法律咨询中，往往要灵活掌握，综合运用。例如“听”与“看”，既可以听完再看，也可以边听边看，实践中“听”与“看”相互穿插往往会取得较好的效果。至于这六个环节中哪个是关键环节，应根据具体问题、具体情况来定。

（一）记

1. 记录的内容

“记”是要求法律诊所学生首先要做好登记工作。法律诊所学生在接待咨询者时，首先应

① 本书第五章对于与法律意见书近似的法律备忘录有专门介绍。

当让咨询者填写法律诊所制订或者印制的“案件登记表”（见表 4－1），也可以直接在法律诊所信息化平台中直接填写，写明咨询者的姓名、年龄、民族、文化程度、职业、工作单位、联系方式等基本情况，注明接待组别、组员、方式。

表 4－1　案件登记表

<table>
<tr><td>日期</td><td colspan="2"></td><td colspan="2">案件名称</td><td colspan="3"></td></tr>
<tr><td>案件类型</td><td colspan="4"></td><td colspan="2">案件来源地</td><td></td></tr>
<tr><td rowspan="2">当事人</td><td>姓名</td><td></td><td>年龄</td><td colspan="2"></td><td>民族</td><td></td></tr>
<tr><td>职业</td><td colspan="3"></td><td>联系方式</td><td colspan="3"></td></tr>
<tr><td>接待组别</td><td></td><td>接待组员</td><td colspan="3"></td><td>指导教师</td><td></td></tr>
<tr><td>接待方式</td><td colspan="4">接访（　）电话咨询（　）信函（　）其他（　）</td><td colspan="2">援助方式</td><td></td></tr>
<tr><td>接收材料</td><td colspan="7"></td></tr>
<tr><td>案情简述
（诉讼进程）</td><td colspan="7"></td></tr>
<tr><td>小组讨论意见</td><td colspan="7"></td></tr>
<tr><td>指导教师意见</td><td colspan="7"></td></tr>
</table>

法律诊所学生需要认真记录咨询者提供的相关案件材料，对案件进行总结概述，特别注意案件中的诉讼进程，写明所咨询的具体问题，然后开始听取咨询和解答问题，记录小组讨论意见和指导教师意见。记录完整的案情通常需要抓住六个“W”，即何人（Who）、何时（When）、何地（Where）、何事（What）、为何（Why）和如何发生（How）。

2. 记录的要求

法律诊所教学必须强调法律咨询的记录，其原因及重要性在于：（1）体现法律诊所教学的规范性，使咨询者感觉会见程序正规。咨询者的陈述得到应有的重视，会增强陈述内容的真实性。（2）保障法律诊所教学的准确性。通过记录便于学生梳理资料，整理次序，容易发现遗漏，保证学生向指导教师汇报时全面、细致、准确；也便于在会见中记录疑问，避免打断咨询者的陈述。（3）保证法律诊所教学的持续性。每一名法律诊所学生认真、细致地完成案件记录，便于法律诊所积累资料，以备案件归档；记录也可为法律诊所提供调研、评估真实的第一手资料，便于法律诊所对于法律咨询进行统计、分析，发现问题并及时解决。

（二）听

1. 听取的内容

“听”是指听取咨询者对事实的陈述以及提出的问题。这是解答法律咨询的前提和基础。法律诊所学生应当明确这一阶段的主要任务是听清楚咨询者陈述的事实和法律需求的真实目的。法律诊所学生应当认真、仔细地听取咨询者的陈述。由于咨询者在年龄、阅历、文化、职业等方面的差异，其表达能力也是相去甚远的。对于言语含混不清、冗长拖沓、漫无边际的陈述，法律诊所学生要耐心地听，从中筛选有用的信息，法律诊所学生要注意引导咨询者说明事实真相和真实目的。

2. 听取的要求

法律诊所学生对于咨询者的陈述，应该听全和听准。

听全是指法律诊所学生以负责、热情、耐心的态度听完咨询者陈述案件的全部过程。法律诊所学生只有听完全部案件事实，才能全面地了解事实情况，弄清事实的来龙去脉。即使咨询者的陈述冗长拖沓或者杂乱无章，法律诊所学生也要耐心听完，否则，法律诊所学生很容易从案件的剖面、片段出发，得出错误结论。这不仅无助于咨询者问题的解决，也会使其对法律诊所产生不信任感，甚至不信任法治。

听准是指法律诊所学生应听准案件的核心和本质，抓住咨询者的真实目的，为解决该问题打下坚实的基础。在听的过程中，既要了解事情的来龙去脉，又要注意其中的重要细节，特别对于案件的关键或实质性情节一定要弄准确，抓住关键问题。

（三）看

1. 查看的内容

“看”，即法律诊所学生查阅咨询者提供的与咨询问题有关的书面材料，并注意观察咨询者的情绪状态。这一阶段可以使得法律诊所学生将咨询者的陈述与相关的证据、材料、文件进行核实，尤其注意与已经生效的法律文书中列明的案件事实是否相符，以便全面、深入地了解事实真相。

2. 查看的要求

首先，看就是要查看咨询者提供的材料是否可以印证其陈述的事实，判断其陈述的事实是否有遗漏，是否存在矛盾，以及是否是真实的。法律诊所学生要把材料看全、看细、看透，做到心中有数，不能怕多、怕长，更不能有厌烦抵触的情绪。[①] 学生看材料时也要抓住重点，发现事实叙述不清、证据不足或者程序上有错误的地方。因此，通过“看”的过程，通过自身经验和对相关问题的理解，学生对咨询者所提供的材料进行研判，不能不信，但是不能全信，要查看材料是否有真实、合法的证据作为支撑，必要时可以实施调查和取证。对于没有材料的咨询者，学生不应该轻易下结论，但可以根据咨询者的陈述，做出初步判断，可以提示咨询者提供材料。如果咨询者愿意并能够提供所需要的材料，学生可以约定下次咨询的时间。

其次，看也是指观察咨询者的精神状态、情绪变化等表情现象，以弄清事实的真相。在观察咨询者的会见过程中，应尽量避免表面性和片面性，目的在于弄清咨询者的真实意图，以免被情绪性反应迷惑，不能看到咨询者悲伤落泪便断定他“确实有理”。因为咨询者通常出于自身利益或隐私的考虑，往往将影响案件处理的重要事实和细节予以隐瞒，并用种种表情使得学生认为咨询者的确值得同情并且很有道理。对于一时感情过激者，要善于稳定其情绪，找出问题的本质，从而正确地判断问题，做好法律解答，为正确地提供咨询服务创造条件。

（四）问

1. 提问的内容

“问”是指法律诊所学生就咨询案件的相关情况向咨询者提问并获得信息或者澄清问题。提问既可以在咨询者陈述过程中进行，也可以在陈述完毕后进行。提问的目的是引导咨询者说明问题实质和事实真相，从而了解事件的主要事实和关键性情节，保证咨询者在以言语或书面形式提供材料时有具体的目标，能够发现咨询者陈述中遗漏、不准确、不真实之处，使法律诊所学生准确掌握事实的关键和核心部分，防止提供一些对解决本案没有价值的材料，延误时间，进而为分析、回答咨询提供条件。

提问是法律诊所学生需要掌握一定技巧、具备一定经历才能较好掌握的环节，同时也是法律执业技能中最具有艺术性的一个方面。优秀的法律人往往会熟练掌握、运用提问的技巧，可以在最短的时间内获得最有价值的信息。例如，在法律诊所教学中，指导教师常会叮嘱学生对于咨询者的陈述要听清楚、听明白，但是并不意味着不能打断咨询者的陈述；如果咨询者陈述得漫无边际，学生就可以既委婉又不失礼貌地打断咨询者的陈述，并将陈述引入正轨，让其陈述有价值的内容。

---

① 参见王英明：《法律诊所学习》，115页，北京，中国人民公安大学出版社，2008。

2. 提问的要求

提问的关键字是“引导”，而引导的方式是根据咨询对象、咨询问题等具体情况的不同，使用不同的提问方式。常见的提问方式包括谈心式提问、探讨式提问和发问式提问。这三种方式可以单独使用，也可以交叉使用。

（1）谈心式提问适用于咨询者心存疑虑、欲言又止的情形。法律诊所学生运用谈心式提问可以帮助咨询者消除心中的顾虑，建立起对法律诊所及学生的信任感，使其愿意向法律诊所学生敞开心扉陈述事情的全部经过，从而使法律诊所学生了解事实的真相。

（2）探讨式提问适用于案件事实比较复杂，或者是实践中出现的新情况、新问题。这种提问方式可以使咨询者澄清一些错误的观点和看法，或回忆一些细节问题，引导咨询者提高认识问题、解决问题的能力。使用这种方法，需要找到合适的“切入点”，法律诊所学生需要积累经验并掌握运用。

（3）发问式提问适用于咨询者陈述杂乱无章、含混不清的情形。[①] 法律诊所学生可以将一些模糊的情节加以提问，让咨询者讲清楚一些问题的细节，从而使学生从杂乱无章的陈述中确定事情的重要过程和重要情节，了解问题的关键所在。法律诊所学生应该采用循循善诱、有章法、有顺序的方式进行询问，而不能使用像刑事侦查机关所采用的讯问被告的方式和方法。因为，首先法律诊所学生无权进行讯问，其次那种方式可能会导致咨询者对法律诊所学生产生抵触心理，削弱对学生的信赖，从而不能与学生进行坦诚的交流，影响学生对事实真相的了解。

除此之外，当陈述涉及离婚、隐私等情况时，法律诊所学生可以使用委婉、机智、暗示性提醒的方式进行提问。同时，根据提问涉及的不同问题，学生可以变换语言、语调，调整语序、句式，有时这一方法可以收到意想不到的效果。

（五）析

1. 分析的内容

“析”就是指法律诊所学生在听懂、看清、问明之后，在全面了解咨询者所陈述的事实和提出的问题的基础上，运用所掌握的法律知识和法律技能，对问题的定性和处理所做出的综合分析判断。法律诊所学生进行分析判断时应以事实为依据、以法律为准绳，在全面了解事实的基础上，分析判断咨询者的要求是否合法；倘若合法，则应进一步分析该问题涉及哪些法律关系以及各方具有哪些权利、义务，有哪些方法可以解决，然后有针对性地提出法律意见和最佳处理方案。遇到疑难复杂、把握不大的问题，法律诊所学生切忌凭着猜测甚至感觉就做出判断，而应查阅相关的法律法规，进行充分的法律检索或者法律研究[②]，或者和其他法律诊所学生一起讨论，与合作伙伴一起向指导教师汇报，征询意见。对于法律法规、政策没有规定的、一时难以弄清楚的问题，要向咨询者说明。

2. 分析的要求

法律诊所学生在咨询中进行综合分析的方法主要有以下几种：

（1）归纳法和演绎法。

归纳法和演绎法是人们在日常生活中经常运用的方法，也是法律诊所学生在法律咨询中经常运用的方法。归纳法是指从个别情况中推导出一般情况的一种方法。归纳需要大量的个别事实，由此出发形成对咨询事务全貌的认识。而演绎则是指从一般的情况出发引出个别的情况，是从一般的法理分析推导出咨询者所提出的单个案例的方法。

---

① 参见田文昌主编：《律师制度》，408 页，北京，中国政法大学出版社，2007。

② 法律检索的方法参见本书第七章。

(2) 因果分析法。

因果分析法指法律诊所学生对咨询者陈述的事实，找出其原因和结果，按照因果关系理论进行分析。使用因果分析法，要注意三点：一是要找出构成因果关系的事物。二是要确定因果关系的性质，通常须解决两个问题：1) 判定是否真的存在因果关系，明确哪个为因、哪个为果，不能因果颠倒。2) 考察因果关系的类型，是一因多果还是一果多因抑或多果多因。三是对因果关系的程度做出分析。有些为直接因果关系，有些为间接因果关系，法律诊所学生应认真分析这些因果关系，找出影响结果的主要原因或主要矛盾。

(3) 分析比较法。

法律诊所学生对咨询者陈述的情况，一方面要认真分析事情发展变化的过程，另一方面可以与法律诊所学生以前承办的类似案件进行分析比较。通过比较分析，学生可以认清案情发展规律，从中找出类似案件的异同点，借鉴原来办案的经验，为下一步准确地解答打下良好基础。进行分析比较，要把握以下几点：一是比较可以在异类对象之间进行，也可以在同类对象之间进行，还可以在同一对象的不同方面、不同部分之间进行；二是不仅要比较案件之间的不同点，也要比较案件之间的相同点，这两项都是不可或缺的；三是要考虑可比性问题，可以进行比较的才可用分析比较法，不具有可比性的案件就不适用此种方法。

以上这几种方法可以交叉使用，也可以单独使用，具体该如何判断分析，应视具体情况而定。

学生灵活运用上述方法进行综合分析，既包括对于咨询者陈述内容的分析，也包括对于法律性质、解决方案的分析，其基本思路就是典型的演绎法——三段论。

(1) 小前提：法律诊所学生对案件材料进行综合分析后，从归纳、总结的案件事实中分析本案的主要争议点和实质问题。

(2) 大前提：学生利用已经掌握的法律知识，进行必要的法律检索，发现案件应当适用的法律法规，总结出事实之中存在的法律关系，从而确定彼此之间的权利义务关系。

(3) 结论：将法律上确定的权利义务关系与现实生活中的事实与行为进行比对，确定合理正确的法律依据和处理问题的思路，有针对性地提出法律意见和解决方案。学生制定的法律意见和解决方案，有对法律规定的解释，也有对非法律因素的考虑。

(六) 答

1. 解答的内容

“答”是指法律诊所学生在综合分析的基础上，对咨询者提出的问题进行解答。答是法律咨询的最后一个步骤，是记、听、看、问、析的归宿和落脚点，是咨询者进行咨询的直接目的。因此，法律诊所学生在准确掌握事实、正确理解法律的基础上，要用通俗易懂的语言提出明确具体、切实可行的方案。

2. 解答的要求

学生解答问题，也应该根据不同的对象和问题的不同性质而有所区别。可以使用的方法有：(1) 肯定法。有些咨询者对所咨询的问题已经十分清楚，前来询问仅是增强自己解决问题的信心，此时学生就要摸准其心理，对症下药，对咨询者进行肯定并激励。(2) 解释法。当咨询者对于事实、法律规定存在误解，或者要求明显不当时，学生就应当进行详细的解释，同时也可以将以前学习、处理过的案例推荐给咨询者，经过解释让咨询者更为容易接受。(3) 缓答法。对于咨询者提出的问题，由于学生对知识掌握不完整或缺乏相关经验，因而难以当时做出准确的回答，需要事后求得指导教师的指导和帮助，这种情况下就需要使用缓答法，不能故作无所不知、无所不能。但是，如果咨询者提出的要求违反法律规定，或者与法律职业伦理不符，学生必须严词加以拒绝。法律诊所学生要灵活运用上述三种方法。

法律咨询对于解答应做到以下三点：

（1）法律诊所学生解答问题一定要以法律为依据、以事实为准绳，不能规避法律，不懂装懂；对明显不符合法律的不合理的要求，要耐心地向咨询者进行解释，晓之以法，进行法律宣传，不要激化矛盾。

（2）法律诊所学生解答法律问题时语言要通俗易懂，方案要具体可行。法律诊所学生应尽量不使用法律专业术语，必须使用时，应向咨询者解释清楚，否则咨询者将无法理解；解决问题的方案必须是具体可行、易于操作的，切忌以不切实际、空洞的理论去回答问题。同时，学生的回答一定要有的放矢，不能答非所问。

（3）法律诊所学生解答法律问题时，涉及国家秘密、商业秘密或者个人隐私的，应做好保密工作，不能将其泄露出去。

四、书面解答的程序

书面解答法律咨询，是法律诊所学生根据自然人、法人或者其他组织来人来访或者邮寄信函所提出问题，根据有关法律、法规的规定，以书面形式所作的解答。最常见的书面解答形式就是法律意见书。

（一）法律意见书的概述

1. 法律意见书的概念

法律意见书，是指法律诊所学生应咨询者的要求，针对某一法律事务，根据咨询者提供的材料和事实根据，正确运用法律进行阐述和分析，给咨询者出具的、提出如何解决的建议书。

2. 法律意见书的制作依据

法律意见书是近年来才引起法律实务界普遍关注并广泛使用的文种，其制作依据主要有：

（1）从事证券法律业务出具法律意见书。《律师事务所从事证券法律业务管理办法》规定了律师事务所从事的证券法律业务：首次公开发行股票及上市；上市公司发行证券及上市；上市公司的收购、重大资产重组及股份回购；上市公司实行股权激励计划；上市公司召开股东大会；境内企业直接或者间接到境外发行证券，将其证券在境外上市交易；证券公司、证券投资基金管理公司及其分支机构的设立、变更、解散、终止；证券投资基金的募集、证券公司集合资产管理计划的设立；证券衍生品种的发行及上市；中国证监会规定的其他事项。

（2）在《证券投资基金法》第五章关于“基金的公开募集”中第51条有关于律师应当制作法律意见书的规定。

（3）其他一些法规、规章和行业规范中也有部分规定，如《国有企业法律顾问管理办法》《私募投资基金服务业务管理办法（试行）》等有相应规定和要求。此外，在国有企业改制中必须出具法律意见书，如《国务院办公厅转发国资委关于进一步规范国有企业改制工作实施意见的通知》（国办发〔2005〕60号）要求：“企业改制必须对改制方案出具法律意见书。法律意见书由审批改制方案的单位的法律顾问或该单位决定聘请的律师事务所出具，拟改制为国有控股企业且职工（包括管理层）不持有本企业股权的，可由审批改制方案的单位授权该企业法律顾问出具。”

3. 法律意见书的特征

法律诊所学生出具的法律意见书，主要具有以下几个特征：

（1）出具法律意见书的主体是法律诊所学生，并以法律诊所的名义出具。

（2）法律意见书是针对咨询者提出的某一具体的法律事务而出具的书面法律意见。

（3）法律意见书是法律诊所学生正确运用法律，对咨询者提出咨询的事务进行分析与阐述而得出的结论性意见。该意见不受任何人影响，具有完全的独立性。

（4）法律意见书只能“就事论事”，咨询者咨询什么，法律诊所学生就应当论证什么。咨询者对自己提供的材料的真实性负责，法律诊所学生一般不负责调查。

（5）法律意见书一般不具有约束力和强制力。

4. 法律意见书的分类

从涉及对象角度，法律意见书可以分为：

（1）要件类法律意见书。这是指关于股票上市、发行和配股等的法律意见书，因其是为股票上市而报请批准程序中的必要文件，否则，股票发行不能获得批准，所以称之为要件类法律意见书。

（2）审查类法律意见书。这是律师在审查委托人或拟委托人提供的各类法律文书后出具的对所审查的合同草案、合同或方案草案、方案从法律角度做出评价，提出可行与否及修改建议的文书。一般说，此类法律意见书多是发现其中有重大问题、重大失误和遗漏，可能引起的不良后果，及时提醒或发出告诫，指出存在的问题，以进行弥补或引起重视，防止不良后果产生。

（3）解疑类法律意见书。这是依照法律、法规对委托人提出的有关法律行为、法律事实问题，给以解答释疑的文书。出具此类法律意见书要求法律诊所学生在审查材料并在必要时进行调查之后，从法律的角度做出解答。不仅要求学生有认真负责的态度，不断地对现行各项法律政策认真学习、研究，学习、掌握相关专业知识，而且要求学生具有分析解决具体问题的能力。

在法律诊所教学中，学生提供法律咨询后的书面解答的法律意见书，主要是第三种解疑类法律意见书，是在归纳总结案件事实的基础上，进行符合法律法规的法律分析。

（二）法律意见书的内容与写作

1. 法律意见书的首部

（1）标题。法律意见书的标题，可以直接用“法律意见书”，但从专业的角度，我们建议按照“关于＋当事人＋委托事项＋法律意见书”的方式来制作标题，例如“关于崔某涉嫌故意伤害案件的法律意见书”。

（2）编号。由法律诊所学生根据其所在法律诊所的管理制度和方法编制或者填写，一般应当写明年度、法律诊所简称、文书简称、序号，如（2022）行诊意字第××号，其中，“行诊”为行政法律诊所的简称，“意”为法律意见书的简称，2022 为年度。

（3）主送对象，即咨询者，是法律意见书制作完毕之后所出示的唯一对象，可以是自然人、法人或其他组织，一般写为“致：北京市某某投资有限公司”。

（4）案由。案由即案件的性质，但有些咨询者不是为已经形成的案件来寻求法律支持，只是要求对合同进行审查、对项目进行法律分析，则直接写明委托人要求即可。确定案由需要制作者了解、掌握最高人民法院等相关的司法解释，如最高人民法院发布的《民事案件案由规定》、最高人民法院印发的《关于国家赔偿案件案由的规定》、最高人民法院出台的《关于行政案件案由的暂行规定》、《最高人民法院关于执行〈中华人民共和国刑法〉确定罪名的规定》、《最高人民检察院关于适用刑法分则规定的犯罪的罪名的意见》以及《最高人民法院、最高人民检察院关于执行〈中华人民共和国刑法〉确定罪名的补充规定（一）至（七）》等。

（5）审查材料。材料，即咨询者提供的与案件有关的材料，是法律诊所出具法律意见书的重要根据。材料是重要的问题，必须明确表述其范围，如因材料不全或不实，导致分析不够准确、精到、深刻，或必须做出假设时，应在具体分析时加以说明，因为其中有责任问题及学生出具法律意见书的错误率问题。审查材料一项，有两种表述方法，即可以将咨询者提供的材料一一列出，也可以概述一句“本法律意见书限于委托人提供的材料”。

（6）调查活动。调查活动即法律诊所学生根据需要，征得咨询者的同意并就费用负担达成一致意见后，前往现场进行调查的活动。一般的调查活动在法律意见书中由一段简要文字完成。

例 4—1

无调查活动的法律意见书

兹受北京某某科技有限公司的委托，就委托人与中国××银行北京市××支行之间的存单纠纷一案进行法律分析，本法律分析仅限于委托人提供之现有书面材料。

例 4—2

有调查活动的法律意见书

兹受湖北××能源投资有限公司委托，就××投资集团有限公司持有湖北××科技开发有限公司的股权质押事宜进行调查，并依据调查中相关当事人提供之书面材料进行法律分析，出具如下法律意见。本法律分析仅基于调查中委托人及××投资集团有限公司提供之书面材料。

例 4—3

详细列举委托人提供的书面材料

兹受王淑某委托，就袁某清和袁某贵相邻权纠纷案相关事宜进行法律分析，按照有关法律法规规定，结合事实，出具法律意见书如下。本法律意见书仅基于委托人提交的下列材料而做出：

（1）袁某贵持有的 2018 年 7 月 31 日的农村建房用地审批表；

（2）袁某清持有的 2021 年 12 月 23 日的个人占地建设审批表；

（3）2022 年 6 月 19 日，北京市密云区人民法院出具的现场勘验图 1 份；

（4）北京市密云区人民法院（2022）京 0118 民初＊＊号民事判决书；

（5）北京市第二中级人民法院（2022）京 02 民终＊＊号民事判决书。

例 4—4

详细表述进行的调查活动

2021 年 5 月 25 日至 28 日，受华成公司委托，本法律诊所派员与委托人指派人员一起，赴某市对宏庆公司申请融资之项目进行调查。调查中，该项目合作各方提供的材料有营业执照、公司章程、合作意向书、股权转让协议、验资证明、某市房地产权证等（材料清单附后）。此外，我们还就土地开发和国有土地使用权的抵押及转让事宜到某市房地局向其政策法规处副处长张某进行了咨询。以下根据本所获得的书面材料及从某市房地局了解的房屋土地的相关政策，对宏庆公司申请融资的可行性进行法律分析。

2. 法律意见书的正文

正文部分是法律意见书的核心部分。这部分内容可视法律意见书的不同种类分别确定。结合法律诊所学生的工作实践，一般来说，法律意见书的正文部分应当写明以下五项内容：

（1）本案当事人。

本案当事人是指与本案有利害关系的自然人、法人或其他组织。有关事项虽有涉及但在本案中与咨询者（委托人）没有利害关系的，不属于本案当事人。本案当事人的排列顺序为：首先是委托人与在本案中的直接对方，然后是相对涉案人员；涉案人员的排列顺序既可以其在本案基本事实中出现的时间为序，也可以其在本案中与委托人利害关系的重要程度为序；此外，本案当事人在案件形成发展过程中名称或其他项目发生变化的，应在其名下标出其改变的内容以及前后变化关系，必要时标出其有关项目发生变化的时间。

例 4—5

以出现时间为序列明当事人

一、本案当事人

1. 河北省石家庄市田庄银业有限公司（以下简称“田庄银业”）

2. 河北中成有色矿业有限责任公司（田庄银业股东之一，以下简称“中成矿业”）

3. 河北省石家庄市成功有色矿业有限公司（田庄银业股东之二，以下简称“成功矿业”）

4. 王某（股权受让人）

（2）基本事实。

法律诊所学生制作法律意见书要以事实为依据、以法律为准绳，站在客观、中立的角度为咨询者进行法律分析。而要进行正确的法律分析，必须以把握事实真实为前提。因此，学生要对咨询者提供的书面材料及口头陈述进行梳理，必要时，还要对相关事实及证据材料进行进一步的调查取证，尽可能多地搜集案件的真实材料，从中寻找出案件的焦点问题、定义出准确的法律关系；有条理、有重点，准确、完整、周密地加以表述，为进行法律分析做好准备。

一般来说，法律诊所学生将案件事实在正文第二项中表述出来，其目的在于：一是使法律诊所学生对案情有一个宏观的把握；二是帮助咨询者对案情有一个理性的认识；三是为后续法律意见书的法律分析提供一个有所依赖的事实基础。

（3）法律分析。

法律分析部分是法律意见书的主要部分。法律诊所学生在进行法律分析时，要以法律为准绳，有针对性地去衡量本案事实。法律诊所学生在着手起草法律分析部分之前，首要任务是对与本案有关的法律法规、司法解释乃至相关案例等进行查询，即进行法律检索。即使经办的法律诊所学生对法律法规非常清楚，也要继续深入查询地方性法规、地方政府规章、部门规章。在诉讼案件中，往往一个司法解释就可以起到扭转全局的作用，甚至可能直接影响到案件的审理结果。

此外，值得一提的是，对案例的查询也十分重要。虽然我国是成文法国家，案例不作为审判依据，但在审判实践中，在一些新的专业领域中，在没有相关法律规定的情况下，已往案例，特别是最高人民法院发布的指导性案例，被作为司法机关办理案件的重要参考依据。法律诊所学生在掌握了所有的相关法律依据之后，再运用法律思维进行专业的法律分析就能够比较准确了。

法律诊所学生在对本案事实进行法律分析之后，必须做出结论，即对本案进行宏观上的认识、总体上的判断，以帮助委托人全面理解本案。法律分析及结论部分在法律意见书中是介乎事实部分与措施（意见）、操作流程部分之间承前启后的内容，既可以使学生为咨询者出谋划策，又可以使咨询者对有关法律知识从不知到知、从不懂到懂，最后从虚到实，理解法律，在法律诊所学生指导下进行诉讼（或非诉）事务活动。

（4）解决方案。

解决方案，包括建议、措施、步骤、对策、操作方式与流程等内容，是法律意见书实质性内容的最后一部分。这部分是咨询者最想获得的法律事务指导部分。法律诊所学生要在这一部分中根据上面的事实及法律分析突破焦点问题，得出倾向性结论，提出处理问题的建议性措施，告知当事人较为清晰的操作方法，归纳总结完成法律意见书。

（5）结论。

结论一般是以简明扼要的语言概述法律分析和解决方案的主要内容，给咨询者一个完整而精要的答复，以便咨询者根据这一结论性意见去思考下一步的行动。一份出色的法律意见书往往会使咨询者信服，咨询者可以按照法律意见书的意见去操作，以争取维护自己合法权益的最佳效果。

3. 法律意见书的尾部

尾部应当写明以下三项内容：

（1）声明。

声明大多是固定的格式化的语言，未经允许，不得出示给第三人，不得作为证据使用。其目的在于避免节外生枝，以维护法律诊所教学的良好环境。但是，有些情况比较复杂者，如案情正在发展变化，或咨询者提供的材料不够完全，则法律诊所在出具法律意见书时需考虑周全以保证声明内容之严谨、周密。就此特殊情况举例如下：

例 4—6

一般情况下的声明

本法律意见书是在委托人的单方事实陈述以及其提供的材料复印件基础上做出的，本法律诊所对上述材料的真实性和客观性不承担任何责任。本法律意见书仅供委托人参考，未经本法律诊所允许，不得向任何第三人出示，也不得作为证据使用。

（2）署名。

法律诊所学生出具的法律意见书的署名，不同于律师出具的法律意见书的署名，无须加盖公章，只需注明法律诊所的名称和承办学生姓名即可。

（3）成文日期。

律师事务所出具的法律意见书大多是一或两位律师具体完成的，但具体完成法律意见书的行为是受律师事务所指派的，并且是代表律师事务所向委托人出具的，所以一般在律师事务所内有探讨、研究、审核、签发的过程，那么法律意见书的成文日期应是这一切工作完结之后实际制作的日期。而法律诊所学生出具的法律意见书注明的时间，应为指导教师审定法律意见书的时间。

下例为一份参考法律意见书。

例 4—7

关于薛某保劳动争议纠纷的法律意见书

致：薛某保

兹受薛某保委托，法律诊所就薛某保劳动争议纠纷一事进行法律分析，按照有关法律的规定，结合案件事实，提供如下法律意见：

一、基本事实

2017 年 5 月 25 日薛某保与某市阳光国际商务有限公司（以下简称阳光公司）签订劳动合同，工作岗位为厨师，工作地点为某国。合同到期后经数次续签，最后一份合同期限至 2022 年 5 月 28 日。据薛某保称，其在某国工作期间于 2020 年 11 月 10 日受伤。后经医院诊断为双侧跟骨骨折，北京通达法正司法鉴定中心鉴定为九级伤残。用人单位自事故伤害发生之日起 30 日内未做过工伤认定申请，后薛某保申请工伤认定未被北京市某区人力资源和社会保障局受理。2022 年 4 月 28 日，阳光公司通知薛某保依《劳动合同法》第 40 条于 2022 年 5 月 28 日解除劳动合同。目前正处于双方自行协商赔偿阶段。薛某保于 2022 年 4 月 29 日来到本法律诊所，就阳光公司解除劳动合同是否违法，其能获得哪些待遇或者补偿等问题进行咨询。

以上事实仅基于当事人提供的《劳动合同书》《解除劳动合同通知》《诊断证明书》《司法鉴定意见书》以及口头陈述。

二、法律依据

1.《劳动合同法》

2.《工伤保险条例》

3.《失业保险条例》

4. 财政部、国家税务总局《关于基本养老保险费、基本医疗保险费、失业保险费、住房公积金有关个人所得税政策的通知》（财税〔2006〕10 号）

5.《北京市实施〈工伤保险条例〉若干规定》（北京市人民政府令第 302 号）

6. 北京市人力资源和社会保障局、北京市财政局《关于北京市工伤保险基金支出项目标准及相关问题的通知》（京人社工发〔2011〕384 号）

三、法律分析

（一）工伤保险待遇

如果双方认可薛某保所受伤害为工伤，按照工伤保险待遇的标准进行赔偿，则用人单位应当负担以下费用：

1. 治疗工伤所需费用。依据《工伤保险条例》第 17、30 条，治疗工伤所需的挂号费、医疗费、药费、住院费等费用符合工伤保险诊疗项目目录、工伤保险药品目录、工伤保险住院服务标准的，由用人单位支付。

2. 住院伙食补助费、交通费、食宿费。依据《工伤保险条例》第 17、30 条，职工住院治疗工伤的伙食补助费，以及经医疗机构出具证明，报经办机构同意，工伤职工到统筹地区以外就医所需的交通、食宿费用，由用人单位支付。

3. 工伤康复费用。依据《工伤保险条例》第 30 条第 6 款，工伤职工到签订服务协议的医疗机构进行工伤康复的费用，符合规定的，从工伤保险基金支付。

4. 医疗辅助器具费。依据为《工伤保险条例》第 32 条。

5. 停工留薪期内工资。依据《工伤保险条例》第 33 条，具体计算标准：原工资福利待遇×12 个月。（1）原工资福利待遇是指职工在受伤前，用人单位发给职工的按照出勤对待而发给的全部工资和福利待遇，即按照职工正常出勤情况下应支付的工资计算“原工资”，职工病事假造成的工资减少或加班造成的工资增加均不属于正常出勤情况下应支付的工资。（2）根据《工伤保险条例》第 33 条第 2 款，停工留薪期一般不超过 12 个月。伤情严重或者情况特殊，经设区的市级劳动能力鉴定委员会确认，可以适当延长，但延长不得超过 12 个月。

6. 一次性伤残补助金。依据《工伤保险条例》第 37 条第（1）项，具体计算标准：本人工资×9 个月。根据《工伤保险条例》第 64 条第 2 款，本条例所称本人工资，是指工伤职工因工作遭受事故伤害或者患职业病前 12 个月平均月缴费工资。本人工资高于统筹地区职工平均工资 300%的，按照统筹地区职工平均工资的 300%计算；本人工资低于统筹地区职工平均工资 60%的，按照统筹地区职工平均工资的 60%计算。根据《财政部、国家税务总局关于基本养老保险费、基本医疗保险费、失业保险费、住房公积金有关个人所得税政策的通知》（财税〔2006〕10 号）的规定，个人按照国家或省（自治区、直辖市）人民政府规定的缴费比例或办法实际缴付的基本养老保险费、基本医疗保险费和失业保险费，允许在个人应纳税所得额中扣除。故本人工资为遭受事故伤害前 12 个月平均月税前工资。

7. 一次性工伤医疗补助金。依据《工伤保险条例》第 37 条第（2）项，计算标准为：9 910 元×6 个月。《关于北京市工伤保险基金支出项目标准及相关问题的通知》（京人社工发〔2011〕384 号）第 5 条规定，九级伤残职工在终止或者解除劳动关系时，其领取的一次性工伤医疗补助金为 6 个月的本市上年度职工月平均工资。根据北京市人力资源和社会保障局、北京市财政局《关于 2020 年本市参保人员社会保险待遇有关问题的通告》，工伤保险待遇以统筹地区上年度职工月平均工资作为计发基数核定工伤保险待遇的，以 9 910 元/月作为计发基数。

8. 一次性伤残就业补助金。一次性伤残就业补助金是用人单位对职工因工作原因导致伤残而给予的一次性职业伤害补偿。首先，关于一次性伤残就业补助金的法律依据。《社会保险法》第 39 条明确规定：“因工伤发生的下列费用，按照国家规定由用人单位支付：……（三）终止或者解除劳动合同时，应当享受的一次性伤残就业补助金。”《工伤保险条例》第 37 条规定：“职工因工致残被鉴定为七级至十级伤残的，享受以下待遇：……（二）劳动、聘用合同期满终止，或者职工本人提出解除劳动、聘用合同的，由工伤保险基金支付一次性工伤医疗补助金，由用人单位支付一次性伤残就业补助金。”《北京市实施〈工伤保险条例〉若干规定》第 24 条规定：“工伤职工与用人单位的劳动关系依法解除或者终止的，该用人单位应当按照《条例》的规定向该工伤职工支付一次性伤残就业补助金。”其次，关于一次性伤残就业补助金的标准。《关于北京市工伤保险基金支出项目标准及相关问题的通知》（京人社工发〔2011〕384 号）第 6 条规定，九级伤残职工在终止或者解除劳动关系时，其领取的一次性工伤医疗补助金为 6 个月的本市上年度职工月平均工资。用人单位应当支付的一次性伤残就业补助金，按上述标准执行。故一次性伤残就业补助金为 9 910 元×6 个月。

9. 工伤复发的工伤待遇。依据为《工伤保险条例》第 38 条。根据该条规定，工伤职工工伤复发，确认需要治疗的，可以按照第 30 条的规定享受工伤医疗待遇；需要暂停工作接受工伤治疗的，可以按照第 33 条的规定享受停工留薪期待遇；需要配置辅助器具的，可以按照第 32 条的规定配置。因此，因工伤复发确认需要进行二次手术的医疗费、护工费、交通费、食宿费、医疗辅助器具费等费用，薛某保有权按照规定要求阳光公司支付。

（二）解除/终止劳动合同的赔偿/补偿

1. 违法解除劳动合同的赔偿金。2022 年 4 月 28 日阳光公司通知薛某保依《劳动合同法》第 40 条于 2022 年 5 月 28 日解除劳动合同。《劳动合同法》第 40 条规定："有下列情形之一的，用人单位提前三十日以书面形式通知劳动者本人或者额外支付劳动者一个月工资后，可以解除劳动合同：（一）劳动者患病或者非因工负伤，在规定的医疗期满后不能从事原工作，也不能从事由用人单位另行安排的工作的；（二）劳动者不能胜任工作，经过培训或者调整工作岗位，仍不能胜任工作的；（三）劳动合同订立时所依据的客观情况发生重大变化，致使劳动合同无法履行，经用人单位与劳动者协商，未能就变更劳动合同内容达成协议的。"根据基于薛某保提供的资料以及会见中薛某保所叙述的事实，我们认为本案不存在上述规定中的任何一种情况，因此阳光公司解除合同的行为属违法解除合同。

根据《劳动合同法》第 48 条的规定，用人单位违法解除劳动合同，劳动者不要求继续履行劳动合同或者劳动合同已经不能继续履行的，用人单位应当以第 47 条经济补偿金的二倍支付赔偿金。即赔偿金＝劳动者在劳动合同解除前 12 个月的平均工资×5 个月×2 倍。

2. 如果阳光公司主张其依据《劳动合同法》第 44 条第（1）项终止劳动合同，则薛某保可以主张其与阳光公司签订的是无固定期限劳动合同，仍然按照违法解除劳动合同的标准支付赔偿金。主张存在无固定期限劳动合同的依据是《劳动合同法》第 14 条。此主张成立需要证明的是在连续签订 2 次固定期限劳动合同之后，劳动者提出或者同意续订、订立劳动合同，但没有提出订立固定期限劳动合同。

3. 如果不主张无固定期限劳动合同或者主张未被认可，薛某保至少有权要求阳光公司支付终止劳动合同的经济补偿。根据《劳动合同法》第 46 条的规定，除用人单位维持或者提高劳动合同约定条件续订劳动合同，劳动者不同意续订的情形外，劳动合同期满终止固定期限劳动合同的，用人单位应当向劳动者支付经济补偿。因此，本案中阳光公司在终止劳动合同时应当向薛某保支付补偿金。

关于经济补偿的计算。《劳动合同法》第 47 条规定："经济补偿按劳动者在本单位工作的年限，每满一年支付一个月工资的标准向劳动者支付。六个月以上不满一年的，按一年计算；不满六个月的，向劳动者支付半个月工资的经济补偿。劳动者月工资高于用人单位所在直辖市、设区的市级人民政府公布的本地区上年度职工月平均工资三倍的，向其支付经济补偿的标准按职工月平均工资三倍的数额支付，向其支付经济补偿的年限最高不超过十二年。本条所称月工资是指劳动者在劳动合同解除或者终止前十二个月的平均工资。"本案中如果薛某保在阳光公司的工作年限为五年，则补偿金＝劳动者在劳动合同解除前十二个月的平均工资×5 个月。

（三）失业保险待遇

1. 失业保险金。失业保险是劳动者在失业期间，由国家和社会给予一定物质帮助，以保障其基本生活并促进其再就业的一种社会保险制度。《失业保险条例》第 14 条规定了享受失业保险待遇的条件：（1）按照规定参加失业保险，所在单位和本人已按照规定履行缴费义务满 1 年的；（2）非因本人意愿中断就业的；（3）已办理失业登记，并有求职要求的。因此，职工失业后，应当持本单位为其出具的终止或者解除劳动关系的证明，及时到指定的社会保险经办机构办理失业登记。失业保险金自办理失业登记之日起计算。失业保险金由社会保险经办机构按月发放。社会保险经办机构为失业人员开具领取失业保险金的单证，失业人员凭单证到指定银行领取失业保险金。《失业保险条例》第 17 条规定了领取失业保险金的最长期限，《失业保险条例》第 18 条规定了失业保险金的标准。

2. 医疗补助金。《失业保险条例》第 16 条规定：失业人员在领取失业保险金期间患病就医的，可以按照规定向社会保险经办机构申请领取医疗补助金。

四、结论及建议

1. 如果阳光公司认可按照工伤保险待遇的标准进行赔偿，则其应当向薛某保支付医疗费、护工费、交通费、食宿费、医疗辅助器具费、停工留薪期内工资、一次性伤残补助金、一次性工伤医疗补助金、一次性伤残就业补助金以及工伤复发的工伤医疗待遇。

2. 因赔偿协议尚未签署，且工伤复发治疗费用的数额还不确定，因此若阳光公司在协议中提出“本协议签订之后的其他费用单位不再承担”之类的条款，建议签署协议时要慎重。

3. 薛某保有权要求阳光公司支付解除劳动合同的赔偿金或者终止的经济补偿。

4. 薛某保可以申请失业保险待遇。

五、声明

以上意见仅供当事人参考。本法律意见书是在薛某保的单方事实陈述以及其提供的材料基础上做出的，本法律诊所对上述材料的真实性和客观性不承担任何责任。

法律诊所

2022 年 4 月 30 日

第三节　法律咨询训练

法律诊所一般每天都会有很多人前来寻求法律帮助，尽管这些人的身份、素质、来访目的各不相同，但他们都是诊所学生的服务对象，都应受到热情的接待。[①] 法律咨询训练，主要培训接待咨询者（当事人）技巧及应注意的问题，要求诊所学生通过电话、现场及书面方式，向符合援助条件的当事人提供义务法律咨询。电话咨询和现场咨询应制作书面记录，书面咨询应留复印件存档。

在法律诊所教学中，常见的有接待来访、电话咨询、来信咨询、网络咨询等方式。来信咨询和网络咨询多是以书面形式进行的，因此，需要结合法律文书写作进行详细阐释。在本节中，我们重点围绕接待来访和电话咨询两种方式，学习和训练一些具体技巧。

一、接待来访训练

（一）明确法律咨询步骤

法律咨询是会见当事人过程中非常重要的一个环节，法律诊所学生需要知道法律咨询的基本步骤，从而有条不紊地开展咨询。

1. 综合整理信息资料

翻阅、整理所有的案件材料，包括事实调查的资料、法律条文的检索结果和研究资料、所有与案件有关的记录中的法律或非法律的细节等，特别是列明如下信息：当事人咨询的主要目

① 参见王立民等主编：《诊所法律教育研究》，225 页，上海，上海交通大学出版社，2004。

的是什么，哪些事情需要咨询，哪些内容需要做决定。只有明确即将面对的问题，才能做到准备充分。

2. 事实调查和法律检索

法律咨询需要学生尽可能地掌握事实资料，并利用法律检索的技巧寻找相关法律依据。咨询阶段是会见、事实调查、法律检索和法律写作等技能的综合运用阶段。因此，咨询计划中需要列明需要查明哪些事实、需要查询哪些法律。

3. 制订解决方案

法律诊所学生应准备若干可供当事人选择的方案，并注明每一种方案的利弊得失，以确保当事人在衡量不同方案时对各种因素予以充分考虑。学生应当注明哪些结果是必然的、哪些结果是预测的、哪些结果有待于进一步调查，以及哪些结果取决于什么样的行动步骤。学生可以制作一些表格以帮助自己明晰思路。

也有学者将法律咨询的步骤归纳为：识别目标，评估可用于实现目标的现有资料，确定若干解决方案，评估每一种方案的利弊、成本、风险、成功率等，选定最佳方案，依决定开始行动，等等①，更为具体地分解了法律咨询步骤，可供参考。

（二）学会引导当事人陈述

1. 学会多种交流方式

不同于电话咨询，接待来访是面对面与当事人进行对话和交流，学生需要学会在接待咨询的场合用眼睛与当事人交流。例如可以用神态暗示当事人，你在专心听对方的倾诉，鼓励当事人说下去。听的时候，眼睛要注视着对方，以点头或手势鼓励其继续说下去。法律诊所学生还可以用语言引导，如“然后呢?”“还有吗?”等表示你很关心对方的问题。总之，听的时候，要用眼睛与当事人交流，也就是聆听时要注视对方。注视是对当事人的尊重，表示你正专心听对方讲话；注视对方也是感情交流的一种途径，可由此初步判断当事人的陈述是否属实。当然，对方也能从你眼中读到你是否在听。注视应当贯穿于整个法律咨询的过程，不能仅仅局限在倾听的环节中。

手势是无声的语言。法律诊所学生在与当事人谈话时，为了加强语气、强调内容，适当地做一些富有表现力的手势，可以加强语言效果。但手势不宜过多，也不宜反复。在使用手势语言时学生应特别注意，当讲到自己时，不要用手指着自己的鼻子尖，而应将手掌按在自己的胸口上，这样做显得端庄、大方、谦虚、斯文；当讲到当事人时，不可用手指指向对方。

2. 学会聆听

法律诊所的学生要全神贯注地聆听当事人的陈述。当事人讲话时，学生不要东张西望或只顾低头做自己的事情，显露出不耐烦的表情。来访当事人多数文化程度较低、思维能力较差或者情绪激动，当事人的陈述往往杂乱而且冗长。学生刚开始进行法律咨询的时候，由于欠缺经验，因而不宜打断对方的陈述，必须耐心听，认真听。学生应该对当事人的感觉和意见表现出极大的兴趣，并且积极努力地去听，去了解对方。如果有不明白的问题，要及时地问清楚。要让对方把话说完，不要打断对方。学生要让当事人把一段比较完整的话讲完，即使讲话人为了理清思路，中间作了短暂的停顿，也不要把他的话打断。

要抓住主要意思，不被枝节吸引。学生要善于聆听，注意分析哪些内容是主要的，哪些内

① See Stefan H. Krieger & Richard K. Neumann，*Essential Lawyering Skills*：*Interviewing*，*Counseling*，*Negotiation*，*and Persuasive Fact Analysis*，3d ed.，Aspen L. &Bus.，2007，p. 33. 转引自李傲主编：《法律诊所实训教程》，116～118页，武汉，武汉大学出版社，2010。

容是次要的，以便抓住问题的实质，避免失误。要使思考的速度与谈话的速度相适应。思考的速度一般比谈话的速度快，因此在聆听对方谈话时，学生要勤于思考分析。如果对对方的谈话不动脑筋思考，对其谈话内容又记不住，就会影响工作效率。

许多当事人无法直接切入主题，学生必须耐心听全，才能够知道问题的关键所在。耐心的同时还要认真，不能漏掉某些很关键的细节或放过当事人说得含混不清的地方，否则，会给当事人错误的建议或回答。当然，学生在经过一段时间后，可以恰当地使用一定的咨询技巧（如提问），既委婉又不失礼貌地将当事人的陈述引入正轨，使其陈述有价值的内容。但是如何判断哪些陈述与主题无关，还需要在实践中不断学习和锻炼。

3. 学会关切

来到法律诊所的当事人一般都有较悲惨的境遇或者困难的现状，他们需要法律诊所的学生为他们排忧解难，同时也需要有人理解他们的痛苦、同情他们的艰难。当他们讲到动情处时，学生可以说几句表示同情与安慰的话，如“看来你现在的确不容易”，“没关系，我们不是在帮你吗?”无疑，这可以大大拉近与当事人的距离，让他们觉得，学生更多的是一个帮助他的朋友，而不是冷冰冰的法律机器。

（三）有理有节提出建议

1. 善于归纳和提炼

由于来访的当事人没有受过专业教育，因而他们陈述的内容难免冗长、复杂。学生不要期待当事人一语道破其目的，要力争从当事人的言语间揣摩其真实意图，提炼出精华，即判断出当事人的真实目的，找出案件的主要事实、法律问题及争议事项；要能在心中形成主要脉络，并可以开始初步考虑具体的意见和方案；要明确当事人咨询的重点和关键，用准确、严密、通俗易懂的语言复述，让当事人确认事实。

此外，法律诊所学生要认真阅读来信或者咨询者提供的有关材料，掌握所提问题的主要事实。对于事实清楚的，可以依据法律做出解答；对于事实含混不清的，则要慎重对待，不可轻率答复。

2. 理性提出建议

法律诊所学生提出的建议或方法对当事人而言要具有可行性、合理性、简洁性、经济性、具体性，不可以用大道理和抽象的法学理论来打发求助者。回答问题时要有分寸，任何事情都不能说得太绝对化，既不能让当事人感到非我莫属、舍我其谁，也不要让当事人感到毫无希望可言。

如果对于当事人提出的问题，现行的法律法规与政策均没有相应的规定，学生应当在合法的前提下积极思考，为当事人出谋划策，力争能够为其找到一种最佳的解决问题的途径。

现实生活中的确存在一些一时难以回答的问题，这就要求学生能够采取变通手段，向当事人讲明情况，不能随意给出意见和看法。法律诊所学生在解答法律咨询时，可能会遇到一些疑难问题，一时难以搞清，应以科学态度认真对待，虚心向他人请教，不能不懂装懂，敷衍了事。如果事后发现给出的法律咨询意见确有错误的，应当及时向当事人说明，避免不良影响的发生。如果用书面形式进行回复，复函要针对性强，文字清晰明确，语言通俗易懂。

（四）避免矛盾激化与冲突

法律诊所学生要避免当事人之间的矛盾激化。在一些民事案件中和行政案件中，当事人会对另一方当事人或政府官员进行人身攻击，法律诊所学生需要做的事情是要劝止当事人的这种不当行为，而不能加以附和，以免当事人之间矛盾激化。如果当事人情绪过于激动，试图以一些超出常规的手段来解决纠纷时，学生应当先稳定当事人的情绪，待其平静后，为其分析利弊，让当事人认识到不理智地解决问题只会带来更大的矛盾和痛苦。一般情况下，法律诊所学生应该告诉当事人冷静对待另一方当事人，把案件事实说清楚，这样才有利于解决问题。

法律诊所学生要避免与当事人发生冲突。有的时候，法律诊所学生出具的法律意见可能不符合当事人的想法，从而使当事人对学生的咨询工作产生疑问和不满。所以，法律诊所学生一定要充分和当事人沟通，说明法律诊所是无偿提供法律服务、处于中立的地位，要让当事人明白给出法律意见的理由。只有这样，才能避免和当事人发生冲突。

（五）遵守保密义务

法律咨询中涉及律师职业伦理的一个基本问题，即为当事人保密。法律诊所学生虽然不能以律师的身份执业，但其所从事的法律援助工作类似于律师的工作，因此，应当遵守《律师法》《律师执业行为规范》等相关规范。

一般来说，法律诊所学生在与当事人见面、开始正式谈话之前，应当主动说明自己负有保密的义务，说明法律诊所的案件资料只会在法律诊所内部的学生和指导教师之间公开，不会对其他任何人公布。法律诊所可能利用案件资源制作教学材料，如案例分析、录像、录音，但会隐去当事人的真实姓名、住址等基本情况。此外，学生也要征求当事人的意见，询问哪些内容可以公开，哪些内容不能公开。有些当事人希望新闻媒体介入，扩大影响，愿意指导教师将其案例公开讨论，引起社会关注和引发法律思考。对于这样的案件，学生可部分解除对案件保密的义务，如接受采访、撰写文章等。解除保密义务应有严格限制，通常应和当事人共同商讨何事、何时公开有利，何事、何时公开不利或不必要。

学生的保密义务是建立信任关系的基础，贯穿于办案始终。保密的观念应深植于法律诊所学生的头脑中。在和法律诊所以外的其他学生讨论案件时，不要提及当事人的真实身份；对当事人的档案资料，应注意保管；和当事人谈话，应当选择在安静、没有外人打扰、没有不相干人在场的地方；未经当事人许可，不应接受媒体采访；在法律诊所以外的打字社为当事人打印法律文书时，注意清除所打内容。保密应从点滴做起，合格的法律人应当严谨、周密，值得信赖。

总之，法律咨询需要不断积累，提高水平，提高法律服务质量。往往最初接待一两次当事人之后会觉得自己的理论知识与实践知识很难结合起来，碰到当事人的问题往往束手无策，这就需要学生在法律诊所实践之外多看一些案例，提升自己的案件处理经验，这样才能胸有成竹地应对当事人的法律问题，为他们提供有益的法律意见。

训练 4—1

接待来访案例

来访者 V：您好，我想来咨询关于离婚的事情。

接访学生 S：请您跟我一起到隔壁屋去谈吧（避免个人隐私泄露）。

V：我有一个朋友想和她丈夫离婚，想问问如何办理？

S：首先，我们有责任为您所说的内容保密，请您放心。也请您将案件情况如何告诉我们，有利于我们给您提供正确的意见。

V：嗯，其实吧……是我想要离婚……这从何处说起……

S：不要紧，我先了解一下您的基本情况：您什么时候结婚的？是否领取结婚证？是否生育小孩（几个小孩，多大了）？为什么要离婚？

V：好的，情况是这样……（在陈述过程中，学生要尽量避免打断对方）

S：这些情况我还不太清楚，麻烦您再说明一下……

V：…… ……

S：您说的情况，我基本清楚了，但我认为您对离婚这事情还要慎重……（学生可做必要的思想工作）

V：嗯，我知道，但我想知道如何办理离婚手续。

S：根据法律规定，有两种方法离婚：一是协议离婚，二是诉讼离婚。我具体给您解释一下……

V：财产呢？应该如何处理？

S：您和您丈夫有什么财产，分别在谁的名下？

V：…… ……

S：您和您丈夫还有其他夫妻共同财产吗？

V：对了，我想起来，他有一项发明专利，是属于夫妻共同财产不？

S：这个……（学生不清楚）对不起，对此我现在还不能确定，请您稍等片刻，我核实一下。

提示：

该接访学生对来访者做到了有礼有节，主要是揣摩来访者的心理，发现来访者陈述内容的真伪，保持客观、公平的态度，而不是影响来访者的情绪。法律诊所学生对法律问题的解答，要尽可能做到准确无误，对自己不了解或者不熟悉的法律问题要核实后再解答。

二、电话咨询训练

电话咨询也属于口头解答，因此需要按照第二节介绍的口头解答的六个环节来进行。下面，我们将按照电话咨询的基本流程展开训练，即接听电话（自我介绍）、询问内容、答复建议、礼貌挂机。

（一）接听电话

训练 4—2

接听电话入门

（1）指导教师可以根据学生数量准备若干纸片（1 张 A4 纸纵横对折分成 4 片），也可以要求学生自己准备纸片；

（2）要求学生在纸片上书写（匿名）：1）在接听电话之前，应该做好哪些准备？2）在摘取话筒之后，第一句应该说什么？

（3）指导教师收回纸片，在教学助手的协助下，迅速浏览、分类纸条，如学生人数不超过 20 人，可以逐个、分别宣读上述两个问题的答案。

（4）指导教师对于学生的回答进行分析，并与学生讨论应该如何接听电话？

注意事项：

与日常生活中接听电话不同，法律咨询中的接听电话属于专业服务活动，需要遵循和注意如下相关事项：

（1）使用规范文明用语。严格来讲，如何使用文明服务用语并不属于法律实务技巧，而是一些社会常识性的知识。法律诊所也是一个提供法律服务的组织，学生作为“服务者”，必须满足社会对服务者最基本的要求。在实践中，人与人见面打招呼的第一个话题，就是如何称呼别人。学生在接待当事人的时候，咨询者多为年长者，因此常用“叔叔”“阿姨”“伯伯”“婶婶”等称谓，极少使用先生、女士、同志等称呼。在使用第二人称称谓时，要用“您”而不是“你”，以示谦虚与敬重。除非特殊原因，切忌直呼其名。学生必须注意正确使用称呼，这是对当事人最基本的尊重和礼貌。往往要求学生在接起电话时，要首先打招呼，说“您好”。

（2）以良好心态接听电话。有的法律诊所每天的接待量较大，或者接待的案件多数属于信访性质的案件，久而久之，学生会出现厌烦心理。所以，合理安排好值班表，指导教师适时的心理辅导都是必需的。法律诊所学生在接电话前应微笑，后摘机。

（3）做好接电话前的相应准备。接电话前，要事先准备好记录本和笔，以便在接听电话过程中快速记录必要的信息。对于姓名、名称、地址等与案件紧密相关的信息，要记录完整；对于案件进程，可以使用记录人自己能识别的方式、最熟悉的代码简写记录，例如：一审法院可以记录为“①”等。接电话要迅速，尽可能在铃声响起的最短时间内（最好在三遍内）接听电话。让当事人长时间地等待，可能会影响对方的情绪，甚至会使他放弃获得法律帮助的机会。

（4）介绍接电话者及法律诊所。在打招呼之后，法律诊所学生应该介绍法律诊所，例如，“喂，您好！这里是××××法律诊所，请问您有什么事需要帮忙吗”，以使双方确信不是误拨。如有必要，法律诊所学生需要简单介绍一下法律诊所的功能，因为多数咨询者并不了解法律诊所如何运行，而多希望通过法律诊所的咨询电话能联系知名专家、教授关注其案件或者纠纷。

如果是替别人接电话也要有礼貌。有时当事人要找自己以前曾经咨询过的学生，如果该学生当时不在法律诊所或不方便接听，这时就需要你向对方做充分的解释。例如，“对不起，您要找的××同学今天不值班，有什么事要我代为转告吗？”或者“对不起，您要找的××同学正忙，您愿意等一下还是让我代为转告呢？”

介绍的要点：

做好准备：记录本、笔。

迅速接听：三遍铃声之内接听。

介绍自己：让咨询者知道你的身份，并得到咨询者的称谓和姓氏。

咨询者的称谓：在交谈中要多使用，让咨询者感受到重视。

表示欢迎：让咨询者感受到你的热情。

（二）询问内容

在接听电话双方都已经确认无误的情况下，法律诊所学生需要主动询问，掌握电话咨询的主动权，一般来说，需要询问对方的姓名（名称）、籍贯、住址，是否曾经来电来访等。① 询问完成之后，需要复述通话内容，以便得到确认。以下信息尤其要注意复述：对方的联系方式（电话号码、通邮地址），约定来访的时间、地点，亟待解决的问题以及其他重要事项。

在询问环节，如果没有确切掌握咨询者提供的信息，可以使用如下方式与咨询者沟通：“没听清楚，请您再说一遍好吗？”“很抱歉，请您再说具体些。”如遇到咨询者未提供的材料或者提供的材料不完整，可以说：“您提供的资料不完备，请您再辛苦一趟。”

① 询问的具体方法，可参见本章第二节。

在询问过程中要注意如下几点：

（1）口齿清晰。由于电话常常使声音发生变化，因而进行电话咨询时，学生口齿一定要清晰，保证对方可以听清楚。在电话中有许多字的发音是相同或相近的，为了不使听者产生误解，一定要注意吐字清晰。

（2）声音适中。在接听电话时要注意音量控制，声音太大、太小都会影响谈话效果，也不要使用平淡而单调的声音，因为这种声音会拉开与听者的心理距离。

（3）自然交谈。学生同对方谈话要像在一个房间里一样，要用一种最能表达学生个性的音调和词句。学生要聚精会神、热情、诚恳和亲切，这样比较容易使当事人对学生乃至法律诊所产生好感和信任。

询问的要点：

围绕询问目的，明确下一步需要回答的问题，研判咨询者最有可能忽略的问题。

注意询问技巧，语言连贯，掌握询问的主动权。

（三）答复建议

这个阶段是咨询者最关心的。在这个阶段，学生需要提供解决问题的方案或者下一步沟通的工作。由于是进行电话沟通，学生应尽量用通俗、易懂、简短的话语告知咨询者。在回复完毕，需要跟对方确认是否完全知晓法律解决方案时，可以说："我说清楚了吗？是否需要我再给您说一遍？"

法律诊所中最经常发生的情况是，学生很难准确、迅速给予咨询者答案，需要进行法律检索、小组讨论和请教教师，这时需要获得咨询者的谅解："对不起，这个问题一时解决不了，请您多包涵。""请放心，我会尽力（快）帮您解决，请您回去在下周这个时候再次来电，我们给您提出我们的法律意见。"强调学生对于优质文明服务用语的使用，并不是要求学生将它们全部记忆在头脑中，如果真的那样做，将会是十分可笑和愚蠢的。本节对文明服务用语进行列举，目的是要让学生通过阅读和练习，在心中时刻铭记自己的身份是"服务者"，并在这种服务理念和服务意识的指引下，为当事人提供法律咨询。

答复的要点：

言简意赅、通俗易懂回复；

必要重复、保证对方知晓；

态度诚恳、获得对方理解。

（四）礼貌挂机

答复完毕，法律诊所学生要简单了解一下咨询者对于答复的意见。另外，如需要以书面形式进行答复的，就要保证记录准确。为了准确无误，学生要将个人信息、通信地址等一些重要内容在电话里重复一遍。最后学生可以说："再见，有事请随时打电话来。"通话完毕后，不要急于放下电话，要让对方自己结束通话，然后轻轻地放下电话。切不可不耐烦地把话筒扔回原处或者随便挂断电话。

挂机的要点：

保持自信、微笑；

记录完整：记清个人信息、通信地址；

鼓励咨询者：判断咨询者对于回答的反馈意见，鼓励积极运用法律手段解决问题；

轻放电话，后放电话。

训练 4—3

接听电话应对训练

假设出现如下情况，作为法律诊所学生，你应该如何应对：

（1）指导教师不在附近，该如何应对？

（2）接到一些令人困惑的电话，该如何应对？

（3）当对方怒气冲天时，该如何应对？

（4）当对方喋喋不休时，该如何应对？

（5）如遇到突然线路中断或者通信受干扰，该如何应对？

（6）对方的谈话谈不到点子上，该如何应对？

训练 4—4

综合训练 1

（1）指导教师事先使用两台摄像机或者利用电话录音设备，同时录制一段当事人以及接听电话学生的电话咨询内容，在课堂上播放。

（2）播放视频资料或者音频资料，然后让法律诊所学生评价：1）可取之处，如何借鉴；2）不足之处，如何改进。

训练 4—5

综合训练 2

（1）指导教师自己或者让教学助理等提前阅读本书附录“王萍诉派尼科包装公司劳动争议仲裁案”中的证据 6“申请人王萍的陈述”，在课堂上模拟王萍（基本特点：年轻、女性、活泼、略懂劳动法相关知识）致电法律诊所进行电话咨询。

（2）指导教师安排一名法律诊所学生接听电话，与模拟王萍者背靠背就座，避免二者能看见对方表情。

（3）模拟电话咨询之后，指导教师组织学生讨论分析接听电话学生表现的可取之处，改进之处。

第四节　推荐阅读

一、法律咨询的步骤

正式咨询之前，律师常常询问当事人：案件是否有了新的进展？本方或对方是否有新的想法、表现或行动？案情是否有转机或恶化？当事人是否要补充说明一些内容？所以，咨询之前及时更新信息，可以保障咨询的高效并使之切合实际。

正式咨询的步骤有以下六个：识别目标，评估可用于实现目标的现有资料，确定若干解决方案，评估每一种方案的利弊、成本、风险、成功率等，选定最佳方案，依决定开始行动。

1. 识别目标

倘若当事人能准确清楚地陈述案件事实且表达他们的愿望，诊所学生的目标和当事人的目标就应当是一致的。然而，当事人是否准确地表达了愿望，当事人的思路和行为是否符合他们的愿望，实现愿望是否能真正达到当事人期望达到的目标，需要学生识别。识别当事人的目标是会见阶段的重要任务，咨询阶段应当特别注意当事人目标的变化。

首先，当事人的目标有可能发生变化。会见后，一段时间的冷静思考，或者案情的转变，都有可能让当事人改变初衷。如离婚案件的当事人，起初坚决不同意离婚，以“不离婚”为目的，而后转变为同意离婚，但要求分得较多的财产份额。

其次，当事人的情绪可能发生变化。陷入矛盾冲突中的当事人，情绪波动较大，外界影响和内心顾虑都会激化情绪。比如有的当事人逐渐变得愤怒，无法自控，非要将对方告上法庭不可，并声称“不惜一切代价”。也许他并不清楚代价究竟有多大，也无法平静下来衡量“诉讼方式解决”与“非诉讼方式解决”的利弊。此时，代理人帮助当事人分析和识别目标就显得非常重要了。

不要期待当事人一语道破其目的，要力争从当事人的言语间揣摩其真实意图，提炼并表达出来，再经当事人确认。目的有主要目的也有次要目的，有最后需要达到的目的和过程中各个步骤要实现的目的。识别确认当事人的目的，是进行正式咨询的首要工作。

2. 评估可用于实现目标的现有资料

在明确了当事人欲达到的目标后，我们开始对现有资料做出大致的判断，包括现有的资料是否足以实现当事人的目标，如何运用这些资料，掌握的手头资料的证明力如何，这些资料之间是否存在并列、依托或矛盾等关系，这些关系对于现有资料的证明力是否存在影响，等等。

在对案件事实和相关法律进行分析以后，我们发现根本不可能实现当事人的目标时，应该怎么办？比如当事人希望通过诉讼途径解决，但诉讼时效已过，我们可以一口回绝，表示此路不通，并表达我们的遗憾，但是，我们应设身处地地为受到打击较大的当事人着想，采用和缓的方法来安慰他们。

（1）三思而行。先不要急着表态，特别是刚刚会见过，得知当事人的愿望不可能实现时。我们与当事人进行交流时先对当事人的情况表示理解，给自己一段思考的时间，想想看是不是当事人所有的目的都无法达到，还是主要目的无法达到、次要目的有希望。只要有希望，就应当将它找出来，告诉当事人。同时，利用思考的时间将当事人无法达到目的的理由整理、归纳一下，然后以谨慎、严密、具有逻辑性和说服力的方式表达出来。

（2）解释理由。在做出否定结论之前，耐心、细致、翔实地解释原因、理由，分析整个案情，让当事人感觉到否定性的结论是经过深思熟虑的，让当事人明白无误地知道被回绝的理由。

（3）对当事人倾注同情。回绝当事人的请求后，我们会对当事人感到歉意，应以同情的心态关注当事人的反应。当事人无法达到目的是由各种各样的原因造成的，包括社会的、经济的、法律的、文化的、习俗的等各方面，而其本身不一定有错误。关注当事人的反应，对失望、沮丧、不满、愤怒的情绪给予理解和同情，这样可以缓解当事人的情绪。切忌因为当事人情绪激动而改口，那样可能会使当事人迁怒于代理人，适得其反。

（4）提出建设性意见。即便无法达到目的，诊所学生还是可以从当事人目前的状况出发，真诚地提出一些建设性的意见：当事人以后怎样做更有利；如何维护自身利益；应当注意哪些问题；在什么情况出现时，当事人的目的还有望解决。

3. 确定若干解决方案（与当事人沟通的技巧，解释、讨论方案过程中考虑的问题）

优秀的律师应当尽可能为当事人提供多种备选方案，律师凭借其坚实的法律功底和丰富的实践经验能够做的，诊所的学生通过和同学之间互动式的学习与交流，通过教师的指导，开动脑筋，积极思考，同样可以做到。

一旦我们完成了备选方案分类，需要决定如何向我们的委托人表述我们可供选择的方案，需要确定处理委托人目标一方面或多方面的因素，需要考虑备选方案中的法律因素和非法律因素。法律因素是指影响或决定特定案件成败的实体法和程序法的规定；非法律因素是指与案件相关的来自社会的、家庭的、经济的、政策的、文化的、习俗的、心理的、身体的等各方面的影响。毫无疑问，当事人对法律因素的考虑会更加依赖于诊所学生，但学生绝对不应忽略对当事人提供的非法律因素的考虑。实践中，学生常常需要根据案件的非法律因素改变办案策略。我们需要确定每个可行方案的积极和消极的后果，我们也需要评估其成功的可能性。

如何开始与当事人讨论？是先询问当事人能想到的方案，或者询问当事人下一步的计划，等当事人说完后再展示已经做好的方案表，还是先展示自己的方案，边解释边讨论？前一种方法的益处是，给当事人充分的自主陈述的权利，但也可能引起当事人的不快——既然你已经准备好，为什么不先拿出来，却要我先说？后一种方法的益处是比较自然，表现坦诚，但要承担当事人做出出乎意料的反应的风险。我们推荐后一种方法，这种讨论过程如下：

（1）解释方案名称的含义。例如，解释什么是“仲裁”，仲裁机构是什么，哪些人组成仲裁庭，仲裁与调解、诉讼有何区别，仲裁的法律效力如何——是否必须执行仲裁文书，不执行会怎样，不服仲裁结果是否还可以诉讼。当事人存在个体差异，对于不同的当事人，学生需给予不同详细程度的解释，旨在使当事人明确他们所讨论的方案的切实含义。解释时，尽可能避免使用法言法语——介绍的目的在于让当事人听懂，而不是和同学或老师进行学术讨论。

（2）解释具体方案与当事人目的之间的关系。包括内容可以是：为什么我们会提供这样的方案，它们与您想要实现的目的有什么关系，怎样用这套方案来实现您的目的；在这个方案中哪些目标是一定可以实现的，哪些有可能实现，哪些不可能实现；这个方案可以达到您的目标的成功率有多大，成功会怎样，不成功又会有什么后果，如何权衡利弊，等等。

（3）解释各个方案之间的关系。比如说，我们提供的这些方案之间是否有关，法律上是否有先后次序，是法定必经程序，还是选择性程序，先后次序与成本之间的关系是怎样的，是循序渐进，还是一步到位，各自有何利弊，等等。

（4）询问当事人，是否有自己的打算或其他方案，与其一起讨论是否更好，提出可行性分析。

4. 评估每一种方案的利弊、成本、风险、成功率等

评估方案时，当事人通常不会逐一讨论所有的选择方案，而是明显趋向于某一种或两种方案，与学生着重讨论这一两种选择。学生应当提醒当事人各个方案之间的关系，不要孤立地看待方案。如方案之间可能存在首选、次选，或主要方案、替代或备用方案的关系，前一种方案的实施状况是否影响后一种方案的实行。同时，应当确保当事人明确其他方案的价值，在讨论中提示那些被当事人忽视的方案的益处。

与分析方案阶段不同，确定方案的目的是明确要讨论的数项方案。为了分析，首先要确定；为了确定，首先要向当事人解释清楚方案的含义；这时的讨论是宽泛无针对性的。

在介绍方案时我们应注意三个方面的问题：

首先，分析方案时要尽量做到周密、全面、完整。每种方案都应当是一个完整的计划，而

不仅限于某个环节、某个阶段。如果无法明确以后发生的事，应当力求有合理的预测，并针对预测做出准备。诊所的教师们曾经讨论过一个案件：当事人找到诊所学生，反映说他因亲戚触犯刑法，聘请了一个职业律师，现在律师向当事人索取超出代理费许多倍的“疏通关系”费，声称是主审法官提出的。律师向该当事人保证，拿钱就能减轻处罚。当事人询问诊所学生应当怎么办。诊所学生给他的咨询意见是：下次和律师说话时，将他索取高额费用的话录下来。当事人听从学生的建议，几天后将录有律师催交关系费的磁带交到诊所学生手中。诊所学生一时手足无措，不知如何处置。我们在此不讨论律师的问题，单看学生的咨询意见，不难发现，学生在给出建议的时候，没有明确的目标，没有分析后果，缺乏对事态的通盘考虑。为什么要录音？录音后怎么办？怎么处置磁带？怎么对待那位律师？当事人亲戚的案子怎么办？由于对上述事项缺乏应有的思考，诊所学生陷入被动局面。

其次，分析方案时要有弹性。鉴于导致最终结果的种种不确定因素的存在，在分析方案时既要敢于大胆想象、大胆预测，又要留有余地，给选择的方案留有弹性空间。

最后，对于当事人特别不想发生的事情，在分析方案时应给予特别关注。如在前述律师索取“关系费”案件中，当事人的目的非常明显——尽快拿到钱；同时，当事人不想与领导“翻脸”，也不想把关系“搞僵”。诊所学生在围绕着“尽快拿到钱”这个目的制订行动计划以及在以后的谈判过程中，都不能忘记当事人的顾虑。如果行动有可能产生负面影响（与当事人的领导发生冲突），应提前告知当事人，或事先征求当事人的意见。

5. 选定最佳方案

如果说确定方案是一种横向的讨论，那么做出决定则是一个纵向讨论的过程。当事人的选择同样应当是开放性的，不一定仅限于一种方案，事实上，当事人在评估时只要重点考虑一两种方案，就可以做出选择。学生接下来的任务是：

（1）反复比对选中的方案，详细回答有关选择的方案的相关法律规定，进一步评价利弊、成本、成功率等因素。

（2）完善选择的方案，不仅应尽可能多地考虑与其相关的因素，还应考虑方案实施过程中可能出现的新情况，如何应对以及如何与其他环节配合和衔接。预测最好的、较好的、一般可接受的、较差的和最坏的结果。

（3）制订工作计划。向当事人说明，根据当事人的决定，学生下一步要开始做哪些工作，进行大致的时间安排，需要当事人做哪些方面的配合，等等。

当事人咨询完毕后，最好让他尽快做出选择哪种方案的决定。如果当事人需要考虑，可以允许在一定时间内做出答复，也许在一定期限内当事人可以冷静思考，或者会有新情况发生。但这是一种被动的方式，它会造成久拖不决，影响诊所学生的办事效率，降低咨询的及时性、有效性，减慢了解决问题的速度，还可能影响学生与当事人之间的关系。

6. 依决定开始行动

一旦选定方案，应全力投入下一步的行动计划之中。诊所学生在学习实践过程中，面对某一种特定局面，通常的思维模式是：识别、预测、策划。识别是对特定局面的了解，是一切行动的基础和依据；预测是运用专业知识与社会经验，推测出事情的发展方向和结果；策划是制订行动计划，用行动来影响或控制事态的发展。这个过程是一个积极、能动的过程。

总之，上述就是咨询阶段的六个步骤，诊所学生清楚这些步骤后，在实践中结合职业技巧就可以操作自如了。[①]

---

① 参见李傲主编：《法律诊所实训教程》，116～118 页，武汉，武汉大学出版社，2010。

二、推荐书目

1. 马宏俊．法律文书学．3 版．北京：中国人民大学出版社，2019.

2. 韩德云，彭瑶．法律咨询．北京：法律出版社，2018.

3. 王英明．法律诊所学习．北京：中国人民公安大学出版社，2008.

4. 李傲．互动教学法：诊所式法律教育．北京：法律出版社，2004.

5. 徐家力，王文书，赵金一．律师实务．8 版．北京：法律出版社，2015.

6. 吴江水．完美的合同：合同的基本原理及审查与修改．3 版．北京：北京大学出版社，2020.

7. 高云．思维的笔迹：上：法律人成长之道．北京：法律出版社，2013.

8. 高云．思维的笔迹：下：实战案例训练．北京：法律出版社，2013.

9. 张庆，刘宁．法律意见书的研究与制作．2 版．北京：法律出版社，2009.

10. 杨军，王保成．法律诊所之行政诉讼篇．北京：知识产权出版社，2021.

11. 王泽鉴．法学案例教学模式的探索与创新．法学，2013 (4).

12. 陈建民．从法学教育的目标审视诊所法律教育的地位和作用．环球法律评论，2005 (3).

13. 王利明．卓越法律人才培养的思考．中国高等教育，2013 (12).

14. 陈爱华．律师解答法律咨询的基本步骤与要求．律师世界，1995 (8).

15. 李军．法律诊所教育与法律援助．山西师大学报（社会科学版），2005 (4).

16. 王立民．法律援助与“诊所法律教育”．政治与法律，2005 (1).

17. 牟逍媛．法律援助制度与诊所法律教育．法学，2002 (8).

第五章 法律写作

引 例

加强和规范裁判文书释法说理

2018 年 6 月，最高人民法院印发《关于加强和规范裁判文书释法说理的指导意见》，要求进一步加强和规范人民法院裁判文书释法说理工作，提高释法说理水平和裁判文书质量。该指导意见要求，裁判文书释法说理的目的是通过阐明裁判结论的形成过程和正当性理由，提高裁判的可接受性，实现法律效果和社会效果的有机统一，主要价值体现在增强裁判行为公正度、透明度，规范审判权行使，提升司法公信力和司法权威，发挥裁判的定分止争和价值引领作用。该指导意见提出，裁判文书释法说理，要阐明事理，说明裁判所认定的案件事实及其根据和理由，展示案件事实认定的客观性、公正性和准确性；要释明法理，说明裁判所依据的法律规范以及适用法律规范的理由；要讲明情理，体现法理情相协调，符合社会主流价值观。该指导意见表示，要围绕证据审查判断、事实认定、法律适用进行说理，反映推理过程，做到层次分明；要针对诉讼主张和诉讼争点，结合庭审情况进行说理，做到有的放矢；要根据案件社会影响、审判程序、诉讼阶段等不同情况进行繁简适度的说理，简案略说，繁案精说，力求恰到好处。

法律诊所内的法律文书写作有别于一般意义上的法律写作课程，后者主要强调学生学习书写各类不同法律关系主体制作的具有法律效力或者法律意义的文书，着重于诉讼案件或非诉讼法律关系中的文书写作。而法律诊所，因其培养学生法律职业技能的特点和开展法律援助活动的特色，其法律文书的书写注重于内部的法律备忘录、法律意见书和以民事诉讼文书为主的司法文书。

课前阅读

写清楚了就是想清楚了

目的：

把当事人的口述落实在纸面上，把看似纷繁复杂的纠纷转化为有证据可资证明的事实。诊所法律教育是否成功、有效，很重要的外在表现形式体现在法律文书的写作上，公平正义也需要以法律文书形式予以呈现，这是人民群众在司法案件中感受到公平正义的重要方式。

资料：

关于文书写作与打官司的关系，传统中国可以提供一系列丰富多彩的故事素材，“讼师”以代为“书状”也被称为“状师”。试举一例，据说，清代苏州有富豪王某出借银两于一孀妇，孀妇到期无力还债，王某当面责难。至夜，雷雨大作，孀妇辗转无眠，羞愧难当，遂自缢。其家属恼怒王某无情，半夜将孀妇尸体悬于王某门前，告王某逼债致孀妇当夜自缢于王某处。王某请讼师陈社甫代写辩词，辩词中点睛之笔为：“八尺门高，一女焉能独缢？三更雨甚，两足何以无泥？”苏州府遂以此辩词为依据，判决孀妇家属“移尸图害”王某，王某无罪。在诊所法律教育中，文书写作是其中重要的一环。与传统法律文书课程比较，其差异在于如何归纳事实，提供证据，提供法律支撑。来诊所寻求帮助的当事人，以方言陈说着各种委屈，夹杂着情绪的起伏。呈交的材料也多杂乱无章，各种判决、申诉交织，带着当事人“错的”“不是这样”的明确定性。作为诊所老师，要注意诊所学生的口头汇报，但更看重学生们以文书形式把当事人反映的情况书写下来。有一个出租车司机的劳动纠纷案件，接访学生几次接待、记录，认为已经成竹在胸了。但当落笔之时，还是无奈地拨打电话，询问当事人的年龄……因此，书写是检验诊所学生法律服务效果的“唯一”标准：能写清楚，就代表事情已经想清楚了。

第一节　法律写作概述

本节重点介绍内部使用的法律备忘录的概念和写作。

一、法律备忘录（Legal Memo）

法律备忘录主要包括事实归纳、法律问题、解决办法、分析/讨论和结论等五部分。它是美国法律诊所内部常见的一种法律分析和学习方式，注重于事实归纳和法律规范与证据、事实间的逻辑关系分析。它主要应用于诊所内学生向指导教师汇报案件以及对案件的处理意见，以便指导教师根据该书面汇报予以具体的业务指导。此外，法律备忘录也可以出具给当事人作为法律咨询意见书，也就是法律意见书[①]，即对当事人的法律问题给予答复，并说明理由。

严格说来，法律备忘录不是一种文体，而主要是一种技能训练方法。鉴于法律思维对于法科学生意义重大，是他们今后实现社会价值的主要途径，通过特定模式的书写，培养一种职业思维习惯，是法律备忘录写作训练的目的。以此，在事实与法律之间、在规则与证据之间建立起一个有效的解决问题的办法。

二、法律备忘录的组成要素

（一）事实归纳

诊所学生在书写法律备忘录时，第一个要做的工作就是针对当事人所叙述的事件，结合证据和经验，进行事实归纳。事实从某种意义上说就是故事。因而，每一个案件都是由一个故事开始的，而案件的纠纷就在于双方当事人就同一个法律关系、活动描述了两个不同的故事。

为什么要求诊所学生书写事实归纳？诊所学生在接待当事人来信、来访时，通过阅读书面

① 本书第四章也介绍了出具给当事人的法律备忘录，即法律意见书。二者的写作方式、注意事项基本相同，法律备忘录是法律诊所内部使用的法律文书，法律意见书是法律诊所出具给当事人的法律文书。

材料、倾听当事人叙述、查验相关证据等方式，对当事人一方的法律纠纷的起因、过程、结果做出完整的梳理。但学生是否遗漏了当事人叙述中的关键事实、是否误解了特定证据的证明对象、是否厘清了事件发生的时间线索等，都需要诊所指导老师进行检查。由于诊所指导老师可能不会在接待现场与学生共同完成接待任务，因此，学生需要将自己认为已经厘清的事实关系以书面的形式汇报给老师。

事实归纳的能力需要通过训练才能获得、提高。如同讲故事，有的人可以把这个故事讲得很精彩、很吸引人，有的人则讲得索然无味。事实归纳需要学生有较高的阅读理解能力和分析能力。

事实归纳最基本的要求是学生能够就当事人所叙述的法律事件或书面材料，从时间、地点、人物、原因、过程等几方面，讲清围绕法律问题而产生的关键事实、争议事实、感人事实和未知事实，使诊所指导教师仅根据这一事实归纳的书面材料，就可以了解针对特定法律问题的事实背景。

归纳事实的方式多种多样，一般可以按照时间线索来描述，也可以按照事实性质的演变来归纳。如果在事实演变的进程中存在诉讼关系，还需要说清楚相应的诉讼进程。这在接待上访案件时尤为重要。

事实归纳的重要性在于：如果事实理解错误，那么，案件的法律问题到底是什么就可能发生错误，其后进行的咨询服务、援助活动，包括司法救济等活动，都会因为最初的事实理解错误而导致无效或者效率低下。

（二）法律问题

所谓法律问题，就是直截了当地揭示当事人所描述案件的主要问题是什么。能用一句话说清楚的问题不要用两句话，而用很多语句去解释问题之所在，很可能是因为对问题到底是什么还没有分析清楚。

法律备忘录希望学生以标准方式书写问题，例如，“根据×××的法律规定/法条，或合同、协议”，在“何种事实、何种情况下（当事人的主要法律事实）”，“当事人的××权利是否受到侵害”或“当事人的××关系是否存续”“当事人的××救济途径是否可以实现”等等。“是否”二字所揭示的就是案件或者纠纷的主要问题。

书写法律问题的难点在于：问题很可能不是一个，而是数个；一个大的法律问题下面存在数个小的法律问题。如何解决这一难题？有益的方式是学生可以将法律问题和法律事实相互对应起来，一个法律问题对应一个法律事实。这样做，不仅有利于厘清问题是否存在以及存在的原因，还可以自动检验学生问题归纳的对错。在实践中，学生可能会很快给出某个事件中的法律问题之所在，而在其后与问题衔接起相应的事实时，学生自己就发现原来某件事实并不是问题的导源；或者学生就问题展开事实证明时，很快会发现支撑某个事实的证据链存在问题，进而发现证据上的缺陷，开始补充证据。

（三）解决办法

与其他法律文书的写作目的不同，法律备忘录无论是向当事人出具的还是向诊所指导教师汇报的，需要的首先是答案，而不是答案的依据和理由。这样，是培养学生的法律职业技能与未来的法律职业模式所要求的。简单来说，当事人在向职业法律人员咨询某项法律问题时，最常见的场景是要求后者先给出答复，然后阐释理由。

（四）分析/讨论

分析/讨论部分是学生针对所归纳的事实，以及事实所反映的法律问题，本着事实与证据相联系、事实与法律适用相联系的方式，一步步澄清其所提供的解决办法的理由和依据。

在分析/讨论部分中，诊所指导教师要根据学生在因果关系、逻辑论证体系中可能出现的差错指出其中的问题，进而引导学生从法律法规和课堂理论教学的知识出发，将真实的社会生活中千奇百态的事件、行为、社会关系纳入法律分析的框架中。

法律思维的细密与严谨是可以通过书面形式展露出来的，也是可以通过动手分析/讨论法律问题而加以提高。有借鉴意义的做法，依然是指导学生将一个问题，按照事实、证据、法律的相互关系，拆分成一个一个小问题进行分析。法律法规的检索、理解和应用也是分析/讨论部分需要学生进行实践的，这里将会检验学生对基本法律知识的掌握情况。

（五）结论

诊所学生将基于事实归纳而形成的法律关系的认定、法律行为性质的认定以简单、明了的话语表述出来。诊所指导教师在日常诊所教学中并不希望直接指出学生对某个法律问题、法律纠纷的分析是正确的还是错误的。本着循循善诱，以学生动手、动脑为基本原则，诊所指导教师希望了解的是为什么学生对某个法律问题或纠纷得出这样的答案，或者希望弄清楚学生为什么会这样去思考问题。这也就是结论部分作为法律备忘录的教学价值。

三、出具法律备忘录

法律备忘录，一般包括对当事人所提出的法律问题予以答复，对正在或者未来进行的法律诉讼在各个环节上的可能性发展给予判断并提供依据，或者对当事人某个法律行为的风险进行评估。但不论内容涉及哪个领域，首先要清楚这样一点：当事人是法律的门外汉。因此，法律文书应当在保护当事人利益的基础上，让当事人在其知识水平的范围内看明白、理解正确。

在给当事人提笔书写法律备忘录时，书写者首先要问自己这样一些问题：我估计当事人在看了这份备忘录后能够明白什么事情？当事人或者任何一个不懂法律的人能否理解我在文书里所引用的法条？我使用何种方式才能使当事人理解我在文书里所使用的法律语言和行文格式？

每一个人的法律文书的写作水平和写作风格是不一样的，在这里，没有标准范本可资应用。但有一些普遍性的原则或者标准可供诊所学生查验自己的法律备忘录是否解决了上面提及的那些问题。

（1）直截了当。无论是否能够给当事人的法律咨询提供明确的答复，诊所学生都要直截了当地予以回答：行或者不行。如果不能给予明确的答复，还要告诉当事人为什么。如果可以，那么告诉当事人你的答复。务必要用简单明了的话语和词句表述你的答复。至于为什么这么做，原因很简单：当事人并不清楚也不想搞清他提出的问题所涉及的法律和相应的司法实践，他想要获得的就是问题的答案。

（2）完整的解释。如果当事人是咨询发起一场诉讼胜诉的可能性或者可能的判决结果时，对咨询的答复要做到详尽解释：不仅要解释为什么是这样，还要解释为什么不会那样；不仅要举出同类案件胜诉的范例，还要告诉当事人同类案件败诉的例子并对其因何败诉提供说明。完整的解释是建立在事实和证据的基础上，结合法律规定对当事人的问题予以法律分析。这些分析将使当事人判断出作为咨询者的诊所学生是否已经理解了他所提供的全部信息。

（3）文辞简明。尽量使用“白话”而不是法律词汇。诊所学生常常希望表现出他们在法律学习上的深度和广度，但法律教室中的场景不能硬搬到社会的大讲堂中。朴实无华的词句不仅会让当事人很快地理解相关的答复，还可以拉近诊所学生与当事人的距离。深奥的法律词汇或冗长的句型的确可以显示出诊所学生的法律修养，但更多的时候，不仅是当事人，而且包括学生或者法官也不喜欢这样的浮华文藻。

（4）特定信息明确。诊所学生在文书书写中要对数字、时间等特别信息有特别的反应。一般来说，在文书中要避免使用“去年”“上个月”“不少损失”等模糊不清的词语。文书的阅读者在看到这些词语时不得不进行时间上的计算，会打乱阅读思路。对涉及财产类的问题，如人身损害赔偿，只要当事人提供的信息充分，就一定要给出具体的赔偿数额。

（5）文书的长短要视情况而定。在当事人提供的信息非常充分、证据材料也非常完整时，诊所学生的法律咨询答复尽量满足上面所提及的那些标准，法律备忘录或咨询答复的文书一般会比较长。但如果当事人提供的信息不完整，证据材料有欠缺或者根本就没有提供证据材料时，回复文书不妨简单一些：“因为您没有提供××××信息”或“因为我们没有得到有关××××问题的证明资料”，“因此，我们只能就您提供的信息和证据提供以下答复”，或者“因此，我们无法就您提及的问题做出答复”。

（6）客观、公正。法律诊所中的法律咨询和诊所学生在律师事务所中的咨询至少有一点是不同的，律师事务所需要促成当事人与律师确立代理关系，在不违反法律的前提下，诊所学生在律师事务所实习时对当事人的问题咨询，一般需要给出“满足”当事人意愿的答复，或者“唤起”当事人应用法律武器解决问题的热情。而法律诊所中的咨询完全不必如此，如果诊所学生认为当事人希望进行的某个诉讼完全有害无益的话，在咨询答复的文书中就应客观、公正地予以告知——不要进行诉讼。

（7）深思熟虑。换位思考是诉讼代理或者谈判中经常使用的一种技能，不过在书写咨询答复时也不妨去使用：在落笔之前设身处地地为当事人的问题提供解决的办法，想象自己是当事人的话，目前的心情和生活、工作处境是怎样的。如果要让当事人在阅读咨询答复文书时，能够感受到诊所学生的真诚和人性的温暖，这时候要动的不仅是笔，还有脑子。不要用调侃的态度去描述某件事情，也不要用笑话去形容某个结果。

第二节　法律写作理论

实案代理（Real Case）是法律诊所开展活动的一部分，也深受学生喜欢。这时，在法律文书的训练上，就需要学生掌握一些常见的司法文书的书写技能。在实案代理中，最常见的是民事案件，因此，民事法律文书的基本写作要求需要诊所学生予以掌握。

诊所学生在民事诉讼一审环节中的主要代理工作包括：起诉或者应诉，并为当事人代写法律文书、代理词；参与庭审活动；根据授权在庭审前或者庭审期间达成和解。此外，根据案件的具体要求，代理诊所学生有时还要办理财产保全和先予执行等业务。

一、民事起诉状

诊所学生在办理一审民事诉讼中需要撰写的法律文书主要有起诉书、答辩状、代理词等。这些法律文书的基本结构格式是一致的，都由首部、正文、结尾三部分构成。法律文书是公文文书的一种，要求合乎一定的格式，在叙事过程中语言简明、观点突出、事实和证据相结合，以理服人。

1. 起诉状

首部要求列明标题和当事人的基本情况、案由与诉讼请求。标题格式为“民事起诉状”，在描述当事人的基本情况时要分行书写，分别列明当事人的姓名、性别、年龄、民族等基本信息，然后写明当事人的居住地、工作单位。如是法人单位则列明法人或者组织名称、住所，分行书写法定代表人或负责人的姓名。为便于法院送达，还应写明双方当事人的电话或者通邮地址。最后书写案由和诉讼请求。案由务必按照最高人民法院指明的案由名称书写，诉讼请求不要忽略是否要求对方承担诉讼费用这一请求。

正文一般由三个内容组成：案件事实、对主张予以支持的理由和证据。事实部分的撰写可以以时间发生的线索来写，也可以按照事件对纠纷产生影响的轻重程度来书写。但务必要写明原、被告双方存在何种法律关系，何时、在何地、因何种原因发生了何种纠纷。法律、法规和政策的恰当适用是理由陈述部分的重点，要厘清对不同的诉讼主张加以支持的法律理由。证据在诉讼文书中的使用是贯彻始终的，贯穿于事实部分和理由陈述部分之中。为了便于审判人员厘清证据证明链条，最好对不同的证据编号，写明证据的名称、证明的对象以及证据来源。

尾部的内容为递送法院的名称和当事人的盖章或签字、起诉时间。法人单位或社会组织需要盖章，由法人代表签字。有些起诉状还可以列明附项，写明起诉状副本的份数和证据材料。但在证据比较多的情况下，最好单独书写证据清单。如果诉讼请求数额较大或者计算复杂，最好再附上诉讼请求的计算方法和依据等。

2. 答辩状

首部列明标题和答辩人的基本情况、答辩缘由。标题格式为“民事答辩状”。答辩人的基本情况与起诉状当事人的基本情况的内容与书写格式完全一致。答辩缘由的写法一般为“答辩人因××案进行答辩”。

正文部分的事实与理由部分的主要内容包括：(1) 诉讼主体部分质疑。对原告的主体身份是否符合诉讼主体资格进行质疑并提供相关证据；对答辩人是否为适格的被告主体予以答复，并提供相关证据。(2) 对原告诉讼请求的质疑或反驳。在此部分可以对原告的诉讼请求事项一一进行综合分析，并提出概括性的意见。(3) 对双方法律关系的质疑或反驳。在此部分，被告需要提供证明民事法律关系发生、变更和消灭等事实的证据，以及这些证据和事实是否与原告的诉状表述和理由相一致；被告在书状中还需提供答辩方已依据民事法律关系履行的相关法律义务及证据或不能完全履行法律义务的正当理由。(4) 其他应当提供的事实与理由。在事实与理由内容答辩完毕后，答辩状需明确向法院提出答辩请求。答辩请求大致分为：(1) 请求法院驳回起诉；(2) 请求法院否定原告的部分诉讼请求；(3) 请求法院追加第三人；(4) 提出反诉。此外，是否由原告承担诉讼费用需单独列出。

尾部的写法与起诉状完全一致，这里不再重复。反诉状因为与起诉状的格式和内容书写要求基本一致，故在此略去。

3. 代理词

代理词是代理诊所学生在法庭辩论阶段的重要发言材料。它不同于起诉状、答辩状，是对委托人主张的事实和理由进行全面而又系统的论证，是对对方当事人所主张的事实和理由进行全面而又系统的反驳，因而，它是维护被代理人权益的重要诉讼文书。

代理词的撰写需要考虑庭审的具体环境和庭审中举证、质证的结果，所以，代理词要简明扼要。在庭审环节中，代理词的发表一般是以最后陈述的形式出现，而最后陈述一般要求不要重复发表已经陈述过的代理意见。因此，代理词的陈述是防止代理诊所学生在紧张的庭审程序中遗漏某些重要意见。代理词的另一作用是留存做案卷档案，供法庭审判时加以参考，或在上诉环节时明确意见或证据的陈述提交与否。考虑到这一作用，代理词要观点突出，证据和事实的结合上不要拖泥带水；引用法律法规支持诉讼事实和请求联系紧密；轻重相符、层次分明。在论证环节上要周密严谨，有逻辑证明的结构框架，演绎、推理要有充分的依据，切忌给人留下狡辩的印象。词语使用上要朴实无华，不要过多地使用形容词、感叹号等。法言法语的使用要合理，不能过于口语化，也不能过于做学理性论述。

范本：

民事起诉状
原告：姓名、性别、年龄、民族
住址：
电话：
被告：姓名、性别、年龄、民族
住址：
电话：
（原、被告为法人或其他组织以及个体工商户的，应依次写明其名称、字号、地址、法定代表人或主要负责人姓名、职务、电话等事项）
诉讼事由：
诉讼请求：1.
2.
事实和理由：
此致
×××人民法院
起诉人：×××
××××年××月××日
附：本状副本×份 以及：证人姓名和住址，其他证据名称、来源

二、民事申请书

民事申请书主要适用于在民事案件中请求宣告失踪和死亡、认定民事行为能力有无、司法管辖异议、财产保全、先予执行、撤诉、强制执行等特定的、明确的民事请求事项。此外，再审申请也是法律诊所经常处理的申请文书。

（一）基本要求

民事申请书虽种类多样，但从格式上都以首部、正文即事实与理由，以及结尾三部分构成。

首部包括申请书的类型，如“强制执行申请书”“先予执行申请书”等标题。然后是申请人与被申请人的基本状况，与民事起诉状的当事人基本情况完全一样。最后是请求事项，即所申请的民事事项，如管辖异议、免交诉讼费等等。正文部分依然是事实与理由。最后是结尾，与民事起诉状的写作要求一致。

（二）范例材料

这里主要列举常见的管辖异议申请书、财产保全申请书、先予执行申请书写作的要点和格式。

1. 管辖异议申请书

管辖权异议主要集中在地域管辖的争议。提出管辖权异议时，需要结合案件实际情况，指明法律依据。依据我国《民事诉讼法》的有关规定，地域管辖又分为一般管辖、协议管辖、特殊地域管辖、专属管辖以及优先管辖五种情况。管辖权异议申请文书的理由部分是一段驳论文字，论证无须过分细致，应根据案由，引证相关的管辖规定，指出管辖存在争议即可。随后，提出改变和移送管辖的诉讼请求。

范本：

民事诉讼管辖异议申请书
申请人（被告或反诉×告）：
被申请人（原告或反诉×告）：（基本信息情况）
（以上申请人、被申请人的基本信息情况与民事诉讼状的要求相同。）
申请事项：诉讼管辖异议
申请人于××××年××月××日收到你院已受理原告（或反诉×告）×××（姓名或名称）诉……（案由）一案的应诉通知，通知申请人提出答辩状。申请人在提出答辩状的同时，现提出对此案管辖权的异议，理由如下： ……（具体理由）特此请求你院将本案依法移送管辖，交由×××人民法院审理。 请予准许。
此致
×××人民法院
申请人：×××
××××年××月××日
（法人加盖公章）
附：答辩状副本×份

2. 财产保全申请书

财产保全申请要说明：（1）申请人与被申请人发生纠纷的起因；（2）需要保全的财物名称、数量、价值；（3）必须采取保全措施的理由，如被申请人有损毁、转移、挥霍、隐匿、出卖争执标的物的迹象、行为或可能，并举出证据；（4）论述理由应着重说明实行财产保全措施的必要性和迫切性。

财产保全需要提供担保方式和担保物，以此请求人民法院将被申请人控制中的争议财产采取查封、扣押、冻结、变卖等其中一种方式。

范本：

财产保全申请书
申请人：（基本信息）
被申请人：（基本信息）
（基本信息与民事诉讼书的相同）
申请事项：财产保全

上列申请人与被申请人因……（案由）纠纷，申请人于××××年××月××日向你院起诉在案（或“申请人即将提起诉讼”），被申请人现在有损毁（或隐匿）诉讼争执标的物的可能（或者其他原因），为此，申请给予实施财产保全。
请求目的：
事实和理由：
此致
×××人民法院
申请人：×××
××××年××月××日
（法人加盖公章）
附：1. 书证：（名称）共×件；
2. 物证：（名称）共×件；
3. 证人：（姓名、住所等）。

3. 先予执行申请书

在法律诊所为社会中的弱势群体提供法律援助时，符合《民事诉讼法》规定的可以裁定先予执行的申请人是比较常见的援助对象。按照《民事诉讼法》第109条的规定，人民法院对下列案件，根据当事人的申请，可以裁定先予执行：（1）追索赡养费、扶养费、抚育费、抚恤金、医疗费用的；（2）追索劳动报酬的；（3）因情况紧急需要先予执行的。

先予执行申请书的案由和申请主体都是特定的。例如，“追索赡养费”，是指长辈向晚辈追索生活费，即父母（含养父母）、祖父母、外祖父母分别要求子女（含养子女）、孙子女、外孙子女给付生活费；“追索扶养费”，是指平辈之间追索生活费，主要指夫妻之间要求给付生活费；“追索抚育费”，是指晚辈或年幼人向长辈或年长亲属追索生活费，主要指未成年子女、失去父母的孙子女、外孙子女、弟妹等分别要求父母、祖父母、外祖父母、兄姐等给付生活费；“追索劳动报酬”，主要指职工向本单位追索劳动工资，或者农民工、保姆向包工负责人、雇主追索拖欠的劳动报酬。

先予执行申请的事实和理由部分的书写要求是简明扼要。只需概括写明申请人与被申请人的法律关系、纠纷内容、争执的焦点以及证据和法律依据，无须细述细论；但四点内容需要予以声明：（1）申请人当前的困难或困苦情状，急需行使向被申请人追索有关费用或报酬的权利；（2）强调被申请人的单向的义务，即不存在申请人履行义务的前提条件；（3）愿意提供担保；（4）应把先予执行的费用名称、金钱数额等写明确。

范本：

先予执行申请书
申请人：（基本信息）

被申请人：（基本信息）
申请事项：先予执行
上列当事人之间因……（案由）一案，申请人于××××年××月××日向你院起诉在案。现因……（说明申请人的困难或困苦处境）为此，申请裁定先予执行，责令被申请人先行给付一部分款项（或物品）。
请求目的：
事实和理由：
此致
×××人民法院
申请人：×××
××××年××月××日
附：1. 书证：（具体名称）共×件；
2. 物证：（具体名称）共×件；
3. 证人：姓名、住所等。

第三节　法律文书训练

一、法律备忘录的综合训练

（一）示范材料

训练 5—1

出租车承包合同纠纷——出租车司机咨询

法律咨询记录

？欢迎到法律援助中心，请问您有什么问题需要咨询？

：我是 A，河北人。我前几年一直在××旅游客运有限公司包公司的车跑旅游。最近实在没法干了，份子钱太高，就走了，结果公司把我交的 5 万元保证金扣了 1.5 万元。

我听说别的几家公司的司机把公司告了以后，多少能把扣的钱返还一些，我就把这公司给告了。现在公司里的朋友跟我说，公司很硬，不仅不打算退我点钱，还准备反诉我，我心里挺急的，来咨询一下。

？你有什么材料吗？

：有，这是合同，这是保证金缴纳的单据，还有扣押金的收据，还有我的工资卡，上面列明了我交的份子钱和公司给我的保底工资。还有些材料我手里没有，就是公司让我写退车申请，我写了，说明是个人原因申请解除合同。哦，这儿还有每年车辆保修的单据，这保修走的是车辆保险，保险费是公司交的。我这几年都按期做的维护。

？公司为什么扣你保证金？

：黑呗。公司里说我要是中途解除合同，它不好找下家接车，可我已经找好了下家，我今年3月份交的车，一个叫李老四的人当天就把车接走了。

？怎么这抵扣押金收据里写的是车辆恢复费？

：我听说市里不许公司随便扣保证金，这是公司老总想的主意，按恢复费的名义扣。但你看，按合同，我只有在超出合理运营里程、因个人操作失误、超额使用汽油，还有单方违约时，才能扣这保证金。这公司也没说我单方违约，给的收据就是扣车辆恢复费。合同里也没规定什么恢复费呀。

？你这工资卡单据想说明什么情况呢？

：从××年8月到××年3月，公司一直给我保底工资。每月从卡里扣份子钱，这份子钱是每月9 000元，月月都是这样。我跑到去年年底实在没法跑了，××年1月想跟公司解约，但公司没搭理，但月月还给保底工资，到3月终于找着下家答应接车。我听说，公司准备以××年1月到3月我没交份子钱为由反诉我。

？公司不是直接从卡里扣钱吗？

：这卡里实在没什么钱好扣的了。现在油钱涨了，公司份子钱一分钱没降。我们这跑旅游的，以前公司还给点油钱，从去年就不给了，旺季都赚不着啥钱，更别说大冬天的了。你想想，连春节都不给休假，谁能交得起份子钱呢。

？你觉得你不是单方违约吗？我怎么觉得你这就是单方解除合同呢？

：其实公司和我是协商过的，希望我找着下家再走。所以我就一直在找下家接这车。要是单方违约或者单方解除合同，公司大可把我晾在一边不管好了。现在你看，哦对了，这里还有一个车辆接收单，你看公司把这车验收了，说符合运营标准，还把我这三险手续给转出来了。要是没有公司配合，我这车根本就交不出去。你想想，就算我不开车，公司照样可以说我没完成份子钱，直接诉我不完了吗，何必又把这车给我找的下家B接着开。所以，我觉得公司是和我协商解除合同了。就是没想到，公司扣了我1.5万元。

？我看到按照合同规定，只有单方解除合同或者单方违约才能扣最多不超过1.5万元的违约金，对吧？

：是这样的。就是现在拿不准，这公司可能反诉我三个月份钱2.7万元，还有，我听说公司准备还要反诉我违约，要我赔1.5万元。本来我也想到这一点了，如果公司说我违约，大不了这1.5万元恢复费拿不回来，没想到这公司还要我赔偿淡季运营损失。

？淡季运营损失？

：对，就这条，实际上就是说没交够份子钱，公司就可以扣。公司在合同里故意规定了个淡季运营损失这一条。这淡季，一般就是冬天。实际上，没人能在冬天交够份子钱，都是从自己赚的钱里往外掏。

（二）归纳事实

法律备忘录的写作训练首先着手解决的是事实归纳。围绕着法律咨询的书面记录，学生对事实的归纳，将显现出他们思维的落脚点和盲点。

事实：

当事人A曾是××市旅游客运有限公司（以下简称“Y公司”，注册地位于××市××区××镇××街×号，经营地位于××市××区××路××号）的司机。

A与Y公司于××年×月×日签订了固定期限为6年的劳动合同及旅游汽车运营合同，采用的是Y公司提供的格式合同文本。其中，劳动合同规定，甲方（Y公司）安排乙方（当事人A）执行不定时工时制度，甲方每月5日前以货币形式支付乙方工资，月工资680元。甲方不负担住房公积金、供暖费和煤火费。运营合同规定，乙方向甲方缴纳保证金5万元，用于支付因乙方过失造成甲方车辆损毁或丢失和违约的个人赔偿。劳动定额款为每月9 300元，乙方必须在每月15日之前向甲方足额缴齐。同时约定，乙方在淡季（当年11月至次年3月）期间单方解除合同的，除赔偿甲方违约金1.5万元外，还需补足淡季的生产定额。

据A称，鉴于长期以来受国际金融危机和××市旅游客运市场低迷、油价上涨严重等因素的影响，其于××年×月时通知Y公司，要求与其解除劳动合同及旅游汽车运营合同。双方于××年×月解除了合同关系。合同解除前，Y公司仔细查看了车况，检查结果为合格。Y公司已经退还保证金3.3万元，并承诺于××年×月前退还另外2 000元（该款项用于当事人A在合同期间行车安全和违章罚款的担保）。其余1.5万元被Y公司克扣，出具的收据上注有“车辆维修费”字样。

现当事人认为，车辆在合同解除前已经经过了Y公司严格的检查，收取1.5万元“车辆恢复费”没有依据。即使该款项属于违约金，也显得过高而无法接受。况且，劳动合同约定的680元低于××市最低工资标准。故要求，Y公司返还扣押的违约金，补足与最低工资标准的差额。

附证据材料：

现收到当事人的证据材料为：

A的“劳动合同书”“运营合同书”（复印件）；

Y公司出具给A的5万元保证金收据（复印件）；

A的银行借记卡客户对账单（复印件）。

该事实部分描述基本清晰，就双方之间法律关系和纠纷产生的因果关系都做了描述。此时，法律诊所指导教师只能根据“咨询记录”的资料来判断学生书写的事实是否符合实际情况，故“咨询记录”是否整理得清楚是很重要的。一般情况下，诊所在进行法律咨询时，在征得当事人同意的前提下，要对整个咨询活动进行录像。指导教师也可以根据录像材料对事后学生提交的事实部分进行点评。

（三）拆分问题

诊所学生常见的错误在于将问题大而化之，指导教师需要做的就是将大的问题一一拆分，予以正确的引导。例如，就本案件材料，当事人所咨询的扣押保证金问题可以细分为以下几个小问题，然后请学生就这些小问题结合案件事实分别进行证据关联上的整理，即哪些证据可以证明的哪些事实可以解决这些小问题。

正向思考：

（1）根据出租方与承租方签订的“旅游客车承租运营合同”的规定，在合同未予明确规定的情况下，出租方可否以车辆恢复费的名义从承租方缴纳的保证金中扣除部分钱款？

（2）如果（1）不能，出租方可否以承租方单方违约为由，按照合同规定，起诉承租方赔付违约金？

（3）如果（1）不能，则出租方可否在和承租方协商一致的情况下，从承租方缴纳的保证金中以车辆恢复费的名义扣除部分钱款？

反向思考：

（1）根据承租方与出租方签订的“旅游客车承租运营合同”的规定，在合同未予明确规定的情况下，出租方可否以车辆恢复费的名义从承租方缴纳的保证金中扣除部分钱款？

（2）承租方签字的“车辆恢复费”单据，可否被认定为双方协商一致解除运营合同的前提？

（3）出租公司可否以承租方未按合同规定足额缴纳出租定额（份子钱）以及单方违约为由，向承租方提起诉讼？

（四）分析/结论

以下是诊所教学中部分学生就该案件资料进行的分析和讨论。

合同双方的争议主要有以下几点，现将主要争议点及相关分析总结如下：

1. 关于当事人在订立合同时向Y公司所缴纳的5万元保证金及合同解除时Y公司从中扣除其1.7万元/人等事实的合法性问题

（1）事实。

根据当事人与Y公司所签订的劳动合同及旅游汽车运营合同的相关条款的规定，当事人于订立合同时向Y公司缴纳了5万元/人的保证金，并就保证金的具体用途做出了约定。××年×月，Y公司于合同解除一周后扣除了当事人1.7万元/人，即向当事人返还了3.3万元/人。根据Y公司所提供给当事人的收据显示，所扣除的1.7万元中，2 000元系交通安全、服务违规担保款，且经核实相关事实情况后，将于××年×月返还给当事人。对此，当事人表示无异议。对于余下的1.5万元/人的被扣除款，收据上显示其为“车辆恢复费”。而据当事人称，当事人于解除合同、交还公司车辆时，已经严格按照公司规定，将车辆存在的不符合规定的部分整修好，并通过了公司相关人员的检验，故不应该存在“车辆恢复费”。

（2）分析及结论。

1）关于5万元保证金的性质及合法性的问题：根据合同中关于5万元保证金的具体用途相关约定的内容，我们认为，此5万元保证金的性质与《劳动合同法》第9条所规定的“用工担保”不一致，所以，这5万元保证金的缴纳不在法律禁止之列。

2）关于1.5万元/人的被扣除款。

首先，我们认为，倘若仅从收据上所显示的内容上考虑，而且当事人所主张的“不存在‘车辆恢复费’”的事实成立，那么，这1.5万元/人款项的被扣除应当是不合法的。

但是，如果不考虑收据所显示的“车辆恢复费”这一对1.5万元/人款项的性质认定，而仅仅将这1.5万元/人的款项认定为当事人所承担的违约金，我们认为对本案可以做出以下分析：根据双方之间的合同约定，5万元的保证金的作用包括“当事人提前解除合同时承担违约责任，赔偿Y公司经营损失”。根据合同中关于“违约责任”的相关约定，同时根据《合同法》第112～114条以及《合同法解释（二）》第29条的相关规定，我们认为，1.5万元/人的违约金数额过分高于当事人给Y公司所造成的实际损失（因为当事人于解除合同前已经根据《劳动法》第 31 条的规定提前 30 日通知了 Y 公司，造成的实际损失应该比较有限），所以应该减少违约金。

2. 关于当事人的“休息休假权”

（1）事实。

根据当事人与 Y 公司所签订的劳动合同及旅游汽车运营合同相关条款的规定，当事人在合同履行期间执行的是不定时工作制，实行弹性工作时间，年假及法定节假日由当事人自行安排，每月工作时间为 18 到 21 天。

（2）分析及结论。

根据《劳动法》第 39 条的规定，Y 公司在取得劳动行政部门的相应批准的条件下，可以安排职工执行合同中所约定的休息休假制度。但是，同时需要指出的还有一点，根据已于××年×月召开的市出租汽车行业劳动关系三方第一次会议上讨论通过的“××市出租汽车驾驶员集体合同示范文本”及相关问题的说明（参见附件三），参照其中的相关规定，合同中关于“工作时间”的规定仍然是存在法律问题的。

3. 关于合同中所约定的“工资待遇”是否符合法律法规中关于“最低工资保障”的规定

（1）事实。

根据当事人与 Y 公司所签订的劳动合同及旅游汽车运营合同相关条款的规定，Y 公司在合同履行期间每月向当事人支付 680 元/人的固定工资。同时，在合同履行期间，××市 2008 年 7 月 1 日起职工最低工资标准为每人每月 800 元，每小时 4.6 元；次年职工最低工资标准与上年的相同，没有相应的调整；第三年起职工最低工资标准每小时不低于 5.5 元、每月不低于 960 元。

（2）分析及结论。

根据《劳动法》第 48 条第 2 款的规定，用人单位支付劳动者的工资不得低于当地最低工资标准。虽然在合同履行期间，当事人的月平均收入除公司定期向其支付的 680 元/月/人的工资外，还有缴纳承包定额后的营运收入减去驾驶员合理营运成本支出的剩余，但是，参照出租车行业的相关惯例，劳动合同约定的工资通常就是最低工资标准。所以，即使当事人的实际收入并未低于××市的最低工资标准，但是，参考这一行业的相关惯例，当事人仍然能够向 Y 公司主张按照相应期间的最低工资标准赔偿其在合同履行期间所产生的工资差额。然而，需要指出的还有一点：根据当事人提供的银行清单显示，Y 公司每月向当事人支付的工资似乎与合同中所约定的数额不符，且高于约定的工资。这需要当事人的进一步解释。

二、法律备忘录的讨论与分析

法律备忘录中的讨论/分析部分是备忘录写作的重点。以下素材与本章第一节中素材相对应，只是咨询方为出租汽车公司。指导教师可以根据第一节中的范例对诊所学生进行指导。

（一）素材

训练 5—2

出租车承包合同纠纷——出租车公司咨询

？欢迎到法律援助中心，请问您有什么问题需要咨询？

：我是××市旅游客运有限公司的办公室主任。最近我们公司有几个司机跑到法院告我们，要求返还保证金。我来咨询一下这个事情该怎么解决。

？这几个司机怎么跑到法院告公司了呢？这个保证金是怎么回事？

：是这样的。我们公司和所有承包公司旅游中巴的司机都签了运营合同和劳动合同。按行规，在运营合同里都要求这些司机缴纳保证金。这个保证金的意思呢就是这司机不能随便把这车给开毁了，比如24小时连轴转，一个月跑个几万公里，这还不把车给跑散架了。另外，这车要是“酒驾”撞人了，万一赔不起，公司也好拿这钱垫着。还有，司机不能中途解除合同，要不我到哪里去找人承包这二手车？所以，我们要这些司机交上5万元钱。这就是保证金。

？请把合同给我看看。

：好的。你看，这上面说了5万元保证金，还有不能单方无故解除合同。

？保证金有发票吗？

：有，不过不是发票，是公司收据。

？这几个司机是怎么回事？

：嗨，这几个司机是××年签的合同，按规定，这几个人每月给公司交9 000元份子钱，也就是运营劳动定额。跑到去年，这几个人觉得生意不好，不想跑了。另外，有另外一家旅游公司找司机，交的份子钱比我们少，于是这几个人就不想干了。我们把车收回来，按行规，扣了他们每人1.5万元做违约处罚。结果，这几个人觉得扣多了，就跑到法院把我们给告了。

？恐怕你们不能处罚司机吧。

：是。问题是，这车跑了都好几万公里了，你到哪找人接手这车呢。行规就是这样，没履行完合同，就从保证金里扣。另外，我们还想提起反诉，因为这几个人去年冬天有3个月没完成份子钱，少交了大概2万元钱。

？您有什么其他证据给我们看吗？

：都有这些，你看，扣押金的收条、出纳的单据，还有他们给公司写的解除合同的请示、我们公司内部的决定。

？我看到这个扣押金的收条写的是扣除车辆恢复费，这是什么意思？

：你可能知道，这出租车司机经常闹事，市里规定不能随便扣押金的。所以，我们就写了车辆恢复费，意思就是这车你跑了这么久，公司给下家接车不好接，怎么也得扣点。另外，出纳写的单据上，我们在恢复费后面加上了括弧，就是指违约金，这还有司机的签字。另外，就算这恢复费法院不支持，但按照合同第四条，我们可以因司机单方解除合同要求其赔偿违约金1.5万元。

？嗯，合同是写着司机单方违约，可以赔偿违约金1.5万元。哦，我看这个出纳写的收据上，怎么前面写的恢复费和括弧里写的“即违约金”，字体不一样呢？

：这是我们后加的，先写恢复费，让司机签字。前阵子这几个司机把我们告了，我们就在后面把这几个字给加上了。因为司机手里有的只有扣恢复费的单据，这出纳写的收据是给财务做账用的，就公司有，司机手里没有，而且，又有司机签字，我们一合计，就把这几个字加上了。你觉着我们加这几个字没问题吧?

？……这得看看再说。

？这司机的申请是他们提交给公司的吗?

：对。是我们要求他们这么做的。想证明他们是因为个人原因申请解除合同的。我们公司份子钱确实高了点，怕这几个人跑市里闹事，就让他们写了。

？现在他们开的车是什么状态?

：这几个司机今年3月和我们解除合同，他们找了几个人把这车给接上了，还在跑。

（二）引导

（1）出租车公司最初呈现的问题是，它的前承租司机起诉要求返还已被抵扣的车辆恢复费，这个诉讼公司怎样才能不败诉?

（2）出租车公司能否向该司机提起反诉要求其赔付违约金，该诉求是否存在可能性?

三、事实归纳训练

能够把一件事情说清楚，让不在现场的人也可以了解事情发生的主要因果关系和来龙去脉，那么，围绕一件事情所反映出的法律问题也就清楚了。简而言之，能把事情说清楚，那么，事情该怎么解决也就清楚了。

以下是与法律纠纷有关的三方在咨询中所反馈的信息。根据这些信息，学生可以分成小组分别归纳三个咨询笔录中的事实。

训练5—3

房产继承纠纷

咨询笔录一

？您有什么事情需要咨询我们?

：我想问一下关于房产继承的事情。

？请问您的姓名和住址?

：我叫李大，今年50岁，住在×××区×××村四组。电话……

？请您叙述一下事情的大致情况。

：我是李家的老大，我母亲去世好几年了，半年前我父亲去世了，我准备继承我父亲的遗产，一座两层小楼。但我三个妹妹不同意，说她们也有份儿。我就来咨询一下你这个房子的继承问题。

？按说您三个妹妹确实有继承权。

：是这样：一来，我们这里的风俗是长子长孙继承，我是长子，闺女嫁出去就是别家的人了，没有回家分家产的；二来，我父母养老送终都是我一人操持的，我三个妹妹从来没过问过；三来，我们分家的时候，这房子本来是我弟李二的，和我那三个妹妹没关系。我弟死得早，我父亲就让我和他住一块。村里人都知道这事。

？这房子的产权是谁的？

：我们那里小的养老。我有一弟，我父母的意思就是分家的时候，把这房子给我弟，让我弟给他们养老送终。所以，这房子算我弟的。但我弟和弟媳5年前去世了。我父亲就让我搬过去了，意思是让我养老。这样，这房子就应该算我的。

？你弟有孩子吗？你弟媳家里还有人吗？

：我弟没孩子。我弟媳是孤儿院长大的，没家里人。10年前，因为我弟和弟媳都30多了还没要上孩子，正好村里人在厕所捡着一弃婴，找不着是谁的，我弟就把这孩子给养了。后来我弟和弟媳出车祸死了以后，这孩子就在我父亲那里养着。前阵子我父亲死了，我觉着这孩子太调皮了，正好一朋友家里没小孩，就给我那朋友了。最近我想着这事情做得不对，就又把孩子接回来了。……就算我没这房子的份，但这孩子算是我弟的，这房子应该算是这孩子的。现在这孩子我给养着，照理，我住这房子也应该。

？您那三个妹妹住哪里？有房子吗？

：都嫁人了，住在城里，都有房。除了逢年过节回来看看，从来都不回来住的。就是这三人听说我们村要拆，想要这拆迁费，所以回来争这房产。

？您还有和这案子有关的别的什么材料吗？

：有。一个是我们村里村委会开的证明，证明我父母去世都是我给发的丧，还证明我和我父母住一块。还一个是我弟宅基地的证明和图纸，你看，就是这个房子。另一个也是村里开的证明，证明是我弟和弟媳收养了那个小孩，小孩现在10岁了。村里小学开的证明和这小孩的学生档案，档案上写着这小孩的父母是我弟和弟媳。

？这小孩的户口在哪里？

：这小孩没户口。我们那儿派出所说，这孩子不能落户。

？什么原因？

：不知道。

咨询笔录二

？您有什么事情需要咨询我们？

：我想问一下关于房产继承的事情。

？请问您的姓名和住址？

：我叫李五，今年45岁，住在××区××街，我还有两个姐姐，今天这事是我们三人的事情，我做代表来问问。电话（略）。

？请您叙述一下事情的大致情况。

：我们李家5个孩子，我排老五，上面有两个哥哥，两个姐姐。我二哥有个房子，两层楼，分家的时候我父母给我二哥的，意思是由他养老送终。我二哥和嫂子5年前出车祸死了，这房子就我父亲住着。我母亲去世得早。半年前我父亲也去世了。按说这房子就算我父亲的遗产，没承想我大哥要独占这房子。我们姐儿仨不干，想打官司。我就来咨询一下你这个房子的继承问题。

？按说这房子你们是有权利继承的。

：我们也这么想。老家里讲女儿出嫁了就没遗产，这是不对的。再说了，盖这房子的时候，我们姐儿仨也掏钱了，不能没份儿的。

？当时掏钱的时候有凭据吗？

：都是家里人，哪有什么凭据。但我大哥、二哥都穷，自己根本盖不起楼的。

？你二哥家有小孩吗？你嫂子家还有人吗？

：我二哥没孩子。我嫂子是孤儿院长大的，没家里人。10年前，因为我二哥和嫂子都30多了还没要上孩子，正好村里人在厕所捡着一弃婴，找不着是谁的，我二哥就把这孩子给养了。后来我二哥和嫂子出车祸死了以后，这孩子就在我父亲那养着。前阵子我父亲死了，我大哥就把这孩子送人了。后来听人说，别人跟我大哥讲，这孩子才能继承那栋楼，所以，我大哥又把孩子接回来了。……我们打听了，这孩子当年我二哥收养的时候没办手续，有人跟我们讲，这就是收养关系没成立，这孩子不算我二哥的孩子。你说对吗？

？这孩子没办收养手续？

：对。这孩子在李家养了10年了，5年前我二哥死了，也就没法再办收养手续了。我听我父亲说过，他想给这孩子办一个，但我大哥不同意，我们姐儿仨也不同意。这事就搁下了。所以到现在，我们老家那儿的派出所也没给这孩子上户口。

？如果这房产分割，你们愿意给这孩子一点儿吗？

：不同意。我们认为这孩子和房产没任何关系。

？如果这栋楼作为遗产部分分割给你们三个人，你们会和你们大哥住在一起吗？

：当然不会。我们都住城里，很少回村里了。听说老家要拆迁，我们认为可以把房产抵成拆迁款来分割。就算现在不拆迁，等着拆了，我们把判决书给拿过去，也算分割拆迁费的凭证。

咨询笔录三

？您有什么事情需要咨询我们？

：你们好。我是××村蓝天小学的支教老师。有一个事情涉及我班上的一个学生。我觉得挺气愤的，来找你们咨询一下。

？请问是什么事情？

：我这学生叫李小红，是××村村民四组李二的孩子。三年前到我们蓝天小学上的学。这个李小红情况比较特殊：她是一个弃婴，是李二夫妻收养的，李二夫妻没有自己亲生的孩子。李小红5岁的时候，这李二夫妻出车祸死了，这孩子就由李二他父亲养着。3年前上学的时候，我们学校规定得有收养证明才能入学。但一查才知道，当年李二夫妇收养这孩子的时候没办收养手续。现在人死了这么些年了，也没法再办了。李二父亲倒是想养，但身体不行，起不来床。李二的哥哥李大不愿收养，也不同意他父亲收养，所以这收养手续就没法办。家里的事情，村里不好干涉，我们也不好干涉。后来，和村里一商量，就由村里村委会出了个证明，证明这孩子确实是李二夫妇收养的。这样，就算让这孩子有个学上，但到现在，这孩子也没户口。

前阵子，我发现李小红没来上学，一问才知道，李小红她爷爷去世了，李大就把这孩子送给外面的一家人了。我很气愤，就到李大家，告诉他，这孩子不能就这么送人了。李大说他家好几个孩子，家里也穷，实在养不起，而且，家里条件也不符合收养条件，没法办收养手续，落不了户。他朋友在民政部门有关系，也是为孩子好，这才把孩子送人的。我就告诉他，李小红算是李二的孩子，李二家这套房按说应该由李小红继承。这房子马上要拆迁了，你就算养着，也不用你花费。过了几天，我看到李小红又上学来了，就问她怎么回事。她告诉我，李大把她又接回来了。

？这不挺好的吗？不过你说的李二的房子归李小红所有，可能有点问题。

：是呀。后来一打听才知道，原来这收养手续没办，收养关系就不算成立。现在听说李家3个闺女准备起诉李大要求分割遗产。李大在村里说，如果这房子没他的份，这孩子也没法养了。我想这孩子在李家养了10年，就这么不明不白地没身份，现在又谁也不想养，实在是挺着急上火的。所以，到你们这咨询一下，这孩子有没有可能分到房产。另外，现在这孩子到底归谁管？

四、法律备忘录示例

法律备忘录

咨询人：林某，女，55岁，S市工程有限公司职工

答复人：××××法律诊所学生×××

呈：××××法律诊所指导教师×××

一、咨询事宜

林某在交通事故中，连续遭遇两次车辆碰撞、碾压，身体严重受伤。现经过治疗已痊愈出院，询问如何进行法律诉讼以获得相应赔偿。

二、主要事实

202×年3月20日20时分许，林某在S市西城区南山路自北向南横穿机动车道，被A医药公司所有车辆碰撞，林某被撞倒在路面上。其后，被B贸易公司所有车辆碾压，林某严重受伤。经送医院抢救，治疗200天后方痊愈。事故发生1个月后，S市公安局西城区交通大队做出“道路交通事故认定书”，认定A医药公司车辆驾驶人刘某、B贸易公司车辆驾驶人王某在夜间雨天条件下行驶未降低行驶速度，未注意观察路面情况，导致车辆与行人相撞，对发生本起事故起一定的作用；林某横穿机动车道对发生本起事故起一定的作用。故刘某、王某和林某负事故的同等责任。林某住院期间，A医药公司所有车辆投保的C保险公司支付医疗费1万元，B贸易公司所有车辆投保的D保险公司支付治疗费3万元。林某住院期间花费手术费、治疗费等共计15万元。林某上年度税后年收入共计8万元。

三、本案咨询备忘要点

（1）应将哪些个人、机构列为诉讼对象？

（2）应提出哪些赔偿项目？

（3）赔偿项目应提供哪些证据予以支持？

四、答复意见

（1）应将A医药公司、单位车辆驾驶人刘某、车辆投保机构C保险公司与B贸易公司、单位车辆驾驶人王某、车辆投保机构D保险公司列为共同被告。

(2) 建议当事人在提起诉讼后，向法院提出伤残鉴定申请、护理等级鉴定申请。

(3) 可以提出诉讼请求的赔偿项目有：医疗费、精神损害赔偿金、误工费、护理费、营养费、交通费、住院伙食补助费和残疾赔偿金。在诉讼过程中所支出的医疗鉴定费可在诉讼进程中提出由被告承担。

(4) 赔偿依据：住院期间的缴费票据、林某单位需开具工资明细和纳税证明、护工费的缴费单据、住院期间的交通费用票据、住院期间伙食费票据。

五、赔偿项目的计算方式

(1) 医疗费赔偿金额：诊疗费、医药费和住院费等，共计 15 万元。

(2) 误工费：有固定工资的为误工时间（天）×收入水平（天＼元）。

(3) 住院伙食补助费：参照 S 市国家机关一般工作人员的出差伙食补助标准×住院天数。

(4) 护理费：有固定收入的按照误工费标准计算。

(5) 交通费赔偿金额：往返费用×往返次数×往返人数。

(6) 当事人林某为 60 周岁以下，故残疾赔偿金为本地上一年度城镇居民人均可支配收入×伤残系数×20 年。

(7) 营养费：酌情提出。

(8) 精神损害赔偿金：酌情提出。

六、咨询结论

因当事人林某不清楚两辆单位所有车辆的驾驶人是否在事故发生时履行单位职责，故应将个人与单位一起列为被告。两辆单位所有车辆均在正常保险期间内，故也将两保险公司列为被告。

按照《中华人民共和国道路交通安全法》、最高人民法院关于交通事故赔偿的相关解释和最高人民法院关于精神损害赔偿的相关解释，当事人林某有权提起相关法条、解释所覆盖的赔偿项目，主要可分为人身损害赔偿和精神损害赔偿两大类，具体数额有赖于相关证据的提供。

七、本案诉讼中可依据的法条和司法解释

1.《中华人民共和国道路交通安全法》

第 76 条：机动车发生交通事故造成人身伤亡、财产损失的，由保险公司在机动车第三者责任强制保险责任限额范围内予以赔偿；不足的部分，按照下列规定承担赔偿责任：（一）机动车之间发生交通事故的，由有过错的一方承担赔偿责任；双方都有过错的，按照各自过错的比例分担责任。（二）机动车与非机动车驾驶人、行人之间发生交通事故，非机动车驾驶人、行人没有过错的，由机动车一方承担赔偿责任；有证据证明非机动车驾驶人、行人有过错的，根据过错程度适当减轻机动车一方的赔偿责任；机动车一方没有过错的，承担不超过百分之十的赔偿责任。

交通事故的损失是由非机动车驾驶人、行人故意碰撞机动车造成的，机动车一方不承担赔偿责任。

2.《最高人民法院关于审理人身损害赔偿案件适用法律若干问题的解释》

第 3 条：二人以上共同故意或者共同过失致人损害，或者虽无共同故意、共同过失，但其侵害行为直接结合发生同一损害后果的，构成共同侵权，应当依照民法通则第一百三十条规定承担连带责任。

二人以上没有共同故意或者共同过失，但其分别实施的数个行为间接结合发生同一损害后果的，应当根据过失大小或者原因力比例各自承担相应的赔偿责任。

第 8 条：法人或者其他组织的法定代表人、负责人以及工作人员，在执行职务中致人损害的，依照民法通则第一百二十一条的规定，由该法人或者其他组织承担民事责任。上述人员实施与职务无关的行为致人损害的，应当由行为人承担赔偿责任。

属于《国家赔偿法》赔偿事由的，依照《国家赔偿法》的规定处理。

第18条第1款：受害人或者死者近亲属遭受精神损害，赔偿权利人向人民法院请求赔偿精神损害抚慰金的，适用《最高人民法院关于确定民事侵权精神损害赔偿责任若干问题的解释》予以确定。

第19条：医疗费根据医疗机构出具的医药费、住院费等收款凭证，结合病历和诊断证明等相关证据确定。赔偿义务人对治疗的必要性和合理性有异议的，应当承担相应的举证责任。

医疗费的赔偿数额，按照一审法庭辩论终结前实际发生的数额确定。器官功能恢复训练所必要的康复费、适当的整容费以及其他后续治疗费，赔偿权利人可以待实际发生后另行起诉。但根据医疗证明或者鉴定结论确定必然发生的费用，可以与已经发生的医疗费一并予以赔偿。

第20条：误工费根据受害人的误工时间和收入状况确定。

误工时间根据受害人接受治疗的医疗机构出具的证明确定。受害人因伤致残持续误工的，误工时间可以计算至定残日前一天。

受害人有固定收入的，误工费按照实际减少的收入计算。受害人无固定收入的，按照其最近三年的平均收入计算；受害人不能举证证明其最近三年的平均收入状况的，可以参照受诉法院所在地相同或者相近行业上一年度职工的平均工资计算。

第21条：护理费根据护理人员的收入状况和护理人数、护理期限确定。

护理人员有收入的，参照误工费的规定计算；护理人员没有收入或者雇佣护工的，参照当地护工从事同等级别护理的劳务报酬标准计算。护理人员原则上为一人，但医疗机构或者鉴定机构有明确意见的，可以参照确定护理人员人数。

护理期限应计算至受害人恢复生活自理能力时止。受害人因残疾不能恢复生活自理能力的，可以根据其年龄、健康状况等因素确定合理的护理期限，但最长不超过二十年。

受害人定残后的护理，应当根据其护理依赖程度并结合配制残疾辅助器具的情况确定护理级别。

第22条：交通费根据受害人及其必要的陪护人员因就医或者转院治疗实际发生的费用计算，交通费应当以正式票据为凭；有关凭据应当与就医地点、时间、人数、次数相符合。

第23条第1款：住院伙食补助费可以参照当地国家机关一般工作人员的出差伙食补助标准予以确定。

第24条：营养费根据受害人伤残情况参照医疗机构的意见确定。

第25条第1款：残疾赔偿金根据受害人丧失劳动能力程度或者伤残等级，按照受诉法院所在地上一年度城镇居民人均可支配收入或者农村居民人均纯收入标准，自定残之日起按二十年计算。但六十周岁以上的，年龄每增加一岁减少一年；七十五周岁以上的，按五年计算。

3.《最高人民法院关于确定民事侵权精神损害赔偿责任若干问题的解释》

第8条第2款：因侵权致人精神损害，造成严重后果的，人民法院除判令侵权人承担停止侵害、恢复名誉、消除影响、赔礼道歉等民事责任外，可以根据受害人一方的请求判令其赔偿相应的精神损害抚慰金。

第9条：精神损害抚慰金包括以下方式：（一）致人残疾的，为残疾赔偿金；（二）致人死亡的，为死亡赔偿金；（三）其他损害情形的精神抚慰金。

4.《中华人民共和国民事诉讼法》关于起诉、证据责任的相关条款。

出具人：×××

××××法律诊所

第四节　推荐阅读

一、法律代书

（一）法律代书概述

1. 法律代书的概念

法律代书是指律师受当事人的委托，以委托人的名义，以事实为根据，以法律为准绳，为当事人书写有关法律文书的业务活动。

2. 法律代书的特点

(1) 以委托人的名义书写。不但在法律文书中的内容上要以委托人的名义，而且在语气上也应以委托人的名义。

(2) 反映委托人的合法意志。法律代书并不是完全照搬委托人的意志，不是诊所学生机械地“录事”，更不是“代笔”。诊所学生要了解案情和证据，分析证据的可靠性、关联性，用法律的尺度来衡量，最终代其写出适合其请求的法律文书。

(3) 代书的内容必须具有法律意义。法律代书主要是诉讼文书和非诉讼法律事务文书。如不涉及法律事务，如入党申请书、救济申请书，不属于法律代书的范围，也不宜由诊所学生代书。

(4) 代书是律师的一种创造性活动。代书不是对当事人陈述事实的简单罗列和有关法律条文的堆砌，而是诊所学生综合运用其法律知识、逻辑知识、文字表达等技能，对有关事实和法律进行提炼的成果。

3. 法律代书的意义

第一，法律代书能够为当事人提供法律帮助，保障其更好地行使诉讼权利，维护其合法权益。第二，法律代书可以宣传社会主义法治，提高公民的法律意识，教育公民遵纪守法。律师在代书过程中，通过对有关事实所进行的依法评断，可以使委托人知晓法律、明辨是非。第二，法律代书可以为人民法院的立案和审判工作奠定良好的基础，促进诉讼的顺利进行。诊所学生作为专业人士，在代书过程中能够坚持以事实为依据、以法律为准绳，制作的法律事务文书一般论点明确、叙述清楚、请求具体、合乎法律规定，从而为法庭提高工作效率、顺利审判创造条件、奠定基础。第四，法律代书严格依照法律的规定进行，对于防止纠纷或者对纠纷的正确处理有着重要的意义，从而有利于维护当事人的合法权益，促进社会的稳定。

（二）法律代书的范围

法律代书的范围非常广泛，凡是当事人需要撰写的法律事务文书都可以由诊所学生代为起草。按照一般的分类方法，可以将法律代写法律文书范围分为诉讼类的法律文书和非诉讼类的法律文书。

1. 诉讼文书

诉讼文书是指各个诉讼阶段为实现一定诉讼目的而制作的有关法律文书。诉讼文书适用于刑事、民事和行政诉讼的各个阶段，如起诉状、答辩状、上诉状、申诉状、反诉状、撤诉状、各种申请书（包括管辖异议申请书、回避申请书、延期开庭申请书、证据保全申请书、财产保全申请书、先予执行申请书、执行申请书、查扣财产申请书、刑事鉴定申请书、要求传唤证人的申请书）等。

2. 非诉讼文书

非诉讼文书是指诉讼文书以外的其他有关法律事务的文书，如复议申请书、仲裁申请书、收养协议书、遗嘱、析产协议书等。

（三）法律代书的基本要求

法律事务文书不同于公文，有其语言风格及表达方式。写好法律事务文书不仅要具备全面系统的法律知识，而且要具备一定的写作能力和文字素养，二者缺一不可。诊所学生进行法律代书应当做到以下几点：

（1）叙事清楚、语言明确。这是代书的最基本的要求。诊所学生要沿着案件发生、发展、变化的线索，把事实的来龙去脉、前因后果叙述清楚。另外，法律文书尤为强调语言的准确性，切忌模棱两可，让人产生歧义。

（2）观点明确、突出争议焦点。代书时要观点明确，主要观点与次要观点要一致，注意论点和论证的内在联系，把握住案件的实质性问题，突出双方的争议焦点。

（3）说理充分，以理服人。代书时对于涉及双方当事人责任、是非的问题，要摆事实讲道理，依据事实和法律，循循善诱，以理服人，对主要的、关键性的道理更要分析透彻。

（4）合乎格式，制作规范化。法律文书从形式到内容都有一定的要求，代书时一定要按照要求制作，做到内容完整、事项齐全。

法律代书要充分领会当事人的意图和目的；文字书写在形式上，要规范；在文书表述上，要做到主题突出；在文书书写上，要清晰；在文书格式上，要遵循法定的或者通行的格式；在文书技术性问题上，应注意特别要求。

（四）常见法律文书的写法

1. 起诉状

起诉状包括民事起诉状、刑事自诉状和行政起诉状。民事起诉状和刑事自诉状是民事诉讼的原告和刑事自诉案件的自诉人，依法向人民指控被告，以维护自己合法权益的一种诉讼文书。行政起诉状则是公民、法人或者其他组织依法要求人民法院对行政主体做出的行政行为或者拒绝做出具体行政行为是否合法做出裁判，为此而向人民法院呈递的一种诉讼文书。

起诉状由以下几个部分组成：

（1）首部，要写清标题和当事人的基本情况：1）标题。居中写明“民事起诉状”“刑事自诉状”或者“行政起诉状”。2）当事人的基本情况。如果有第三人，应写明第三人的姓名、性别、出生年月日、民族、籍贯、职业、工作单位和住址等。如果第三人是法人或者其他组织的，应写明法人或者其他组织的名称和住所，以及法定代表人或主要负责人的姓名和职务。3）案由。4）诉讼请求。写明原告请求人民法院依法解决的有关权益争议的问题，即诉讼标的。

（2）正文，主要写明案件的事实与理由：1）事实部分。应写明原告、被告法律关系存在的事实，以及双方发生权益争议的时间、地点、原因、经过、情节和后果。一般应依时间顺序，既要如实地写明案情，又要重点详述被告的侵权行为的后果。2）理由部分。要根据案情和有关法律、法规和政策，阐明原告关于本案的性质、被告的责任以及如何解决纠纷的主张。3）证据。写明向人民法院提供的能够证明案情的证据的名称、件数或证据线索，并写明证据来源；有证人的，应写明证人的姓名和住址。

（3）尾部。一般包括：1）致送人民法院的名称。2）原告签名。如果是法人或其他组织，应加盖公章。如果是委托律师为原告代书起诉状，可在起诉状的最后写上代书律师的姓名及所在律师事务所的名称。3）起诉时间。

（4）附项，一般写明两项内容：1）诉状副本的份数，诉状副本份数应按被告（含第三人）的人数提交。2）有关证据及证明材料。

2. 上诉状

上诉状，是案件当事人或者其法定代理人不服一审人民法院的判决、裁定，在上诉期限内，要求上一级人民法院进行审理，撤销、变更原审裁判所提出的法律文书。上诉的当事人可以自己行使上诉权，也可以委托代理人代为行使上诉权。无行为能力人、限制行为能力人的法定代理人和指定代理人可以直接以被代理人的名义提出上诉。一审中的特别授权的全权委托代理人也可以以被代理人的名义上诉。法人、其他组织由其法定代表人或主要负责人行使上诉权。上诉状对于维护当事人的合法权益、避免错误裁判生效或促使二审维持正确裁判都有积极意义，也是上一级人民法院进行二审程序的依据。

上诉状由以下部分组成：

（1）首部，包括的项目有：1）标题。居中写明“民事上诉状”“刑事上诉状”或者“行政上诉状”。2）当事人基本情况。写明上诉人和被上诉人的姓名、性别、出生年月日、民族、籍贯、职业、工作单位和住址等。如果上诉人和被上诉人是法人或者其他组织的，应写明法人或者其他组织的名称和住所，以及法定代表人或主要负责人的姓名和职务。公诉案件没有被上诉人，只写上诉人即可。3）上诉请求。写明上诉人请求二审人民法院依法撤销或者变更原审裁判，以及如何解决本案权益争议的具体要求，须写明第一审人民法院的名称、判决书或裁定书的编号及案由。

（2）正文，包括的项目有：1）上诉理由。明确提出原审裁判在认定证据、事实方面，在适用法律方面或在诉讼程序方面存在的错误或不当之处，可以是其中一个方面，也可以是两个或三个方面，但都必须运用充分的事实证据和有关的法律依据加以论证，以说明自己的上诉请求是合法的。2）证据。如有新的证据、证人，应写明向人民法院提供的能够证明上诉要求的证据名称、件数，证人姓名和住址。

（3）尾部。除当事人称谓和文种名称不同外，其余写法同起诉状。

（4）附项。除当事人称谓和文种名称不同外，其余写法同起诉状。

3. 答辩状

答辩状，是刑事自诉案件、民事案件和行政诉讼案件在诉讼过程中，被告对于原告的起诉状或者上诉状所作的解释和答复的一种诉讼文书。提出答辩状是当事人的一项诉讼权利，不是诉讼义务；但被告或被上诉人逾期不提出答辩状，不影响人民法院审理。

（1）首部，包括：1）标题。居中写明“民事答辩状”“刑事答辩状”或者“行政答辩状”。2）答辩人的基本情况。写明答辩人的姓名、性别、出生年月日、民族、职业、工作单位和职务、住址等。如答辩人系无诉讼行为能力人，应在其项后写明法定代理人的姓名、性别、出生年月日、民族、职业、工作单位和职务、住址，及其与答辩人的关系。答辩人是法人或其他组织的，应写明其名称和所在地址及其法定代表人（或主要负责人）的姓名和职务。如答辩人委托律师代理诉讼，应在其项后写明代理律师的姓名及代理律师所在的律师事务所名称。3）答辩缘由。应写明答辩人因××一案进行答辩。

（2）正文，包括：1）答辩的理由。应针对原告或上诉人的诉讼请求及其所依据的事实与理由进行反驳与辩解。无论是一审被告还是二审被上诉人，提出的答辩理由一是要实事求是，二是要有证据支持。一审被告的答辩要从证据、事实、案件性质及原告之诉讼请求等方面进行答辩，同时可以提供新的证据以证明原告主张证据与事实之虚伪。此外，还可以从其他方面进行答辩，例如提出原告不适格，或原告起诉的案件不属于受诉法院管辖，或原告的起诉不符合法定的起诉条件，说明原告无权起诉或起诉不合法，从而否定案件。二审被上诉人的答辩主要从实体方面针对上诉人的证据、事实、理由和请求事项进行答辩，全部否定或部分否定上诉人所主张的事实和证据，从而否定其上诉理由和诉讼请求。但是如果上诉人提出了新的证据、事实，则被上诉人应当对此进行重点答复与辩驳。如果上诉人就一审程序问题提出指责，涉及被上诉人责任的，答辩状中应予以辩驳或解释。2）答辩请求。答辩请求是答辩人在阐明答辩理由的基础上，针对原告的诉讼请求向人民法院提出，应根据有关法律规定保护答辩人的合法权益的请求。3）证据。答辩中有关举证事项，应写明证据的名称、件数、来源或证据线索。有证人的，应写明证人的姓名、住址。

（3）尾部，包括如下项目：1）致送人民法院的名称；2）答辩人签名，答辩人是法人或其他组织的，应写明全称，加盖单位公章；3）答辩时间。

（4）附项，包括如下项目：1）本答辩状副本份数应按原告的人数提交；2）其他有关证据及证明材料。[①]

二、推荐书目

中文类

1. 科斯坦佐．法律文书写作之道．王明昕，刘波，译．北京：法律出版社，2006.
2. 马宏俊．法律文书写作．北京：中国人民大学出版社，2007.
3. 宁致远．法律文书学．6 版．北京：中国政法大学出版社，2011.
4. 马宏俊．法律文书制作．2 版．北京：北京大学出版社，2014.

英文类

Amanda Martinsek. Legal Writing：How to Write Legal Briefs，Memos，and Other Legal Documents in a Clear and Concise Style. Kaplan Publishing，2009.

① 参见马宏俊主编：《公证与律师制度》，369～375 页，北京，北京大学出版社，2010。

第六章 事实调查

引 例

张玉环案

1993年10月24日，江西省南昌市进贤县凰岭乡张家村，年仅6岁的张磊和4岁的张翔忽然失踪。次日，二人被发现死在附近的下马塘水库内。几天后，时年26岁的同村人张玉环被警方锁定为嫌疑人。2001年11月28日，经过长达8年的司法程序后，张玉环终审被判死缓。2018年6月20日，江西高院已对张玉环案立案复查。2020年8月4日下午4点，江西省高级人民法院再审宣判张玉环故意杀人案，法院最终宣告张玉环无罪。

【问题】江西省高级人民法院判决：“原审据以定案的证据没有达到确实、充分的法定证明标准，认定张玉环犯故意杀人罪的事实不清、证据不足，按照疑罪从无的原则，不能认定张玉环有罪……本判决为终审判决。”从证据学上来说，这起案件中对“杀人情节”的认定，对我们研究应当如何认定案件事实有很大的启示意义。

英国律师协会有一句行话，相信对大家具有启示意义：“你在辩护时，永远不要说你的当事人是有罪还是无罪。只能说从目前的证据来看，还不能证明他有罪还是无罪。”还有一句罗马谚语：只有有证据加以证明的，才可以视为存在。

课前阅读

打官司就是打证据

目的：

推动学生重视案件事实调查，因为只有通过案件证据的收集，真实、完整再现事件经过，才能让人民群众在每一项法律制度、每一个执法决定、每一宗司法案件中都感受到公平正义。

材料：

常言道，打官司就是打证据。这并不是说诉讼活动只讨论证据，而是指在诉讼活动中，法律问题相对明确，对法律检索、法律解释的规则比较清晰，而案件涉及的证据则是千变万化的，对证据的收集、固定、质证，才考验当事人及其律师的能力和智慧。证据情况很大程度上影响着诉讼案件的走向。

事实调查既包括当事人为了诉讼目的而展开的调查，即自行收集有利于自己的证据材料，也包括在居中裁判者支持下，依据诉讼法规定的程序和规则，对各方证据进行举证、质证，最终由事实审理者对当事人的证据材料加以认定，并据此构建裁判事实的过程。

诉讼是居中裁判者对当事人争议的既往发生的事件进行审理并裁判的过程。居中裁判者既没有经历过曾经发生的争议事件，也不可能通过特殊渠道、特殊方式去感知该争议事件的过程，裁判者唯一能做的，就是通过参加诉讼的各方所提供的证据材料重建事件经过，再现事件过程，在此基础上根据相关法律进行裁判。

当事人就自己的主张有义务提供证据加以证明，就反驳对方的主张也有义务提供证据进行证明。相关当事人为了让诉讼朝着有利于自己的方向发展，为了实现自己的诉讼目的，就必须对争议事件的关键环节、要件事实收集证据。

当事人收集证据有明确的目的，就是为了证明自己的主张，反驳对方的主张，竭力使法官相信并采纳自己提交的证据材料。当事人这种诉讼的功利性常常会影响证据的质量，甚至可能提供虚假证据，不一定能满足定案所要求的真实性、合法性、相关性的证据要求。这就要求事实审理者要充分运用证据基本理论、各类证据的属性和特点、诉讼规则对当事人提交的证据进行判断、甄别，最终对证据进行确认，并以此为基础，构建用于裁判的案件事实，即法律事实。很多冤假错案的发生，也常常是因为证据出了问题，构建了错误的法律事实。法官应当努力使其裁判案件所依据的法律事实尽可能接近客观事实，还原案件经过，最大限度保障当事人的合法权益，彰显法治的公正和权威。

第一节　事实调查概述

一、事实调查的概念

事实调查，是代理人了解、分析案件事实，获取有关案件事实的证据资料的过程。概念的科学界定是科学研究的前提，只有科学定义了事实和案件事实的概念，才能正确定义和理解事实调查的概念。

（一）关于事实

事实的概念，《现代汉语词典》（第7版）解释为："事情的真实情况"。事实是一种客观存在，但事实不同于存在：存在是客观实在性的存在，与人类思维无关，比如关公的青龙偃月刀曾经存在，现在不存在，而这把刀存在的事实却在。我们认为事实是客观的，但我们关注的事实，是进入人的实践活动、进入人的认识视野的客观存在。所以，从这个角度来看，事实既有其客观属性，也具有主观属性。事实本身包含两层含义：一是事实存在，二是事实判断。因此说，事实不过是依赖人的主观理性的客观存在。

（二）关于案件事实

案件事实实际上是"事实"的一种特定形式，其本应指案件客观存在的真实情况，但这种客观性经过不同主体的描述，相应地产生各不相同的事实。案件事实除了具有事实的一般特性外，还具有三个特性：一是案件事实是经法律构成要件雕琢过的事实；二是案件事实是能引起法律关系产生、变更或消灭的事实；三是案件事实是依据一定规则和程序认定的事实。例如，原告李某与被告王甲曾系夫妻，双方于2019年离婚，离婚当时因房屋还没有还清贷款，双方协议自己私下解决房产的问题。2020年被告在原告不知情的情况下，擅自将该房屋出售。为此，原告起诉到法院，请求分割售房款。原告向法院提交了购房合同、交付首付款的收据、每个月还款的清单等证据，这些证据均可证明该房屋系其与被告共同所有，但证据上的交付人均不是原、被告的名字。被告辩称该房屋是其哥哥购买的，房产证上有哥哥王乙的名字，该套房屋的实际出资人是哥哥王乙。后法院追加了被告的哥哥王乙，法官经多方面调查核实案件实际情况后发现，案件中所诉争的房屋系原、被告在婚姻关系存续期间共同购买，因该房屋属于第三人王乙单位的集资房，单位规定5年内不能卖与第三人，故该房屋有王乙的名字。但此案中因无证据证明房屋价款全部均由李某和王甲共同支付，且房产证上系王乙的名字，若双方达不成协议，法院可能驳回原告的诉求。所以我们宽口径地调查案件事实，有利于案件最终的解决。

（三）关于法律事实

法律事实是依照法律程序被合法证据证明了的案件事实，是人们能够认识或已经认识的具有法律意义的事实，而不是完全客观的事实。司法中认定的法律事实一定是涵盖在立法确立的制度框架之内的。受证据的限制，有的案件的真相——客观事实，甚至永远都不可知。我国有追求实质正义的传统，虽然现在也开始接受法律真实的观点，但是从未放弃对客观真实的追求。因此，我们应该努力地去还原案件的真实情况，使法律事实无限地接近客观事实。

诊所学生所进行的事实调查，它的对象实质上是案件事实，并非普通意义上的客观事实，也不是法律事实。首先，原始状态下的实际事实，属于自然事实，如不通过法律规定的程序和规则进行审查、判断、认定，就不能产生法律上的效力。诊所学生如果调查事实，范围就会太大，无法获得有力的证据。其次，在诉讼证明的过程中，法官运用证据、逻辑推理和经验法则，对案件事实的认定符合实体法和程序法的规定，达到从法律的角度认为是真实的程度，即获得了法律真实。但是诊所的学生接待当事人时，关注的应该是案件事实，还没到只追求法律事实的阶段。如果只追求法律事实，很可能会丢掉很多有用的证据。

综上，诊所学生进行的事实调查是为了证明特定的案件事实，按照法律规定的范围和程序，收集证据和证据材料的法律活动。事实调查的关键就是收集、审查证据。

从司法实践的角度看，诊所学生依照法律积极主动地采取相应措施，运用各种方法，深入、细致地调查研究，以发现和取得与案件相关的各种证据，就是在进行事实调查。事实调查对于查明案件事实、正确处理案件具有十分重要的意义。

二、事实调查的种类

事实调查分为两种：一种是常规调查，或称“正式调查”；另一种是非常规调查，或称“非正式调查”。常规调查是指有明确法律依据的必要的事实调查，例如，在民事损害赔偿案件中，对损害事实、损害程度、损害后果、赔偿数额等事实进行的调查；在行政处罚案件中，对处罚的事实依据、法律依据、处罚程序、行为主体及职权范围等事项进行的调查；在刑事、民事和行政性质的人身伤害案中，对法医鉴定的内容和鉴定意见进行的调查，等等。常规调查的内容、范围，是法律规定、明确无疑并且必不可少的。仅仅依赖常规调查，难免显得被动，因为不到审判结束，谁也无法预料法官的最后结论；而等到审判结束，一切均大局已定。所以，行政案件中行政管理相对人的律师不会仅凭“被告负主要举证责任”的法律规定，幻想被告主动拿出对自己有利的证据，而是积极主动地寻找线索、调查事实、搜集证据，根据个案的特点，主动调查与案件相关的事实，广泛地掌握信息，期望从中获得对本方当事人有利的证据，用来辅助常规调查得来的证据。这样的调查即是“非常规调查”。虽然非常规调查不是法律明文规定的调查内容，但由于它有取证资源广泛、对方难以预防等个性化、灵活性等特点，实践中运用得当常常出奇制胜，因而备受律师重视。对新证人的发现、对对方证人与案件关系的揭示、对当事人的身世背景的了解、对科技知识的掌握等等，这些非常规调查让人难以想象、防不胜防。经验丰富、身经百战的律师们能够将非常规调查手段使用得淋漓尽致，使对方精心组织的证据链顷刻间土崩瓦解。让案件峰回路转、柳暗花明的事实，通常不是由常规调查得来的，而是非常规调查的结果。

三、事实调查中应注意的问题

事实调查是为了查清事情的真相，为诉讼打下坚实的基础。做好事实调查工作，不仅要态度端正，更要方法得当。在事实调查中，诊所学生有四个方面的提倡和四个方面的禁忌。

事实调查四个方面的提倡：

(1) 事实调查必须计划周密，事先安排。调查取证工作必须有计划、有目的地进行。尤其对于较大的案件，诊所应当根据个案的具体情况仔细研究，针对需要证明的问题，确定调查取证的方法、步骤、力量安排和要达到的目的等，制订出切实可行的调查取证的计划方案。实践证明，调查取证工作计划安排得当，不仅可以避免工作中的盲目性，同时还能收到事半功倍的效果。

(2) 事实调查必须积极主动，抓住战机。抓住战机、反应迅速是法律人应当具备的基本素质之一。一个案件诉讼结果如何，往往与能否抓住战机密切相关。兵贵神速，对于已掌握的案件线索或已进入立案调查阶段的案件，我们应当积极主动地抓住战机，运用法律赋予的手段和职权。

(3) 事实调查必须客观全面，深入细致。诊所学生收集证据必须尊重客观事实，应当通过脚踏实地的调查工作，如实收集客观存在的证据。切忌先入为主，带框框或偏听偏信，随意取舍，更不允许断章取义、歪曲事实、弄虚作假。同时，调查取证必须全面，只有全面收集能够反映案件真实情况的一切证据，才能查明案件的全部情况，对案件及事实形成正确的认识。执法实践告诫办案人员，只有尊重客观事实，坚持对案件进行全面细致的调查，才能获取确实充分的证据，给结案打下坚实的基础。

(4) 事实调查中必须做好证据保全工作。在事实调查的活动中，固定和保全证据是不可分割的重要内容。诊所学生在收集证据时，应当采取符合程序规范的妥善措施和科学方法，将一切能够证明案件真实情况的证据固定下来。只有将发现的证据加以固定，妥为保管，才能保证所有证据的效力。

事实调查四个方面的禁忌：

(1) 禁忌早定框子。有的学生过早地给事实调查的范围作了限定，一味据此寻找证据，对与案件有关联的其他证据视若无睹。在诊所学生接待当事人时，许多当事人不一定会对案件事实如实陈述，案件细节也不会一目了然。如果忽视与案件有关联的其他证据，就很难将事实调查清楚。所以，在案件调查中，切忌用预设的框子把自己套牢。在开展案件调查之前可以有个设想或安排，但这个设想或安排只能是大概的，案件调查必须根据具体情况进行。

(2) 禁忌先入为主。诊所学生以自己对案件的第一印象为据先入为主，进而对其后出现的证据较少采纳，整个调查就容易形成主观定论，势必会给调查带来困难。

(3) 禁忌蜻蜓点水。案件往往千变万化、错综复杂，要想通过繁杂的线索抓住案件的本质，必须作深入细致的调查。具体而言，应当对案件发生的背景、涉案当事人采取的手段及其行为对社会造成的危害程度进行全面的调查，然后对获得的各种材料进行分析、比较、综合。如果仅对案件的某个环节、某个方面做蜻蜓点水般的简单查证就轻易做出结论，是无法给当事人一个合理的建议的。

(4) 禁忌感情用事。案件调查是为了查清案件事实，维护当事人的合法利益，因此，应该依法调查、依法定性，切忌感情用事，否则无法给当事人一个全面的法律分析。

第二节　事实调查理论

事实调查包括收集证据和审查判断证据两个方面，它是查明案件事实、完成证明任务的前提。诊所学生在接待案件当事人时，只有通过调查，收集证据，鉴别印证每个证据的真实性，并掌握了足够的证据量之后，才能对案件事实做出结论。调查取证工作必须有计划、有目的地进行。

一、确定事实调查的范围

事实调查的范围是证据的关联性问题，属于证据调查前的关联性，是指调查与假定的要证事实之间具有可能性关系的证据，是在调查证据前所关注的对象，是一种抽象意义上的关联，着重点是“可能具有某种可能性”。确定事实调查的范围就要做到收集的证据必须与待确认的案件事实或其他争议事实具有实质性的联系，这种联系必须能为人们所认识并现实地加以利用。下面我们看一个案例。

例 6—1

海×商标侵权纠纷案

A公司是某省著名商标“海×”的持有人，该商标使用在A公司生产的某建筑材料上。A公司发现，有B公司生产的同类产品在市场上销售，使用的商品名称为“鑫海×牌×××××”，B公司在商标使用上尽力淡化“鑫”字，使消费者很难判断出。

“海×”和“鑫海×”之间的区别，造成A公司产品销量下降，引发诉讼。作为原告方的代理人我们调取的证据可能有：

第一组证据：关于原告公司拥有“海×”注册商标所有权以及“海×”注册商标美誉度的证据。

1-1　原告公司营业执照。

1-2　“海×”商标证书。证明原告拥有“海×”注册商标所有权，以及“海×”注册商标法律保护的期间和使用范围。

1-3　“海×”注册商标荣获某省著名商标证书。证明“海×”注册商标在行业内获得了相当的荣誉，得到行业管理部门的认可，享有一定的美誉度。

1-4　“海×”注册商标荣获的相关荣誉证书。证明“海×”注册商标在行业内获得了相当的荣誉，得到消费者的认可，享有一定的美誉度。

1-5　“海×”牌产品获得“中国环境标志产品认证证书”。证明“海×”注册商标在行业内获得了相当的荣誉，得到行业管理部门的认可，享有一定的美誉度。

第二组证据：关于被告的主体地位以及在与原告相同的产品上使用与原告商标相近似的商品名称的证据。

2-1　工商行政部门的公示资料。证明被告的主体地位。

2-2　被告几种侵权产品的外观照片。证明被告在与原告产品相同的产品上使用与原告商标相近似的商品名称的事实，以及被告有意在产品包装上突出使用“海×”商标，混淆消费者对商品的认识的事实。

2-3　×知司鉴字（202×）第××号“技术鉴定书”。证明经过技术鉴定，被告的行为构成对原告注册商标权的侵权。

第三组证据：关于被告产品的销售给原告造成损失的证据。

3-1　公证书。证明被告产品在市场上销售的情况。

3-2　××地区的销售票据若干张。证明被告产品的销售区域。

3-3　原告2019年9—12月与2020年9—12月销售报表对比。证明被告的侵权行为给原告造成的损失情况。

3-4　律师事务所合同以及发票。证明原告为追究被告的侵权行为而支付的合理费用。

3-5　公证费发票。证明原告为追究被告的侵权行为而支付的合理费用。

3-6　鉴定费发票。证明原告为追究被告的侵权行为而支付的合理费用。

3-7　其他合理费用发票。证明原告为追究被告的侵权行为而支付的合理费用。

在任何案件中，争议中的事实就是原告为获得胜诉而必须予以证明的事实，以及被告为成功抗辩而必须证明的事实。某一案件中争议的事实，不是由证据法所决定的，而是由实体法和当事人的主张所决定的。诊所学生在运用一般判断标准对事实调查的范围进行判断时，将遇到一些基础性问题。下面对几个较为核心的问题加以阐释。

1. 要证事实

这是提出证据所必须做出的第一件事情，也就是说，在提出证据之时要能够将“证据之剑”对准目标。只有明确了要证事实才有谈其他条件的必要性，因为“无的放矢”之证无异于“引火烧身”，判定的主体即法官不会积极主动地去“对号”，所以要证事实的确定是证据提出方的责任。要证事实的确定也是实现诉讼经济原则的重要保证，诉讼中人、财、物较多地消耗在证明活动中，有了明确的要证事实，就能减少“无用功”，加快诉讼进程。

2. 实质争议

提出的证据针对的必须是案件的实质性问题。提出的证据是否涉及案件的实质性问题往往面临着其是否被排除的境况。首先需要审查提出的证据针对的要证事实，该要证事实是否是案件争议的问题，而且该问题是否是案件的实质性问题。这里的实质性问题主要通过当事人的主张、检察机关的控诉以及行政机关做出行政行为的依据等体现出来。有的证据虽然能够证明某个问题，但与争议的问题和案件事实没有任何关系。有的证据确实可以证明当事人有争议的问题，但这些问题对于案件的解决并没有实质价值。例如，2020年春节前的一天，熊某（已被判刑）在一个麻将馆里问莫某是否愿意到云南去运玉石，并给予一定报酬。莫某答应后共到云南运输两次赚了4 000元。在2020年4月，熊某又找到莫某说要到云南运玉石，莫某答应后，他们二人于4月23日赶到云南瑞丽，跟刘某（贩卖毒品罪主犯）见面商谈运输玉石的具体路线，刘某带给他装着玉镯的黑色行李箱，告诉他先坐车到云南芒市再坐飞机到昆明，并且出租车已经安排好、车钱已付好。当莫某到达芒市机场办理托运时被安检人员发现X射线机异常，划开包发现包内藏有1 027克高纯度海洛因，至此案发。一审司法人员的认定思路如下：第一，莫某曾4次到德宏，其中两次成功运输，一次将货送到广州，一次将货运到上海。在实施了前两次成功运输之后，莫某更改身份证名字，是避免因乘飞机到德宏次数过多引起警方注意。第二，莫某还放弃了到芒市机场最近、道路情况最好的路线，绕行盈江，多走了近2/3的路，而且道路情况极差，就是为了绕开固定的检查站，遇到流动检查点时还有意躲避。如果仅仅是运送玉石有必要躲避检查吗？第三，在莫某的包里仅仅放着两个经鉴定价值40元的玉镯，毒品重达1公斤，正常人都应该感觉到里面夹藏着其他东西。第四，在这条敏感的边境线上，莫某运输“玉石”每天可以得到200元的收入，而且出货前有额外的1 000元，货到后又有1 000元到2 000元的回家路费。“如此‘贵重’的玉石莫某居然不随身携带，办理托运时也不买保险。”以上的推定思路实际上是分两步走的：第一步，种种迹象在司法人员看来都是违反客观规律的，并且犯罪嫌疑人/被告人不能做出合理的解释，作为有完全行为能力的莫某应该知道里面是什么；第二步，根据法律规定，“应当知道”就是明知。一审辩护人的辩护思路如下：第一，莫某所携带的包的夹层内藏有毒品，符合（最高人民法院、最高人民检察院、公安部《办理毒品犯罪案件适用法律若干问题的意见》）第2条第6项情形“采用高度隐蔽的方式携带、运输毒品的”。但莫某解释说：是老板刘某交给他的，他也看过里面有2块玉石。莫某本来就是来云南做“挑玉石”工作的，检查过后没有产生疑问，这个解释应该是正常合理的。此外，关于绕道路线，熊某也证明都是刘某安排的，莫某只是服从了老板的安排。第二，每天200元属不属于不同寻常的高额或不等值的报酬？2020年度湘潭市城镇居民人均日工资是88.9元，相对而言，跑到千里之外找一份200元一天的临时工作应不算是“不同寻常的高额”收入。而且莫某也说在他的周围有同样的人在做着同样的工作，并没有发生过携带毒品被捕的情况，他运过两次也没有状况，因此，认为“送玉石”是一份正当职业也是合情合理的。辩护思路的关键就是用证据证明莫某确属被蒙骗。从上述案件的认定思路和辩护思路的比较中，我们可以得出这样的结论，司法人员和辩护人间的实质争议就在于犯罪嫌疑人/被告人对毒品是否“明知”。

3. 证明作用

提出的证据，一方面要针对相应的要证事实，另一方面则需要指向具有实质性的争议问题。但有了这两个方面还是不够的，证据还要能够使得有该证据比没有该证据更能够认识问题为真实或不真实。也就是说，提出的证据关键还是要能够真正使得实质性问题得到证明，例如，提出的录音资料必须要能够证明在有关事件中用语言表达的思想内容，而且可以证明有关事件发生的过程、环境等情况。有些证据本身的内容就是含混不清、难以确定的，对实质性的要证事实难以达到证明的目的。比如，在一起离婚案件里，原告王某向法院提交了一份书证，该书证的内容主要是其在被被告李某多次暴力殴打后向派出所写的一封信。原告王某期望凭此证明“感情确已破裂”以求“解脱”。显然，该证据所含内容是难以确定的，根本不可能作为证据去证明要证事实。也就是说“自身难保”的证据不能挽救“他人”（要证事实）。

综上，诊所学生在事实调查之前应该做好准备工作，根据案件的性质和当事人的诉求确定事实调查的范围，做到有的放矢。

二、事实调查的实施

（一）调查收集证据

诊所学生收集证据是指学生作为代理人或者辩护人在诉讼过程中行使调查取证的权利，在取得有关单位和个人的同意的情况下调取证据的行为。根据证据的种类，收集证据可以分作两类：（1）调查收集言词证据。言词证据的主观性强，往往受证人、当事人、被告人或者辩护人的记忆力、情绪、表达能力的影响。其收集方法是讯问和询问。言词证据包括证人证言、当事人陈述、被害人陈述、犯罪嫌疑人和被告人的供述和辩解。（2）调查收集实物证据。实物证据客观性较强，收集的方法包括勘验、检查、搜查等。实物证据的收集往往需要使用科学技术设备。实物证据包括物证、书证、勘验笔录、检查笔录、视听资料。

1. 调查收集证据时要注意的问题

无论是收集言词证据还是调查收集实物证据，诊所学生在收集证据时要注意以下几点：

（1）收集证据应合法。根据我国法律规定，当事人提供的证据必须合法。实践中，证据不合法主要有以下几种情形：1）收集或提供主体不合法。如未成年人或精神病人作证人提供证言，即不符合法律对于证据收集、提供主体的规定。2）取证程序不合法。《最高人民法院关于民事诉讼证据的若干规定》第86条规定："当事人对于欺诈、胁迫、恶意串通事实的证明，以及对于口头遗嘱或赠与事实的证明，人民法院确信该待证事实存在的可能性能够排除合理怀疑的，应当认定该事实存在。"3）内容不合法，即不能证明案件的真实情况，虚假的、无证明力的事实材料，因对案件事实的查明毫无意义而为非法证据。

（2）注意证据之间的关联性和一致性。首先，各个证据之间要有某种客观的联系，而不是相互孤立的。一般来说，在证据认定过程中，除书证、物证、证人证言等直接证据外，任何证据都需要旁证的支持，无旁证支持的孤证的采信率相对较低。其次，当事人应收集与证明对象相一致的证据。实践表明，证据证明对象过于分散往往容易削弱证据的证明力，而相互矛盾的证据更是不为法庭所认定。所以，在收集证据后要仔细研究它们的内在关系，剔除无关紧要的证据，确保证据有的放矢。

（3）注意证据的有效性。首先，我国对民事诉讼中有关专门性证据都有明确的等级规定，如司法鉴定书和伤残鉴定书等都必须到指定的单位去出具，其他任何非指定单位的类似证明都不具有法定效力。其次，按照民事诉讼法的规定，不能正确表达意志的人以及应当回避的人不能出庭作证或出具证言。因此，当事人在收集证人证言时，应当排除以下人员的证言：1）诉讼代理人，即代理人不能既是代理人又是证人；2）本案审判人员、书记员、鉴定人、翻译人员和检察人员；3）认知能力、表达能力没有达到作证要求的未成年人。

（4）切忌传闻证据。传闻证据是当事人或证人所引用的他人所表达或做出的，被作为证据提出以证实其所包含的事实是否真实的意思表示。

2.不同种类证据的提取及保全方法

在司法和执法的过程中，有些证据可能出现重大变化，如隐匿、毁损、腐烂、变质等，这将会给对案件事实和真相进行调查以及最终判决造成障碍。所以，掌握不同种类证据的提取及保全方法至关重要。

（1）对书证的提取及保全方法。

在具体实践中，调取证据时应尽可能取得书证的原本、正本（副本），但遇到确实难以提取书证原件时，可采取复印、摄影等方式复制成影印本，或摘抄文本原件、正本的主要部分内容。当然，对于某些书证，比如工商、税务登记的档案材料资料，涉及国家秘密的文字材料等，是无法调取到原件的。对于这种情况，诊所学生可以调取经与原件核对无误的副本或复印件。现在工商等行政职能部门都刻有专用于调取档案资料的图章，获得盖有该图章的资料也就视为获取了原件。无论提取的是原件还是复制件，均应具有形式上和实质上的证据力，也就是说须满足两个条件：一是书证本身是真实的，二是书证所表达的内容对待证事实能够起到证明作用。还需注意的是，提取的书证如果是复制件，应由提供者签署"此复制件与原件相一致"的证明性意见；如提取外文书证，必须附有中文译本。

（2）对物证的提取及保全方法。

物证也可分为原始物证和复制物证。一般而言，原始物证比经复制的物证更为可靠，并可以作为检验、鉴定的材料，所以诊所要求收集物证必须提交原物，如所查处的物证提交原物确有困难时，可根据具体情况，采用制作勘验记录、拍照、摄像、绘图的方法提取复制品或照片，对物品予以保全。例如，在查处某医院涉嫌使用无产品注册证、合格证明的CT机案件时，可对这种大型医疗器械进行拍照或者摄像进行证据保全。物证，是指能够证明案件事实的物品及其痕迹。只要能以自己存在的外形、重量、规格等物体内部或外部特征来证明待证事实的一部分或全部的物品及痕迹，均为物证。物证在我国民事诉讼中具有重要的证明价值，由于它客观存在，比较容易审查核实，因而具有较强的可靠性。调查人员调查收集物证时仍要贯彻原物优先的原则，而对于不便移动、保存的原物则要予以固定；对于无法提取的大型物品，则要予以封存。有些物证，因为体型庞大而不便带入法庭质证时，则要求调查人员对物证进行全方位的拍照，拍照时要反映出现场方位、物证全貌、物证重点部位等内容。总之，要使照片尽可能反映出物证的特性，并要将照片附卷。

例如，原告某电脑销售商起诉被告李某某，要求被告给付所欠的购买电脑的欠款 7 000 余元。法院受理后，被告李某某提起反诉，称原告所售的电脑有严重的质量问题，虽经多次修理至今仍无法正常使用，要求原告赔偿损失，并拒绝给付所欠的 7 000 余元货款。因涉及质量问题的电脑仍在原告处维修，被告请求法院对该电脑进行调取。法院审查后接受了被告李某某的请求，依法到原告处调取了该电脑：法院派出两名调查人员到原告处对该电脑进行了封存。封存的该电脑就是法院调取的一种物证。

（3）对视听资料的提取及保全方法。

录音、录像等各种视听资料基本上都具有易被毁灭和删改，且毁灭和删改常不留痕迹等特点。视听资料的这些特点要求对收集到的视听资料一定要及时固定、保全，以免发生意外。对于并非由司法机关依法制作的视听资料，比如被害人或知情人提供的，一般都要严格审查其是否经过了复制，以及在复制过程中是否经过修改。这种审查往往是通过技术鉴定来进行的。但是通过技术程度较高的设备编辑、修改的视听资料在实践中是很难鉴别的，常常需要通过调查中发现的其他证据来印证它的真实可靠性。录音、录像等视听资料的自身特点，使其很容易在对方不知晓的情况下获得，比如秘密录音、秘密拍照等，而这种情况下又极易侵犯有关公民的隐私权、言论自由权等公民权利。因此，收集视听资料时一定要严格依法进行。

（4）对证人证言的提取及保全方法。

证人具有不可替代性，因此，诊所学生在提取证人证言时应注意以下几点：1）证人除了解案情、案件事实外，还需能够正确表达自己的意志；2）提取的证人证言应以书面形式表现并固定、保全，如制作调查笔录，并有证人签字或按指纹，目的是防止证据灭失和事后难以取得。这里的“灭失”是指证人因年迈、患病等原因可能死亡的情况，“将来难以取得”是指证人将去外省打工、出国等无法找到的情况。

（5）对当事人陈述的提取及保全方法。

在取得当事人所作的有利于自己的陈述时，如果经其他证据证明为真实时，可以作为认定案件事实的根据之一；如果未经其他证据证实，一般不得作为定案根据，该陈述也就无任何证据效力。

（6）对检验报告、鉴定意见、现场勘验检查笔录的提取及保全方法。

这三种证据既是一种独立的证据，也是一种固定和保全证据的方法，其内容可直接作为认定案件事实的依据之一，无须当事人对其真实性、证明力进行质证。

（7）对电子证据的提取及保全方法。

为使电子证据具有可采性，执法人员收集电子证据时应当出示合法证件，依法检查；对收集全过程进行详细记录，同时将与案件事实有关的电子证据打印输出，或者固定在磁盘或其他载体上作为证据提交。药品监管执法部门在采用国家食品药品监管局网站数据库中公布的药品说明书或其他数据作为执法证据时，可以由两名以上执法人员对网上下载的内容进行见证，并在打印文件上签名，证明打印文本系政府网站打印，同时由行政相对人在打印文件上签字；或者由公证机关将政府网站的内容打印下来，并出具公证书，以此增强电子证据的真实性。

综上所述，不论采用哪一种方法提取和保全证据，都应当做到客观、全面、真实地反映证据的本来面目，并对案件有证明作用。经保全获得的证据材料，应当由采取保全措施的部门存卷、归档保管。

（二）审查判断证据

诊所学生有必要对收集到的有关证据进行适当的审查判断，以使已经收集到的证据能够形成一个完整的证据链条，从而为查明案件事实起到有力的证明作用。

1. 对各类证据的具体审查判断

（1）对物证的审查判断。

审查判断物证的方法主要有三种：一是通过辨认进行审查判断。所调取的物证是否经过辨认人的辨认，辨认的过程有无违法行为，辨认人是否对被辨认的物证提出异议。二是通过鉴定来进行审查判断。有些物证只通过辨认还不能确定是否与案件事实有无关系，必须通过鉴定来进行审查判断。三是审查判断物证调取的过程是否及时、合法。物证的客观性较强，但也容易灭失，比如指纹、脚印等如果不及时获取，则有可能被破坏而消失。

（2）对书证的审查判断。

对书证的审查判断的方法主要有：一是查清“书证的制作人是谁”“是在什么情况下制作的书证”“制作此书证的目的是什么”“是否经过变造或改造”等内容，核对或鉴定书证上的有关问题。二是核对书证的内容是否真实。三是与其他证据进行综合分析，看其所证明的内容是否一致，如果发现问题，应找出矛盾所在，加以解决。

（3）对鉴定意见的审查判断。

对鉴定意见的审查判断，主要包括以下几个方面：一是鉴定人是否具有解决案件某方面问题的专门知识，鉴定意见是否客观、公正。二是鉴定时使用的材料是否可靠。三是鉴定人鉴定时是否受到外界的影响。四是鉴定意见的论据是否充分、结论是否合理、论据和结论之间有无矛盾。

（4）对证人证言的审查判断。

对证人证言的审查判断，主要包括以下几个方面：一是证人证言与案件中的其他证据是否一致。二是证人提供证言时是否受到外界的非法影响，主要是指证人提供证言时有无受到威胁、引诱、欺骗，是否受到他人指使、收买、威胁。三是证人与案件当事人有无利害关系。四是证人所提供的证言是否与其身份一致。

（5）对被害人陈述的审查判断。

审查判断被害人陈述，应从以下几个方面着手：一是被害人陈述的内容是否前后矛盾，二是幼年被害人的陈述是否符合幼年人的特点，三是被害人陈述的内容与案件其他证据之间是否存在矛盾。

（6）对犯罪嫌疑人供述或辩解的审查判断。

对犯罪嫌疑人的供述或辩解进行审查判断的主要方法有：一是注意审查获取口供的过程中有无违法行为，二是口供的前后有无矛盾，三是同案犯罪嫌疑人的供述之间有无矛盾，四是口供是否具有合理性。

（7）对现场勘验检查笔录的审查判断。

对现场勘验检查笔录的审查判断主要包括：一是勘验检查笔录的制作是否符合法律要求，二是记载的内容是否准确、全面，三是现场记载的物品、痕迹等是否被破坏或伪造，四是现场勘验检查笔录与其他证据有无矛盾。

（8）对视听资料的审查判断。

对视听资料的审查判断应注意：一是对视听资料证据的来源必须进行审查；二是对视听资料证据的收集程序是否合法进行审查；三是对视听资料证据所证实的内容本身进行审查，并结合其他证据，看其与所证明的内容是否一致。

（9）对电子证据的审查判断。

对电子证据的审查判断应注意以下几方面：一是审查电子证据的来源，包括电子证据形成的时间、地点以及其制作过程等；二是审查电子证据的收集程序是否合法；三是审查电子证据与案件事实是否有联系；四是审查电子证据的内容是否真实，有无伪造、篡改等情况；五是结合其他证据进行审查判断，如与其他证据相一致，共同指向同一案件事实，就可以认定其效力，作为定案根据，反之则不能。

2. 审查运用证据的具体步骤

对证据的审查、判断和运用一般要经过以下四个步骤：

第一，核实调查取证。根据“案件调查取证方案”和拟定的“调查取证提纲”核实调查取证是否全面。首先，要特别注意当事人身份的证据。例如一个诉讼案件，你先要看是否有证明双方主体地位的证据。这些证据来自工商行政管理部门和公安部门。有时候有起诉状中被告的名称弄错了的情况，因为企业的名称经常会发生一些细微的变化，比如增加前缀或者从有限责任公司变成股份有限公司。如果你是被告代理人，你只要提出主体不适格就足以让原告被驳回起诉。如果你是原告代理人，就一定要有从工商行政管理部门和公安部门调取的证明被告主体地位的证据。其次，要注意当事人声称“有”但不能提供的证据的收集。最后，对当事人提供的虚假的证据材料也应当收集，明显虚假的证据材料有反证作用。总之，收集证据要全面，不能遗漏。

第二，个别审查。单个证据是证据链条的基本单位，因此单个证据具有证明能力是证据链条构建的前提和基础。如果每个证据本身都不具有证明能力，那么就无从谈起形成具有排他性的证据链条。每个证据只有同时具备了客观性、关联性、合法性等基本特征才具有了证据能力，才可以作为真正意义上的诉讼证据被用来证明案件事实。因此，对单个证据的审查应当主要从其是否具有客观性、关联性和合法性几个方面去审查。一是从三方面审查证据的合法性：（1）证据主体，即拥有、占有证据或提供证据的自然人和组织必须符合法律的有关规定，如不具备资格的鉴定者的鉴定意见就不具合法性；（2）证据的收集和取得证据的方法必须符合法定程序要求，如诉讼期间行政机关自行收集的证据违反法律禁止性规定；（3）证据的形式必须符合法律规定，如无当事人签名的现场笔录、调查笔录等不符合法定形式。二是审查证据的客观真实性。证据的客观真实性要求证据的内容和形式都必须具有客观性。证据的内容应当以客观事物为基础，离开事物客观存在的主观臆断、没有根据的猜测、幻觉以及迷信邪说等都不具有证据的客观真实性；证据形式的客观性，要求证据必须以一定的有形载体展示在人们面前，如物证、书证、证人证言、电子数据等应当是看得见摸得着，可以被人们感知的。证据的客观真实性往往不能完全等于纯粹的客观真实，事实上存在着片面性和误差等不符合案件事实的可能性。这就要求必须对证据进行严格审查和甄别，充分重视当事人对证据的陈述和申辩，排除对证据的虚假和不真实的怀疑，从而使最能够反映案件事实真相的证据成为定案的依据。三是审查证据的关联性：（1）审核证据的内容与案件事实是否有关；（2）审查证据所证明的问题对案件事实的认定是否有实质性意义；（3）审查证据对于要证明的案件事实是否具有证明力。四是通过审查证据保证案件的基本事实清楚、基本证据确定充分。所谓基本事实、基本证据，是指影响案件定性和处理的事实和证据，或者说对案件的定性和处理具有意义的事实和证据。

第三，比较印证，即将同类的证据或者证明同一事实情节的不同证据相互加以对照进行比较分析，找出哪些地方一致、哪些地方不一致、哪些地方存在疑点，去伪存真，从而确定哪些证据是真实的，可以作为定案的证据；哪些证据真实性较差，但可以作为辅助定案的证据；哪些证据是不真实的，既不能作为定案的根据，也不能作为辅助定案的依据；哪些证据中某部分是真实的，可以作为定案的证据或辅助定案的证据使用，其他部分是不真实的，不能作为定案或辅助定案的证据使用。即使都是真实的证据，也要分清主次而不能不作选择。有些证据是关键的证据，是成立案件的必要证据，而有些证据只是辅助性的。比如，一个合同纠纷的证据中至少要有那份引起纠纷的合同以及因为违约而给当事人造成损失的证据，至于其他，可以作为辅助的证据。一件人身损害案件的证据中至少要有侵权主体以及侵权行为造成损害的证据，至于被侵害人的血迹斑斑的照片和破碎的衣服之类，除了烘托气氛外，其实没有什么实际价值。

第四，综合分析。将全部经过审查可以作为定案依据的证据和可以作为辅助定案的证据，联系起来进行综合分析，看这些证据是否能够连成锁链证实案件的事实，看哪些环节有没有问题、哪些环节是否缺乏证据证实，对缺乏证据证实的环节及时补充调查取证，形成一个封闭的证据链条。因此，在对单个证据进行审查的基础上再对全案证据进行综合性审查，找出矛盾、排除矛盾的工作就非常必要了。通过证据之间的互相印证，可以排除矛盾，从而使众多的证据协调一致，形成一个证据链条。比如，在一个简单的借款纠纷中，如果一方只有一张借据，能不能绝对证明借款事实的成立呢？对方可能会抗辩说这个借款是被逼无奈时做出的，或者说是双方在谈恋爱因为分手而写的分手费，等等。在一个离婚案件中，为了证明一方在婚姻中有过错，能不能就凭借一张对方和怀疑是第三者的人的亲密照片来证明不正常关系呢？对方可能抗辩说这个人是他的表妹或者她的远房表哥。再比如，在一个合同纠纷中，同时会出现主合同和补充协议，如果补充协议和主合同之间存在抵触，就不能直接认为对方违反主合同来主张权利。所以，要通过审查使这些证据形成链条，而且这个链条是封闭的即排除其他可能性的。只有在诸多证据的证明下结论是唯一的，才算真正完成了证据审查的任务。

第三节　事实调查训练

一、事实调查范围训练

训练 6—1

事实调查的范围确定

1. 训练目的

提出事实假设，确定事实调查的范围，制订证据调查计划。

（1）提出事实假设是实施证据调查的先决条件，没有提出大胆的有新意的事实假设，就不可能收集到为己方所需的证据。任何案件的事实调查，总是在既有证据及其映射出来的暂时性案件事实的基础上开展的。根据办案主体的不同，案件的事实调查会向两个方面发展：一是提出暂时性案件事实的办案人员，比如原告或者公诉人员，其目前向我们提供的暂时性的案件事实，其实是其他办案人员根据他对案件证据的情况提出来的，其中必然存在一些事实细节缺乏证据支持，需要办案人员对这些细节提出假设，并有针对性地收集证据。二是欲否定这些暂时性案件事实的人员，比如被告或者辩护律师，出于保护被告人的目的，他希望否定对方提供的案件事实，构建自己或者自己的当事人主张的案件事实，因而需要收集新的证据予以佐证。

（2）确定事实调查的范围是制订证据调查计划的前提和基础，这是让证据调查具有现实可操作性的必然步骤。确定事实调查的范围，关键是要对现有证据进行充分审查，从证据的证据能力和证明力上准确把握证据的效力。在对既有证据审查的基础上，在找出本方证据优势和对方证据劣势的基础上，明确进一步实施证据调查的目的和动机，从而促使办案人员将证据调查付诸行动。

（3）制订证据调查计划。证据调查计划是证据实施的具体步骤和方法，是达到事实证明目的、完成诉讼代理任务的关键。

2. 训练要求

要让学生基本上掌握对现有案件证据审查的目的和基本方法；掌握确定事实调查的范围的方法；掌握制订证据调查计划的方法并养成制作证据调查计划表的习惯；了解提出证据假设的重要性和基本要求。

3. 训练材料

诊所教师可以将诊所学生在值班时接待的比较有代表意义的案件作为事实调查练习的实验材料。下面列举一个案例。

例 6—2

张××故意伤人案

【案情简介】

张××，男，1954 年 4 月 30 日出生，系陕西省××县某村村民，住该村。

张××长期怀疑其妻子与他人有不正当男女关系，经常打骂妻子，限制妻子外出，有时还在妻子外出时对其进行跟踪，但均查无实据，搞得村里人与张及其家人的关系非常紧张，不敢与其接触。2020 年 12 月 21 日凌晨 2 点，张××携带预先准备好的菜刀、包装编织袋、绳索等物，潜入村民李××家中，将处于熟睡中的李××用菜刀砍死。其后，张××又潜入村民刘×家，挥刀欲砍刘时，刘惊醒并反抗。慌乱中，张××用刀砍伤了刘的妻子袁×清、儿子刘×建后逃跑。

经过公安机关的通缉、围捕，最终于 2020 年 12 月 26 日在深山中将张××抓获。

2021 年 4 月 1 日，检察机关以故意杀人罪向人民法院提起公诉。

【相关证据】

询问证人笔录

询问时间：2020 年 12 月 21 日早晨 7 时

询问地点：陕西省××县××镇派出所

询问人：张×丁

记录人：王××

被询问人：刘×

…… ……

问：你怎么知道是张××砍伤的？

答：因为我看到了。

问：把你妻子砍成怎样了？

答：砍成重伤了，已经不省人事，正在医院抢救。

问：还有谁受伤了？

答：我儿子也受伤了。

问：伤情如何？

答：轻伤。

询问证人笔录

询问时间：2020 年 12 月 21 日早晨 7 时

询问地点：陕西省××县××镇派出所

询问人：张×丁

记录人：张×丁

被询问人：李×

…… ……

问：你怎么知道李××是被张××杀死的？

答：我看见的。

问：你把当时的情况说说。

答：昨天晚上我打牌特别晚才回家，在路过李××家门口时，我见他们家没有关门，我就走进去了，结果看到了张××用一把匕首向李××捅去，李××当时就没命了。我看到张××特别凶的样子，怕他砍我，我就跑了，不敢吱声。

讯问笔录

讯问时间：2020 年 12 月 26 日凌晨 3 时

讯问地点：陕西省××县××镇派出所

讯问人：张×丁

记录人：王××

被讯问人：张××

…… ……

问：你是怎么把几个人给砍了的？

答：我没有砍，是他们应该死，这是报应。

问：你说说李××是怎么被砍死的？

答：因为他欺负我老婆，所以我想教训他。结果那天我去他家时，用刀吓他，不知怎么就把他弄伤了。不是我砍伤的，他本身就有病，是病死的。

…… ……

问：你是怎么在刘×家行凶的？

答：我没有行凶，是刘×在行凶，我知道他们夫妻关系不好，那天我本来是去教训刘×，结果没有教训成，反被他打了。而且我砍他老婆和孩子都是在与刘×抢刀的过程中，是刘×伤着的，不是我伤的。

陕西省××县人民医院诊断证明

患者袁×清因被人砍伤，于 2020 年 12 月 21 日送入我院抢救治疗，于 2021 年 2 月 1 日经抢救无效死亡。特此证明。

医师：×××（签名）

2021 年 3 月 31 日

陕西省××县人民医院诊断证明

人犯张××被公安机关带到我院门诊，经值班医师检查，认为张××精神正常，没有精神病。

特此证明。

医师：×××（签名）

2021年3月31日

陕西省××县公安局尸体解剖报告

解剖时间：2020年12月21日

解剖地点：县医院

解剖所见：死者李××的尸表未见明显伤痕和异常，仅在腹部看到有一长15厘米的伤口，很深。根据医院病历记载，伤及死者肝脏。

鉴定结论：死者李××系被人用单刃锐器砍伤致死。

法医：×××（签名）

2021年3月31日

陕西省××县公安局验伤报告

验伤时间：2021年2月19日

病历摘要：2020-12-21，患者左手被人砍伤，砍下部分找不到，缝合伤口。

验伤所见：被鉴定人刘×建左手食指末节阙如，残端可见明显的缝合痕。

鉴定结论：被鉴定人刘×建损伤程度为轻伤。

法医：×××（签名）

2021年2月28日

陕西省××物证鉴定中心验伤报告

验伤时间：2021年4月29日

病历摘要：2020-12-21，患者左手被人砍伤，砍下部分找不到，缝合伤口。

验伤所见：被鉴定人刘×建左手食指末节阙如，残端可见明显的缝合痕。

鉴定结论：被鉴定人刘×建损伤程度为轻伤。

法医：×××（签名）

2021年5月10日

陕西省××县公安局尸体解剖报告

解剖时间：2021年2月1日

解剖地点：县医院

解剖所见：死者袁×清的右手及右前臂可见多处缝合伤痕，腹部有一长20厘米的手术切口疤痕。根据医院病历记载，伤及死者脾脏。

鉴定意见：死者袁×清系被人用单刃锐器砍伤致死。

法医：×××（签名）

2021年3月31日

陕西省××物证鉴定中心鉴定书

检验日期：2020年12月24日

…… ……

检查所见：送检的物品为一单刃长形的砍器，重2kg，刃锐利。刃上可以检见较多血迹，经DNA检验可以确认该刃上所留血迹与送检的A、B、C样本的遗传学特征相符。

（A 样本系袁×清所留，B 样本系李××所留，C 样本系刘×建所留）

检验人：×××（法医师）

复核人：×××（副主任法医师）

陕西省××物证鉴定中心鉴定书

检验日期：2020 年 12 月 24 日

…… ……

检查所见：送检的物品为一单刃长形的砍器，带刃部分为铁质，刀柄为木质，重 2kg，刃锐利。刀上可以检见较多血迹。木质刀柄上发现 3 枚指纹，其中两枚模糊，无法辨认具体指纹特征，一枚指纹较清晰，经比对，与送检的 A 的指纹一致。

（A 样本系刘×所留）

检验人：×××（工程师）

复核人：×××（工程师）

辨认笔录

辨认时间：2020 年 12 月 23 日

辨认地点：××县公安局

辨认物："12·21"案发现场收集到的包装编织袋 1 个

辨认人：周××（张××的妻子）

问：你能确认该编织袋是你们家的吗？

答：可以。

问：为什么？

答：因为我们家一直用这种编织袋。

问：为什么这么确定，有没有可能认错？

答：不会，我记得很清楚，我们家用的这种编织袋都是装化肥的，我们家的化肥都是"月亮"牌的。

被告人的代理律师收集的证据

询问证人笔录

询问时间：2021 年 4 月 10 日中午 12 时

询问地点：陕西省××县××村

询问人：张乙

记录人：钱××

被询问人：张甲，张×顺，张×文

…… ……

问：你们觉得张××这人正常吗？

答：不正常。他有病，平时老怀疑他老婆有外遇，其实没有。

问：你们知道他有什么毛病吗？

答：知道，但不是特别清楚，好像在县医院诊断过，好像是神经病。

询问证人笔录

询问时间：2021 年 4 月 10 日中午 12 时

询问地点：陕西省××县××村张××家中

询问人：张乙

记录人：钱××

被询问人：周××（张××的妻子）

…… ……

问：你们觉得张××这人正常吗？

答：不正常。他有病，平时老怀疑我有外遇，其实没有。

问：你带他去看过病没有？

问：去过，在县医院。

问：医师怎么诊断？

答：说是神经症，我好像还有病历。

陕西省××县人民医院病历

2015-06-12

主诉：患者诉睡眠不好，多梦，烦躁，总想打人。

现病史：家族中无精神病史，近期睡眠不好，多梦，烦躁，总有要想打人的冲动，能够控制。

检查：躯体检查未见异常，精神检查亦未发现异常。

印象：神经症。

4. 实施步骤

（1）将学生分成两个组：一组代表本方当事人的代理律师，一组代表对方当事人的代理律师。如果是诊所值班学生接待的案件，代理本案的学生可以分到对方当事人一组中。

（2）要求各组学生独立完成以下任务：

1）整理案件资料，归纳相关信息，分析案情。

2）审查并分析证据材料，对各个证据的证据能力加以分析，并将各证据的缺陷与证明力列表，确定各证据的证明用途（由于证据比较多，可以将各个证据材料分给不同的同学进行审查、分析）。

3）制订办案计划（有几种可供选择的方案？具体各种方案的切入点是什么？目前已经具备哪些条件？尚不具备哪些条件?）。

4）集中学生的意见，写出具体的办案实施方案，列出待查事实的清单。

5）选择一个学生代表本组发言，发言结束后，同组其他学生可以补充。

（3）集中两组学生集体讨论：

1）如何对现有证据材料进行分析。

2）对两组待查事实列表进行分析评价，还有哪些事实情节可能是真实的、对本证方是有利的。

3）对两组待查事实列表进行分析评价，还有哪些证据需要收集，何地、何时以及怎样收集。

4）收集以上证据是否需要使用辅助设备，如照相机、录音机、摄像机、绘图本等。

5）如何确定待办事项的主次与先后顺序。

6）怎样将现有的证据材料运用于案件之中。对现有证据材料进行编号，填写证据目录，内容包括证据编号、证据名称、证据来源、证明事项。

5. 讨论与思考

（1）能否正确区分待查事实与无关事实、待查证据与无关证据。

（2）待查事实或者待查证据中的不利事项是否要收集，怎样处理或者运用。

（3）本组的证据能否对抗另一组提出的对己不利的证据。

（4）是否有当事人无法收集需要申请法院依职权调取的证据。

（5）所列证据取得的成本及难度如何。

二、证据调查方法与技能训练

训练 6—2

证人询问笔录制作

1. 训练目的

了解笔录在证据调查中的意义和作用，了解笔录的种类和制作要求，掌握证人询问笔录的格式和制作方法。

提示：制作笔录是固定证据形态的常用手段，笔录是很多证据的载体。

笔录是很多证据形式的载体和外在表现形式，因而制作笔录是比较传统的至今仍在广泛使用的证据调查方法。大体上笔录分为两种：一种是有目的的询问式笔录，比如证人询问笔录、犯罪嫌疑人讯问笔录等；另一种是客观描记笔录，比如现场勘验笔录、物证封存笔录、庭审笔录等。

2. 训练要求

证人询问的方法、笔录的格式及制作方法。

3. 训练材料

（1）两名学生分别扮演交通事故当事人和承保机动车保险的保险公司人员。

（2）不同颜色和形状的文件夹、纸、笔若干。

（3）摄像机。

4. 实施步骤

（1）课堂讨论。

1）笔录分为哪几种，笔录的一般格式要求是什么。

2）证人询问笔录、犯罪嫌疑人讯问笔录、现场勘验笔录、物证封存笔录、庭审笔录等的具体要求是什么，重点讨论证人询问笔录的要求。

3）影响证人询问笔录作为证据使用的因素有哪些，如何避免和克服。

4）有哪些辅助手段可以作为笔录的补强证据，使用这些辅助手段需要注意什么。

（2）现场模拟。

1）将学生分成 4 个组：A. 表演组，2 人，分别扮演交通事故当事人和承保机动车保险的保险公司人员；B. 工作组，若干人，主要负责现场指挥、录像等工作；C. 证人组若干人，观察表演的过程，并被作为证人接受询问；D. 询问笔录制作组若干人，并按两人一小组分为若干小组。

2）室内架设好录像机后，证人组学生在室内适当位置随意活动，询问组在室外等候。

3）准备好之后，表演组同学进入，一人扮演交通事故当事人，手持文件夹、纸、笔，另一人扮演承保机动车保险的保险公司人员。表演过程用手表计时。

（3）笔录制作。表演结束后，每一证人询问小组对应一名证人，开展询问并制作询问笔录。

（4）笔录制作完毕后将所有同学随即分成若干组，每组保证至少有 3 个笔录制作小组（3 份笔录），对制作的笔录情况进行分析。

（5）每个组由一名同学发言，其他同学可以补充，讨论以下问题：

1）对本组制作的证人询问笔录质量情况进行比较。
2）本组证人询问笔录的薄弱环节是什么。
3）将本组的证人询问笔录作为证据使用时，如何评价其法律效力？
（6）全体回看模拟过程制作的全程录像片，并进一步讨论以下问题：
1）用笔录固定证人证言有什么优、缺点。
2）有哪些证据可以成为证人证言的补强证据。
3）取证时进行全程录音录像需要注意哪些事项。
4）偷录的音像资料是否可以作为证据使用。
5. 讨论与思考
（1）取证时对证人提问需要注意哪些事项。
（2）如何保障证人证言的真实性和有效性。
（3）如何看待传闻证据规则，我国实行传闻证据规则是否具有现实可行性。
（4）如何判断证人证言的效力，未成年人和当事人的近亲属是否可以充当证人。

训练 6—3

不可移动证据的提取

1. 训练目的

了解大型的或者不能移动的物证的提取方法，重点掌握物证照相取证的要求和操作。

凡是能够证明案件情况的材料都可以构成证据，因此，在现实生活中就存在各种大型的或者不可移动的物体，如果案件的发生或者争议涉及这类物体，这类物体就成为诉讼上的证据。这类物体作为证据使用，显然不可能提取原物，只能采取一些特殊的方法对物证的特征信息加以提取。

法条链接

《最高人民法院关于民事诉讼证据的若干规定》

第 11 条　当事人向人民法院提供证据，应当提供原件或者原物。如需自己保存证据原件、原物或者提供原件、原物确有困难的，可以提供经人民法院核对无异的复制件或者复制品。

2. 训练要求

物证照相取证的要求和操作。

3. 训练材料

教室中的书桌 5 张，数码照相机 5 部，笔记本电脑 1 台，比例尺若干。

4. 实施步骤

（1）课堂讨论，召集同学在课堂上对大型的或者不可移动的与物证相关的问题进行讨论：
1）在生活中大型的或者不可移动的物证包括哪些？列举几个。
2）对大型的或者不可移动的物证进行提取的方法有哪些？
3）对大型的或者不可移动的物证采用照相提取法有哪些要求？能否用数码照相机提取？
4）对大型的或者不可移动的物证拍照获得的照片如何固定保存？
（2）模拟与实验。
1）选 10 位学生按照 2 人一组进行分组，每组分配照相机 1 部，并在教室外等候。
2）在教室中随机选择 5 张书桌，作为某个故意伤害案件的现场物证。

3）告诉10位同学，书桌分别是5起故意伤害案案发现场的物证，加害人将被害人推倒，头部撞在书桌的角上，致颅脑损伤不治身亡。请提取致伤物物证。

4）5个小组的学生对书桌进行拍照取证。

5）将学生拍摄的照片导入笔记本电脑中，编号整理。

（3）将照片逐一在投影屏幕上播放，讨论以下问题：

1）5组学生拍照取证获得的大型的或者不可移动的物证照片有什么缺陷，能否作为证据使用。

2）对大型的或者不可移动的物证拍照的流程是什么，需要注意什么问题。

3）对大型的或者不可移动的物证的提取，除了拍照之外，还有哪些取证方法。

4）对大型的或者不可移动的物证拍照之后，原物证如何处理。

5）对大型的或者不可移动的物证拍照提取过程记录的要求是什么。

6）除了大型的或者不可移动的物证提取外，拍照取证的方法还可以用在哪些物证提取上。

5. 讨论与思考

（1）大型物证与小型物证的区别是什么，如何判断。可移动物证与不可移动物证的区别是什么，如何判断。

（2）为什么对大型的或者不可移动物证拍照所获得的照片要与取证笔录一同使用？

（3）为什么对大型的或者不可移动物证拍照时最好有见证人？如果没有见证人，该证据是否无效？

（4）数码照相机、摄像机取证有什么风险，如何规避。

（5）对大型的或者不可移动物是否可以采取公证取证，公证取证的适用范围及需要注意的问题是什么。

训练6—4

手机短信证据的固定

1. 训练目的

通过手机短信取证模拟实验，让学生从理论上了解手机短信证据的归类、手机短信证据的特点，明确手机短信证据在诉讼中作为证据根据的基本要求。

2. 训练要求

了解手机短信取证的要求，掌握手机短信自行取证的方法。

3. 训练材料

手机1部，数码照相机1台，数码摄像机1台，公文纸、钢笔若干。

4. 实施步骤

（1）课堂讨论，召集学生在课堂上对与手机短信证据相关的问题进行讨论：

1）手机短信证据常常会在什么案件中出现。

2）手机短信证据在诉讼法规定的法定证据种类中属于哪一类。

3）手机短信证据有哪些特点，作为证据使用，它具有哪些风险。

4）手机短信证据取证的基本要求是什么，常用的取证方法有哪些。

5）当事人或其代理律师自行对手机短信取证应当注意什么问题。

6）哪些因素影响当事人自行对手机短信取证，手机短信取证的最佳方式是什么。

（2）模拟与实验。

1）随机挑选10位学生，两人一组，分为5组，要求每组学生在一个模拟案件中对当事人手机上的短信自行取证，将取证的过程和要求记录下来。其他学生在旁边观察。

2）指导教师简单介绍案情。

例6—3

二手房买卖纠纷

小李看中一套二手房，很快决定与房主（卖家）签约，并约好10天后与卖家一同去办过户并支付首付款。可卖家爽约了，还发来一条手机短信说要加价10万元，否则就不卖了。此后小李多次与卖家沟通均无果，很快得知卖家把房子另售他人并已过户。无奈，小李决定把卖家告上法庭，要求判令卖家承担违约责任并赔偿损失。在做诉前准备的时候，小李决定把卖家发来要求加价10万元的手机短信作为卖家违约的证据。

指导教师拿出一部手机，并指示其中一条短信为卖家发来的短信，让其中的一组学生对指导教师拿来的手机上的某条短信的内容进行取证。要求手机短信内容相对比较长（一屏不能完全显示，需要翻页显示）。

3）让学生完成取证的过程，并提交取证证据及相关材料。

4）取证完毕，让观察取证过程的学生对模拟取证的过程进行评价。

（3）将学生取证的证据及相关资料向同学展示，讨论以下问题：

1）让学生总结当事人或其代理律师自行对手机短信取证的程序和要求。

2）手机短信证据是直接证据还是间接证据，手机短信证据如何发挥证明效力。

3）手机短信证据的证据组合链包括哪些，每一种证明对手机短信证据的证据形式要求是什么。

4）如果手机损坏或者手机的SIM卡损坏，可以采取什么补救措施进行取证。

5. 讨论与思考

（1）除了短信之外，手机中还有哪些可以用作证据的内容，如何进行手机取证。

（2）对方当事人手机上的信息如何取证，捡到对方当事人的手机，其手机上的信息能否作为证据使用。

（3）电脑硬盘中的信息如何取证，互联网络信息取证如何进行，电脑硬盘及互联网上的电子信息的取证需要注意哪些问题。

（4）如何对电子邮件内容进行取证？如果对方的邮箱中有一封邮件具有证据价值，碰巧你又可以进入其邮箱，如何对该电子邮件取证，有没有法律效力？

（5）公证取证如何进行，哪些证据可以采用公证取证的方式进行。

训练6—5

外文证据的提交要求

1. 训练目的

了解外文文字资料作为证据使用的法定形式要件，掌握制作外文文字资料证据的方法。

外文文字资料是指一切可以承载文字符号信息并以这些符号的内在逻辑联系表达的内容作为证据使用的资料，从形式上来说包括公文文件、法律文件、正式出版物、信函、合同等。从文字资料的载体来分，可以包括纸质的文件、光盘、硬盘、图片等。由于语言的隔阂，外国文字所要表达的内容是否能够证明案件的实际情况，需要由来源可靠的权威机构对这些内容进行翻译或者保证，因而外文文字资料作为证据使用时，在形式上是有特殊要求的。

法条链接

《最高人民法院关于民事诉讼证据的若干规定》

第16条　当事人提供的公文书证系在中华人民共和国领域外形成的，该证据应当经所在国公证机关证明，或者履行中华人民共和国与该所在国订立的有关条约中规定的证明手续。

中华人民共和国领域外形成的涉及身份关系的证据，应当经所在国公证机关证明并经中华人民共和国驻该国使领馆认证，或者履行中华人民共和国与该所在国订立的有关条约中规定的证明手续。

当事人向人民法院提供的证据是在香港、澳门、台湾地区形成的，应当履行相关的证明手续。

第17条　当事人向人民法院提供外文书证或者外文说明资料，应当附有中文译本。

《最高人民法院关于行政诉讼证据若干问题的规定》

第16条　当事人向人民法院提供的在中华人民共和国领域外形成的证据，应当说明来源，经所在国公证机关证明，并经中华人民共和国驻该国使领馆认证，或者履行中华人民共和国与证据所在国订立的有关条约中规定的证明手续。

当事人提供的在中华人民共和国香港特别行政区、澳门特别行政区和台湾地区内形成的证据，应当具有按照有关规定办理的证明手续。

第17条　当事人向人民法院提供外文书证或者外国语视听资料的，应当附有由具有翻译资质的机构翻译的或者其他翻译准确的中文译本，由翻译机构盖章或者翻译人员签名。

2. 训练要求

熟悉和掌握外文文字资料证据的形式要求和制作方法。

3. 训练材料

英文文件1份，对应于英文文件的中译本文件1份，公文纸、笔若干。

4. 实施步骤

（1）课堂讨论。

召集学生在课堂上对与外文资料证据相关的问题进行讨论：

1）外文文件资料作为证据使用，有什么形式要件的要求。司法上为什么要提这些要求。

2）在国内取得的外文文件证据与在国外取得的外文文件证据，诉讼中在形式要件要求上有什么异同。

3）哪些案件可能会涉及外文文字资料证据。

4）外文文字资料证据提交前须一并提交哪些文件。

（2）模拟与实验。

1）随机挑选10位学生，两人一组，分为5组，在一个模拟案件中将从国外获得的一份外文文字资料作为证据在中国法院诉讼中使用。每组学生针对该外文文件，应当制作或者收集哪些文件一并提交给我国法院，请每一组学生记录下来。其他学生在旁边观察。

2）指导教师可以使用其他的涉及国外取得书证的案例，也可以使用以下案例。指导教师简单介绍案情。

例 6—4

生产设备购买合同纠纷

台商曾先生在广东某城市有一生产加工音响设备的工厂，欲从美国购买一批生产设备，后与某商贸公司签订了购买音响生产设备的合同。但是合同签订后，商贸公司却迟迟不供货，最终曾先生以商贸公司违约为由将其告上法院，要求商贸公司承担违约责任。在诉讼中，被告某商贸公司主张已经与美国某设备供应商签订了购买合同，以此证明没有违约，而是由于跨国交易需要时间办理相关手续。但是曾先生的代理律师通过合法途径从美国有关方面获得了双方签订的文件是意向书而非购买协议。以下是意向书文本：

英文意向书文本

…… ……

This is a non-binding letter of intent that contains provisions that are being discussed for a possible sale of the Business named above from the possible Seller named above to the possible Buyer named above. This is not a contract. This is not a legally binding agreement. This is merely an outline of possible contract terms for discussion purposes only. This is being signed in order to enable the Possible Buyer to apply for financing of the purchase price. This letter of intent is confidential and shall not be disclosed to anyone other than the parties and their employees, attorneys and accountants and the possible lenders of the Possible Buyer. The terms of the transaction being discussed are attached here to, but the terms (and the possible sale itself) are not binding unless and until they are set forth in a written contract signed by Possible Seller and Possible Buyer. The word "shall" is used in the attached terms only as an example of how a contract might read, and it does not mean that the attached terms are or ever will be legally binding.

…… ……

中文翻译

…… ……

本意向书不具有约束力，所包含之条款有待上述潜在卖方与买方就可能发生之交易进行磋商。本意向书不应被视为任何合同或具有法律约束力的协议，而应视作仅为磋商之目的而订立的有关本意向书项下可能达成之合同的条款概述。签署本意向书之目的是能够使于潜在买方就购买价格筹措资金。双方应对本意向书之内容保密，且除了本意向书项下双方及其雇员、律师、会计师和潜在买方之潜在贷款方之外，不得向任何其他第三方透露。本次磋商之交易条款随附其后，但是除非且直到潜在的买卖双方签署书面协议，这些条款（及潜在卖方自身）将不具有约束力。随附条款中"应该"一词仅为合同阅读之惯例，并不意味随附之条款具有或将要具有法律约束力。

…… ……

3）由学生完成证据相关文件的制作过程，并提交英文证据及相关材料。

4）证据及相关材料制作完毕，让观察证据制作过程的学生对模拟取证的过程进行评价。

（3）将学生完成的证据及相关资料向同学展示，讨论以下问题：

1）让学生总结当事人或其代理律师提交外文书证时应当满足的形式要件，当事人或其代理律师如何去完成这些工作？

2）当事人提交的外文书证属于证据组合链，其中应当包含哪些内容？如何发挥证明作用？

3）外文书证及其相关资料能否使用复制件、复印件？

4）如果将产品包装、说明书等资料用作证据，是否需要提供中文译本？如何提供？

5. 讨论与思考

（1）在国外取得的中文书证，需要提供哪些附带文件；在国外取得的英语音像证据，需要提供哪些附带文件。

（2）中国港澳台地区获得的外文书证与国外获得的外文书证，在证据的形式要件方面有何异同。

（3）少数民族文字书证是否需要提供中文翻译文本，汉语拼音证据文件是否需要提供中文翻译文本。

（4）制作和完成外文书证证据及其相关资料的收集工作，会发生比较多的费用，这些费用由谁承担。

三、具体证据的审查与运用

训练 6—6

鉴定意见的审查与质疑

1. 训练目的

了解鉴定的范围、启动鉴定的条件和程序，掌握鉴定意见审查的要点和方法。

鉴定意见是我国诉讼法所规定的法定证据形式之一，是指具有专门知识的人在诉讼过程中接受法院的指派、聘请或者委托，运用专门知识或技能，对某些专门性问题进行检验、分析后做出科学判断，以此为基础形成的结论性陈述意见。鉴定解决问题的范围局限于诉讼领域中所涉及的科学技术等专门性问题而非法律问题，属于案件事实的范畴。鉴定意见的审查可以分为形式性审查和实质性审查，形式性审查包括对鉴定人及鉴定机构的资质、鉴定的程序、鉴定文书格式和要件进行审查，鉴定的实质审查则是对鉴定结论的科学性、准确性、相关性等进行审查。

法条链接

《最高人民法院关于民事诉讼证据的若干规定》

第 31 条　当事人申请鉴定，应当在人民法院指定期间内提出，并预交鉴定费用。逾期不提出申请或者不预交鉴定费用的，视为放弃申请。

对需要鉴定的待证事实负有举证责任的当事人，在人民法院指定期间内无正当理由不提出鉴定申请或者不预交鉴定费用，或者拒不提供相关材料，致使待证事实无法查明的，应当承担举证不能的法律后果。

第 32 条　人民法院准许鉴定申请的，应当组织双方当事人协商确定具备相应资格的鉴定人。当事人协商不成的，由人民法院指定。

人民法院依职权委托鉴定的，可以在询问当事人的意见后，指定具备相应资格的鉴定人。

人民法院在确定鉴定人后应当出具委托书，委托书中应当载明鉴定事项、鉴定范围、鉴定目的和鉴定期限。

第 33 条　鉴定开始之前，人民法院应当要求鉴定人签署承诺书。承诺书中应当载明鉴定人保证客观、公正、诚实地进行鉴定，保证出庭作证，如作虚假鉴定应当承担法律责任等内容。

鉴定人故意作虚假鉴定的，人民法院应当责令其退还鉴定费用，并根据情节，依照民事诉讼法第一百一十一条的规定进行处罚。

第36条 人民法院对鉴定人出具的鉴定书，应当审查是否具有下列内容：(一) 委托法院的名称；(二) 委托鉴定的内容、要求；(三) 鉴定材料；(四) 鉴定所依据的原理、方法；(五) 对鉴定过程的说明；(六) 鉴定意见；(七) 承诺书。

鉴定书应当由鉴定人签名或者盖章，并附鉴定人的相应资格证明。委托机构鉴定的，鉴定书应当由鉴定机构盖章，并由从事鉴定的人员签名。

第40条 当事人申请重新鉴定，存在下列情形之一的，人民法院应当准许：(一) 鉴定人不具备相应资格的；(二) 鉴定程序严重违法的；(三) 鉴定意见明显依据不足的；(四) 鉴定意见不能作为证据使用的其他情形。

存在前款第一项至第三项情形的，鉴定人已经收取的鉴定费用应当退还。拒不退还的，依照本规定第八十一条第二款的规定处理。

对鉴定意见的瑕疵，可以通过补正、补充鉴定或者补充质证、重新质证等方法解决的，人民法院不予准许重新鉴定的申请。

重新鉴定的，原鉴定意见不得作为认定案件事实的根据。

第41条 对于一方当事人就专门性问题自行委托有关机构或者人员出具的意见，另一方当事人有证据或者理由足以反驳并申请鉴定的，人民法院应予准许。

《最高人民法院关于行政诉讼证据若干问题的规定》

第29条 原告或者第三人有证据或者有正当理由表明被告据以认定案件事实的鉴定结论可能有错误，在举证期限内书面申请重新鉴定的，人民法院应予准许。

第30条 当事人对人民法院委托的鉴定部门作出的鉴定结论有异议申请重新鉴定，提出证据证明存在下列情形之一的，人民法院应予准许：(一) 鉴定部门或者鉴定人不具有相应的鉴定资格的；(二) 鉴定程序严重违法的；(三) 鉴定结论明显依据不足的；(四) 经过质证不能作为证据使用的其他情形。

对有缺陷的鉴定结论，可以通过补充鉴定、重新质证或者补充质证等方式解决。

第32条 人民法院对委托或者指定的鉴定部门出具的鉴定书，应当审查是否具有下列内容：(一) 鉴定的内容；(二) 鉴定时提交的相关材料；(三) 鉴定的依据和使用的科学技术手段；(四) 鉴定的过程；(五) 明确的鉴定结论；(六) 鉴定部门和鉴定人鉴定资格的说明；(七) 鉴定人及鉴定部门签名盖章。

前款内容欠缺或者鉴定结论不明确的，人民法院可以要求鉴定部门予以说明、补充鉴定或者重新鉴定。

2. 训练要求

掌握鉴定意见的审查方法，掌握鉴定意见运用的方法，掌握存疑鉴定意见的救济方法。

3. 训练材料

鉴定文书1份。

4. 实施步骤

(1) 课堂讨论，召集学生在课堂上对与鉴定意见相关的问题进行讨论：

1) 鉴定意见所能解决问题的范围包括哪些，请学生举例说明。

2) 鉴定意见的本质是什么，如何保证鉴定意见的科学性和准确性。

3) 如何对鉴定意见进行审查，实质审查和形式审查的要点是什么。

4）如何运用鉴定意见，鉴定意见不一致时如何处理。

（2）模拟与实验。

1）将学生按5人一组分成若干组，每组学生对老师提供的鉴定文书进行审查，将审查意见要点记录下来，并提出鉴定意见使用意见，然后选1名同学代表发言，其他学生在旁边观察。

2）指导教师可以使用自己收集的鉴定文书让学生审查，也可以使用以下案例：

例6—5

司法鉴定书的审查

司法鉴定书

华医鉴字【2021】第018号

委托单位：河南省孟津县公安局

委托日期：2021年3月23日

鉴定对象：李×，男性，62岁，职业，身份证号，家庭住址

委托事项：（1）李×左眼眶内侧壁骨折是否2020年6月21日所致；（2）2020年6月21日李×被打的损伤程度。

鉴定材料：委托鉴定书1页；治安卷宗原件1册；洛阳市孟津县公疗医院病历复印件11页；孟津县公疗医院鼻骨CT片（No.01589）一张；孟津县公疗医院头颅CT片（No.01553）一张；洛阳中心医院眼眶CT片（No.49226）一张；上海华东医院眼眶CT片（No.159565）三张

鉴定日期：2021年3月23日

鉴定地点：上海××鉴定所

一、案情摘要

河南省孟津县公安局委托书摘抄：2020年6月21日李×因电工收费问题与他人发生冲突，李×被打伤面部。

二、伤情摘要

2020年6月21日洛阳市孟津县公疗医院住院病历记录摘抄（No.23334）：主诉：外伤致头晕、左手腕疼痛2小时余；现病史：2020年6月21日上午，被他人用拳头击中头部数次，并被砖头击中左手臂，当时无昏迷，感到头痛头晕、恶心，未呕吐，并感左手臂疼痛，活动受限。当时未做特殊处理。伤后，无大小便失禁，无胸痛胸闷呼吸困难，无腹痛等。目前精神正常，大小便正常。体格检查：左枕部见$2\times2cm^2$头皮红肿，局部触痛明显。左腕部、左肘关节上部肿胀，散在皮肤擦伤，活动受限。头部CT示左侧眼眶内侧壁骨折？X射线片显示：肋骨及左腕未见骨折。诊断：（1）头部、左手臂软组织损伤；（2）头外伤综合征；（3）左侧眼眶内侧壁骨折？

孟津县公安局法医科学技术鉴定书［孟公伤鉴字（2020）203号］分析意见：结合面部及左眼部未见明显外伤，分析认为骨折存在，但是否为6月21日形成无法认定；

肢体软组织擦伤符合《人体损伤程度鉴定标准》5.11.4之规定，李×之损伤属轻微伤。

司法部司法鉴定中心鉴定书［司法部司鉴中心（2021）活签字第1174号］被鉴定人李×（面）部等处遭钝性外力作用，致上额骨右侧额突骨折等。该损伤已构成轻伤。

三、体检过程

体格检查：被鉴定人步行进入检查室，步态可，神清，检查合作，对答切题。

阅片所见：2015 年 4 月 19 日孟津县公疗医院鼻骨 CT 片（No. 01589）一张示：右侧鼻骨骨折伴明显移位，鼻中隔骨折。

2020 年 6 月 21 日孟津县公疗医院头颅 CT 片（No. 10553）一张示：左侧眼眶内侧骨折、凹陷。头颅未见其他异常。

2020 年 7 月 5 日洛阳中心医院眼眶 CT 片（No. 49226）一张示：左侧眼眶内侧壁骨折、凹陷。

2021 年 3 月 23 日上海华东医院眼眶 CT 片（No. 159565）三张示：左侧眼眶内侧壁骨折、凹陷。

四、分析说明

根据委托机关提供的案情、病史、实验室检查报告，结合本鉴定所检验所见分析认为：

1. 被鉴定人李×6 月 21 日有被他人拳击外伤史，2020 年 6 月 21 日孟津县公疗医院头颅 CT 片、2020 年 7 月 5 日洛阳中心医院眼眶 CT 片和 2021 年 3 月 23 日上海华东医院眼眶 CT 片，均提示左侧眼眶内侧壁骨折、凹陷。因此，李×左眼眶内侧壁骨折存在。

2. 据 2015 年 4 月 19 日孟津县公疗医院鼻骨 CT 片示和司法部司法鉴定中心鉴定书记载，李×在 2015 年 4 月 17 日受伤部位是右侧鼻骨骨折伴明显移位，鼻中隔骨折及上额骨右侧额突骨折。如被鉴定人李×在 2015 年 4 月 17 日后至 2020 年 6 月 21 日前无证据证明其左侧头面部有外伤史，则可以认定李×的左侧眼眶内侧壁骨折是发生在 2020 年 6 月 21 日的时间中，参照《人体损伤程度鉴定标准》5.2.4 之规定，应评定为轻伤。

五、鉴定意见

被鉴定人李×左眼眶内侧壁骨折是由 2020 年 6 月 21 日外伤所致。李×的左侧眼眶内侧壁骨折、凹陷，该损伤已构成轻伤。

鉴定人：张××　主治医师

李××　主治医师

2021 年 3 月 30 日

3）让各组学生代表陈述鉴定文书审查意见。

（3）学生代表发言结束后讨论以下问题：

1）哪些问题需要启动鉴定程序，举例说明。

2）审查鉴定意见需要哪些素质。

3）鉴定意见审查意见书如何撰写，存在问题的鉴定与鉴定意见的使用如何有机配合。

4）对存在问题的鉴定意见如何进行救济。

5. 讨论与思考

（1）英美法系的专家证人与我国的鉴定人的区别和相同之处是什么？

（2）如何看待执业鉴定人制度，未经司法行政机关注册的某些技术领域的专家能够做鉴定人吗？

（3）重新鉴定、再次鉴定、复核鉴定的区别是什么，各有什么程序上的要求。

（4）如何看待当事人自行启动的鉴定，其法律效力如何。

（5）如何看待鉴定人出庭，如何保障鉴定人出庭。

（6）双方当事人对出庭质证的鉴定人进行询问或者提问的要求是什么。

（7）如何看待专家辅助人出庭，专家辅助人的法律地位是什么。

第四节　推荐阅读

一、论文类

1. 朱德宏．辩护律师调查取证制度有效性分析：以社会学制度主义为视角．中国刑事法杂志，2010（9）.

2. 于洋，于小勇，罗亚平．理解鞋印鉴定专家的决策过程．证据科学，2021（3）.

3. 伊姆温克尔里德．科学证据司法评估的进步轨迹：我的个人视角．证据科学，2022（1）.

4. 李傲．事实调查：被法学教育遗忘的领域．环球法律评论，2005（3）.

5. 马明亮，王士博．论大数据证据的证明力规则．证据科学，2021（6）.

6. 陈永生．证据保管链制度研究．法学研究，2014（5）.

7. 陈瑞华．实物证据的鉴真问题．法学研究，2011（5）.

二、专著类

1. 李傲．法律诊所实训教程．武汉：武汉大学出版社，2010.

2. 王均平．证据调查实验教程．北京：北京大学出版社，2008.

3. 何家弘．证据调查．2 版．北京：中国人民大学出版社，2005.

4. 斯默．寻找证人．国立波，译．北京：法律出版社，2005.

5. 张中．实践证据法：法官运用证据经验规则实证研究．北京：中国政法大学出版社，2015.

三、影视类

1. 美国电视连续剧《犯罪现场调查》(Crime Scene Investigation，CSI)；

2. 28 集电视连续剧《寻找证人》(北京世纪三友和广州鼎唐影视联合出品制作)；

3. 电影《十二怒汉》(美国版或者俄罗斯版)。

四、相关法律等

全国人民代表大会常务委员会关于司法鉴定管理问题的决定

（2005 年 2 月 28 日第十届全国人民代表大会常务委员会第十四次会议通过；根据 2015 年 4 月 24 日第十二届全国人民代表大会常务委员会第十四次会议《全国人大常务委员会关于修改〈中华人民共和国义务教育法〉等五部法律的决定》第二次修改，由中华人民共和国主席令第 25 号发布，自公布之日起施行）

为了加强对鉴定人和鉴定机构的管理，适应司法机关和公民、组织进行诉讼的需要，保障诉讼活动的顺利进行，特作如下决定：

一、司法鉴定是指在诉讼活动中鉴定人运用科学技术或者专门知识对诉讼涉及的专门性问题进行鉴别和判断并提供鉴定意见的活动。

二、国家对从事下列司法鉴定业务的鉴定人和鉴定机构实行登记管理制度：

（一）法医类鉴定；

（二）物证类鉴定；

（三）声像资料鉴定；

（四）根据诉讼需要由国务院司法行政部门商最高人民法院、最高人民检察院确定的其他应当对鉴定人和鉴定机构实行登记管理的鉴定事项。

法律对前款规定事项的鉴定人和鉴定机构的管理另有规定的，从其规定。

三、国务院司法行政部门主管全国鉴定人和鉴定机构的登记管理工作。省级人民政府司法行政部门依照本决定的规定，负责对鉴定人和鉴定机构的登记、名册编制和公告。

四、具备下列条件之一的人员，可以申请登记从事司法鉴定业务：

（一）具有与所申请从事的司法鉴定业务相关的高级专业技术职称；

（二）具有与所申请从事的司法鉴定业务相关的专业执业资格或者高等院校相关专业本科以上学历，从事相关工作五年以上；

（三）具有与所申请从事的司法鉴定业务相关工作十年以上经历，具有较强的专业技能。

因故意犯罪或者职务过失犯罪受过刑事处罚的，受过开除公职处分的，以及被撤销鉴定人登记的人员，不得从事司法鉴定业务。

五、法人或者其他组织申请从事司法鉴定业务的，应当具备下列条件：

（一）有明确的业务范围；

（二）有在业务范围内进行司法鉴定所必需的仪器、设备；

（三）有在业务范围内进行司法鉴定所必需的依法通过计量认证或者实验室认可的检测实验室；

（四）每项司法鉴定业务有三名以上鉴定人。

六、申请从事司法鉴定业务的个人、法人或者其他组织，由省级人民政府司法行政部门审核，对符合条件的予以登记，编入鉴定人和鉴定机构名册并公告。

省级人民政府司法行政部门应当根据鉴定人或者鉴定机构的增加和撤销登记情况，定期更新所编制的鉴定人和鉴定机构名册并公告。

七、侦查机关根据侦查工作的需要设立的鉴定机构，不得面向社会接受委托从事司法鉴定业务。

人民法院和司法行政部门不得设立鉴定机构。

八、各鉴定机构之间没有隶属关系；鉴定机构接受委托从事司法鉴定业务，不受地域范围的限制。

鉴定人应当在一个鉴定机构中从事司法鉴定业务。

九、在诉讼中，对本决定第二条所规定的鉴定事项发生争议，需要鉴定的，应当委托列入鉴定人名册的鉴定人进行鉴定。鉴定人从事司法鉴定业务，由所在的鉴定机构统一接受委托。

鉴定人和鉴定机构应当在鉴定人和鉴定机构名册注明的业务范围内从事司法鉴定业务。

鉴定人应当依照诉讼法律规定实行回避。

十、司法鉴定实行鉴定人负责制度。鉴定人应当独立进行鉴定，对鉴定意见负责并在鉴定书上签名或者盖章。多人参加的鉴定，对鉴定意见有不同意见的，应当注明。

十一、在诉讼中，当事人对鉴定意见有异议的，经人民法院依法通知，鉴定人应当出庭作证。

十二、鉴定人和鉴定机构从事司法鉴定业务，应当遵守法律、法规，遵守职业道德和职业纪律，尊重科学，遵守技术操作规范。

十三、鉴定人或者鉴定机构有违反本决定规定行为的，由省级人民政府司法行政部门予以警告，责令改正。

鉴定人或者鉴定机构有下列情形之一的，由省级人民政府司法行政部门给予停止从事司法鉴定业务三个月以上一年以下的处罚；情节严重的，撤销登记：

（一）因严重不负责任给当事人合法权益造成重大损失的；

（二）提供虚假证明文件或者采取其他欺诈手段，骗取登记的；

（三）经人民法院依法通知，拒绝出庭作证的；

（四）法律、行政法规规定的其他情形。

鉴定人故意作虚假鉴定，构成犯罪的，依法追究刑事责任；尚不构成犯罪的，依照前款规定处罚。

十四、司法行政部门在鉴定人和鉴定机构的登记管理工作中，应当严格依法办事，积极推进司法鉴定的规范化、法制化。对于滥用职权、玩忽职守，造成严重后果的直接责任人员，应当追究相应的法律责任。

十五、司法鉴定的收费标准由省、自治区、直辖市人民政府价格主管部门会同同级司法行政部门制定。

十六、对鉴定人和鉴定机构进行登记、名册编制和公告的具体办法，由国务院司法行政部门制定，报国务院批准。

十七、本决定下列用语的含义是：

（一）法医类鉴定，包括法医病理鉴定、法医临床鉴定、法医精神病鉴定、法医物证鉴定和法医毒物鉴定。

（二）物证类鉴定，包括文书鉴定、痕迹鉴定和微量鉴定。

（三）声像资料鉴定，包括对录音带、录像带、磁盘、光盘、图片等载体上记录的声音、图像信息的真实性、完整性及其所反映的情况过程进行的鉴定和对记录的声音、图像中的语言、人体、物体作出种类或者同一认定。

十八、本决定自2005年10月1日起施行。

第七章
法律检索

引 例

法律检索技能

由于法律学习具有执业训练的特点，也具有很强的实践性，国外大学法学院一般都开设有法律检索与写作（legal research and writing）课程，这是法学院学生的基本训练指导课程。法律检索是一种技巧性的解决问题的活动（legal research is a skilled-based，problem-solving activities）。对于每个检索的问题必须首先加以分析，并对可以利用的工具进行评估，以选择最合适的方法。特别是当有两种或更多的具有同等效用的查找工具时，更需要加以选择，从而取得最有效的结果。在所有这些检索方法的使用中，技巧的使用发挥很大作用，可以帮助检索者做出合理的选择，增强检索的有效性。可以说，法律信息检索是一项专业性较强的技能，是现代法律职业者应该掌握的一种方法。这样才能更有效地获取、利用知识和信息，在竞争中占据优势。①

课前阅读

法律检索，远比你想的更重要②

目的：

在具体案例中了解法律检索对诊所法律教育的重要性以及对法学生法律思维培养的重要性，学会"以问题为导向"的法律思维方法，培养学生以人民为中心，真正站在当事人视角学习了解法律检索知识，掌握法律检索技能。

资料：

我曾经问过一位法院青年是否经常使用法律检索，他说用得不多。我问，为什么？他说了三个理由：第一，平常工作当中遇到的法律问题相对集中，等过了一段时间，案件类型碰得差不多了，也就心里有底，一般不需要法律检索。即使有问题，问问身边的"老法师"，基本上能得到解决。第二，检索系统不好用，想找个类案吧，哗啦出一百多个，难不成一个一个全部看一遍，太费事！找法条吧，老法师手里都有多少年积累的"秘笈"，更实用。学检索反而没太多获得感。第三，如今都是人工智能时代了，可能很快实现类案推送，直接帮我找到案例，

---

① 参见刘丽君、于丽英主编：《漫游虚拟法律图书馆——在线法律资源研究指南》，编者前言，北京，法律出版社，2004。

② 参见李则立：《法律检索，远比你想的更重要》，载澎湃新闻·澎湃号·政务，2019－03－01。

再去专门学习法律检索技巧性价比不高。总之，检索比较鸡肋，弃之可惜，食之无味。这位青年说得挺实在，也确实点出了目前法律检索的一些尴尬。这也可能是检索在法律圈里强调了这么多年，依然不温不火，还时常遇冷的原因。

但是，这位青年讲得不全对。法律检索，依然是法院人，乃至法律人必须掌握的一门技能。我们首先试图回答，为什么要修炼法律检索技能、有没有捷径跨越检索、检索结果不理想是系统不智能还是检索技术不过关，这是在推广检索技能时需要认真回答的。

检索，让你不被经验捆住手脚。经验当然有用，特别是在专业领域相对简单、类型化程度比较高的情况下。但当领域拓展，情况多变，经验的问题也可能暴露出来。比如我们看到的天鹅都是白的，所以，经验告诉我们，天鹅是白的，但突然有一天，来了一只黑天鹅，我们才能发现经验错了。

检索能力还无可替代。很多人觉得，检索不好用是因为不够智能，比如说，你可能遇到过这样的情况，要找个类似的案子，输几个条件，出来一百多个案例，然后，又多输入几个限制性条件，结果又检索不出一个案例。有些生无可恋。如今，不是人工智能时代了吗？就不能把一个案子放到系统里，AI自动比对，精准找出类案？所以，不要指望机器的发展可以在短期内突然让人“衣食无忧”。如果我们要在海量数据中精准找到需要的信息，依然有一根“拐杖”不能丢，就是“检索技巧”。

真的检索远不止那么简单。如何从海量数据中找到答案，需要检索者提供线索，就像“侦探”发现“真相”。这是一门手艺，需要方法论和实践。所谓的检索技巧，至少是两部分的能力的组合，“事实性知识”与“检索技巧”，也就是对法律图景式的理解、定义具体法律问题的能力与检索技巧的组合。检索数据库和答案的距离还差一个你。

检索的意义远不止找到一个答案。更大的意义在于，检索是我们在互联网时代，建立“多元思维模型”的支持。可见，于个体而言，这是检索的重要意义，它延伸了大脑的边界，可以让我们更多地去学习理解知识背后的深意，建构知识的脉络和图谱。检索正是我们“开疆拓土”的保障。回到开始的问题，法律检索，于我们而言，也许眼前的利益还不那么大，但面对未来，或许远比我们认为的更重要。

第一节　法律检索概述

习近平总书记2017年5月3日在考察中国政法大学时发表重要讲话指出：“要以我为主、兼收并蓄、突出特色，深入研究和解决好为谁教、教什么、教给谁、怎样教的问题。”① “为谁教、教什么、教给谁、怎样教”的纲领之问，为新时代法学教育、法治人才培养提供清晰的思路，是新时代法学教育、法治人才培养的基本遵循，更是对新时代法学教育、法治人才培养在新的法治建设背景下提出了新要求、新课题和新任务。我们需要批判地吸收和借鉴国外法学教育中法律检索教学的经验，探索适合我国法学教育和法治人才培养需要的法律检索教育体系。

一、法律检索的概念

法学学科是实践性很强的科学，决定了法学教育需要承担培养创新型和应用型的法治人才

① 《习近平在中国政法大学考察时强调 立德树人德法兼修抓好法治人才培养 励志勤学刻苦磨炼促进青年成长进步》，载《人民日报》，2017-05-04。

的任务，必须使法治人才具备核心法学知识、核心法学技能和核心法学职业伦理。传统法学教育中重视法律知识的传授，而忽视法律技能和法律职业伦理的培养。学生往往被动地接受法学知识，而缺乏主动获取职业技能的培训，例如法律检索的训练。

法律检索一词，源自英文 Legal Research。而国内对于 Legal Research 一词有着诸多翻译，最常见的翻译为“法律研究”“法学研究”“法治研究”“法律检索”[①]。本书将 Legal Research 翻译为“法律检索”，这还得从国内外对于 Legal Research 内涵的不同理解说起。

（一）国内对于 Legal Research 的理解

在国内，自 1989 年第一本关于法律检索的教材[②]出版至今，出版的这些法律检索教材的书名，通过其主题名可将其归纳为“法学文献检索”“法律文献检索”“法律文献学”“法律文献目录学”等。前者主要集中在对专业文献信息的查找方法领域，后者则大多是从学科文献体系上来论述专业文献的资源分布。其他教材则大多集中在对中外综合法律文献信息检索技术的范围内。

从内容上看，这些出版物基本内容大都包括三个部分：文献检索的基础知识（如布尔检索）、检索工具的介绍（包括传统文献的参考工具书和检索工具与网络资源检索的介绍）和法律文献检索的资源（包括中国法、外国法和国际法法律文献）。简言之，这些出版物内容包括学理性质的（如何查找学术论文的资料，即“法学研究”，Academic Legal Research）和实践性质的（如何查找法律法规，即“法律研究”，Practical Legal Research）。因此，严格来说，这些出版物的主题实际上是法律（法学）文献检索（Legal Document Retrieval）或者法律文献信息学（Legal Literature Information Science），并不是本书中所指的 Legal Research，也不符合国外法学教育中对 Legal Research 的理解。

可以说在中国，对于“法律检索”一词没有统一或者一致的称谓。目前，在国内出版的各类法学工具书，如法学（法律）辞典、法学百科全书中，没有“法学检索”或“法律检索”的词汇，也没有对这个词的概念加以解释。这说明法律检索在中国的法学领域尚未形成概念，专业人士对它的认识也非常有限，远谈不上达成共识。因此，研究、探讨中国的法律检索教育还是一个新鲜的命题，其发展还有很长的路程。

（二）国外对于 Legal Research 的理解

诚如前文所言，中国法学院校采用法律诊所教育模式本身，就是借鉴了美国法学教育的成功经验。在美国法学院，Legal Research 是美国 JD（Juris Doctor）学位一年级的必修课，是美国法学教育和法律实践非常重要的组成部分。在美国，Legal Research 的概念是：“Legal research is the process of identifying and retrieving information necessary to support legal decision-making. In its broadest sense，legal research includes each step of a course of action that begins with an analysis of the facts of a problem and concludes with the application and communication of the results of the investigation.”[③] 也就是，“为做出法律决策而进行确认和检索必要信息的过程。从广义上说，它包括从有关问题事实分析到运用和表达调研结果的法律决策的每一步骤。”尤其是在英美法系国家中适用遵循先例（Stare Decisis）的原则，法律人需要从汗牛充栋的判例中寻找本案适用的先例，就需要接受专门的训练。

---

① 李傲主编：《法律诊所实训教程》，72 页，武汉，武汉大学出版社，2010。

② 参见郑治发主编：《法学文献检索与利用》，武汉，武汉大学出版社，1989。

③ J. Myron Jacobstein and Roy M. Mersky，*Fundamentals of Legal Research*，8th ed.，Foundation Press，2002，p. 1. 转引自维基百科（http：//www. wikipedia. org/）的 Legal Research 词条。

美国律师协会组织撰写的《麦克特报告》（*MacCrate Report*）[①] 要求律师应该具备十项基本法律技能：解决问题、法律分析及推理、法律研究、事实调查、沟通、忠告、谈判、诉讼及另类纠纷解决程序、法律工作的组织与管理、认定和解决道德难题。其中基本技能第三项被解释为“为了认定法律问题而进行的具有效率的研究，律师应该对法律规则及机构的性质有知识，对使用法律研究的最基本工作的能力有知识，了解制定及实施贯彻的有效的研究设计的程序”[②]。

（三）本书对于 Legal Research 的界定

为了区别国内对于“法学研究”和“法律研究”词语的习惯用法，也是借鉴国外对 Legal Research 的理解和运用，本书将诊所法律教育中经常采用的 Legal Research 翻译为“法律检索”。

广义的法律检索包括两个方面的含义：一是指“法律信息检索”（狭义的法律检索），是为解决具体案件中的法律问题，科学、系统地查找和收集相关的法律依据（authorities）；二是法律研究（或称“法律调研”），即面对法律问题及法律相关的问题所作的系统的探讨与考察，并形成法律问题的解决方案。

本书介绍的法律检索更多是指狭义的法律检索，是以规范的、科学的、系统的方法查找、搜集法律资料、信息的过程。它既是一个过程，也是一种方法。但是狭义的法律检索的最终目的是解决实际法律问题，并且为了达到这个目标，形成检索策略而决定如何去查询以及查询什么资料，而不是为了查询而去搜集资料。

在我国法律环境中，本书中的法律检索不是在传统和网络资源中查询和研究相关法学理论或者法学观点，即不是学术性质的；而是以现实问题的分析为前提，以解决现实问题为目标，以形成对策研究报告为结果的发现、分析和解决问题的过程，即实务性质的。

二、法律检索的技能

卡尔·卢埃林曾说过：“律师的看家本领就在于技能……在于实用、有效、有说服力、有创造力、能把事情办好的技能。”[③] 诸多专家学者曾进行过归纳，正如《完善法学教育——发展方向与实现途径》一书中所归纳的：“法学院应当帮助学生拥有有效的、负责任律师的素质，这些素质包括：自我反思、终生学习的技能、智力及分析的技能、法律的核心知识及理解、职业技能以及职业主义。”[④] 本书结合法律诊所教学的实践，分别从会见技巧、法律咨询、法律写作、事实调查、法律论辩、法律谈判、法律调解、诉讼技巧等方面进行重点论述与训练。而法律检索技能是法律论辩、文书写作、法律谈判、法律调解等技能的基础。

（一）法学教育与法律检索

法学院四年所能教授给学生的只有法律核心知识、核心伦理、核心技能，也就是“三个核心”。法科生不可能把一生中所需要用到的法律知识全部掌握，例如法学院不太可能引导法科生在四年法学本科毕业时，就掌握诸如房地产业务、知识产权业务、海商事业务、发行上市业务和并购重组等高端非诉讼律师业务的知识。因此，法学教育应该教授法科生自我学习的技能，典型技能就是法律检索的技能。

---

① MacCrate Report：Legal Education and Professional Development，An Educational Continuum Report of The Task Force on Law Schools and the Profession：Narrowing the Gap，JULY 1992. American Bar Association，Section of Legal Education and Admissions to the Bar.

② 何美欢：《论当代中国的普通法教育》，203～206 页，北京，中国政法大学出版社，2005。这里提及的法律研究的概念和内涵与本书中广义法律检索的相同。

③ 转引自［英］迈克尔·努尼：《法律调解之道》，杨利华、于丽英译，143 页，北京，法律出版社，2006。

④ 转引自《完善法学教育——发展方向与实现途径》，许身健等译，7 页，北京，知识产权出版社，2010。

我国法科生就读期间在大量准备课堂作业和论文时，进行了大量法律文献检索，但是法律实务部门经常会抱怨，刚入职的法科毕业生还需要长期的训练。究其原因，一方面，法科生经常进行的是学术性质的法律检索，很少接受实践性质的法律检索；另一方面，法科生在学校往往把图书馆当作自习室，并没有发现它真正的价值，所以没有去很好地利用它。因此，从法律检索教育的“教”和“学”两个方面都需要重新、正确认识法律检索教育。

培养法律专业学生的信息素质能力和研究能力，培养其查找法律信息的方法和驾驭、运用法律资源的能力，以及掌握综合应用文献信息的知识和方法，不仅是对专业人员的实践性训练，也是一种研究思维的训练。[①] 此外，法律检索能力素养更是一种综合性的能力素质，并不是仅通过开设法律检索课或者若干法律检索讲座就能产生效果的，这是远远不够的。法律检索教育非常符合诊所法律教育的要求和方法，需要多层次、互动性的教学方法。因此，法律检索必须被纳入诊所法律教育的整个过程中，融于诊所法律教育教学安排及各项技能培训中，特别是必须与会见、法律咨询、法律文书写作的培训相结合，培养学生的创新能力和应用能力，通过教学行政管理部门、法学专业教师及图书馆人员等多方面的合作与努力来实现。

（二）法律检索的基础

法律检索能力是在知识与实践的相互作用中获得的，法律检索能力是法律人技能一个重要的展现，以技能来展现法律知识，才能实现法律知识真正的价值。法律检索是一项复杂的技能，不是一蹴而就、一学就会的，法科生要掌握这一技能，需要具备如下基础：

1. 法律知识

在进行法律检索之前，法科生必须熟悉已经掌握的法律领域的基础知识，掌握最基本的法学知识（包括法律原则和法律原理、法学理论和法学理念）。法律知识是所有法律技能的基础和前提，也是法律检索的基础和前提。从法律知识到法律技能的飞跃是法律人通往成功的途径，所以法律知识是必须具备的，法律原则、法律原理、法学理论和法学理念是需要掌握的。而掌握法律检索的技能，还意味着法科生有能力去自己寻找特定领域的法律，以不断更新所学。

2. 法律思维

法律思维是法律职业特有的思维方式和分析、判断、解决问题的能力，也是进行法律检索所必需的要素。没有被运用的知识仅仅是一堆信息，只有由人运用思维把各种信息组织起来，这种信息才能成为真正对人有价值的知识。有了法律思维，法律人就具有了分析、处理、解决问题的能力。法律人的思维具有逻辑性和专业性的特点，多以演绎推理的形式表现出来。需要清楚的是，法律检索不是一个简单的有输入并有输出的过程，需要法律人进行判断，归纳总结，发散思维，并且具备做好检索规划的能力。

3. 法律技巧

法律检索的技巧是指在正确的地方合适的时间，采用科学便捷的方法以最小的成本获取所需要的资源。面对同样的问题，不同的人进行法律检索，有的人走了很多弯路找到了，但也有人利用技巧，提高法律检索的效率。生活中出现的问题是千变万化的，法律检索的高手是在实践的基础上，运用技巧逐步造就的。下文将重点教授法律检索的技巧、策略。

三、法律检索教育

（一）国内外法律检索教育现状

自1981年秋，教育部发布《高等学校图书馆工作条例》将“开展查询文献方法的教育和辅导工作”作为大学图书馆的任务之一开始，以当时司法部部属政法院校图书馆的专家为主

① 参见于丽英：《中国法律检索教育评析》，载《法律文献信息与研究》，2009（1）。

体，他们积极参与和推动了此项工作。教育部下发（84）教高司字 004 号文件《关于在高等学校开设文献检索与利用课的意见》和（85）教高司字 065 号文件《关于改进和发展文献课教学的几点意见》，要求在全国各高校普遍开设文献检索与利用课。①

在我国大部分法律院校乃至综合性学校，主要开设的是文献检索课程，并且都是选修课。选修过此课的学生可以了解文献的有关知识，掌握检索的基本技巧和技术，学会有效利用电子资源。但是，以解决问题为核心的检索技能的培训并不是这些课程的核心，学生并没有学习、练习检索技能，没有掌握自我解决问题的技能，也没有掌握终身学习的技能。正如前文所述，法学专业学科更需要符合本专业特点、以实务技能培训为核心的法律检索的课程。

美国法学院 JD 学位一年级学生有 8 门必修课，其中一门课程就是法律检索课，往往与该课程配合的还有一门法律写作课程（Legal Writing）。JD 学位是美国绝大多数执业律师必须具备的基本学历，拿 JD 学位的学生是美国律师人才资源的主体。在这门课程中，要学习学术论文引用注释的规范和查找法律资料的方法，例如，如何查找最高法院判例集（West's Supreme Court Reporter）中的案例，什么是规范的"蓝皮书引用规范"（The Bluebook：A Uniform System of Citation），熟悉和使用"美国最高法院报告"（United States Supreme Court Reports）、"ALR 索引"（ALR Index）等工具书。虽然美国与我国的法律体系不同，但其法律学习的方法是非常值得我们借鉴的。

虽然美国是判例法国家，但是在美国，成文法（Statue）和判例法（Case Law）是并行的。作为美国律师，接案后首先要查有没有相近的、相似的案例，然后要找相应的成文法规定。美国法学院的学生都知道，如果不懂如何去查找法律，是没有办法深入学习，将来也是没有办法工作的，因此，学生都非常重视这门课程。而且美国律师协会把法律检索明确地规定在律师的工作规范和职业伦理规范中。因为在工作中，律师要先从法律检索入手，迅速准确地查到解决有关问题的法律依据。这是律师的基本技能，关系适用法律的准确性、严肃性和委托人的利益。

关于国内法律检索教育，有学者选取 4 所校级政法院校图书馆和 9 所综合性大学法学院图书馆作为主要调研对象。有数据显示：近 90%的大学法学院系的法律检索课尚属空白，普遍采用的形式有定期或不定期地举办图书馆资源和服务的讲座（如新生入馆培训、专题讲座、数据库使用培训等）。法律文献检索课程的主要授课对象是本科生高年级学生（三、四年级）、研究生，总体上来说，接受专门法律检索教育和训练的学生还是非常有限的。法律文献检索课程教学课时一般安排 16～36 学时不等，对应 1～2 个学分；教学内容以电子资源检索为主，上网操作练习；讲课方式以讲授和实习相结合，其比例大体为 1∶1；授课教师没有专门教师，主要是图书馆人员兼任；考核方式主要是对出勤率、平时作业、考试成绩进行综合认定。②

在我国法学教育中法律检索教育的现状下，我国实习律师执业能力也出现了一方面具有基本法律知识能力，而另一面缺乏法律检索能力的状况。究其原因有三：其一，我国高校法学教育方法存在缺陷，以书本教育为主，教育方法僵化；其二，法律图书馆的作用未充分发挥，图书馆软硬件不达标，图书馆员专业技能不强；其三，毕业实习流于形式，学生对实习不重视。③

（二）中国法律检索教育的探索

法学是实践性科学，法学教育的人才培养目标应该是培养创新型和应用型的法治人才，必须将法律知识、法律职业素养和法律职业技能统一起来，仅单纯具备其中一种能力是不够的。

① 参见李晓明：《我所经历的文献检索课》，载《大学图书馆学报》，2004（4），3 页。

② 参见于丽英：《中国法律检索教育评析》，载《法律文献信息与研究》，2009（1）。

③ 参见柳宪章：《律师执业的基本素养：法律检索》，载《法律文献信息与研究》，2009（2）。

所以说，法学教育不仅要传授法律知识，同时要培养和训练学生的实践能力和操作能力。能力的培养应当被提到与知识的传授同等甚至更高的地位。

实际上，我们的法学教育和律师训练还是重知识而轻方法，重论述而轻资料，以论代证的。法学院的学生被动地接受知识，缺乏诸如法律检索课之类的职业技能培养和实践训练，追求最新的知识而不重视基础的培训。正是由于对法律检索教育性质的认识不足，因而对其重视不够甚至完全忽略它的作用。我国传统法律课程一般欠缺技能培育，原因可能是多方面的，部分原因在于大师情结以及对匠人的蔑视，也可能在于我国长期以来对法律检索的研究工作一直被划归图书资料管理而非法律专业的工作领域，法律检索未能体现出法律的专业性特点。由于法律的理论研究与法律资料管理的实践相互脱离，对法律资料的收集、归类、整理和运用方法的学术研究，一直未引起法学界的充分重视。这也部分导致在司法实践中，因当事人或代理人无法掌握充分的法律资源而败诉或至少在庭上处于劣势。法律资源管理体系不完善导致获取法律信息的机会不平等，也会导致司法的不公。

现代科学技术不断发展，法律问题更是层出不穷，检索的技巧和方法的训练就像我们凭借的“慧眼”，指引法律人在浩瀚复杂的法律文献信息中探索路径，寻找知识和答案。可见，法律检索教育在法学教育和法治人才培养方面的作用是毋庸置疑的、不可忽视的。

相信随着我国法学教育事业的改革和发展，特别是在大数据、人工智能等技术高速发展的支持下，这些认识和状况会得到改善，法律信息素质教育将被提到日程上，法律信息和法律检索对于法学研究及法律实务的作用和意义正在日趋凸显。一方面，必须明确并重视法律检索教育的作用，加强宣传法律信息素质的意义，积极组织教学力量，使每个学生能够接受法律信息教育和检索技能的训练，提高信息素养，培养学生持续学习、终身学习的能力。当然，法律图书馆建设仍有待得到重视和加强。另一方面，结合法学专业学生的实际情况和需求，具体设计课程的教学方案，以达到对学生的培养目标。

四、法律检索资源

（一）法律检索资源的分类

法律检索是对各种法律文献资源的利用。法律文献资源是多种多样、纷繁复杂的，而且是杂乱无序的。为了便于检索利用，专门编制了系统的检索工具，检索工具是将大量分散无序的文献资料经过加工整理，按照一定的规则和方法编制起来。用来存储和查找文献的工具，是附有检索标识的某一范围文献条目的集合。而检索策略实质上在分析情报提问实质的基础上，确定使用合适的检索工具，正确选择检索词，科学地运用逻辑运算符，确定合理的检索提问式的原则和方法。[①] 查全率和查准率是检索希望达到的主要目标。[②]

法律文献信息是指记录一切与法律有关的知识和信息的载体。最常见的分类是原始资料（Primary Authority，又称一次资源）和派生资料（Secondary Authority，又称二次资源）、纸质资料和电子资料。

按照法律文献信息的内容可以区分为原始资料和派生资料。

原始资料是指国家强制执行而被记载下来的有关行为规范，如立法机构制定的成文法、法院的判例、执行令，行政机构的条例和规定。[③] 派生资料是指法律方面的参考资料和检索工

① 参见董晓春、徐静、邹育理编著：《法学信息资源与文献检索》，246页，北京，法律出版社，2001。

② 查全率和查准率的介绍见本章第四节。

③ 美国的原始资源包括 the law，cases，statutes，constitutions，regulations，rules。

具，如法学专著、教材、法律期刊、法学百科、年鉴、业务手册、法律评论、法律报告等。[1]

按照法律信息的物理载体分类的话，一般分为纸质资料和电子资料。

纸介质（印刷品）出版物是传统法律信息源，也是目前仍在使用、无法替代的信息来源。纸介质出版物的特点是：第一，数量巨大、出版周期长，如法规集、案例集都是长期连续出版物，如《中华人民共和国法规汇编》（1956年至1990年，国务院秘书厅/法制局编，法律出版社出版；1991年至今，国务院法制局/法制办公室/司法部编，中国法制出版社出版）；第二，内容全面、翔实，凡是有立法权限的机构所制定的法律、法规、条例都被囊括其中，也包括释义和说明等；第三，具有权威性，权威机构出版或者长期出版，使得纸介质出版物广为接受和认可。

电子版（包括光盘版、网络版）的法律信息是伴随着电子计算机与网络通信技术的进步而迅猛发展的，这也充分体现在图书馆资源类型的变化上，即印刷型资源逐步减少，电子资源在数量上所占比重越来越大。这类现代化信息源的出现使得法律检索更为方便和快捷。这类信息不仅出版速度快、更新快，而且具有很强的互动性、保存性。越来越多的专业人士更加依赖电子资源来查询法律法规、司法解释、案例等。

（二）主要法律出版物

1. 公报类

根据《立法法》的规定，法律、行政法规、部门规章签署公布后，分别在《中华人民共和国全国人民代表大会常务委员会公报》《中华人民共和国国务院公报》、各部门公报以及在全国范围内发行的报纸上刊登，在公报上刊登的法律、法规、规章文本为标准文本。地方性法规、自治区自治条例和单行条例、地方政府规章签署公布后，在本级人民政府公报和行政区域范围内发行的报纸上刊登，在公报上刊登的法规、条例、规章文本为标准文本。

此类公报具有官方权威性，还包括《最高人民法院公报》《最高人民检察院公报》《中国国家税务总局公报》《中华人民共和国公安部公报》《财政部文告》《中国人民银行文告》《中华人民共和国教育部公报》《中华人民共和国农业部公报》《中国银行业监督管理委员会公报》《中国证券监督管理委员会公告》等等。此类出版物在2003年之后已经改为免费赠阅，目前基本上都改为电子版在部门网站上发布。

2. 工具书

工具书（Reference Book）是指专供查找知识信息的文献。它系统汇集某方面的资料，按特定方法加以编排，以供需要时参考使用。工具书总是按某种特定体例编辑，以体现其工具性、易检性。就内容而言，工具书广泛吸收已有的研究成果，所提供的知识、信息比较成熟可靠，叙述简明扼要，概括性强。工具书包括字典、词典、百科全书、手册等。

（1）百科全书（Encyclopedia）是指一种大型参考书，采用词典的形式编排，收录各学科专门名词、术语，分列条目，详细解说，比较完备地介绍文化科学知识。常见中文法律百科全书有《中国大百科全书·法学》《中华人民共和国法律大百科全书》等。

（2）年鉴（Year book，Almanac，Annuals）是以全面、系统、准确地记述上年度事件运动、发展状况为主要内容的资料性工具书，具有时限性、资料性、可靠性和连续性的特点，为掌握资料的发展历程和趋势提供了一种重要途径。常见的中文法律年鉴包括《中国法律年鉴》《人民法院年鉴》《中国检察年鉴》《中国律师年鉴》《中国司法行政年鉴》《中国法学研究年鉴》《中国法律援助年鉴》《中国知识产权年鉴》等。

---

[1] 关于一次资源和二次资源的介绍，可参见于丽英、罗伟：《法律文献检索教程》，45～47页，北京，清华大学出版社，2008。

（3）皮书（Leather book）由一系列权威性研究报告组成，在每年的岁末年初对每一年度有关中国与世界的经济、社会等各个领域的现状和发展态势进行分析和预测。按颜色分有蓝皮书、绿皮书、黄皮书、白皮书等。白皮书一般特指政府文告。蓝皮书通常代表的是学者的观点或者研究团队的学术观点。绿皮书是针对所观察研究的对象，与农业、旅游、环境等有关。黄皮书主要同世界经济、国际问题研究有关。常见的中文法律蓝皮书有《中国法治发展报告》和《中国法律报告》。

（4）法律词典（Legal Dictionary）一般包括专业名词术语及学术概念、原理、人物、著作、流派、机构等，包括综合性词典和专门性词典。中文法律词典有《法律辞典》《法学辞源》《中文法学工具书辞典》《WTO法律大辞典》《中国法学家辞典》《当代中国法学名家》等。

3. 参考案例资料

尽管我国不是判例法国家，但是案例特别是最高人民法院发布的指导性案例，对于案例办理具有较大意义。比较常见的案例出版物有《人民法院案例选》《人民法院裁判文书选》《中国审判案例要览》、审判业务指导丛书①、各地律师协会编制的律师手册等。②

（三）主要网络资源

随着互联网的日益普及，其超大的信息量、快捷的信息供给，使越来越多的人更愿意采用网络的方式来查找信息。网络对信息传播的重要作用日益凸显，互联网是获取信息最常用的一种来源和途径，法科生更应将互联网作为重要的法律工具。根据中国互联网网络信息中心发布的第49次《中国互联网络发展状况统计报告》，截至2021年12月底，中国网民规模达到10.32亿，我国网民使用手机上网的比例达99.7%，互联网普及率提升到73.0%，我国域名总数为3 593万个，我国网页数量为3 350亿个。③

在我国，主要网络法律资源可以分成法律数据库网站、政府机构网站、法律学术网站和法律媒体网站四大类。

1. 法律数据库网站

早在1985年，美国的Westlaw公司（现隶属汤姆森路透集团）就已经实现电脑检索法律条文。1995年创立的北大法律信息网是中国最早的法律信息网站之一，其创办的“北大法宝”（www.pkulaw.com）及其英文版（pkulaw.com/english）法律数据库产品就是典型的专业法律数据库。“北大法宝”收录1949年至今的法律、行政法规、部门规章、司法解释；全国31个省、自治区、直辖市的地方性法规、政府规章；最高人民法院公报案例、各地裁判文书、案例评析、仲裁裁决、中外条约、合同范本、法律文书、法学教程、法学文献、法律释义、实务指南、立法背景资料及WTO文件等信息。“北大法宝”数据库的最大特点是法条联想功能，能将法律法规和司法解释及其条款，与相关的法律法规、司法解释、案例、裁判文书、法学论文、修订沿革、条文释义、实务指南等全方位法律信息进行联想式检索。

此外，国家法律法规数据库（flk.npc.gov.cn）、法意科技（www.lawyee.com）、法信（faxin.cn）等都是国内比较流行的法律数据库。其中，国家法律法规数据库由全国人大常委会办公厅建立并维护，法信是由最高人民法院立项、人民法院出版集团建设运营的国家级法律知识服务和案例大数据融合平台。

此外，我国香港、澳门和台湾地区都有相关的法律数据库和法律在线服务网站。香港地区

---

① 参考资料目录参见本章第四节。

② 关于法律参考资料可以参见渠涛主编：《中文法律文献资源及其利用》，52～70页，北京，法律出版社，2006。

③ 参见中国互联网络信息中心（CNNIC）发布：第49次《中国互联网络发展状况统计报告》。

常见的法律数据库包括双语法例资料系统（hwww. elegislation. gov. hk/）、香港特区司法机构网（www. judiciary. gov. hk）、香港特区立法会（www. legco. gov. hk）；澳门地区常见的法律数据库包括澳门特区法院网（www. court. gov. mo）、澳门特区法律网（www. macaolaw. gov. mo）、澳门特区法例资料查询系统（legismac. safp. gov. mo）；台湾地区常见的法律数据库有月旦法学知识库（www. lawdata. com. tw）。

2. 政府机构网站

随着电子政务信息化的推行，国家立法机构、司法机构的网站也日益丰富起来，在宣传法律、提高公众法律意识方面起到了很好的效果。这类网站提供信息的权威性较强。这类政府机构网站可以提供相关办事指南、办事流程、相关文件下载，有的政府网站还可以实现网上申报、网络预约、网络传送等无纸化办公方式。

比较重要的政府机构网站有：中国政府网（www. gov. cn），是中华人民共和国中央人民政府门户网站，是国务院和国务院各部门以及各省、自治区、直辖市人民政府发布政府信息和提供在线服务的综合平台；中国人大网（www. npc. gov. cn），是全国人大常委会办公厅主办的全国人大常委会门户网站，主要发布最新的立法动态；全国政协网（www. cppcc. gov. cn），是全国政协的门户网站。此外还有中国长安网（www. chinapeace. gov. cn/）、最高人民检察院网（www. spp. gov. cn）、最高人民法院网（www. court. gov. cn）、司法部网（www. moj. gov. cn）、中国律师网（www. acla. org. cn）等等。

这类网站最大的特点是提供的法律信息具有权威性和专业性。这类网站几乎都会设置专门的法律法规检索频道或者专栏，特别是国务院各部门网站可以分别从立法位阶、立法内容来提供与该部门职责相关的法律法规、部门规章、法规性文件。

3. 法律学术类

此类网站旨在对法学中的专门学科进行研究，主要是公益型网站。通常是由高校的法律学术机构建设，利用自身学术资源，对所研究领域的最近信息和学术动态进行交流。业内比较有影响的有北大法律信息网（www. chinalawinfo. com）、中国法学创新网（fxcxw. org. cn）、中国民商法律网（www. civillaw. com. cn）、中国刑事法律网（www. criminallaw. com. cn/）等。

4. 法律媒体网站

我国新闻门户网站都有法律相关栏目，如新华网（www. xinhuanet. com）被授权发布法律文件，人民网（www. people. com. cn）有专门的法治新闻频道并且提供免费的官方数据“人民数据”（data. people. com. cn），等等。同时，许多传统法制媒体都在网上建立了平台，这类网站都是由一些法律报纸、杂志社等媒体设立的，主要提供的是一些法律新闻和信息，如《检察日报》主办的正义网（www. jcrb. com）、《法治日报》主办的法治网（www. legaldaily. com. cn）、中国法学会主办的民主与法制网（www. mzyfz. com）、《人民法院报》网站（rmfyb. chinacourt. org）等，可以很方便地查询报纸内容。

第二节　法律检索理论

各国法律检索因法律体系不同而有着较大差异。但是，法律检索一般包括：首先，在既定管辖权范围中发现主要法律渊源或者主要根据，如法律法规、判例等；其次，检索次要根据，例如法律评论、法律辞典、国际条约和法律百科等，查找某法律问题的背景信息；最后，寻找调研或者支持的非法律渊源的信息。为了能达到上述信息检索的要求，需要选择并运用适宜的检索工具。

一、通用搜索引擎检索

通用搜索引擎是多数网民经常使用的检索信息工具，搜索引擎的广泛使用，给人们带来了获取法律信息的便捷方式，网民大多通过搜索引擎来检索所需信息。

（一）正确运用搜索引擎

搜索引擎能给网民带来海量、免费、全面、类型丰富的信息，获取信息的便捷性显著增强，同时我们也需要认识到搜索引擎的局限性。微软研究院一名技术专家说："75%的内容通过搜索引擎搜索不出来。"① 利用搜索引擎获取法律信息，会出现大量重复信息及无用信息的堆砌，使用者必须耗费大量时间和精力在海量搜索结果中筛选真正有用的信息，检索获取信息的权威性、时效性、相关性和准确性等都无法保证，有关资料无法构成紧密的知识关联体系。法律专业人士不能把搜索引擎作为唯一的检索工具，可以把搜索引擎作为学习搜索的起步训练方法，并作为搜索结果的补充方式。

（二）学会使用通用检索方法

搜索引擎和法律数据库都会使用通用检索方法，学会使用这些检索方法可以提高检索的精确度。

1. 布尔逻辑运算符

熟练使用布尔逻辑运算符（见图 7 - 1），能提高检索结果的精确度。布尔检索是指用布尔逻辑运算符来表达检索词间的逻辑组配关系，是最基本、最常用的检索技术。常用的布尔逻辑运算符有：

（1）逻辑或（+，OR）：表达检索词间的并列关系，检索框中的两个关键词之间用加号"+"或者"OR"隔开，可扩大检索范围，提高查全率。如：A+B，表明结果中含有 A 或 B 都为检索命中。使用的时候要注意加号为半角符号"+"。

（2）逻辑与（＊，AND）：表达检索词间的交叉关系，检索框中的两个以上关键词之间用空格隔开，或者使用 AND，可缩小检索范围，提高查准率。如 A＊B，表明结果必须同时含有 A 和 B 才为命中。

（3）逻辑非（-，NOT）：表达检索词间的排除关系，检索框中的两个关键词之间用减号"-"或者"NOT"隔开。可缩小检索范围，提高查准率，但要慎用。如 A - B，表明结果是 A 中不包含 B 的那部分。使用的时候要注意：减号为半角符号"-"而不是全角符号"－"；同时要求在减号前保留一个空格。

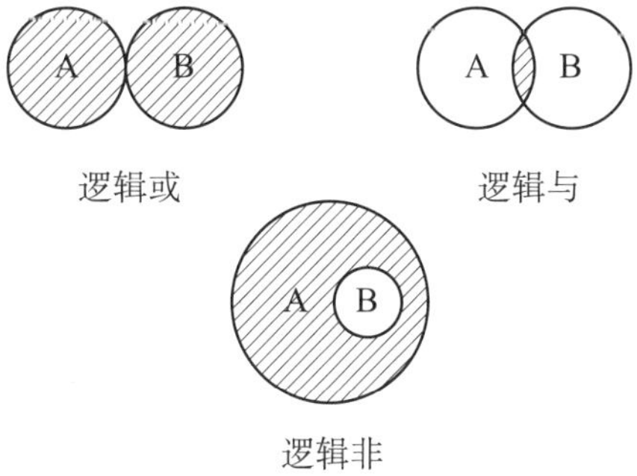

图 7 - 1　布尔逻辑运算符示意图

① 转引自《陈沛：搜索十年的第二条道路》，载《经济观察报》，2012 - 01 - 09。

2. 专用语查询功能

双引号、连字号、斜线、问号、等号、省略号都可以作为短语的连接符号查找名言或专有名词。

（1）精确查找。

如果查找的是一个词组、多个汉字或者书名时，最好的办法就是将它们用双引号或书名号括起来，这样得到的结果最少、最精确。需要注意的是使用的双引号或者书名号必须是半角字符，而不能是全角字符。此外，搜索引擎会忽略字符，例如谷歌对一些出现频率极高的英文单词，如“i”“com”“www”等，以及一些符号如“＊”“.”等，常见的中文字符，如“的”，会作忽略处理。如果检索词中包含这些字符，必须进行强制检索时，在这些字符前后用“＋”，如“＋www＋的历史”，或者直接使用英文的引号进行精确查找。

（2）利用特殊语法功能。

1）filetype语法，指定文件类型搜索，如找特定文件名的文件，尤其是PDF、ZIP、DOC、TXT、RAR、EXE、RM、MP3、MOV这些文件类型。如想检索关于信息技术的演示文档，可以在搜索栏中输入“信息技术 filetype：ppt”即可。利用filetype语法还可以搜索图片等信息。需要注意的是filetype语法及其他语法之后的冒号必须使用半角符号，而不能是全角符号。

2）site语法，指定网域搜索，即利用“site：xxxx. com”可以在某个特定的网站或域中进行搜索，有利于缩小搜索范围，提高搜索效率。例如，搜索中国政法大学网站中有关江平教授的信息，在搜索栏中输入“江平 site：cupl. edu. cn”即可。site语法对于搜索学校、某些国家或者地区的信息效果很好，可以替代所有网站的站内搜索的功能。但需要指出的是“site:”之后的网址是不包含“http：//”“ftp：//”等前缀的。

3）inurl语法，该语法返回的网页链接中包含第一个关键字，后面的关键字则出现在链接中或者网页文档中。有很多网站把某一类具有相同属性的资源名称显示在目录名称或者网页名称中，比如“MP3”“GALLARY”等，于是，就可以用inurl语法找到这些相关资源链接，然后，用第二个关键词确定是否有某项具体资料。inurl语法和基本搜索语法的最大区别在于，前者通常能提供非常精确的专题资料。需要注意“inurl:”后面不能有空格。

4）intitle语法，是找特定题目的网页。

5）link语法，是用来查找友情链接，“link:”用于搜索链接到某个URL地址的网页，可以了解有哪些网页把链接指向您的网页查找特定站点。

6）cache语法，是用来搜索服务器上某页面的缓存，通常用于查找某些已经被删除的死链接。“cache”用来搜索服务器上某页面的缓存，通常用于查找某些已经被删除的死链接网页，相当于使用普通搜索结果页面中的“网页快照”功能。

7）info语法，用来显示与某链接相关的一系列搜索，提供cache、link、related和完全包含该链接的网页的功能。示例：查找和新浪首页相关的一些资讯。

3. 截词检索

截词检索又称词干检索、模糊检索。检索系统不同，截词符也不同，常用的有：“＃”“?”“＊”等。例如，谷歌对通配符的支持有限，只能用“＊”代替单个字符，而且必须将检索词用引号引起来，如“以＊治国”。

（1）后截词，将截词符放在词根后面，前方一致，是最常用的截词方式。主要用在词的单复数、年代、作者、查同根词等情况，例如，王伟?（可查出所有名字中含“王伟”的作者的文献），social＊（可代替social，socialist，socialistic，sociality，socialization）。

（2）前截词，将截词符放在词根的前面，后方一致。多见于复合词较多的文献检索，也可进行一个学科的不同应用领域的检索，但有此功能的系统不多。

（3）中间截词，又称“通用字符法”或“内嵌字符截断”，将截词符置于检索词中间，词的前后方一致。该方式能解决英美拼法不同单词的书写或有些词在某个元音位置上出现的单复数的不同拼写，例如，wom?n（可代替 woman，women），社会科学？发展（可代替社会科学的发展，社会科学研究的发展等）。

4. 限制检索

限制检索是缩小或约束检索结果的方法，主要是指限定字段检索，即指定检索词在记录中出现的字段；也可利用系统规定的限制符、限制检索命令进行限制检索。如在字段检索中，“B＝审计组织”，表示检索题名含“审计组织”的文献（以《中文社科报刊篇名数据库》为例）。检索系统常用的限定符有 in、＝、＜＝、＞＝、＜、＞等，如：PY＞＝2011，表示要检索2011 年后的文献。

（三）学会使用其他技术

1. 学会使用维基技术搜集信息

维基（Wiki）技术是 Web2.0 技术时代最具革命意义的技术之一，是一种多元协作的网络协作工具。在维基平台上，所有参与集中的人都可以用自己的观察与分析参与同一主题下的信息创作，围绕共同的主题贡献多元智慧，对这一主题的信息进行无限扩展。维基技术使传播的知识更中立、更权威，实现了知识的分享和平民化。

利用维基技术，以维基百科（www. wikipedia. org）、互动百科（www. baike. com）和百度百科（baike. baidu. com）等为协作的百科全书，是以词条为核心，与图片、文章等共同构筑的一个完整的知识搜索体系。仅仅经过十余年的发展，维基技术所收录的条目远远超过了常见百科全书，如英语的《大英百科全书》《美国哥伦比亚百科全书》以及中文的《中国大百科全书》等。每个网民都可以自由访问并参与撰写和编辑，分享及奉献自己的知识，使知识在一定的技术规则和文化脉络下得以不断组合和拓展。利用维基技术，我们可以较为准确、迅速地获取词条的历史沿革、概念界定、现状发展、相关链接等有关信息，因此，它可以作为法律检索中重要的参考资料。

2. 学会使用推送技术来查找信息

相信网民都会经常受到网络上浏览速度慢或过时网站的困扰，特别是使用搜索引擎的时候，经常会碰到大量并非搜索者需求的冗余信息，可用的、必需的信息往往隐藏在纷繁复杂的各种信息中。因此，一种称为“推送”（Push）技术的新型互联网信息共享工具越来越引起网民的兴趣。互联网正在流行各种推送软件，它们采用的技术通称为“推送技术”，即将信息送到（潜在）用户面前的技术。

“推送技术”与过去常用的“下拉技术”（Pull）有明显的不同。下拉是由用户（信息的使用者）来控制信息的检索与获取，这通常是通过某种浏览器来实现的。而推送技术考虑由其他方，如信息的产生者或信息系统部门来控制信息的流通。通过这种技术的开发，来大大提高用户获取所需信息的能力，同时实现按需推送功能，即根据用户预先登记注册的要求，将海量信息中的一部分推送给用户，如互动百科的信息推送服务。

3. 学会利用订阅工具定制信息

（1）RSS。

RSS（Really Simple Syndication）① 是一种描述和同步网站内容的格式，是目前使用最广泛

① RSS 还可以解释为 RDF（Resource Description Framework）Site Summary，Rich Site Summary，这三个解释都是指同一种同步的技术。

的用来分发和汇集网页内容的 XML 应用。RSS 是一种起源于网景的推送技术，将用户订阅的内容传送给他们的通信协同格式。RSS 目前广泛用于网上新闻频道、博客和维基。RSS 可以让我们订阅感兴趣或者有共同爱好的博客，可以让我们订阅新闻。订阅完成之后，你不需要一个网站一个网站、一个网页一个网页地去浏览信息了。只要将所需内容订阅在一个 RSS 阅读器中，这些内容就会自动出现在阅读器里，再也不必为了一个急切想知道的消息而不断地刷新网页，因为一旦有了更新，RSS 阅读器就会自动通知你。

（2）新闻定制。

网络技术的发展给我们带来了信息搜索方式的概念，我们可以主动获取信息，例如北大法宝等网站就提供最新法律法规速递、法律周刊的订阅功能，有助于主动地、自动地获取精确信息。部分搜索引擎会提供新闻定制功能，供我们来定制关键词的最新更新，同时还可以根据需要修改订阅方式、订阅频率等。

二、专业法律数据库检索

法律数据库的最大特点是对法律信息进行编辑、整理加工，以方便使用者查询。一般来讲，数据库的内容加工是在获得原始数据后，根据数据库的结构和用户查询需要，进行编辑整理。对于法律文件而言，数据库要对法律文件的内容格式、分类、检索字段、文件时效性（是否有效）等进行二次加工，及时跟进法律文件的修改、废止等变化情况，保证使用者使用文件的准确性。

因此，对于法律人来讲，搜索引擎和政府网站都不是最理想的法律检索工具，它们只能作为法律检索的辅助渠道，法律专业人士必备的法律网络检索工具应是专业法律信息公司出版的法律数据库。

（一）数据库的检索方法

常见数据库的检索方法包括直接检索法、间接检索法、追溯检索法、循环检索法，其中后三种方法是信息检索的基本方法，其中间接检索法是最常用的方法。、

（1）直接检索法，是指直接通过浏览、查阅一级资源原文而获取所需文献信息的方法。这种方法不依靠检索工具，所以不是严格意义上的检索方法。其优点是能够明确判断文献所包含的信息是否需要；缺点是难以获得全面的文献，且费时费力，具有一定的盲目性和偶然性。

（2）间接检索法，是通过各种检索系统，利用二级法律资源查找信息的方法，是借助检索工具查获所需文献的方法。间接检索法可分为顺查法（按照时间先后顺序由远及近查找文献的方法）、倒查法（按照时间顺序由近及远查找文献的方法）和抽查法（随机抽取一段时间进行检索的方法）。

（3）追溯检索法，又称引文检索法，简称引文法，是以参考文献或引文为线索逐步查找参考文献源头的方法，如查找文献附的参考文献、有关注释、辅助索引、附录等。根据已知文献的指引，查找到一批相关文献；再根据相关文献的有关指引，扩大并发现新的线索，去进一步查找。如此反复追踪扩展下去，直到检索到切题的文献。

（4）循环检索法，又称综合法、交替法，是间接检索法和追溯检索法的结合。先利用检索工具查得一批相关文献，然后再利用这批文献所附的参考资料进行追溯查找，扩大线索，从而得到更多的相关文献，如此交替使用，直至满足检索需求为止。

（二）信息检索途径

普通数据库一般是从分类、篇名、关键词、著者、全文等途径来进行检索，例如从中国知

网（www. cnki. net）来检索论文时就有上述检索途径。专业法律数据库检索途径往往包括如下内容：

（1）跨库检索，即选中多个子数据库输入标题或全文关键词进行快速检索。

（2）标题关键词检索。当知道所要查询的标题中的关键词时，最适合使用此方式，能快速找到检索结果。

（3）全文关键词检索。全文查询中尽量不要单独使用助动词如“的、地、得”和简单的数词如“1，2”等。

（4）发文字号检索。如知道法规的发文字号，例如“法释〔2022〕10号”，在“发文字号”文本框中输入，即可查询到该篇司法解释的标题为《最高人民法院关于审理行政赔偿案件若干问题的规定》。如果掌握的信息只有“最高人民法院公布的法释〔2022〕10号文件”，则需要在发布部门中选择“最高人民法院”，发文字号中输入“法释〔2022〕10号”，进行查询。

（5）分类检索。专业法律数据库会分为大类、小类，可通过查找键找到具体分类，了解某一分类下的所有相关文件。如结合标题和全文关键词检索，结果会更准确、有效。

（6）日期检索。在相应的日期字段有前后两个输入框用于输入日期范围，如发布日期、实施日期等。

（三）检索途径和检索技术的综合运用

用专业法律数据库检索时，需要综合运用检索途径和检索技术，进行简单检索、二次检索、高级检索。

（1）简单检索（basic search）：是一种单项检索，一般只需输入一个检索词，辅以相应的途径即可进行检索。

（2）二次检索：在原有简单检索的结果基础上，再进行一次简单检索。在部分数据库中是以“在结果中查找”方式出现的。

（3）高级检索（advanced search）：是一种多项组合检索。一般输入多个检索词进行组配，其组配可以是同一检索途径下的，也可以是不同检索途径下的。有的检索系统也称为复杂检索。与简单检索相比，高级检索有很多有效检索项，能使检索结果更加准确。

（四）常见检索情形：法条检索与类案检索

（1）法条检索。一般说来，法条检索有关键词检索法、体系化检索法、案例倒查检索法等三种不同的方法。运用关键词检索法时，确定关键词要尽量准确，可以文本、法理、相关法条、行业习惯等来发现关键词，应打破中文习惯并善于选取多个关联关键词的重合部分；同时要注意检索口径的调整，使用布尔逻辑运算符，如检索所得结果过多，难以筛选时，可通过加长关键词、增加关键词、增多检索项方法缩小检索口径，得到范围限缩后的检索结果，如检索所得结果过少，则需要扩大检索口径。“鉴定式案例分析”中的请求权分析法，即“谁得向谁，依据何种法律规范，主张何种权利”，其构造明晰，使用方便，是分析案例的常用方法，法律检索确定关键词同样也是梳理分析案情的过程，因此请求权分析法同样适用于关键词的提取过程。[①] 运用体系化检索法要充分运用法律效力层级所形成的法律规范体系，也可以利用专业法律数据库的自动索引功能，发现相关的法条、司解、案例等有用的信息。案例倒查检索法就是从相关案例或者裁判文书中去寻找解决问题所需的信息。对学生不熟悉的领域或者问题，案例倒查检索法更容易帮助学生找到法条检索的方向、解决问题的思路。相关案例或者裁判文书可以采用以下类案检索的检索方法。

---

① 杨洪浦：《法律检索牵星术：律师法律检索指南》，59页，北京，中国法制出版社，2021。

（2）类案检索。根据2020年7月31日开始实施的《最高人民法院关于统一法律适用加强类案检索的指导意见（试行）》（简称《指导意见》），法官在审理案件的过程中，对缺乏明确裁判规则或者尚未形成统一裁判规则等四类情形的案件进行类案检索。根据《指导意见》，类案是指与待决案件在基本事实、争议焦点、法律适用问题等方面具有相似性，且已经人民法院裁判生效的案件。类案检索可以采用关键词检索、法条关联案件检索、案例关联检索等方法。常见的类案检索数据包括中国裁判文书网（wenshu.court.gov.cn）、无讼案例（www.itslaw.com）、最高人民法院公报案例（gongbao.court.gov.cn）、法信（faxin.cn）、北大法宝（www.pkulaw.com）、聚法案例（www.jufaanli.com）等。法律实务中需要类案检索的案件多属于新型、疑难案件。不同案件在事实特征、法律特征、争议焦点、裁判结果和制约因素等方面存在异同，需要在判断类案时从以上诸多比较维度中进行选择。一般而言，首先应根据日常生活经验或者简单审判经验来判断"案件类型"，其次根据案由判断识别关键事实和核心争议焦点是否具有相似性，最后可对行为后果（严重程度、危害大小）进行补充判断。[①] 参考《指导意见》第7、8条规定，法律诊所学生应当在类案检索完成之后制作类案检索说明或者报告。类案检索说明或者报告应当客观、全面、准确，包括检索主体、时间、平台、方法、结果，类案裁判要点以及待决案件争议焦点等内容，并对是否参照或者参考类案等结果运用情况予以分析说明。

（五）常用法律数据库

1. 北大法宝

进入www.pkulaw.com即提供快速检索方式，可以直接在检索框内输入需查询的内容，点"检索"即可进行检索，并可以选择不同数据库、标题或全文检索以及检索结果排列顺序。如需要同时在多个数据库中进行跨库检索，可以点击所属数据库前面的复选框。[②]

北大法宝法律数据库可以选择不同字段进行检索，其他法律数据库检索途径也基本相同。法律数据库常用的检索方法包括标题关键词检索、全文关键词检索、发文字号检索、日期类型字段检索、下拉框类型字段检索。

北大法宝创造了法条联想（双向超文本链接）功能。该功能不仅能直接印证法规案例中引用的法律法规和司法解释及其条款，还可链接与本法规或某一条相关的所有法律、法规、司法解释、案例、条文释义、实务指南和裁判文书，不仅让用户方便地查到法条，更能进一步帮助用户理解、研究、利用法条。此外，北大法宝非常清楚地标注了法律修订沿革的信息，有助于检索者回溯法条整个历史变动情况。

2. 法意科技

法意科技（www.lawyee.com）构建了智能办案、大数据、文书公开、文书质量、智慧公文、智能安防、智慧警务、教育培训和知识服务等系列产品线，其"中国法律资源库"涵盖司法案例、法律法规、合同范本、法律文书、法律机构、法律人物、大事记、法学论著、法律题库等12个大库、37个小库，提供从案由指引、律师业务等多个角度梳理汇编而成的具有较强实用性的特色专题库，提供快速、多条件、高级检索、智能检索、结果中检索等多种检索方式，提供法规与法规、法规与法条、法院案例与法律法规之间的全互动关联，按照最高法院颁

---

① 刘树德、孙海波主编：《类案检索实用指南》，136～138页，北京，北京大学出版社，2021。

② 北大法宝包含的数据库有中央法规司法解释库、地方法规规章库、中外条约库、外国与国际法律库、法律文书样式库、高法公报案例库、裁判文书库、合同范本库、仲裁裁决与案例库、经典案例评析库、条文释义库、立法背景资料库、实务指南库、法学教程库、法学基础学科的权威教材、法学文献库。

布的罪名和案由规定分别确定刑事、民事经济、知识产权、海事海商、行政、国家赔偿等类型案件的案由树，提供逐级递进的引导检索，案例数据包将同案文书对比、审理法院、法院案由、裁判要旨、法律依据等相关信息罗列展示，并实现全方位双向互动检索。限于篇幅，关于北大法宝和法意科技的具体使用方法，可以通过访问其网站或者参加院校图书馆的相关培训获得。

3. 律商网

LexisNexis（律商联讯）作为知名的法律数据库提供商，于1994年进入中国香港，目前在中国内地设有分公司。律商联讯凭借其在全球法律信息服务市场的资源优势，与中国最具实务经验的专家团队合作，相继开发了律商网和律商实践指引系列产品。“律商网”（www. lexiscn. com）致力于为法律专业人士提供贴近实务的工作流程，帮助其处理实务难题，撰写法律文书，提供高效法律检索的360度解决方案。

4. 万律

万律（www. westlawchina. com）中国法律法规双语数据库是汤姆森路透法律信息集团基于世界领先的Westlaw法律信息平台的技术和经验，为中国和英语世界的中国法律执业人士提供的智能法律信息检索平台。万律的特色包括：（1）甄选裁判根据不同实务领域制作裁判要点数据库；（2）万律提供实务性的法律专题，涵盖近三万个法律要点，其法律专题的分类较为精准，能与实务相结合；（3）与专题匹配的钥匙码系统通过法律专题下每一个法律要点的逐条索引，使法律从业人士特别是并不熟悉法律领域的人士在处理日常实务时，能够便捷、快速地获取所需信息；（4）万律英文法律信息数据库的法律文献内容严谨并精确使用专业法律用语，可以提供专业、准确的法律信息。

5. 威科

威科法律信息库（law. wkinfo. com. cn）是威科集团（Wolters Kluwer）凭借多年积累的绝对优势，搭载世界领先的智能信息技术平台，为中国法律专业人士倾力打造的全面覆盖、系统整合、及时更新、快速检索的法律信息解决方案。威科先行与其他专业法律数据库相同，也提供最新法规、新闻速递、案例点评等信息订阅。

第三节　法律检索训练

正如第一节中对法律检索做出的定义，法律检索既是法律分析的方法，也是解决法律问题的过程，其过程可以用IRAC来进行概括，即issue（问题）、rule（规则）、analysis/application（分析/适用）和conclusion（结论）四个部分。一个“理想的法律检索”过程应该是界定问题（frame the issue），尝试检索关键词（brainstorm search terms），确定管辖范围（determine jurisdiction），寻找阅读更新一次资源、二次法律资源，如有需要查询程序规则、法律伦理和非法律的其他资料的过程。

因此，依据一般的检索工作流程，我们可以把法律检索分为如下三个阶段：第一个阶段，检索准备阶段——分析和确认法律问题，是法律检索的前提；第二个阶段，检索实施阶段——获取法律信息，是法律检索的关键阶段，资料的齐备、准确、有效与否一定程度上决定案件的成败，关系委托人的利益；第三个阶段，检索报告阶段——表述结论和方案结果。

一、检索准备阶段

要做好法律检索，首先须做好检索准备，这一步骤是非常重要的，不可省略，因为做好准备可以避免法律检索中不走或者少走弯路，以免浪费时间精力，能帮助我们准确查找到所需要的法律资源，并最终以撰写检索结果的形式表达出来。

在进行法律检索前，需要对案件的情况有基本的事实分析和法律分析，形成对案件整体情况的认识，确定需要调研和检索核实的法律要点与法律问题。法律准备阶段的核心任务是分析和确定法律问题，即事实分析→法律分析→确定法律问题。

在检索准备阶段，要将所需要检索的事实要素和法律要点列出清单，并要思考需查找和核实的每个法律要点对整个案件的重要性，确定检索顺序。在诉讼前需查找和核实清楚的要点，如管辖权问题、诉讼主体问题等，要立即核实。检索准备后，要根据检索进度进行调整，并逐项开展检索核实工作。

（一）事实分析

关于事实分析的技巧问题，美国律师协会法律教育处发布的报告指出，为了分析事实以便识别由事实引发的每一项法律问题，律师应该熟悉以下技巧与概念：（1）分析事实以便：1）掌握当前所有可能的相关事实，并将复杂的事实分成几个部分，以便进行系统的分析；2）批判性地审查每项事实，区别不同层次的“事实”（例如，由观察所得的资料、推理等）；3）尝试评价每项事实的可靠性，在搜集更多的事实以后，制定对上述事实的可靠性重新进行评价的标准和程序；4）识别自相矛盾的事实，并评价这种自相矛盾可能具有的重要影响。（2）运用法律原则和规则：1）识别确定法律问题和可能的解决方案的具体事实；2）根据法律原则和规则的概念及用语对事实进行组合、分类，并指出具体的特征（应该精确和客观地描述事实，并且考虑到所有相关的事实）；3）识别所需要的其他事实，并且制定收集这种事实的程序和方法，并将它们与法律分析相结合。①

在进行事实分析之前需要完成事实收集任务，在本书第二章“会见”、第四章“法律咨询”和第六章“事实调查”中分别介绍了事实收集的背景、技巧等，需要法律诊所学生在认真学习这三章内容的基础上完成事实收集。以事实为根据，以法律为准绳，完成事实收集进而进行事实分析是处理案件的基础，也是律师的基本功。在事实收集完成之后，就需要围绕法律争点来归纳、明确，即回答 6 个 W 问题②：

● 什么人（who）：涉案的自然人、法人或其他组织的基本情况。注意不仅仅要列明当事人的基本信息，还需要列明与案件争点相关的其他信息，如当事人的社会职业、身份、家庭关系（如夫妻、父子、母子、兄弟姐妹）、法律关系（如债权人与债务人、雇主与雇工）等。

● 什么事（what）：涉案事情的来龙去脉，重点关注案件事实可能涉及的案由，如合同纠纷、医疗事故、人身伤害、离婚纠纷、财产损害、精神伤害等。

● 什么时间（when）：与案件争点相关的事件具体发生的时间，如年、月、日、时、分、秒，以及有法律意义的期间、时效等。

● 什么地点（where）：与案件争点相关的事件具体发生的地点，如某国、某省、某市、某县（主要涉及管辖权问题），此外还有工作场所、公共场所、公路、运输工具等。

● 什么原因（why）：涉案当事人为什么要这么做，如报复伤害、过失损害、恶意违约、不可抗力等。

● 如何发生（how）：涉案上述 5 个 W 发生和发展的过程，注意提出的主张和要求，如诉讼请求、仲裁请求等。

---

① 参见［印］马海发·梅隆主编：《诊所式法律教育》，彭锡华等译，51 页，北京，法律出版社，2002。

② 在教学中，可以使用头脑风暴（Brain Storm）的实践教学方法，引导学生归纳案件事实要点。

完成上述6个W问题的回答，可以帮助确认当事人提出的问题是不是一个法律问题，并从当事人的叙述和提供的材料中甄别法律问题。如果不是法律问题，则没有再进行法律检索的必要。

例7—1

王萍诉派尼科包装公司劳动争议仲裁案事实分析

【案情简介】①

2008年5月16日，派尼科包装公司雇用申请人王萍在其车间工作。根据公司规定，申请人有60天的试用期。同年6月30日，车间经理汉密尔顿解雇了申请人，申请人称被解雇的原因是她拒绝了汉密尔顿的追求，因此向杭州市西湖区劳动争议仲裁委员会申请仲裁，要求派尼科包装公司赔偿相关损失。

根据上述案情进行事实分析，并填写如下案件事实分析表：

Who	王萍、派尼科包装公司
What	派尼科包装公司认为：在试用期间内，王萍效率低下，经常迟到，各方面表现不佳，公司决定与王萍终止劳动合同关系 王萍认为：派尼科包装公司终止与其劳动合同关系的原因是其拒绝了汉密尔顿的追求
When	2008年5月16日，派尼科包装公司与王萍签订劳动合同 2008年5月23日（周五），王萍参加陈石生日聚会 2008年6月2日，王萍收到第一份意见书 2008年6月11日，王萍收到第二份意见书 2008年6月27日，王萍收到第三份意见书 2008年6月30日，王萍收到“终止劳动合同通知”
Where	杭州市西湖区
Why	派尼科包装公司解除与王萍的劳动合同的真正原因是什么
How	王萍对派尼科包装公司解除劳动合同关系的行为不服，因此向杭州市西湖区劳动争议仲裁委员会申请仲裁，要求派尼科包装公司赔偿相关损失

训练7—1

事实分析训练1

【基本事实】

2021年5月26日晚8时许，光明酒店沙龙歌厅副总经理兼财务总监焦某与歌厅总经理曹某因歌厅财务管理工作发生争执，继而相互揪扯。

次日，曹某持北京医院诊断证明书到北京市公安局某分局某派出所报案，称被焦某及其朋友打致“右肩软组织挫伤”。

2021年6月16日，该派出所以查清案件为由通知焦某到该所，晚21时填写传唤通知书，

① 具体案情见本书附录。

而后又以经调解，焦某不承认有打人行为，也不提供线索为由将其移送至某分局预审处，随即关押在拘留所内，并令其拆除所穿皮鞋中的金属勾心，解下皮带（后丢失）。

次日晚18时30分，该分局以对焦某“暂听候处理，交派出所继续做工作”为由将其释放。

2021年6月28日，焦某起诉至北京市海淀区人民法院，诉讼请求为：(1) 要求法院确认被告某公安分局羁押其人身自由1天的行为违法；(2) 支付限制人身自由1天的赔偿金；(3) 赔偿财产损失共600元，其中，金利来皮带300元、皮鞋300元；(4) 承担本案诉讼费。

【训练项目】

(1) 学习【例7—1】王萍诉派尼科包装公司劳动争议仲裁案事实分析。

(2) 分析本案的6个W，填写案件事实分析表。

训练7—2

事实分析训练2

【基本事实】

被告人潘某，1997年12月8日出生于广西壮族自治区Z县，壮族，初中文化，农民，住Z县S乡D村Y屯×号。因涉嫌犯盗窃罪，2021年10月14日被逮捕，同日被Z县公安局取保候审。2022年1月18日经广西Z县人民检察院决定逮捕，同年1月20日Z县公安局执行逮捕。现羁押于Z县看守所。

广西Z县人民检察院以Z检刑诉［2022］44号起诉书指控被告人潘某犯盗窃罪，于2022年1月18日向广西Z县人民法院提起公诉。

1. 2021年1月22日23时许，被告人潘某伙同覃某、梁某（二人均已判刑）及李某（另案处理）驾驶租来的一辆车牌号为桂GAW8××的五菱高顶篷小客车，找到家住S乡L村M屯的吕某（已判刑），由吕某带路，五人窜到大满矿山，将矿山的厂棚门踢开，把房间内的齿轮搬到开来的高顶篷小客车上。当搬到第四个齿轮时发现有人开摩托车往厂棚方向来，五人便逃离现场。

2. 在大满矿山作案后，2021年1月23日凌晨1时许，被告人潘某及覃某、吕某、梁某、李某五人又驾驶桂GAW8××五菱高顶篷小客车窜到S乡T选矿厂内，将安装在选矿车间里的8台5.5千瓦电动机拆下装上开来的高顶篷小客车，还将选矿车间里的一个型号为×QP-315的频敏控制柜拆开，把里面的铜芯线拆下一起盗走。经Z县价格认证中心鉴定，被盗的8台电动机价值人民币10 200元，被盗铜芯线的频敏控制柜价值人民币12 000元。

3. 2021年1月24日凌晨，被告人潘某及覃某、吕某、梁某、李某五人又驾驶桂GAW8××五菱高顶篷小客车窜到S乡T选矿厂内，将安装在选矿车间里剩余的16台5.5千瓦电动机拆下，并将其中的13台电动机抬到厂棚附近的空地集中，准备装上开来的高顶篷小客车，被巡逻到此的Z县公安局民警发现，吕某、梁某被当场抓获。经Z县价格认证中心鉴定，被盗的16台电动机价值人民币10 880元。

2021年10月14日，被告人潘某自动到Z县公安局S派出所投案，如实供述了自己伙同他人盗窃的事实。本案在审理过程中，被告人潘某的亲属主动代其交来赔偿款人民币5 000元，主动代其缴纳罚金人民币10 000元。

【训练项目】

分析本案的6个W，填写案件事实分析表。

（二）法律分析

法律分析技能，即问题认知的技能，需要运用法律知识，判断案件事实涉及什么样的法律领域，属于什么性质、什么法律关系，涉及什么样的法律问题。进行案件的相关法律问题的分析，具体包括如下四个部分：[1]

● 法律规范：案件属于哪个部门法，是属于民法、刑法还是行政法？具体是合同违约、侵权还是无因管理等？

● 法律救济：被害人或被侵权人能够寻求什么样的法律救济？

● 法律程序：解决纠纷和寻求法律救济的渠道，如协商、调解、仲裁、诉讼、执行等。

● 法律争点：总结出法律争点有助于集中在解决问题的重点上，进而提高检索效率。法律争点往往和当事人的诉求是相关联的，例如，在合同纠纷案件中，当事人诉请的重点并不是赔偿损失，而是合同能否继续履行。

在回答了上述四个问题之后，需要归纳出法律检索的问题，再提炼出精简的检索语言，即精炼出“关键词”。

为得出案件结论，运用演绎推理的方式，遵循从原则、规则到个案，从抽象到具体的法律推理方法，其过程就是一个三段论推理方式：[2]

（1）在了解案件基本情况的基础上，寻找适用于该案的法律规范，即大前提。对大前提的法律分析包括分析并准确理解法律规范的构成要件、成立条件、适用范围、法律含义等。

（2）从具体案件中提取与大前提有关的、能够进行评价和抽象的案件事实，以大前提为标准分析具体案件的事实是否符合大前提的要求，如果符合，则为小前提。对小前提的法律分析包括对案件事实的认定，分析案件事实符合法律规范（大前提）的构成要件、成立条件、适用范围、法律含义，确定个案情节与法律规定情节的一致性。

（3）将大前提与小前提结合起来，推导出适用于个案解决的结论。

例 7—2

王萍诉派尼科包装公司劳动争议仲裁案法律分析

【案情简介】

见【例 7—1】

根据上述案情进行事实分析，并填写如下案件法律分析表：

法律规范	劳动合同
法律救济	赔偿、补偿
法律程序	劳动争议仲裁
法律争点	解除劳动合同是否合法
关键词	性骚扰、解除劳动合同

① 在美国法学院法律检索教学中，常利用韦斯特（West）体系来归纳案件事实和法律，即包括当事人（parties）、地点（places）、标的（objects）、基础（basis）、辩护（defence）、救济（relief）。

② 参见李傲主编：《法律诊所实训教程》，91 页，武汉，武汉大学出版社，2010。

训练 7—3

法律分析训练 1

【基本事实】同【训练 7—1】事实分析训练 1

【训练项目】

（1）学习【例 7—2】王萍诉派尼科包装公司劳动争议仲裁案法律分析。

（2）分析本案的 6 个 W，填写案件法律分析表。

训练 7—4

法律分析训练 2

【基本事实】同【训练 7—2】事实分析训练 1

【训练项目】

分析本案的 6 个 W，填写案件法律分析表。

二、检索实施阶段

在确定关键词的基础上进行检索实施。此阶段的重点一是选择适宜的检索工具，二是选择适宜的关键词，三是进行检索信息的校验。最常用的检索工具就是专业法律数据库和网络，专业的法律数据库能保证数据的权威、全面、准确，更新速度快，对于法律法规的变动情况（如修订、修正、废止等）一目了然，而且除关键词和全文检索外，还有详尽的分类、发布部门、时效性、效力级别、专题、地域等复合检索方式，能够快速锁定所需资料范围。但是因个人的喜好不同，学校/律师事务所提供的检索工具不同，每个人都会尝试选择最适宜自己的检索工具。下文重点就后两个方面进行阐述。

（一）关键检索词汇的选择

如前文所述，我们经常利用电子资源进行检索，主要是利用专业法律数据库进行检索，以及利用网络资源进行检索。而专业法律数据库的检索方式一般有两种：第一种是关键词检索，第二种是分类检索。关键词检索是最常用的方式，即通过事实收集和分析，进行法律分析，提取相应的关键词。

1. 关键词和法律术语

在法律检索中，“关键词”指的是与所要检索内容最相关的词语。关键词可以是法律术语，也可以是与事实相关的词语。关键词的选取必须保证两点：第一，专业性，尽量避免大众化或者通俗化的词汇；第二，代表性，要避免一些有用信息被遗漏。

虽然一次资源中所用的法律术语会比较统一，但仍应注意由于历史变迁、制定者的不同，有时所选用的法律术语还会发生变化，例如 20 世纪 90 年代之前经常会用“担保人”来替代“抵押人”“质押人”；而运用通俗语言对法律进行讲解和评论的二次资源中的法律术语和其他专业用语，可能就更不统一了，例如“合同”“协议”“契约”。

因此，在分析案情和法律理论时，在选择检索用的“关键词”时，一般应遵循“先具体后总体”的原则，即先选择与本案法律或事实最相关的关键词，如检索不到相关资料，再用概念较大或较广的关键词，即针对检索结果进行层层回推，放大信息量，例如，专利许可合同＜许可合同＜合同。

此外，利用相同的“关键词”进行检索时，检索范围遵循“先标题后全文”的原则，即先进行标题检索，如检索结果不理想，再进行全文检索。

需要特别指出的是，利用“关键词”检索是一个“试错”的过程，也是一个经验积累的过程。对于熟悉某一领域的法律专业人士，由于对该领域法律法规有着整体性、框架性的把握，因而可以较为准确地选择适宜的关键词。但是，如果遇到陌生的法律领域，则可以尝试使用不同的关键词来进行检索，并根据搜索结果与所需要求的相符程度增加、减少、切分关键词，或者对关键词进行修改和提高；也不妨从自己熟悉的法条入手，把握好基本法律对相关问题的原则性规定或者规定的方向，然后再以基本法条为线索，检索对基本法条起到具体细化作用的较低级别的法规和司法解释。不同的法律法规之间要互相印证，已检索到的相关法律法规中提及的其他法律法规，很有可能也与问题相关，必须加以留意。

2. 分类检索

对于遇到不熟悉的法律领域，可以尝试使用分类检索的方式。大型的专业法律信息数据库常常会分成多个子库以便进行信息的分类和检索。每个数据库是由许多文件组成的，每个文件可以是一部法律、一个案例、一篇文章、一份格式合同、一本书或一本书的一章。每一个文件还可以分为不同的字段，如北大法律信息网的《中国法律法规规章司法解释全库》中，每个法律文件都有 12 个字段，可以单独或综合检索这些字段，以提高检索的准确性和效率；又如万律的法律专题中，对于某一专题问题会设置至少多级分类，检索者很容易找到所需信息。

（二）检索信息的校验

1. 检索所有相关的法律信息

检索信息的基本要求是检索到所有相关的法律信息，才可停止检索。换言之，检索到什么样的状况可以认为我们已经获取必要的信息呢？我们建议参考如下三个规则：第一，循环规则，当你发现反复检索到相同文件和案例时，应该意识到检索工作可能已经完成，尤其是使用不同的数据库时；第二，范围原则，当你检索到的信息已经超出你的所需范围时，就应该停止检索；第三，禅宗规则，如果你经常进行法律检索，并且已经非常熟悉一次法律资源和二次法律资源，那么自然就知道何时应该停止检索。

法律检索也是长期性的工作，法律人需要在专业领域建立个人资料库，将常用资料分类建库，并日常更新，要对法律变动情况，如颁布、废止、修订等做注释，要将司法解释、类似案例、新闻报道、专家评论等及时添补入库，做成摘要形式，以备查询，以保证法律资料不过时、不陈旧。要了解目前法律的规定以及实施的状况，更重要的是要了解相关法律发展的动向、趋势。

2. 明确相关法律信息之间的关系

检索到的法律法规需要进行甄别，首先要确定相关法律法规的有效性，其次要界定法律法规之间的优先性，最后要寻找是否有有利于当事人的法律法规。

（1）法律法规的有效性。

在实务处理中，必须适用有效性的法律法规，如果法律法规本身已失效，就不能适用。需要准确掌握法的时间效力，即生效时间、失效时间（明示废止和默示废止）和法律溯及力的知识。此外，有时法律法规本身未失效，但其部分条文已被新法所取代，事实上不再适用；还有的法律法规据以存在的时代背景或者条件消失，或者其所调整的对象不复存在，或者其使命完成，使其失去了存在的意义，从而自动失效（比如当年社会主义改造时期的一些特殊的法律规定）。

（2）法律法规的优先性。

在我国，不同的法律法规对于同一事项的规定时常会出现不一致和矛盾的现象，这就需要掌握法的位阶的相关知识。在这种情况下，如果只是基于“上位法优于下位法”“新法优于旧法”等基本法理原则做出判断，那么得出的结论可能在现实中是行不通的，不能最大限度地维护当事人的利益。在这种情况下，只是期望用书本上的法理观念来办事，结果只能是给当事人造成较高的办事成本和导致较高的办事风险。

3. 调研法律信息的执行情况

法律法规中部分条款因种种原因，可能在实务处理中并不适用或者很少适用，或者虽然新的法律法规已经颁布，但是实际操作中却未按此执行；因此，需要检索者调研法律信息在现实中的执行情况。常见的调研方法是进行官方网站的调研、柜台咨询和电话咨询。

（1）调研政府网站。

越来越多的政府主管部门为方便民众办事，在官方网站上开设了“办事指南”一类的专栏，对相关事项的办理流程、所需文件、法律依据等问题进行讲解。这些资料能成为熟悉和判断相关法律法规在实践中的执行情况的重要参考。

（2）电话咨询相关人员。

检索者可以通过打电话或现场咨询等方法与直接办事人员进行沟通，可以最为直接、准确和全面地了解到相关法律法规在现实中的执行情况，这样可以保证法律适用的准确性。但是咨询应以法律法规调研为基础，咨询与调研的成果互相印证，方能做出正确判断。

（三）法律检索中的注意事项

1. 做好法律检索的准备工作

在做法律检索前，需要明确检索的目的，厘清所要检索的课题、关键词、关键信息等，对所查询的网络资源、检索工具的类型和使用方法也要有一定的了解。没有目的的检索，只会被没用的信息所吸引，遗漏有价值的信息，造成漏检或误检。选择关键词要求表述准确、简练，尽量使用精确的词汇，用最少的词表达清楚所查信息的主题，还要考虑是否使用同义词或近义词。使用关键词查询时，尽量使用词或词组，用布尔逻辑运算符将其连接起来。

2. 将搜索引擎和专业法律数据库有效结合

如前文所述，进行法律检索时，虽然搜索引擎在资源的广泛性和使用的便捷性方面非常有优势，但与专业数据库相比，其内容的权威性、准确性和功能方面都有很大的差距，因此不能过度依赖搜索引擎。要学会正确地利用搜索引擎，将搜索引擎和专业法律数据库有效结合，例如对于要查询信息的标题记录不全或不准确，可先到搜索引擎上去查询，确定完整且准确的标题，再利用专业数据库进行检索，就会提高检索结果的精准率。

3. 注意检索的细节

法律检索是“累活”，也是“细活”。在查询法律信息时，如果能注意一些细节问题，常常能提高搜索结果的准确性。（1）考虑需要查询的关键词是否会有通用字或者近似的词语，如“账户”与“帐户”、“定金”与“订金”，应避免使用错别字，或者使用常见词。（2）遇到可能会被搜索引擎等忽略的字词或者检索固定词组，可以用双引号进行精确查找。（3）注意检索工具是否区分字母的大小写；同样名词的不同翻译；同是中文，内地与港澳地区、大陆与台湾地区的不同用法，例如，大陆用“信息”，而台湾地区常用“资讯”。（4）利用搜索引擎和专业法律数据库的结果中的再搜索功能或者二次搜索功能，善用“高级检索”的功能，尽可能将搜索范围限制在特定领域内。例如，以英文作为关键词进行搜索时，英文网站总是出现在最前面，这时可以限定只搜索中文网站，往往会得到很多意想不到的结果。

三、检索报告阶段

法律检索第三个阶段，即检索报告的撰写。除口头表达外，往往需要检索者以撰写检索报告来表述检索结果，检索报告形式是多样的，如备忘录、法律意见书、建议信等，根据需求来选择撰写形式和报告形式。

（一）法律检索报告的准备

完成法律检索后，就需要根据检索到的法律法规为当事人或者案件提供解决方案，在起草法律检索报告之前，需要厘清若干问题。如对如下 12 个问题的回答均为“是”，就可以着手撰写报告，为当事人提供法律咨询意见：

（1）你是否学习过关于法律写作的规则或者接受过相关指导？

（2）你是否了解委托人的真实目的或者真实诉求？

（3）你是否完全了解与法律问题相关的所有必要的事实？

（4）你是否清楚地把握和了解与法律问题相关的事实要点和法律要点？

（5）你是否掌握专业法律数据库的检索技巧和策略？

（6）你是否完成了所有相关检索并收集到所有必要信息？

（7）你是否了解到检索的相关法律法规的有效性和有限性？

（8）你是否了解检索报告的呈报对象和写作目的？

（9）你是否根据已经搜索到的法律信息和案件事实，并考虑当事人的真实目的得出初步结论或者建议？

（10）你是否考虑过检索报告的整体结构？

（11）你了解和评估过别的结论或建议吗？

（12）你提出的建议是否与结论相符？

（二）法律检索报告的撰写

在回答上述 12 个问题之后，结合第五章法律写作教授的内容，参考法律备忘录的写作来撰写法律检索报告，基本程序如下：

（1）确定检索报告的结构，确定报告的整体逻辑思路。检索报告的思路必须符合法律适用的一般规律，采用演绎推理的形式，从查询大前提（法律法规），到概述小前提（案件事实），最后得出结论。

（2）依据确定的结构，表述基本观点，形成报告的大纲（基本内容和主要观点）。以事实为依据，以法律为准绳。检索报告首先要概述案件事实，分析案件的法律问题；其次要列明与案件相关的法律法规，并针对案件事实做出法律适用；最后是案件的结论部分，依据当事人的需求提出解决方案。

（3）依照大纲的内容，详细表述和论证。从结构上，应根据案件中涉及的法律问题进行分类；从标题上，应以直言判断的方式来撰写，准确地回答法律问题。检索报告的基本要求是结论、观点明确，出具建议方案可行、有效，同时也应反映检索信息的来源和检索过程。

（4）审核修改和校对、定稿。完成检索报告之后切忌直接提交，检索者应请专业人士或者指导教师对检索报告进行审核和修改。同时，撰写者应该认真校对，避免出现错字等。

（三）法律检索报告的训练

在教学中，可以结合具体案件，也可以结合其他法律技能的讲授进行法律检索的教学，可以按照如下方式安排教学：

● 课程设置：作为法律诊所授课的组成部分，可以安排在法律诊所入门、会见（法律咨询）、法律职业伦理教学之后，与法律文书写作相结合。

● 前置要求：可以要求学生先选修法律院校的选修课之一的文献检索课程，或者参加图书馆定期或不定期的检索讲座，或者自学教师指定的教科书或教师分发的有关课件。

● 教学时间：8～10 学时

● 教学重点：重点解决我国法律实务中的具体问题，不要求撰写学术论文，暂不涉及外国法、国际法。

● 教学内容：教授法律检索的基础理论，并结合具体案例，按照分析确定法律问题、检索相关信息、撰写法律备忘录的顺序，运用多种法律诊所教学方法进行授课。

● 教学方式：课堂讲授＋平时作业＋网络教学

● 教学考核：撰写法律检索报告/备忘录

例 7—3

关于刘某交通事故纠纷的法律检索报告

一、案件事实

（一）案情简介

原告：张某

被告一：陈某，男，汉族

被告二：刘某，男，汉族

被告三：郑州交通运输集团有限责任公司（以下简称郑交集团）

2007 年 4 月 3 日 15 时，在郑汴路与第八大街汽车东站的十字路口，被告二驾驶的豫 A35564 大货车与原告驾驶的浙 AMD121 越野车相撞。经交警认定，造成原告损失 42 850 元，原告与被告二负同等责任，被告二应赔偿原告 21 425 元。事故发生后，豫 A35564 大货车的挂靠人被告一于 2007 年 4 月 18 日向原告出具欠款 21 425 元欠条一张，并承诺领到保险公司的理赔款后支付。后经原告多次催要，被告一以各种理由推托，直到现在仍未付款。

另调查得知，事故发生时，豫 A35564 大货车所有人是被告三，被告一挂靠在被告三，驾驶人是被告二。被告一为了逃避法律责任，于 2007 年 4 月 18 日，将豫 A35564 大货车转让给同乡镇的荥阳市广武镇汉王城村东张沟×号的高某。

（二）法律关系

事故发生时肇事车辆相关法律关系图示如下：

（三）法律要点

1. 在交通赔偿责任中，挂靠人与被挂靠人责任应如何划分？

2. 在交通赔偿责任中，名义所有人被挂靠人、实际所有人挂靠人与驾驶员的责任应如何划分？

二、法律分析

（一）法律信息来源

网址	北大法宝 www. pkulaw. com 法意科技 www. lawyee. org 中国法院网 www. chinacourt. org 中国知网 www. cnki. net
参考文献	李钢．挂靠车辆交通肇事后被挂靠人的民事责任分析［J］．人民司法，2008（10）． 戴玲．论货运挂靠车辆交通损害赔偿中被挂靠单位的责任承担方式［D］．重庆：西南政法大学，2010． 闫弘鑫．货运机动车挂靠经营中法律关系探析［D］．成都：西南财经大学，2010． 刘成安．试析挂靠车辆交通肇事损害赔偿纠纷中被挂靠人的民事责任［J］．法律适用，2006（8）．

（二）涉及相关问题的所有法律条款

法律	《中华人民共和国道路交通安全法》 第 76 条　机动车发生交通事故造成人身伤亡、财产损失的，由保险公司在机动车第三者责任强制保险责任限额范围内予以赔偿；不足的部分，按照下列规定承担赔偿责任： （一）机动车之间发生交通事故的，由有过错的一方承担赔偿责任；双方都有过错的，按照各自过错的比例分担责任。 （二）机动车与非机动车驾驶人、行人之间发生交通事故，非机动车驾驶人、行人没有过错的，由机动车一方承担赔偿责任；有证据证明非机动车驾驶人、行人有过错的，根据过错程度适当减轻机动车一方的赔偿责任；机动车一方没有过错的，承担不超过百分之十的赔偿责任。 交通事故的损失是由非机动车驾驶人、行人故意碰撞机动车造成的，机动车一方不承担赔偿责任。
法律	《中华人民共和国侵权责任法》 第 49 条　因租赁、借用等情形机动车所有人与使用人不是同一人时，发生交通事故后属于该机动车一方责任的，由保险公司在机动车强制保险责任限额范围内予以赔偿。不足部分，由机动车使用人承担赔偿责任；机动车所有人对损害的发生有过错的，承担相应的赔偿责任。
司法解释	《最高人民法院关于适用〈中华人民共和国民事诉讼法〉若干问题的意见》 第 43 条　个体工商户、个人合伙或私营企业挂靠集体企业并以集体企业的名义从事生产经营活动的，在诉讼中，该个体工商户、个人合伙或私营企业与其挂靠的集体企业为共同诉讼人。 第 46 条第 2 款　营业执照上登记的业主与实际经营者不一致的，以业主和实际经营者为共同诉讼人。
行政法规	（无）
地方性法规	（无）
部门规章	（无）
地方政府规章	《河南省道路交通事故处理若干规定》（1997 年 6 月 4 日实施） 第 23 条　机动车发生交通事故，由负有交通事故责任的机动车所有人、驾驶人员承担赔偿责任。下列之一的有关人员依法承担连带赔偿责任……（二）机动车挂靠入户的挂靠人……

续前表

最高人民法院复函	《最高人民法院关于实际车主肇事后其挂靠单位应否承担责任的复函》[（2001）民一他字第23号] 湖北省高级人民法院： 你院关于"关于实际车主肇事后其挂靠单位应否承担责任的请示"收悉。我们研究认为，本案的被挂靠单位湖北洋丰股份有限公司从挂靠车辆的运营中取得了利益，因此应承担适当的民事责任。
省高级人民法院指导意见	《河南省高级人民法院民事审判第一庭关于当前民事审判若干问题的指导意见》 第51条　对于被告的确认，原告有选择起诉权，法院应参照本意见第四条的原则处理，被告应是在发生道路交通事故时，控制支配车辆的运行并享有运营利益的人。 （一）驾驶人员在执行职务中发生交通事故的，应以驾驶人员所在单位为被告；驾驶人员驾驶单位车辆在非执行职务期间发生交通事故的，应以驾驶人员及其所属单位为被告。 （二）受人委派驾驶车辆发生交通事故的，如车辆所有人就是委派人的，以车辆所有人为被告，委派人不是车辆所有人的，以车辆所有人和委派人为被告。 （三）承包车辆，承包人自己驾驶发生交通事故或者承包人雇佣的人驾驶发生交通事故，以发包人和承包人为被告。 （四）租赁车辆，承租人自己驾驶发生交通事故，或承租人雇佣的人驾驶发生交通事故，以承租人为被告。 （五）借用车辆发生道路交通事故的，依照前条规定。
省高级人民法院指导意见	（六）出租或出借的车辆发生交通事故，如果出租人或出借人有过错，以出租人与承租人或出借人与借用人为被告。 （七）偷开他人车辆发生事故的，一般以偷开者为被告。 （八）未办理过户手续的车辆发生道路交通事故，致他人受到损害而引起损害赔偿纠纷的，以发生道路交通事故时的车辆实际占有人为被告。 （九）发生交通事故的车辆属于个人合伙且应当把车辆所有人列为被告时，如个人合伙起有字号，以依法核准登记的字号为被告；个人合伙未起字号的，以全体合伙人为被告。 （十）发生交通事故的车辆所属单位名为国营或集体，实为个人或合伙，以车辆财产所有人为被告。 （十一）发生交通事故的车辆属于私人所有而以单位名义经营的，或自己所有的车辆以他人名义经营的，以双方为被告。 （十二）客运车辆发生道路交通事故致乘客遭受损害，乘客既可以客运合同纠纷为由起诉承运人，亦可以侵权损害赔偿纠纷为由起诉事故责任者。乘客以客运合同纠纷为由向人民法院起诉的，无须再追加承运人以外的其他事故责任者为被告。 第52条　责任的承担……（八）道路交通事故损害赔偿案件的受害人如以被损车辆正用于货物运输或者旅客运输经营活动，要求赔偿被损车辆修复期间的停运损失的，交通事故责任者应当依法予以赔偿。

（三）学理观点

对于挂靠车辆发生交通事故所产生的赔偿责任，总结后大致有如下几种观点：(1) 挂靠人负民事赔偿责任，被挂靠人在收取管理费范围内负连带赔偿责任；(2) 由挂靠人负民事赔偿责任，被挂靠人负连带赔偿责任；(3) 挂靠人负赔偿责任，被挂靠人负垫付责任；(4) 挂靠车主承担赔偿责任，被挂靠单位在收取管理费范围内承担比例责任。(5) 挂靠人负赔偿责任，驳回要求被挂靠人承担赔偿责任的诉讼请求；(6) 被挂靠人承担赔偿责任，驳回要求挂靠人承担赔偿责任的诉讼请求。

交通事故的赔偿归责实行过错责任原则，挂靠人是所挂靠车辆的实际所有权人，对该车辆拥有支配权和收益权，应当依法承担交通事故赔偿责任。而在判断被挂靠单位责任时应从交通事故发生的原因上去分析和认定，对交通事故的发生没有过错就不承担责任，可根据其过错的大小承担相应的赔偿责任；同时，还应根据被挂靠单位对该车辆享有运行支配和运行利益的权利情况，认定其是否承担相应责任。

（四）法律问题综合分析

关于挂靠车辆在经营中发生交通肇事损害纠纷时，被挂靠单位的承责问题，我国立法尚无明确规定。《中华人民共和国道路交通安全法》第 76 条是我国现行法律中关于机动车侵权损害赔偿责任唯一的规定。

《中华人民共和国侵权责任法》第 49 条可以扩大解释为车辆登记的所有人与实际支配人不一致的情况下对责任的承担方式的规定，因此在一定程度上可以作为被挂靠单位承担责任的依据。

最高人民法院《关于适用〈中华人民共和国民事诉讼法〉若干问题的意见》第 43 条规定挂靠人与被挂靠人作为共同诉讼人参加诉讼，第 46 条第 2 款也有类似规定。但由于连带责任只有在法律有明文规定或当事人有明确约定时才产生，故无法从该条文直接推导出被挂靠人对挂靠者所造成的侵权赔偿负连带赔偿责任的结论。

由于法律、司法解释规范不明确，而相关行政法规、地方性法规、部门规章缺位，因而该法律问题的解决只能寻求地方政府规章。本案发生于河南省郑州市，可适用的地方政府规章仅有《河南省道路交通事故处理若干规定》第 23 条。根据该条规定，挂靠车辆在经营中发生交通肇事损害纠纷时，由驾驶人员和机动车所有人即被挂靠人承担赔偿责任，而挂靠人承担的是连带赔偿责任。

然而，对于该法律问题的分析尚未终结。在司法实务中，最高人民法院的复函及上级人民法院的指导意见往往会在同案或相似案中得到参考执行，因此，有必要继续考察此类理论上不具备普遍法律效力的文件。

最高人民法院（2001）民一他字第 23 号批复采用了运行利益的理论，认为被挂靠单位从挂靠车辆的运营中取得了利益，因此应当承担适当的民事责任。该批复确认了被挂靠单位的赔偿责任主体地位，同时显然否定了不加区分一概适用全额连带责任的观点，具有一定的指导意义，但对于“适当的民事责任”的划分标准并没有给出明确的答案。

又由于各个省份对运行支配和运行利益理论的理解和认识不统一，因而出现了不同省份在责任主体和责任分担上存在不同处理方式的现象（如下表所示）。

北京市	挂靠人承担赔偿责任，被挂靠人承担垫付责任
上海市	挂靠人承担赔偿责任，被挂靠人承担垫付责任
四川省	挂靠人承担赔偿责任，被挂靠人承担垫付责任
天津市	挂靠人承担赔偿责任，被挂靠人不承担责任或者承担有限连带责任
山东省	挂靠人承担赔偿责任，被挂靠人不承担责任或者承担有限连带责任
广西壮族自治区	挂靠人与被挂靠人承担连带责任
江苏省	被挂靠人全部赔偿或者与挂靠人分担赔偿责任
安徽省	被挂靠人承担赔偿责任

《河南省高级人民法院民事审判第一庭关于当前民事审判若干问题的指导意见》第 51 条在

被告的确认问题上兼采支配利益和运行利益的理论，这与《河南省道路交通事故处理若干规定》第23条有出入。根据该指导意见第51条的规定，被告应同时控制、支配车辆的运行并享有运营利益，而通常情况下，被挂靠人不直接控制、支配车辆的运行，由此被挂靠人可能发生主体不适格的情况。

对于二者的冲突，应根据法律效力理论进行处理。《河南省道路交通事故处理若干规定》作为地方政府规章，其法律效力高于作为法院内部文件的上述指导意见，故应当优先适用《河南省道路交通事故处理若干规定》。

对于机动车事故挂靠单位的赔偿责任，河南省地方法院的判决也不统一：郑州市中级人民法院曾经下发指导文件，规定被挂靠单位承担补充责任；2007年5月，河南省高级法院民一庭庭长在审判工作会议中提出，交通事故赔偿中被挂靠单位应在收取管理费范围内承担比例责任。

三、检索结论①

1. 被告二刘某为车辆实际驾驶人，属于车辆实际所有人陈某的雇员，若该交通事故发生在刘某行使职务期间，则他不承担赔偿责任；否则，同样承担赔偿责任。

2. 被告三郑交集团有限责任公司属于名义所有人、被挂靠人，被告一陈某属于实际所有人、挂靠人，二者的责任分担需按照具体情况来确定：

（1）若被告三收取被告一管理费用或得到经济利益的，根据“运行支配与运行利益”的理论，由被告三在收取的管理费用和得到的经济利益的总额内承担有限连带责任，并在对外承担了全部的赔偿责任后可向被告一享有部分追偿权。

（2）若被告三未收取管理费用或得到其他经济利益，仅仅是基于地方政府管理的要求挂靠或强制挂靠，则被告三不承担赔偿责任，并在对外承担了全部的赔偿责任后，可全额向被告一享有追偿权。

（3）若被告三与被告一之间有明确的责任约定，可依据双方的责任约定来进行责任的分担。

第四节　推荐阅读

一、检索效果评价

检索效果是指利用检索系统（或工具）开展检索服务时所产生的有效结果。能否方便快捷地查到和得到所需要的文献，达到满意的检索效果，是所有用户最关心的问题。影响检索效果的因素很多，从检索工具来看，有收录文献不全、标引不够详尽准确、提供的检索途径有限等；从检索者方面看，有可能对检索课题要求不明确、检索工具选择不当、检索策略编制欠妥等等，这些都会造成检索结果不理想。衡量检索效果，有许多评价指标，普遍采用的是查全率和查准率。

查全率是指利用某系统在进行某一检索时，检出的相关文献量与该系统文献库中相关文献总量的比率，它反映该系统文献库中实有的相关文献量在多大程度上被检索出来。其表达式

① 该结论的得出是基于案发时生效的法律法规。2012年12月21日起施行的最高人民法院《关于审理道路交通事故损害赔偿案件适用法律若干问题的解释》第3条规定：以挂靠形式从事道路运输经营活动的机动车发生交通事故造成损害，属于该机动车一方责任，当事人请求由挂靠人和被挂靠人承担连带责任的，人民法院应予支持。

为：查全率＝［检出相关文献量/文献库内相关文献总量］×100％。例如，要利用某个检索系统查某课题，假设在该系统文献库中共有相关文献40篇，而只检索出来30篇，那么查全率就等于75％。

查准率是指利用某系统进行某一检索时，检出的相关文献量与检出文献总量的比率，它反映每次从该系统文献库中实际检出的全部文献中有多少是相关的。其表达式为：查准率＝［检出相关文献量/检出文献总量］×100％。例如，要利用某个检索系统查某课题，如果检出的文献总数为50篇，经审查确定其中与项目相关的只有40篇，另外10篇与该课题无关，那么，这次检索的查准率就等于80％。显然，查准率用来描述系统拒绝不相关文献的能力，故有人也称查准率为“相关率”。查准率和查全率结合起来，描述了检索系统的检索成功率。

实际上，影响检索效果的因素是非常复杂的。查全率与查准率是呈反比关系的。要想做到查全，势必对检索范围和限制逐步放宽，结果会把很多不相关的文献也带进来，影响了查准率。试图使查全率和查准率都同时提高，不是很容易的。强调一方面，忽视另一方面，也是不妥当的。应当根据具体课题的要求，合理调节查全率和查准率，保证检索效果。①

二、法律检索文献推荐书目

1. 郑治发．法学文献检索与利用．武汉：武汉大学出版社，1989.

2. 刘丽君，于丽英．漫游虚拟法律图书馆：在线法律资源研究指南．北京：法律出版社，2003.

3. 林燕萍．法律文献检索：方法、技巧和策略．上海：上海人民出版社，2004.

4. 戴勇敢．法律文献检索．北京：中国人民公安大学出版社，2004.

5. 渠涛．中文法律文献资源及其利用．北京：法律出版社，2006.

6. 斯托特．法律检索之道．郭亮，译．北京：法律出版社，2006.

7. 王汉桥．经济法律信息检索．北京：高等教育出版社，2007.

8. 何巧灵．法律信息资源研究与实务．杭州：浙江大学出版社，2007.

9. 于丽英，罗伟．法律文献检索教程．北京：清华大学出版社，2008.

10. 于丽英．法律文献检索．北京：北京大学出版社，2010.

11. 陈瑞华，等．法学论文写作与资料检索．北京：北京大学出版社，2011.

12. 王昶．美国法律文献与信息检索．北京：中国政法大学出版社，2014.

13. 科恩，奥尔森．美国法律文献检索：第12版．夏登峻，译．北京大学出版社，2020.

14. 杨洪浦．法律检索牵星术：律师法律检索指南．北京：中国法制出版社，2021.

15. 刘树德，孙海波．类案检索实用指南．北京：北京大学出版社，2021.

16. 田洪鋆．批判性思维与写作．北京：北京大学出版社，2021.

17. 罗伟．法律信息发展的基本因素：以美国为例．法律文献信息与研究，2008（1）.

18. 田建设，郭叶．国内法律专业数据库之比较．法律文献信息与研究，2008（4）.

19. 范静怡．高校图书馆电子资源应用分析与对策：以中国政法大学图书馆法律数据库为例．法律文献信息与研究，2008（4）.

20. 于丽英．中国法律检索教育评析．法律文献信息与研究，2009（1）.

21. 赵青航，徐晓阳．体系化法律检索实操．中国律师，2020（11）.

① 参见于丽英、罗伟编著：《法律文献检索教程》，55～59页，北京，清华大学出版社，2008。

三、工具书推荐

序号	书名	说明
1	新编最高人民法院最高人民检察院司法解释全书	法律出版社
2	最高人民法院司法解释小文库（丛书）	人民法院出版社
3	刑事法律文件解读（月刊）	人民法院出版社
4	民事法律文件解读（月刊）	人民法院出版社
5	商事法律文件解读（月刊）	人民法院出版社
6	行政法律文件解读（月刊）	人民法院出版社
7	司法解释理解与适用丛书（丛书）	人民法院出版社
8	民事审判指导与参考（季刊）	最高人民法院民事审判第一庭编，法律出版社/人民法院出版社，创办于2000年
9	刑事审判参考（双月刊）	最高人民法院刑事审判第一、二、三、四、五庭编，法律出版社/人民法院出版社，创办于2000年
10	刑事司法指南/刑事审判参考（季刊）	最高人民法院刑事审判第一、二、三、四、五庭编，法律出版社
11	行政执法与行政审判（季刊）	最高人民法院行政审判庭编，法律出版社/中国法制出版社，创办于2000年
12	知识产权审判指导（半年刊）	最高人民法院民事审判第三庭编，人民法院出版社，创办于2003年
13	知识产权审判指导与参考（1～10卷）	最高人民法院民事审判第三庭编，法律出版社，2000～2005
14	立案工作指导（半年刊）	最高人民法院立案庭编，人民法院出版社
15	审判监督指导（半年刊）	最高人民法院审判监督庭编，人民法院出版社
16	强制执行指导与参考（第1～16集）	最高人民法院强制执行办公室编，人民法院出版社，2001～2006
17	最高人民法院公报（年度）	最高人民法院办公厅主办，是最高人民法院对外公布司法解释、司法文件、裁判文书、典型案例和其他司法信息的官方出版物
18	人民法院案例选（季刊）	最高人民法院中国应用法学研究所编，人民法院出版社
19	人民法院裁判文书选（12省市，16卷）	各省高级人民法院，法律出版社，2000～2002
20	中国审判案例要览（民事、刑事、商事、行政，年度）	国家法官学院、中国人民大学法学院编，中国人民大学出版社
21	判解研究	中国人民大学民商事法律科学研究中心主办，王利明主编，人民法院出版社
22	审判前沿：新类型案件审判实务（半年刊）	北京市高级人民法院编，法律出版社

第八章
法律论辩

引　例

法律论辩简史

法律论辩是人类社会发展的重要文明成果。

一般认为，在古希腊罗马时期就有了法律论辩的雏形。在古希腊，这种雏形具体表现为“诡辩家”的诡辩、“保护人”的代言、“辩护士”的辩护。而在古罗马，不但产生了名为“阿多克梯斯”（Ardoctis）的刑事辩护士，而且还有了最初的法律规定，即法律论辩者必须经过5年的法律教育并经过帝国的特许才能从业。

到了欧洲中世纪，由于这一时期的主要特征是封建专制、教会统治、国王和教会专权，表现在司法方面就是世俗法院与宗教法院并存但宗教裁判所占据支配地位。宗教裁判所实行严酷的纠问式诉讼制度，律师制度虽然受到抑制但依然得到有限的发展。在法国，12世纪以前，司法决斗制度盛行，以后世俗法院随着王权的扩张而日渐占据支配地位，“僧侣律师”受到限制并最终被禁止，受过教育并经过注册、宣誓的世俗律师兴起，司法决斗最终消亡，司法论辩开始发展。在英国，与法国类似，虽然也经历了一个宗教法庭和教会法庭的共存过程，但到了13世纪爱德华统治时期，世俗法庭开始占据支配地位，世俗律师开始出现。

爱德华一世在世界上率先开启议会制度并确立了陪审团制度和控辩式诉讼的雏形，为英国建立先进的律师制度奠定了合理的基础。在意大利，由于神权在整个中世纪一直占据绝对的支配地位，世俗法庭和律师制度受到严重抑制，这一点远不如英法。在神权统治下，意大利实行彻底的宗教裁判所制度，实行秘密的纠问式诉讼制度，被告人直接面对宗教法庭的审讯。

在西方近现代，这一时期出现了一大批启蒙思想家，如洛克、卢梭、伏尔泰、孟德斯鸠，他们提出了一系列法治思想和原则，主张用论辩式诉讼取代纠问式诉讼，为现代控辩对抗式诉讼模式奠定了理论基础。美国是控辩对抗式诉讼模式最为发达的国家，这一时期涌现了许多以法律论辩著名的律师，其代表人物当数：John Adams、Abraham Lincoln、Clarence Darrow。二战以后，西方经历了经济社会和民主政治大发展的时期，论辩式诉讼模式也得到前所未有的大发展。美国是这一时期的集大成者，其法律论辩受到诉讼程序和证据规则的双重限制。也就是说，律师仅仅具有雄辩之才是不够的，他必须熟悉并自如运用这些规则，带着“镣铐”跳舞。由于美国控辩式诉讼模式具有很强的科学性和合理性，其对世界各国，包括中国的诉讼制度影响深远。

虽然我国在古代也有法律论辩现象，但真正在法律上确立法律论辩原则，是1996年《刑事诉讼法》修改之后。该法第47条规定，证人证言必须在法庭上经过公诉人、被害人和被告人、辩护人双方询问、质证，听取各方证人的证言并且经过查实以后，才能作为定案的根据。但是，我国立法并未言明法律论辩原则，现实中仍以书面审理为主，即使开庭审理，控辩双方也很少有真正的法律论辩交锋。

课前阅读

以审判为中心的刑事诉讼制度改革

目的：学生应当了解在社会主义法治建设中，无论是口头论辩还是书面论辩均应当符合“以人民为中心”“公正司法”等要求。

材料：

2018年《刑事诉讼法》修正之后，该法第61条规定：证人证言必须在法庭上经过公诉人、被害人和被告人、辩护人双方质证并且查实以后，才能作为定案的根据。法庭查明证人有意作伪证或者隐匿罪证的时候，应当依法处理。然而，我国在立法中并未言明法律论辩原则，现实中书面审理仍然大行其道，即使开庭审理，控辩双方也很少有真正的法律论辩交锋。但随着全面依法治国和持续深化司法改革的不断推进，法律论辩原则的实际应用逐渐受到重视。人民法院积极推进以审判为中心的刑事诉讼制度改革，着力推进“庭审实质化”进程，要求法官审理案件减少书面审理，强调通过加强对辩论意见的听取来保障案件当事人的合法权利得到充分实现，防止冤假错案的发生。①

第一节　法律论辩概述

一、什么是论辩

论辩一词，由来已久，早在中国春秋时期就已成为诸子百家竞相传播其各自的观点和思想的重要手段并因此而受到他们的重视。《墨子》（经上篇）认为：“辩，争胜也；辩胜，当也。”其大意是说：论辩就是人们相互之间的争论，谁有道理谁就获胜。《墨子》（经下篇）还认为：“辩也者，或谓之是，或谓之非；当者胜也。”其大意是说：之所以产生论辩，就是因为人们存在不同的看法，有的人认为是这样，有的人认为不是这样；论辩的结果应该是有道理的一方获胜。在古希腊早期，论辩被称为“sophistry”，集中体现了当时智者们的逻辑思维和哲学思想，其代表人物有芝诺和欧布利德斯。② 在古希腊中晚期，逐渐形成了关于论辩的方法论，即“辩证法”（Dialectics）。在该词中，“Dia-”意味着“对话”，“-lec”意味着“演说”，“-tics”意味着“学科”，意为关于对话和演说的学科。到了德国古典哲学时期，以黑格尔为代表的客观唯心主义者把辩证法发展为关于世界运动、发展、变化的一般规律的哲学学说。③ 总之，在论辩一词的基本含义上，东西方并无太大差异，均认为论辩是交流观点、普及知识、传播文化的一种重要语言手段。

---

① 参见周强：《2018年最高人民法院工作报告》。

② 杨适著：《哲学的童年》，18页，北京，中国社会科学出版社，1987。

③ Bertrand Russell著：《西方哲学思想史》（上），何兆武、李约瑟译，北京，商务印书馆，1977。

及至当今，尽管论辩一词在内涵上有所发展，但其根本含义依然没有发生改变。《中华现代汉语词典》给论辩下的定义是："彼此用一定的理由来说明自己的见解，揭露对方的矛盾，以便最后得到正确的认识或共同的意见，侧重分辨是非，更注重摆事实，讲道理。"①

相较而言，学者们对论辩一词的见解则要复杂一些。赵传栋所著的《论辩原理》给论辩下的定义是："论辩，又称为辩论，是指代表不同思想观点的各方，彼此间利用一定的理由来说明自己的观点是正确的，揭露对方的观点是错误的这么一种语言交锋的过程。简而言之，论辩就是不同思想观点之间的语言交锋。"② 欧阳周编著的《实用论辩口才》对论辩的界定是："辩论，或称论辩，是指观点对立的双方或多方，围绕同一辩题运用语言进行针锋相对的论争，力求证明自己观点的正确，指出对方观点的谬误，以达到说服对方的目的。论辩的过程，也就是批驳谬误、探求真理的过程。"③ 杰夫主编的《实用辩论口才一本通》对论辩的释义是：论辩是"见解对立的双方（或多方）通过各种论证方法，阐述自己的见解，揭露对方的谬误，以便最终肯定正确的观点，取得共识的一种以有声语言为载体的人际传播活动。"④

笔者认为，所谓论辩，亦即辩论，包括"论"和"辩"两个方面。⑤ 所谓论，就是在一定素材的基础上运用逻辑去证明某一命题是否存在、是否正确或是否具有某一特性，其目的在于"立"。所谓辩，就是辨别和分析某一命题是否存在谬误，其目的在于"破"。所谓论辩或者辩论，就是阐述或表达自己的观点，质疑或否定对方的观点，以期求得正确或错误的结论或达到一定共识的口头语言活动。

二、什么是法律论辩

（一）法律论辩概念

法律论辩是指双方当事人及其律师在庭审过程中依据事实和法律对一定的法律命题进行论述和辩驳，以维护自身诉讼权益的口头语言表述过程。

法律论辩与法律论证不同，前者重在辩，即主要以口头的方式就某一法律命题与对方进行辩驳，后者重在证，即主要以文笔的方式对某一法律命题进行证明。法律论辩包括论辩主体（双方当事人及其律师）、论辩客体（法律命题）和论辩活动（论述和辩驳）三个要素，其中主体至少要有相互对立的两个，而法律论证的主体则可以是一个。此外，法律论辩包括开庭陈述、询问证人（直接询问和交叉询问）以及总结陈词三个阶段，法律论证则是这三个阶段的共同基础。但无论二者的区别有多大，它们都有一个共同的基础——"论"，要么在"论"的基础上进行辩驳，要么在"论"的基础上进行证明。

法律论辩具有一般论辩所具有的全部特征，即言辞性、同一性、矛盾性和对抗性。同时，法律论辩又是一种比较特殊的论辩，除了一般论辩所具有的特性，它还有自身的鲜明特性（客观性、合法性、论理性和程序性）。

（二）法律论辩结构

从结构上来看，法律论辩通常包括证明、反驳、辩护三个环节。证明，就是以已知的真实

① 中国语言文字系列辞书编委会：《中华现代汉语词典》，55页，北京，中国大百科全书出版社，2007。

② 赵传栋著：《论辩原理》，2页，上海，复旦大学出版社，1997。

③ 欧阳周编著：《实用辩论口才》，5页，长沙，中南大学出版社，2003。

④ 杰夫主编：《实用辩论口才一本通》，3页，北京，中国纺织出版社，2003。

⑤ 尽管论辩与辩论在表述上具有差异，但在含义上并无不同，人们之所以有这样的不同提法，主要是为了在"论"和"辩"之间强调某一方面。

命题为根据，推出某一法律命题为真的口头表达，是一种正向证明。反驳，就是以已知的真实命题为根据，推出某一法律命题为假的口头表达，是一种反向证明。辩护，则是在证明和反驳的基础上，为维护本方当事人的合法权益而依据事实和法律进行的口头表达，是一种特殊的证明或反驳。

（三）法律论辩目的

从目的来看，法律论辩不但要说服对方，更要说服第三方——法官。

在法律论辩中，论题的确立、论据的甄选、论辩内容的展开与调整、论辩方式与技巧的选择和运用都不能偏离法律论辩的目的。

法律论辩的目的是什么？法律论辩的一个基本目标或曰直接目标是说服对方当事人和律师。因此，律师不能自满于把对方驳得无话可说，把对方驳得无话可说是远远不够的，关键要看对方当事人和律师是否心悦诚服。当然，在法律论辩中，即便对方当事人和律师心悦诚服也是远远不够的，还要看法官和陪审员是不是理解了、接受了。只有通过论辩使法官和陪审员最终采纳了己方的主张和理由，才算是达到了法律论辩的目的。实际上这也是法律论辩与一般论辩之间一个非常重要的区别。有的律师不明白这一点，以至于在法庭审理过程中脱离目标，为了论辩而论辩；有的律师甚至哗众取宠，自我表演。这样的所谓“论辩”虽逞一时口舌之快，最终却满盘皆输，得不偿失。

（四）法律论辩方法

从方法来看，法律论辩既要以事实为根据，也要以法律为准绳。

以事实为根据，是指双方当事人及其律师在进行法律论辩的时候必须以案件客观事实为基础，把案件的实体问题或程序问题建立在现有证据能够证明的客观事实和法律规定的基础之上，而不能建立在主观想象和无端揣测的基础之上。以法律为准绳，是指双方当事人及其律师在法律论辩过程中不但要严格遵守程序法关于发言顺序的规定、关于发言内容的规定、关于论辩目的的规定以及关于论辩双方关系的规定，而且要严格遵守实体法关于权利和义务的规定，关于民事侵权、违约的规定，关于刑事犯罪构成要件的规定，或者关于行政违法的规定。

在法律论辩中，以事实为根据与以法律为准绳二者之间是相互依存、密不可分的。例如，在我国刑事诉讼中，如果不以法律为准绳对案件事实进行论辩，就很难正确适用法律；如果不以事实为根据对案件事实和法律适用进行论辩，就很难依据法律规定推进诉讼进程或对案件做出实体判决。同理，如果不以法律为准绳对案件事实和法律适用进行论辩，就有可能偏离事实真相，变成诡辩或者狡辩。因此，以事实为根据与以法律为准绳是一个有机的整体，二者共同组成法律论辩的方法论原则。

三、法律论辩是现代诉讼制度的重要标志

之所以说法律论辩是现代诉讼制度的重要标志，是因为它集中体现了现代诉讼制度的两个重要原则——直接审理原则和言词审理原则，使现代控辩式诉讼制度真正建立在平等审、对抗审、公开审和透明审的基础上，而不是建立在威权审、书面审、秘密审和恣意审的基础上。

所谓直接审理原则，是间接审理原则的对称，指当事人之间与争讼有关的证据调查和法庭论辩必须在法官或陪审团成员面前进行的原则。也就是说，任何实体判决只能由直接参加法庭调查、听取法庭论辩的裁判者亲自做出，没有直接参加审理案件的法官或陪审团成员就没有案件的裁判权，既不能审而不判，也不能判而不审，其目的在于使裁判者能够直接了解双方当事人或其委托律师之间的论辩，既听其言，亦观其色，以此作为判决的基础。

所谓言词审理原则，是书面审理原则的对称，指法庭审理和证据调查应当以言词的方式进行，不得进行书面审理。这是因为，书面审理往往是秘密的审理方式，既不需要当事人及其委托律师到场参与法庭论辩，甚至连确切而正式的审理组织也没有。具体而言，言词审理原则包含两个方面的含义：其一，各诉讼参与方特别是双方当事人及其律师应当以言词的方式参与诉讼，没有在法庭审理过程中以言词方式进行的诉讼活动原则上不产生程序上的效力；其二，在法庭上提出的任何证据材料都应当以言词方式进行质证，任何未经言词质证的证据材料不得作为法庭裁判的根据。对此，台湾刑事诉讼法学者林山田指出："……唯有当事人在法庭以言词陈述所提供之诉讼资料，方能作为判决之依据，一切诉讼中的程序，即对刑事被告的询问、对证据的采集、当事人的攻击与防御，以及判决的宣判等，必须以言词陈述之方式实现之。"①

直接原则与言词原则有着密切的关系，大多数时候都相互渗透、相互重叠、难以分割。在二者的相互联系中，法律论辩实际上起着内在轴线和形式外壳的作用，如果没有法律论辩进行逻辑联结并表现出来，很难想象这两个原则能结合起来发挥作用。正因为如此，不少学者理论上常常将三者合并在一起称为"直接言词辩论原则"。

由于法律论辩集中地体现了直接审理原则和言词审理原则的内在要求，因而它在确保司法公正方面具有独特的优越性。

一方面，从实体上来说，法律论辩有利于发现客观真实，促进实体公正。根据唯物主义认识论的基本理论，他人转述的"事实"和自己亲历的事实在形成内心确信时存在质的区别。这是因为，不同的认识主体具有不同的认识能力和主观偏好，他人转述的"事实"，特别是经过多重转述的"事实"，不仅可能偏离事物的本来面目，而且可能带有更多的主观印记。正因为如此，英美法系国家在庭审中很早就确立了"裁判员不变规则"，即法官和陪审团成员在同一案件的庭审过程中不得发生变更，一旦发生变更必须重新开庭审理并重新组织质证，无论如何不能根据前任制作的庭审记录和先前形成的结论做出裁判。

另一方面，法律论辩能防止暗箱操作、恣意妄为，促进程序公正。在过去的封建主义纠问式诉讼制度之下，法官具有绝对的支配地位，双方当事人只是法官审判的客体，其既不能进行平等的法律论辩，更无权要求法官保证他们之间法律论辩的机会。与之不同，现代控辩式诉讼制度强调当事人理性，强调当事人的主导作用和参与作用，而裁判者则应更多地处于消极被动的地位。在这种诉讼制度下，当事人的理性主要通过相互之间的法律论辩表现出来，从而使争议事项变得越来越透明。

四、法律论辩蕴含了丰富的现代法律价值

法律论辩蕴含了一系列现代法律价值，这些法律价值具体包括：

1. 平等

平等是就双方当事人之间的相互地位而言的，其意味着双方当事人及其律师在地位上是平衡的、对等的，任何一方都没有压倒对方的优势或特权。具体到法律论辩中，只有平等的双方才能发生真正的论辩，否则只有命令和服从，这在刑事诉讼中尤其能得到充分的体现，也是程序公正的核心内容之一。论辩双方的平等表现为论辩时各自的自主性、独立性、对抗性和说服性，即双方可以根据各自的诉讼利益，从各自的立场，自主地、不受支配地提出证据，并对对方的证据加以鉴别、质疑和印证。

---

① 参见林山田著：《刑事程序法》，246页，台北，五南图书出版有限公司，1998。

当然，法律论辩中的平等对抗仅仅是形式意义上的平等对抗，绝不意味着双方能平等地达到某种程度的实体结果，它更多的是体现了一种程序性的权利，只要论辩双方充分地享有并行使这一权利，就可以认为在这一点上实现了司法公正。

2. 民主

民主这个词，最早来源于希腊文。从希腊文的原意来看，“民主”是指“人民的权力”，亦即“多数人的统治”。[①] 及至当代，不同国家、不同民族在民主一词的内涵理解上可能存在或小或大的差异，但一个不可否定的事实是，它在人民主权意义上已经形成共识并成为人们普遍追求的价值目标。

论辩是平等主体之间相互对抗的观点交流，它本身就意味着任何一方都不受对方专断意志的支配。澳大利亚学者佩迪特认为，论辩本身就意味着民主，即协商民主。对此，他在《共和主义》一书中指出，论辩的精义在于没有专断，任何一方都不存在支配对方的话语权。[②] 在法律论辩过程中，协商民主实则体现为程序民主，即倡导民主参与的形式意义上的民主。与实质民主相比，这种形式意义上的民主更多地和法律论辩主体在诉讼中的参与程度相关联。

3. 公开

公开是指审判公开，即法庭的每一阶段和步骤都应当以当事人和社会公众看得见的方式进行。在不同的国家，程序公开的程度会存在一定的差异。在英美法系国家和大陆法系的瑞士，诉讼公开比较全面，甚至允许公开陪审团或审判庭成员的不同意见。在我国，审判公开也是一项基本的诉讼原则。比如，我国《宪法》第 131 条和《刑事诉讼法》第 11 条都对此做了相应规定。

法律论辩在事实上已经内含了审判公开的价值目标。一般来说，没有法律论辩就不可能有审判公开，没有审判公开也不可能有法律论辩。审判公开首先是针对参加法律论辩的双方当事人及其律师。由于诉讼程序及其结果攸关其诉讼权益的得失状态，他们最为关注审判过程是否公开以及公开的程度。在现代法治国家，即使法庭决定不公开审理的案件，也不能把参与法律论辩的双方当事人及其律师排除在外。从这一意义上来说，对法律论辩双方的公开是最起码的审判公开。当然，在现代法治国家，审判公开的对象远不止于双方当事人及其律师，在此不赘述。

4. 中立

所谓中立，在此是指裁判中立。裁判中立包含两项具体要求：一是作为裁判者的法官或陪审团成员同诉讼双方争议的事实或利益没有关联性。二是作为裁判者的法官或陪审团成员居中裁决，公正地对待双方的诉讼行为，不得对任何一方当事人存有歧视或偏袒。

就法律论辩而言，其体现的中立价值意味着裁判者超越法律论辩双方的争议，在论辩双方之间秉持公平无偏的态度，保证论辩双方获得公平的论辩机会，不得对任何一方当事人存有歧视或偏袒，更不得剥夺或变相剥夺任何一方在法律论辩方面的诉讼权利。

五、法律论辩在法律诊所课程中的应用

在中国，从 21 世纪初借鉴和引入诊所法律教育模式至今，其发展历程虽然只有 20 多年的时间，但诊所学生的人数已经不少。在诊所法律教育引入中国的 2001 年，全国只有 4 所院校

---

① 在希腊文中，民主由“demos”和“kratos”两个字组成。前一个字“demos”是“人民”和“地区”的意思，后一个字“kratos”是“权力”和“统治”的意思。

② 参见［澳］菲利普·佩迪特著：《共和主义》，刘训练译，南京，江苏人民出版社，2006。

开设法律诊所课程，在校诊所学生只有100人左右。到2004年，全国开设诊所课程的院校由4所扩大到7所，在校诊所学生已经超过500人。2007年底，全国共有86所院校开设法律诊所课程，在校诊所学生人数激增，以平均每个学校100人计算，保守估计也超过了8 000人。2009年底，全国共有128所院校开设法律诊所课程，许多法学院甚至开设了多个法律诊所，在校诊所学生保守估计超过13 000人。截至2017年3月，国内已有202个法学院校开设法律诊所课程，此时在校诊所学生据保守估计已经超过18 000人。[①]

诊所法律教育在对法律诊所学生的教育方面更加注重以下理念：一是实践性。使学生能够把平时在课堂上所学的法学理论知识自觉地应用于解决社会法律问题的实践，并在实践中检验和发展所学的法学理论知识，进而培养学生的法律职业意识。二是应用性。通过指导学生亲身参与实际法律问题的处理过程，充分培养和锻炼学生的动手能力和操作能力，使学生毕业后不必再在实务部门经过一个长时间的转换过程就能从事法律实务工作，独立自主地处理实际的法律问题。三是参与性。尽管教师可以给予学生指导，但二者都是具体案件的承办人，学生参与案件的整个处理过程。四是真实性。通过办理现实社会中的真实案件，加深学生对法理知识和法律条文的理解，培养学生发现问题、判断问题和解决问题的技能以及从事法律职业的责任心和使命感。五是灵活性。手段非常灵活，教学内容可以适时做出调整，师生可以随时进行课上课下的交流，学生边实践边学习。

为数众多的诊所学生在诊所教师的指导下，从类似于医学诊所的“法律诊所”中学习法律执业技能，并以此为平台服务社会，为社会弱势群体提供法律援助服务。诊所学生在为当事人服务的时候，不能仅限于为当事人提供法律咨询和撰写法律文书，而且要走上法庭，为他们提供专业的法庭代理和辩护服务。而法庭代理和辩护本身就是一个法律论辩的过程，自始至终都需要进行法律论辩。比如，在法庭调查阶段，当公诉人宣读完起诉书后，被告人、被害人即可以就起诉书中指控的犯罪事实进行陈述，同时，公诉人、被害人、附带民事诉讼的原告人和辩护人、诉讼代理人可以向被告人发问；证人提供证言，鉴定人提供鉴定结论后，公诉人、当事人和辩护人、诉讼代理人就可以对证人、鉴定人提出问题，对证言笔录、鉴定结论、勘验笔录和其他作为证据的文书，公诉人、当事人、辩护人、诉讼代理人都可发表意见；对在法庭上出示的物证，当事人要进行辨认，并发表辨认意见等，在这些环节当中都有可能展开法律论辩。

不仅如此，法律论辩也是法庭调查的一种方式。比如，在刑事诉讼中，法律论辩实际上就是在法庭审理过程中，公诉人、当事人、辩护人、诉讼代理人围绕犯罪事实能否认定、被告人是否实施了犯罪行为、是否应负刑事责任、应负什么样的刑事责任等问题，对证据和案件情况发表各自的意见，相互进行辩论，或者在法庭调查和各方充分发表自己对整个犯罪事实、情节、每个证据的证明力等的意见的基础上，对双方争论的焦点问题做进一步的辩论。不难设想，如果把法律论辩从诉讼程序中剥离出来，法庭调查还有什么可能！由此可见，在法律诊所所要学习的各种法律实务技能中，法律论辩是最为基础、最为重要，同时也最为复杂的一种技能，因而也是诊所学生最应注重学习、掌握和应用的一种技能。

进入21世纪的中国，正面临着建设和完善社会主义法治国家的现实挑战，因而对法律人才培养提出了更高的要求。即将走向社会担当法治建设大任的诊所学生，既要重视对法学理论知识的学习，亦应重视对包括法律论辩在内的各种法律实践技能的掌握，两相结合，平衡发展，使自己成为符合时代需要的应用型法律人才。

---

① 具体名录及学生人数可参见中国诊所法律教育专业委员会官方网站，网址为：http：//www.cliniclaw.cn。

第二节　法律论辩理论

从广义来说，法律论辩包括开庭陈述、直接询问、间接询问和结案陈词四个部分，各个部分在展开过程中虽然时而重在论，或时而重在辩，但大多数时候都是论辩交织、相辅相成。在下文中，我们将就其各自的基本理论进行详细阐述。

一、开庭陈述的基本理论

1. 开庭陈述的概念

开庭陈述亦称开场陈述（opening statement），是诉讼双方就案件的基本事实、主要证据以及诉讼主张向裁判者（陪审员和/或法官，下同）所作的第一次陈述。

开庭陈述是英美法系国家庭审的一个重要诉讼环节，无论是民事诉讼还是刑事诉讼都要进行开庭陈述。尽管法官通常会在庭审指示中强调律师在开庭陈述中所说的任何内容都不是证据，但心理学研究证明，人们对事物的最初记忆和印象往往是最深的，因此实际上开庭陈述对裁判者的影响是很大的。

在英美法系国家的民事诉讼程序中，开庭陈述一般先由原告律师发言，后由被告律师发言。如果是陪审团审，律师在开庭陈述时面对陪审团，如果是法官审，则面对法官陈述。在开庭陈述之后，起诉方应当向法庭提供证据以支持起诉，包括出示各种证据和传唤证人出庭作证。

在英美法系国家的刑事诉讼程序中，一名犯罪嫌疑人被逮捕并进行“登记”之后，执行逮捕的警察机关应当尽快——没有不必要延误地——将嫌疑人送交法官进行“初审”。初审的主要内容是由法官向被告人宣布指控的罪名并告知其有关的权利——特别是沉默权和委托律师代理的权利。如果被告人符合陪审团审的要求并且没有放弃陪审团审的权利，那么正式审判程序便从挑选陪审员开始，开庭陈述是正式开庭审理后双方面对陪审团展开的第一场论辩。如果被告人选择法官审的方式，那么正式审判便直接从“开庭陈述”开始。由于公诉方在刑事诉讼中负有举证责任，所以首先由检察官进行开庭陈述，然后再由辩护律师进行开庭陈述。当然，出于诉讼策略的考虑，辩护方或被告方也可以放弃开庭陈述。在美国一些州的刑事诉讼中，也允许辩护律师等到控方证人作证结束以后、辩方举证开始以前作开庭陈述。

在我国，关于诉讼法上是否存在开庭陈述一直存在争议。大多数学者认为，虽然法律上并没有“开庭陈述”的明确表述，但这并不能否定我国诉讼中存在实质意义上的开庭陈述。比如，我国刑事诉讼中公诉人宣读起诉书就相当于英美法系国家的开庭陈述。当然，理论界对此也存有不同看法。有人认为，英美法系的开庭陈述与我国刑事诉讼中的公诉人宣读起诉书具有本质的不同，二者存在显著区别：一是前者重在证据而后者重在目的；二是前者主要是书面语言，而后者主要是口头语言。我们认为，开庭陈述与宣读起诉书并无本质区别，二者都是向裁判者初步介绍案件的基本事实、主要证据以及本方的诉讼主张，以使裁判者了解案件究竟是怎么回事，哪些环节需要重点关注，以期为之后的举证打下基础。实际上，除了刑事诉讼公诉人宣读起诉书，我国民事诉讼和行政诉讼中的宣读起诉状也相当于开庭陈述。至于规定在证据种类中的当事人陈述，其是否属于开庭陈述则需要具体甄别，如果是当事人在法庭开庭时的系统陈述而不是侦查阶段的只语片言，我们认为也具有开庭陈述的一定特征。

2. 开庭陈述的内容与目的

如前所述，开庭陈述的主要目的是使法官或陪审团对己方的诉讼主张形成一个初步的印象，或者对对方的诉讼主张产生疑问，因而各国的开庭陈述在内容上大同小异，主要是表明己方的基本诉讼主张并提出总体的证明方向。

在民事诉讼中，一般首先由原告方口头陈述其诉讼请求及其所依据的事实、理由，然后由被告方陈述案件事实及其所持的不同意见。在我国，被告提出反诉的，应陈述反诉的诉讼请求及其所依据的事实、理由。有诉讼第三人的，先由有独立请求权的第三人陈述其诉讼请求及所依据的事实、理由，再由无独立请求权的第三人针对原、被告的陈述提出承认或者否认的答辩意见。当事人有诉讼代理人的，可以由诉讼代理人陈述或答辩，也可以在当事人陈述或答辩完后，再由诉讼代理人补充。审判人员有权就案件事实进行询问，归纳本案争议焦点或者法庭调查重点，并征求当事人的意见。

在刑事诉讼中，一般首先由检察官或指控方律师就被告人所犯之罪及主要证据进行陈述，然后由辩护律师就被告人无罪、罪轻或所受冤屈及不当待遇进行陈述。在我国，审判长宣布法庭调查开始后，先由公诉人宣读起诉书；有附带民事诉讼的，再由附带民事诉讼原告人或者其诉讼代理人宣读附带民事诉讼起诉状。公诉人宣读起诉书后，在审判长主持下，被告人、被害人可以就起诉书指控的犯罪事实分别进行陈述。被告人如果承认起诉书指控的犯罪事实，则应就自己的犯罪行为进行陈述；如果否认指控，应允许其陈述辩解意见。被告人陈述之后，应允许被害人根据起诉书对犯罪的指控陈述自己受害的经过。

具体而言，法庭对立双方的开庭陈述主要应着眼于三个方面：

其一，简要地表明己方对案件的基本立场，以明确下一步举证的方向。

其二，清楚地阐述己方对问题的理解，比如对本案诉因的理解，对本案争议焦点的理解，甚至包括对对方诉讼主张的理解。

其三，明确地提出审判建议。比如在民事诉讼中可以提出赔偿数额的计算标准以及计算结果，在刑事诉讼中可以提出应当判处的刑罚或刑期；如果认为本案存在疑点或者认为侦查阶段存在违法情事，也应当在这一阶段提出。

3. 我国关于开庭陈述的法律规定

(1)《民事诉讼法》的规定。

《民事诉讼法》第 141 条规定："法庭调查按照下列顺序进行：（一）当事人陈述；（二）告知证人的权利义务，证人作证，宣读未到庭的证人证言；（三）出示书证、物证视听资料和电子数据；（四）宣读鉴定结论；（五）宣读勘验笔录。"

《最高人民法院关于修改〈关于民事诉讼证据的若干规定〉的决定》第 3 条规定："在诉讼过程中，一方当事人陈述的于己不利的事实，或者对于己不利的事实明确表示承认的，另一方当事人无需举证证明。"

(2)《刑事诉讼法》的规定。

《刑事诉讼法》第 50 条规定："可以用于证明案件事实的材料，都是证据。证据包括：（一）物证；（二）书证；（三）证人证言；（四）被害人陈述；（五）犯罪嫌疑人、被告人供述和辩解；（六）鉴定意见；（七）勘验、检查、辨认、侦查实验等笔录；（八）视听资料、电子数据。证据必须经过查证属实，才能作为定案的根据。"第 173 条规定："人民检察院审查案件，应当讯问犯罪嫌疑人，听取辩护人或者值班律师、被害人及其诉讼代理人的意见，并记录在案。"第 191 条规定："公诉人在法庭上宣读起诉书后，被告人、被害人可以就起诉书指控的犯罪进行陈述，公诉人可以讯问被告人。"

《人民检察院刑事诉讼规则》第 358 条规定，起诉书的内容应包括被告人的基本情况、案由和案件来源、案件事实、起诉的根据和理由、被告人认罪认罚的情况等五个方面。第 417 条规定："在法庭审理中，经审判长许可，公诉人可以逐一对正在调查的证据和案件情况发表意见，并同被告人、辩护人进行辩论。证据调查结束时，公诉人应当发表总结性意见。""在法庭辩论中，公诉人与被害人、诉讼代理人意见不一致的，公诉人应当认真听取被害人、诉讼代理人的意见，阐明自己的意见和理由。"

（3）《行政诉讼法》的规定。

《最高人民法院关于行政诉讼证据若干问题的规定》第 65 条规定："在庭审中一方当事人或者其代理人在代理权限范围内对另一方当事人陈述的案件事实明确表示认可的，人民法院可以对该事实予以认定。但有相反证据足以推翻的除外。"

4. 开庭陈述的方法

开庭陈述看似简单，实则复杂，在具体实践中一般需要注意以下要点：

其一，在开庭陈述阶段不必进行相互辩论，也不必开始举证，双方律师只需简明地向法庭讲述案情及诉讼主张，因而篇幅不宜过长，内容不宜过详。

其二，双方所陈述的案情和诉讼主张必须有相应的可采证据支持，所提到的证人和证词必须在后续的庭审中兑现，裁判者也会在后续庭审过程中对开庭陈述中提及的证据及其证明力给予有意的关注。

其三，开庭陈述应聚焦于案件的事实、证据和诉讼主张，依法陈述，不得无端推测，不得涉及与本案无关的事实，也不宜涉及诉讼当事人的性格特征，否则法官可以应对方的异议或者依职权予以制止；在英美法系国家的庭审中，法官还可以对陪审团提出相应的建议。

其四，与其他法庭论辩环节不同，开庭陈述在维度上往往是"横向铺开"而不是"纵向深入"。也就是说，开庭陈述重在全面阐述和表达己方的观点和主张，至于这些观点和主张有多大程度的合理性和合法性，需要在后续的法庭质证环节和证人询问中继续进行挖掘。

其五，开庭陈述是口语化的。口语化通常较之书面语言更为生动，易于使法官尤其是那些不一定具有法律专业知识的陪审团成员迅速了解案情梗概。因此，即使此前已经准备好了书面稿，也需要在法庭上表述得更为口语化一些。

二、直接询问的基本理论

1. 直接询问的概念

直接询问（direct examination）又称为主询问（examination in chief），来源于英美法系国家的庭审实践，通常指提供证人的一方当事人通过其律师向该证人进行的询问。典型的直接询问通常包括四个环节：一是律师根据事实、法律和其他已知情况设计问题；二是律师逐一向证人提出问题；三是证人回答问题；四是法官对证人及其证言的可靠性和可信性做出评价。

在我国，无论是刑事诉讼还是民事诉讼、行政诉讼，均一直存在事实上的直接询问，在证人出庭作证的时候，均由提出证人的一方首先发问，然后才由对方发问。然而，在司法实践中，由于传统文化以及立法上的原因，证人不出庭作证以及证人以书面证言代替出庭作证在我国庭审实践中已成为一种司空见惯的现象。在这种情况下，即使是提出证人的一方欲要对本方证人进行直接询问也是不可能的。我们认为，由于证人未在法庭上接受必要的询问和质疑，即使其提供的书面证言最终得到法庭的采纳，也无法排除其中的程序瑕疵，甚至引起人们对司法公正的质疑。反之，如果确保当事人能对其提请出庭作证的证人进行直接询问，则不仅有利于将举证责任落到实处，而且有助于裁判者明辨是非，做出客观公正的裁决。

直接询问的对象是友好证人，即支持己方诉讼主张的证人。友好证人通常是己方提出的证人，但对方证人也可能反戈成为己方的友好证人。但是，在我国公安司法机关可以依职权提出证人的情况下，证人是否友好需要进行判断。判断“友好”证人的标准是做出支持己方诉讼主张的事实陈述，或者至少不会倾向或偏袒另一方。

需要指出的是，英美法系国家的证人范围与我国不同。在英美法系国家，当事人可以成为证人；如果是刑事诉讼，警察、鉴定人和被害人也可以成为证人，因而证人的范围要宽得多。在大陆法系国家，证人专指知道案件情况而向司法机关陈述的第三人，不包括当事人和鉴定人。一般认为，我国法律对证人范围的规定与大陆法系国家相同，也不包括当事人和鉴定人。但是，根据我国刑诉法第 62 条的规定，凡是知道案件情况的人，都有作证的义务，因而刑事被害人和鉴定人也可以认为是广义上的证人。

2. 直接询问的内容和目的

关于直接询问的目的，学界总的看法是一致的，即通过询问友好证人获得有利证言并以此为本方诉讼主张提供支持。但也有学者对此持不同的看法。比如，四川大学法学院的龙宗智教授认为，直接询问的目的在于“为举证方的诉讼主张正面提供证据事实的支持”。也有的学者认为直接询问的目的不仅仅在于获得友好证人的支持，还在于通过证人的陈述获得裁判者的同情。比如，毕玉谦教授认为，直接询问的目的在于“借助于证人所了解的案件事实情况，把自己主张的理由以及信息、材料来源明确地反映出来，以取得事实审理者的理解和同情”。

相较而言，我们更为接受上述最后一个观点。也就是说，直接询问的目的在于两个方面：从直接目的来说，其旨在获得有利证言，以支持本方的诉讼主张。从间接目的来说，其旨在最大限度地获得裁判者的同情，使案情朝着有利于询问者的方向发展。

为了达到上述目的，直接询问的内容可以尽可能广泛，凡与案件事实有关而又不属于证据排除的情况，询问者均可以询问。但实际操作中由于庭审时间及兴趣阈值所限，也不是越宽泛越好，过于宽泛的询问在效果上可能适得其反。通常，律师在直接询问的时候主要涉及以下几个方面的内容：一是证人的背景情况，包括证人的身份、年龄、职业、有无犯罪记录等等；二是描述事件发生的时间和地点，设定场景；三是描述案件事实本身，即描述行为及其主体、对象、结果等等。

为了使证人能够完整地讲述案件情况，律师通常提出“五 W”问题，即谁（who）、什么事（what）、在哪里（where）、何时（when）以及为什么（why）。

3. 我国关于直接询问的法律规定

（1）《民事诉讼法》的规定。

《民事诉讼法》第 142 条规定：“当事人在法庭上可以提出新的证据。”“当事人经法庭许可，可以向证人、鉴定人、勘验人发问。”“当事人要求重新进行调查、鉴定或者勘验的，是否准许，由人民法院决定。”

《最高人民法院第一审经济纠纷案件适用普通程序开庭审理的若干规定》第 25 条规定：“凡是知道案件情况的单位和个人，都有义务出庭作证。证人出庭作证，法庭应查明证人身份，告知证人作证的义务以及作伪证应负的法律责任。证人作证后，应征询双方当事人对证人证言的意见。经法庭许可，当事人及其诉讼代理人可以向证人发问。”“证人确有困难不能出庭的，其所提交的书面证言应当当庭宣读。当事人自己调查取得的证人证言，由当事人宣读后提交法庭，对方当事人可以质询；人民法院调查取得的证人证言，由书记员宣读，双方当事人可以质询。”《最高人民法院关于民事诉讼证据的若干规定》第 68 条规定：“人民法院应当要求证人出庭作证，接受审判人员和当事人的询问。证人在审理前的准备阶段或者人民法院调查、询问等双方当事人在场时陈述证言的，视为出庭作证。”“双方当事人同意证人以其他方式作证并经人民法院准许的，证人可以不出庭作证。”“无正当理由未出庭的证人以书面等方式提供的证言，不得作为认定案件事实的根据。”第 72 条规定：“证人应当客观陈述其亲身感知的事实，作证时不得使用猜测、推断或者评论性语言。”“证人作证前不得旁听法庭审理，作证时不得以宣读事先准备的书面材料的方式陈述证言。”“证人言辞表达有障碍的，可以通过其他表达方式作证。”第 74 条规定：“审判人员可以对证人进行询问。当事人及其诉讼代理人经审判人员许可后可以询问证人。”“询问证人时其他证人不得在场。”“人民法院认为有必要的，可以要求证人之间进行对质。”

（2）《刑事诉讼法》的规定。

《刑事诉讼法》第 61 条规定：“证人证言必须在法庭上经过公诉人、被害人和被告人、辩护人双方质证并且查实以后，才能作为定案的根据。法庭查明证人有意作伪证或者隐匿罪证的时候，应当依法处理。”第 62 条规定：“凡是知道案件情况的人，都有作证的义务。”“生理上、精神上有缺陷或者年幼，不能辨别是非、不能正确表达的人，不能作证人。”第 195 条规定：“公诉人、辩护人应当向法庭出示物证，让当事人辨认，对未到庭的证人的证言笔录、鉴定人的鉴定意见、勘验笔录和其他作为证据的文书，应当当庭宣读。审判人员应当听取公诉人、当事人和辩护人、诉讼代理人的意见。”第 191 条规定：“公诉人在法庭上宣读起诉书后，被告人、被害人可以就起诉书指控的犯罪进行陈述，公诉人可以讯问被告人。被害人、附带民事诉讼的原告人和辩护人、诉讼代理人，经审判长许可，可以向被告人发问。审判人员可以讯问被告人。”第 194 条规定：“证人作证，审判人员应当告知他要如实地提供证言和有意作伪证或者隐匿罪证要负的法律责任。公诉人、当事人和辩护人、诉讼代理人经审判长许可，可以对证人、鉴定人发问。审判长认为发问的内容与案件无关的时候，应当制止。”“审判人员可以询问证人、鉴定人。”第 197 条规定：“法庭审理过程中，当事人和辩护人、诉讼代理人有权申请通知新的证人到庭，调取新的物证，申请重新鉴定或者勘验。”法庭对于上述申请，应当做出是否同意的决定。

《人民检察院刑事诉讼规则》第 398 条规定：“公诉人在法庭上应当依法进行下列活动：……（三）询问证人、被害人、鉴定人……”第 400 条规定：“公诉人讯问被告人，询问证人、被害人、鉴定人，出示物证，宣读书证、未出庭证人的证言笔录等应当围绕下列事实进行：（一）被告人的身份；（二）指控的犯罪事实是否存在，是否为被告人所实施；（三）实施犯罪行为的时间、地点、方法、手段、结果，被告人犯罪后的表现等；（四）犯罪集团或者其他共同犯罪案件中参与犯罪人员的各自地位和应负的责任；（五）被告人有无责任能力，有无故意或者过失，行为的动机、目的；（六）有无依法不应当追究刑事责任的情况，有无法定的从重或者从轻、减轻以及免除处罚的情节；（七）犯罪对象、作案工具的主要特征，与犯罪有关的财物的来源、数量以及去向；（八）被告人全部或者部分否认起诉书指控的犯罪事实的，否认的根据和理由能否成立；（九）与定罪量刑有关的其他事实。”第 402 条规定：“讯问被告人、询问证人不得采取可能影响陈述或者证言客观真实的诱导性发问以及其他不当发问方式。”“辩护人向被告人或者证人进行诱导性发问以及其他不当发问可能影响陈述或者证言的客观真实的，公诉人可以要求审判长制止或者要求对该项陈述或者证言不予采纳。”“讯问共同犯罪案件的被告人、询问证人应当个别进行。”“被告人、证人、被害人对同一事实的陈述存在矛盾的，公诉人可以建议法庭传唤有关被告人、通知有关证人同时到庭对质，必要时可以建议法庭询问被害人。”第 405 条规定：“证人应当由人民法院通知并负责安排出庭作证。”“对于经人民法院通知而未到庭的证人或者出庭后拒绝作证的证人的证言笔录，公诉人应当当庭宣读。”“对于经人民法院通知而来到庭的证人的证言笔录存在疑问，确实需要证人出庭作证，且可以强制其到庭的，公诉人应当建议人民法院强制证人到庭作证和接受质证。”第 406 条规定：“证人在法庭上提供证言，公诉人应当按照审判长确定的顺序向证人发问。可以要求证人就其所了解的与案件有关的事实进行陈述，也可以直接发问。”“证人不能连贯陈述的，公诉人可以直接发问。”

向证人发问，应当针对证言中有遗漏、矛盾、模糊不清和有争议的内容，并着重围绕与定罪量刑紧密相关的事实进行。

发问采取一问一答形式，提问应当简洁、清楚。

证人进行虚假陈述的，应当通过发问澄清事实，必要时可以宣读在侦查、审查起诉阶段制作的该证人的证言笔录或者出示、宣读其他证据。

当事人和辩护人、诉讼代理人向证人发问后，公诉人可以根据证人回答的情况，经审判长许可，再次向证人发问。

询问鉴定人、有专门知识的人参照上述规定进行。

(3)《行政诉讼法》的规定。

《最高人民法院关于行政诉讼证据若干问题的规定》第 39 条规定：“经法庭准许，当事人及其代理人可以就证据问题相互发问，也可以向证人、鉴定人或者勘验人发问。当事人及其代理人相互发问，或者向证人、鉴定人、勘验人发问时，发问的内容应当与案件事实有关联，不得采用引诱、威胁、侮辱等语言或者方式。”第 46 条规定：“证人应当陈述其亲历的具体事实。证人根据其经历所作出的判断、推测或者评论，不能作为定案的依据。”

4. 直接询问的方法

相对于开庭陈述而言，直接询问需要在询问者与友好证人之间建立良好的互动，因而更为复杂，是诊所学生不能忽视的基本功。直接询问主要应注意运用以下方法：

(1) 不得包含诱导性问题。所谓诱导性问题，是指暗含询问者想要的答案的问题。之所以禁止诱导性问题，主要是因为证人很容易按照询问者的预设答案做出相应的回答，从而导致虚假证言。一般来说，包含具体选项的问题以及能够用“是”或者“不是”回答的问题大多属于诱导性问题。当然，在进行此类判断时，不能仅仅采取形式的判断标准，有时候还应当采取实质的判断标准。比如，询问者在对事件经过进行详细描述之后，再问这件事是否发生了，证人很自然地就能推知这是询问者想要得到的答案，这无疑属于诱导性问题。例如，律师问：“这个人围绕汽车转了好几圈，然后掏出一个黑色方盒，钻入引擎下方，出来时还拍了拍手，你目睹了整个过程了吗?”或者，在选择性的问题中，其中一个选项明确而具体，另一个则含糊不清或模棱两可，证人很容易就能判断哪个选项是询问者希望得到的答案，这也属于诱导性问题。例如：“这个声音听起来像是汽车在急刹车时发出的声音还是别的什么声音?”这两种问题之所以具有诱导性，是因为它们均具有强烈的心理暗示意义，而这种心理暗示就是是否具有诱导性的实质标准。反之，如果一个问题是中性的、均衡的或开放性的，就不具有诱导性，因为证人无从知晓询问者是否在寻求或者寻求什么答案。例如：这件事发生在什么地点？案发时路灯是明还是暗?

(2) 不得以交叉询问或其他质诘方式质疑或责难证人。直接询问针对的是友好证人，其证言往往有利于，或者至少不会损害询问方的诉讼主张，因而不能以适用于敌意证人的质诘方式对证人进行质疑或责难。当然，有时候证人与询问者之间也可能出现关系紧张的情况，比如证人不配合询问方，或者证人显然怀有敌意，在这种情况下，询问者应请求法庭启动一定的程序，以改变原来的问话方式。在英美法系国家，可以请求法官宣布该证人为敌意证人（hostile witness)。一旦获准，则证人合法地站到了对立一方，使用诱导性问题的危险消失，原询问方可以转而采取交叉询问或其他质诘方式攻击证人。在我国，法律对此没有明确的规定，实践中一般的做法是由原询问律师征得合议庭的许可，从而使原证人合法地成为对方证人。

（3）如有必要，直接询问可以反复进行。在三种情况下，直接询问可以反复进行：一是前一次的直接询问遗漏了重要的案件信息，需要补充询问；二是对方的交叉询问引出了新的、事先无法获得的案件信息，需要再行询问；三是在对方交叉询问之后，为了重新聚集被交叉询问推翻的证据堆，恢复证人的可信性，澄清证人证词中的模糊之处，需要重新询问。当然，在进行反复直接询问的时候，一般应听从法官的指挥或征得法官的同意。

（4）让证人全面讲述。直接询问旨在让证人全面回忆和讲述他或她的亲身经历和感受，无论是所看到的、所听到的或者知道的事实，只要与案件有关，说得越多越好。为了达到让证人全面讲述的目的，在设计问题的时候可以尽量开放一些。比如："前天发生的事情是怎么回事?"这样的问题可以使证人就其全部的经历和感受进行无限制的讲述。

（5）注意问话方式。比如，律师在提问时可以采取由易到难的渐进式问话方式，也可以在问话过程中多多采取引导性或过渡性的问题，这样有助于建立与证人的信赖关系并使证人尽快适应法庭的氛围。

三、交叉询问的基本理论

1. 交叉询问的概念

交叉询问（cross-examination）也称为反询问（examination in adverse），其与直接询问一样，也是个英美法系的概念。根据《布莱克法律词典》的解释：交叉询问是"在审判或听证中由相反一方的当事人或者律师对证人进行的询问"。

为了更好地把握交叉询问这一概念，需要注意以下几个方面：（1）交叉询问是对敌意证人的询问，在诉讼中具有对立的性质。所谓敌意证人，在此是指其证言可能销蚀或瓦解交叉询问方的诉讼主张的证人。敌意证人通常是对方证人，但特殊情况下也可能是反戈的己方证人。在刑事诉讼中，检察官对辩护方证人的询问、辩护人对控方证人的询问，都属于交叉询问。（2）交叉询问是质诘性的询问，而不是支持性或者进一步说明性的询问，因而具有攻击或反驳的性质。（3）与直接询问一样，交叉询问的对象也是包括双方当事人在内的广义的证人，在刑事诉讼中还包括被害人、鉴定人、勘验人、检查人以及参与案件侦查的警察。（4）交叉询问应该在法庭上由法官主持进行。因此，警察在侦查阶段对证人的询问或讯问，不属于交叉询问；检察官和辩护律师在法庭之外对证人询问，也不属于交叉询问。

交叉询问具有独特的质证功效。在实体上，交叉询问的双方从不同的角度进行辩论和质证，有助于观察问题的深刻性和全面性。在程序上，交叉询问充分实现庭审的公开性、对抗性、直接性和言辞性，使作为判决基础的诉讼证据材料在客观性、关联性和合法性三个方面得到有效保障，从而构筑了正当程序的重要层面并使判决本身获得正当性。正因为如此，交叉询问被美国著名证据法学家威格莫尔（John H Wigmore，1863—1943）誉为最好的真相发现装置。

我国法律没有对交叉询问做出明确规定，但是从有关的法律规定以及相应的司法实践来看，我国事实上已经确立了交叉询问制度的总体框架。同时，一个不得不承认的事实是，我国的交叉询问制度还非常不成熟，因而有待进一步发展和完善：一方面，诉讼实践中证人、鉴定人、勘验人的出庭作证率仍不容乐观，致使交叉询问常常难以实现；另一方面，交叉询问在司法实践中远未受到应有的重视，致使交叉询问常常流于形式。此外，与英美法系国家成熟的控辩对抗式诉讼结构不同，我国的庭审架构仍存在较强的职权主义色彩，乃至于现行诉讼法和相关司法解释为交叉询问设置了许多不必要的障碍。比如，《刑事诉讼法》第191条规定：公诉人在法庭上宣读起诉书后，被告人、被害人可以就起诉书指控的犯罪进行陈述，公诉人可以讯问被告人。被害人、附带民事诉讼的原告人和辩护人、诉讼代理人，经审判长许可，可以向被告人发问。审判人员可以讯问被告人。审判长认为发问的内容与案件无关的时候，应当制止。也就是说，是否可以以及何时可以对证人进行询问，最终的决定权在审判长手中而不是在律师和当事人手中。

当前，我国庭审制度从职权主义向对抗主义的转化已是大势所趋，由于交叉询问集中体现了对抗主义庭审制度的宗旨和原则，因而符合我国审判方式改革的潮流和方向，其有关的规则需要在司法实践中不断得到探索与总结。

2. 交叉询问的内容和目的

交叉询问的目的是通过质疑、攻击对方证据的弱点和漏洞来降低该证据在裁判者心目中的可信度，进而为本方的诉讼主张提供支撑。简言之，交叉询问的目的可以归纳为三个方面：①降低对方证人的可信度；②使对方证人的证言失去信用；③获得对己方有利的证言。

为了达到交叉询问的上述目的，交叉询问在内容上主要应集中于以下焦点：

(1) 质疑证人的作证资格。

不能正确表达意志的人，不能作为证人。待证事实与其年龄、智力状况或者精神健康状况相适应的无民事行为能力人和限制民事行为能力人，可以作为证人。①真实年龄。年龄是衡量证人是否具有作证资格的形式标准，因而需要重点核实。但是，关于年幼儿童是否有资格作证的问题，我国和其他大多数国家一样，在形式标准之外兼采实质标准，主要考虑该儿童能否辨别是非，能否正确表达，并以此判断其有无作证能力。②智力状况。智力状况是衡量证人是否具有作证资格的实质标准之一，即使证人达到一定年龄，但不能辨别是非，不能正确表达，也不能出庭作证。③精神健康状况。精神健康状况对证人是否具有作证资格具有重大影响。精神病人不能作为证人，间歇性精神病人在精神正常时期可以作为证人。

(2) 质疑证人的生理状况。

由于生理上的原因导致观察或者记忆能力不足的证人，在与此相关的证明中的作证缺乏有效性。①盲人在与视觉相关的证明中的作证缺乏有效性。②聋哑人在与听觉及语言表述相关的证明中的作证缺乏有效性。③其他感官功能（比如嗅觉）欠缺者在与该感官感觉相关的证明中的作证缺乏有效性。

(3) 质疑证人是否怀有主观偏见。

如果证人在作证过程中表现出明显的偏见，如种族偏见、民族偏见、性别偏见等，裁判者可能有理由怀疑其证言的真实性，从而使其证言大打折扣。

(4) 质疑证人是否受到外界干扰。

某些物质的、精神的或环境因素的干扰容易使证人产生生理或精神紊乱，这种紊乱要么使证人产生错误的感知，要么使其不能感知，或使其感知水平下降，或使其不能、不敢正常表达意志。

3. 我国关于交叉询问的法律规定

(1)《刑事诉讼法》的规定。

《刑事诉讼法》第 61 条规定："证人证言必须在法庭上经过公诉人、被害人和被告人、辩护人双方质证并且查实以后，才能作为定案的根据。"第 62 条规定："凡是知道案件情况的人，都有作证的义务。"第 191 条规定："公诉人在法庭上宣读起诉书后，被告人、被害人可以就起诉书指控的犯罪进行陈述，公诉人可以讯问被告人。被害人、附带民事诉讼的原告人和辩护人、诉讼代理人，经审判长许可，可以向被告人发问。"第 194 条规定："公诉人、当事人和辩护人、诉讼代理人经审判长许可，可以对证人、鉴定人发问。审判长认为发问的内容与案件无关的时候，应当制止。"

（2）《民事诉讼法》的规定。

《民事诉讼法》第 75 条规定："凡是知道案件情况的单位和个人，都有义务出庭作证。"第 142 条规定："当事人经法庭许可，可以向证人、鉴定人、勘验人发问。"

《最高人民法院关于民事诉讼证据的若干规定》第 68 条规定，证人应当出庭作证，接受当事人的质询。第 74 条规定，当事人可以对证人进行询问。证人不得旁听法庭审理；询问证人时，其他证人不得在场。人民法院认为有必要的，可以让证人进行对质。第 82 条规定，经法庭许可，当事人可以向证人、鉴定人、勘验人发问。询问证人、鉴定人不得使用威胁、侮辱及不适当引导证人的言语和方式。

（3）《行政诉讼法》的规定。

在我国行政诉讼法中，交叉询问的法律规定与直接询问的法律规定混合规定在一起，也体现在《最高人民法院关于行政诉讼证据若干问题的规定》第 39 条和第 46 条的规定中。

4. 交叉询问的方法

交叉询问的规则正好与直接询问相反，一般来说，凡是直接询问所禁止的方法，都是交叉询问可以应用的方法，既可以进行诱导性询问，也可以质疑证人的作证资格和证言的可信度。具体而言，交叉询问应注意以下规则：

（1）交叉询问在直接询问之后进行。当然，为了持续攻击证人证言的真实性以及证人本身的可信性，也可以在前一个交叉询问之后不经过对方的直接询问而继续进行交叉询问或者多次反复进行。

（2）不要问与案件事实无关的问题。交叉询问的问题应当与案件事实有关，对于不具有案件关联性的问题，证人可以拒绝回答，但是证人资格问题除外。

（3）不要问自己不知道答案的问题。一般来说，人们是在不知道有关信息而又想知道这个信息的情况下才发问。但是在法庭上，控辩双方一般是明知故问。这是法庭问话与日常问话最最重要的区别，如果茫然发问，容易陷入被动状态，也容易迷失目标。

（4）务必牢牢地控制证人。律师在证人交叉询问过程中要控制证人并得出你的论点，而不是让证人单纯讲述自己的故事。如果一个证人在回避问题，要让你的问题更强硬。坚持让证人回答问题，如果有必要，请求法庭介入要求证人回答问题。如果证人试图打败你，他将失去法庭的同情，因此有利于你采取更强硬的方法。不要允许证人解释每一个问题。如果证人陈述的不合理性、可疑点被其他证据直接证明或驳回，用细节问题控制证人以阻止他做进一步的解释。不要允许证人重复问题，不要让证人重复他在直接询问中的证言，不要允许证人用问题来回答问题。在证人逃避问题时，可以请求法官要求证人回答问题。

（5）在对证人资格进行质疑时，可以涉及与个人信誉和品行有关的问题，但是禁止对证人施以人身攻击、损害人格尊严或在公开审判中泄露隐私。

（6）不得使用威胁、侮辱性的言语和行为，不得威胁、侮辱证人。

（7）为了充分发挥交叉询问的效果，在进行询问的时候应有意识地把证人置于裁判者的审视之下，对此可以就同一事实对证人进行多角度询问，以便法官从同一事实的证据源上观察到证人证言是否真实和全面。

（8）此外，在英美法系国家，对特殊证人或特殊案件的交叉询问具有特殊的方法。例如，在对专家证人进行交叉询问的时候，律师可以就其观点进行直接询问，法官也可以应律师要求审查专家意见所依赖的事实资料和基本原理，这样在交叉询问中不仅允许律师对该专家进行直接询问，法官也可以就该观点依据的事实和科学背景对该专家证人进行直接询问，以保证专家意见的可信性。再如，对于性侵害犯罪案件中的交叉询问，一般不允许提出被害人过去性行为和性倾向的证据，以免在法庭调查中再一次使被害人受到伤害，不过此项法则仍有三项例外：1）“宪法规定应采用的”，这主要是基于保护被告人通过“正当程序”受审的权利；2）为了间接说明不是被告人本人侵害了被害人，允许使用在侦查或审查过程中发现该被告不是该精液来源的证据或该被告人并没有造成被害人伤害的证据；3）为说明性行为是经被害人同意的，被告人可提出他自己过去与被害人具有性关系的证据。

四、结案陈词的基本理论

1. 结案陈词的概念

结案陈词（summing-up）也称总结陈词，是案件庭审结束前的最后一个程序，是双方律师在判决做出之前为维护当事人诉讼利益而向裁判者进行的最后的法律论辩。由于结案陈词在顺序上属于案件庭审结束前的最后一个程序，其效果的好坏往往攸关案件的最终结果，即使之前的工作做得再好，但如果结案陈词做得不好，也可能前功尽弃。

在英美法系国家，无论是刑事诉讼还是民事诉讼，结案陈词都是一部压轴大戏。就一般程序而言，在询问证人完毕之后，往往会有一个时间或长或短的休庭间歇，但双方律师在这个间歇却不会感到轻松，因为接下来就轮到他们面对陪审团和法官进行结案陈词了。如果前面的工作做得不理想，结案陈词就是最后的“翻盘”机会，双方律师谁也不敢掉以轻心，都会在这一最后关头背水一战。

在我国诉讼法中，有三种情况类似于英美法系国家的结案陈词。一是在民事诉讼中，法庭辩论终结后，由审判长按照原告、被告、第三人的先后顺序征询各方最后意见，由原告、被告、第三人或各自委托的律师按照要求发表最后意见。二是在刑事诉讼中，公诉人在证据调查结束时应当发表总结性意见。三是在刑事诉讼中，被告人在审判长宣布法庭辩论终结后有权自行或委托辩护律师进行最后陈述。当然，这里的类似主要是就其实质内容而言的，其相关程序规则较之英美法系国家的结案陈词仍然存在很大差异。

需要指出的是，我国刑事诉讼中的被告人最后陈述是指被告人在法庭审理结束之际，就被控之罪进行的最后辩护活动，其既是法庭审理的一个独立的诉讼环节，也是法律赋予被告人的一项重要的诉讼权利。最后陈述与结案陈词之间的区别在于：一方面，结案陈词通常由律师完成，而最后陈述则一般由被告人完成。当然，实践中出于委托信赖和避免差错的考虑，被告人也可以委托辩护律师代行最后陈述。另一方面，结案陈词主要是一项诉讼活动或诉讼环节，而最后陈述更多地体现为一项诉讼权利。

2. 结案陈词的内容和目的

案件的判决关系双方当事人的切身利益。在最终判决做出前，再给双方一次陈述的机会，听取双方对案件的意见，既可以让双方当事人独立完整地阐明自己的意见，强化裁判者对诉讼主张和证明效果的印象，也可以弥补在法庭调查和法庭辩论中的辩护或代理的不足之处。这对于法庭准确认定案件事实、正确适用法律具有十分重要的意义。

一般来说，结案陈词在内容上主要关注以下几个方面：

其一，梳理事实和法律。对被害人或被告人而言，由于其不可能具有律师那样的专业素养，即使可以降低法律层面的要求，但在事实层面至少要尽量客观。对辩护律师或代理律师而言，其结案陈词则不但要紧扣事实和法律，而且要借此梳理事实和法律，以此展示自身的洞察力、专业素质和敬业精神。

其二，集中表述己方观点和结论。在此前的法庭调查中，裁判者们接触到的都是零碎的证据，这些零碎的证据只有在结案陈词中经过律师的最后“总装”，才能成为一幅完整的“图画”

展现在裁判者面前。由于双方律师在此前一直没有机会全面阐述自己的观点，所以此时都会全力以赴地进行“表演”。因此，结案陈词往往是整个审判过程中最重要也最激动人心的时刻。

其三，对此前的庭审工作进行呼应。精明的律师在直接询问和交叉询问时往往会巧妙地留下一些“伏笔”，以备结案陈词阶段发扬光大，把辩护或代理效果发挥到极致。尤其是英美法系国家的律师，他们经常在此时拿出庭审记录中证人的某些证言来推翻对方一直对之感到信心满满的诉讼主张，并且往往收到意想不到的效果。

3. 我国关于结案陈词的法律规定

（1）《民事诉讼法》的规定。

《民事诉讼法》第 144 条规定：“法庭辩论终结后，由审判长或者独任审判员按照原告、被告、第三人的先后顺序征询各方最后意见。”

（2）《刑事诉讼法》的规定。

《刑事诉讼法》第 198 条规定，“经审判长许可，公诉人、当事人和辩护人、诉讼代理人可以对证据和案件情况发表意见并且可以互相辩论”。“审判长在宣布辩论终结后，被告人有最后陈述的权利”。第 200 条规定，“在被告人最后陈述后，审判长宣布休庭，合议庭进行评议，根据已经查明的事实、证据和有关的法律规定，分别作出以下判决：（一）案件事实清楚，证据确实、充分，依据法律认定被告人有罪的，应当作出有罪判决；（二）依据法律认定被告人无罪的，应当作出无罪判决；（三）证据不足，不能认定被告人有罪的，应当作出证据不足、指控的犯罪不能成立的无罪判决。”第 219 条规定：“适用简易程序审理案件，不受本章第一节关于送达期限、讯问被告人、询问证人、鉴定人、出示证据、法庭辩论程序规定的限制。但在判决宣告前应当听取被告人的最后陈述意见。”

《人民检察院刑事诉讼规则》第 417 条规定：“在法庭审理中，经审判长许可，公诉人可以逐一对正在调查的证据和案件情况发表意见，并同被告人、辩护人进行辩论。证据调查结束时，公诉人应当发表总结性意见。”“在法庭辩论中，公诉人与被害人、诉讼代理人意见不一致的，公诉人应当认真听取被害人、诉讼代理人的意见，阐明自己的意见和理由。”

4. 结案陈词的方法

在英美法系国家，无论是民事诉讼还是刑事诉讼，结案陈词都发生在证据调查之后，判决做出之前。但是在美国的一些州，比如罗得岛州，这一顺序正好相反。不过，法官在此时要召集双方律师到法官室去进行关于法官指示的“协商”，而双方律师都会从己方角度要求法官在其指示中向陪审团解释某些法律原则。

在我国刑事诉讼中，最后陈述发生在法庭调查和法庭辩论之后、合议庭闭门评议之前。同时，最后陈述也被视为被告人不可剥夺的一项诉讼权利，合议庭必须保证这一权利得到切实的行使，否则属于程序性违法。

除了上述程序性规定，结案陈词一般还应遵守以下规则：

（1）结案陈词的发言顺序一般是：首先由起诉方发言，按照对己方最有利的观点，对证据进行总结和辩论，然后由被告方发言，陈述对被告方有利的事实和理由，并对起诉方的结案陈词做出呼应。

（2）紧扣事实与法律。与开庭陈述一样，结案陈词同样不得发表没有事实基础和法律依据的陈词。尽管在结案陈词阶段双方律师都会抓住机会打一打情感牌，但这种情感牌也应建立在事实和法律的基础上。

（3）集中揭示对方举证中存在的矛盾和疑点。案件审理到结案陈词阶段，各方诉讼参与人都可能已经感到疲惫，此时尤其不必面面俱到，而要抓住重点，集中揭示对方举证中存在的矛盾和疑点，把好钢用在刀刃上。

（4）在刑事诉讼中，无论是起诉方还是辩护方进行辩论发言，应尽量避免对被告人是否有罪发表具体的个人评断，因为确定被告人是否犯有被控罪行，是裁判者的权力。在涉及定罪量刑的时候，一般应强调这样一项法律原则，即法律要求控方举证达到排除合理疑问的程度才能给被告人定罪，否则应裁决无罪。

（5）如在结案陈词中提出新的证据，应及时提醒法庭恢复法庭调查。

总之，和其他任何一种实践活动一样，法律论辩也时刻需要相关的理论指导。但是也不得不承认，通过抽象思维提炼出来的方法终究是一种纸面上的理性认识，只有通过亲身实践才能将其变为自己的感性认识。况且，理论总结不但欠缺具体性，而且有时也难免存在疏漏性，这种不足只有在具体实践中才能得到弥补。作为未来的法律实践工作者，诊所学生尤其应该抓住在法律诊所中的学习机会，积极动手，及时总结，悉心体悟，掌握法律论辩的基本功。

第三节　法律论辩训练

法庭论辩包括开庭陈述、直接询问、交叉询问、结案陈词。无论是陈述，还是询问，抑或辩论，首先确定目的，其次找出询问或辩论的重点，最后围绕着目标来进行。

一、开庭陈述

开庭陈述侧重于事实的陈述，让人们对案情有个大致的把握。开庭陈述不能太冗长，否则会失去人们的注意力，因为人的注意力的时间是有限的。开庭陈述要清楚、扼要地说明自己的主张。特别是开庭陈述的开场白要做到简洁、引人关注。

训练 8—1

开庭陈述训练

下面分别看一下原告和被告律师的开庭陈述的第一段：

原告律师的开场白：

尊敬的审判长、审判员：

据有关资料显示，在我国，84%的女性曾经遭受过不同形式的性骚扰，其中50%发生在工作场所，其中又有36%来自上级。而本案中的王萍女士，就是这样一位深受性骚扰之苦的女性。故此，我方只想证明一个基本问题，即汉密尔顿先生对王萍女士构成性骚扰，王萍女士有能力胜任工作却因拒绝骚扰而被无理解雇。

评析：该段开场白比较简洁，开门见山。

被告律师的开场白：

尊敬的法官，各位陪审员，你们好！

我是派尼科包装有限公司的律师，下面请允许我做开庭陈述

当今的社会，有一个现象我们不可否认，那就是人们的法律意识日益增强，人们更懂得如何用法律武器来捍卫自己的权益。随着大众媒体的广泛介入，各式各样的侵权案件的曝光率也越来越高，特别是性骚扰这一类型的案件，不仅在理论上成为人们热议的话题，而且也是实务

中人们的关注焦点。然而，正因为如此，导致了一个令我们感到十分心寒的现象的发生，法律救济途径的便捷，使得有些人别有用心，不是单纯地用法律来捍卫自己的合法权益，而是将其作为另谋他利的筹码。在今天的这个案件中，对方当事人王萍，因不能胜任工作被派尼科公司解雇以后，突然将性骚扰这顶帽子扣在了我方当事人汉密尔顿先生的头上，原因很简单，对方当事人王萍是女性、女下属，而我方当事人汉密尔顿先生是男性、男上司。在男性、女性尤其是男上司、女下属之间发生纠纷，很容易让大众联想到是不是有性骚扰。而对方当事人王萍正是抓住了大众有这样的心理，编造了各种证据，给我方当事人汉密尔顿先生扣上了性骚扰的帽子。而我要说的是，没有任何证据能证明我方当事人汉密尔顿先生对王萍有性骚扰，而是王萍之所以被解雇是因为她在试用期间内多次违规，工作态度不端正，不能完成公司规定的工作任务。

评析：该段开场白不平淡，比较有吸引力。

开庭陈述最好还可以运用一些常识或情感，让人们产生一种共鸣。如下面原告律师开庭陈述中的一段：

众所周知，工作环境的愉悦度对一个人来说是非常重要的，而我的当事人因为碰上了汉密尔顿这样一个上司，因为汉密尔顿的这一系列行为，她在公司里每天都过得紧张兮兮。而且，正是因为汉密尔顿是她的顶头上司，是决定她去留的人，所以，她才谨小慎微、忍气吞声，没有向有关方面反映。终于有一天，浙江大学第一医院确诊我的当事人患上了轻度抑郁症。

评析：该段说明王萍之所以容忍汉密尔顿的骚扰行为，是因为汉密尔顿对是否雇用王萍有决定权，这样使人们对王萍产生同情。

开庭陈述不仅要概述案件，还要帮助法官或陪审员理解法庭调查阶段出示的证据。因此，一要注意开庭陈述不是辩论，二要注意证据的提示也不是简单地罗列证据，而是说明证据证明了什么。多数的学生不知道开场白要写些什么，他们多是重复法庭调查阶段的证人证言。下面的开庭陈述就写得不是很合适：

对方代理人和当事人在开庭陈词中强调是由于我方当事人汉密尔顿先生的原因造成王萍患了轻度抑郁症，而且也出具了一份医疗诊断说明书。首先单就这份诊断书的真伪我要说一点，诊断书上很明确地写到未盖有医疗诊断专用章的无效，而恰恰王萍的这份诊断书没有盖章，所以，我们质疑它的真实性。

评析：该段开庭陈述是对证据的质证，应该放在交叉询问中。

二、直接询问

直接询问就是通过证人来讲故事。在直接询问中，被询问人是己方的当事人或证人，因此他（她）肯定是配合律师的提问，有时看似容易，但是也并非那么简单，在询问的问题和方式中体现众多的技巧。

1. 直接询问的目的和内容

对王萍的直接询问的目的是说明汉密尔顿对其进行了性骚扰，由于骚扰不成，而被派尼科包装有限公司开除，因此问题的设计就要包含汉密尔顿什么时间地点、共有几次对王萍有不当的言行。直接询问包括：基本情况的介绍、陈石生日晚会上及晚会后发生的事情；第一次收到意见书发生的事情；第二次收到意见书及当天下班时发生的事情；等等。

对原告方证人李玉，原告律师直接询问证人的目的是进一步证实原告的陈述，使事实具有客观性。对证人的直接询问与对原告的直接询问还是有点不同，没有必要把事实再次从头重复，只是对证人所知、所见的关键事实再次重申，包括：在陈石生日晚会上发生的事情，收到第二份意见书那天发生的事情，王萍在上班时的表现，王萍后来抑郁的表现，等等。

被告律师对被告直接询问的目的说明被告没有对原告进行性骚扰，解雇原告也属于按照规章正常地解雇，而解雇的原因是其不能胜任工作。因此，询问的内容就应当包括如下方面：被告基本情况的介绍及被告的职责，试用期的规定，解雇的规定，王萍的平时表现，陈石生日晚会上的事情，等等。侧重说明王萍不胜任其工作，并解释被告对原告的一些言行可以说是对原告的爱慕和追求，而且说明原告对被告的言行从未表示过拒绝。

被告律师对证人陈石的直接询问集中在原告不胜任工作，其出具意见书是具有正当性和合法性的，因此，律师的询问包括如下方面：证人的基本情况，流水线的工作是如何的，出具三次违纪意见书的情形，原告着装上的问题，而且还要说明汉密尔顿做出解雇的决定是根据证人出具的三次违纪意见书而做出的。陈石同样是本案的重要证人，律师不能忽视他的作用。考虑到是陈石直接评价王萍的工作表现，为了逻辑上更加严谨，要注重两个细节：一个是要论证陈石并非由汉密尔顿一手提拔为领班，公司有一整套严格的选拔人才的机制，陈石之所以被升为领班，是因为自身工作突出，而非受到汉密尔顿先生的提拔或推荐，汉密尔顿先生只是车间经理，并没有左右公司内部人员升迁的权力，所以对方如果要说陈石是汉密尔顿的心腹，证据就不充分；二是要论证陈石对王萍没有偏见。

2. 直接询问的技巧

训练 8—2

直接询问训练

(1) 直接询问原告王萍。

王萍是本案的当事人，通过对王萍的询问要展示案件的事实。对王萍的询问从以下几个方面进行：

第一，对其基本情况的询问。比较一下下面两个学生的提问：

学生一：原告王萍，请你陈述一下你个人的情况。

学生二：王小姐，请你介绍一下你自己的情况。

评析：比较起来，后一种提问的方式更好一些，前一学生的提问显得生硬，像是法官在提问，而不像律师对己方的证人提问。尤其法庭调查一开始，律师对原告的直接询问应尽量显得亲切，这也能缓解原告的紧张情绪。

第二，对其工作情况的询问。

学生一：能否介绍一下你的工作情况？

学生二：①你是如何进入到派尼科公司工作的？

②你在该公司做什么？

③你能否介绍一下车间的管理人员？

评析：学生一的问题有点宽泛。问题宽泛可能会产生两方面的问题：一是原告可能会答得漫无边际，容易失去控制；二是会遗漏一些细节。学生二把问题分成若干个小问题，以便更有针对性地了解一些事实。

第三，对 2008 年 5 月 23 日发生的情形的提问。比较两个学生对此的提问：

学生一：①你们同事曾经在“九点半”酒吧喝酒对吗？

②那天晚上都发生了什么？

学生二：①你上班的第一周周五，也就是 2008 年 5 月 23 日领班陈石生日的那天，你们去酒吧喝酒，你能描述一下被告汉密尔顿到场后的情形吗？

②在这种情形下你是怎样处理的？

③聚会结束后，你是如何回家的？

④回家路上发生了什么？

⑤当被告汉密尔顿再次把手放到你腿上时，你是什么反应？

⑥回去之后你又做了什么？

⑦你跟李玉都说了什么？

评析：第一种提问不具体：首先，时间不明确，同事们在酒吧喝酒可能会很多次。其次，那天晚上发生的事情也有很多，不要让回答的人把无关的细节牵涉进来，一方面会分散法官对重要细节的注意力，另一方面如果原告答得过多也会引起法官的厌烦。最后，发问模式单一，如果问题简短，证人回答冗长，不容易让人记住，应该采用引导式的问题，一步步递进式地发问。后一提问，不仅具体明确，而且他还让原告说出自己当时的感受。

第四，“纸条门”。比较学生对此的提问：

学生一：当天下午下班时，有什么事发生吗？

学生二：①这张纸条你见过吗？

②你能否说一下它的来历？

③你能否读一下纸条里的内容？

评析：纸条是证明原告遭受被告性骚扰的一个重要证据。学生一的提问属于开放式的提问，虽然可以获得更多的信息，但不突出主题。在提问时可以宽窄结合，如学生二的问题，窄式的问话具有聚焦的作用。需要注意的是，不是每个环节都需要细节性的提问，这样会使法官厌烦，只有属于关键性、有意义的事实才应被使用，并采用渐进式的方法。再有，如果有物证或书证最好进行展示，并让证人说明，以增强说服力，因此学生二的做法就很好。

第五，收到第二份意见书的提问。

学生一：①你是在哪里接到这份意见书的？

②接着发生了什么？

③下班后在汉密尔顿的办公室里又发生了什么？

④什么礼物？

⑤这是否给你带来了困扰？

学生二：①在你受到第二份意见书那天，在汉密尔顿的办公室发生了什么？

②对于汉密尔顿的行为，你为什么不反抗？

③你有没有向公司的人力资源部反映呢？

④你那天下班后又发生了什么？

⑤什么礼物？

⑥你的反应是什么？

评析：在收到第二张意见书时，在汉密尔顿的办公室被告对原告有言语和行为的骚扰，这是关键的事实。第二个学生的提问还问到了原告对被告的言行的反应。第一个学生的第五个问题属于诱导性的问题。此外，应注意证据的出示，而这里学生一和学生二都忽视了对重要的物证内衣的出示。

（2）再次直接询问王萍。

训练 8—3

再次直接询问训练

在被告的律师对王萍进行交叉询问后，原告的律师可以再对其进行直接询问，其目的是对在反询问过程中出现的对原告不利的事实进行解释和说明，以抵消反询问给原告带来的不利后果。比如，本案中，被告的律师肯定在反询问中指出，王萍经常迟到而且着装不合适，这时候就需要律师对王萍进行再次直接询问，给其一个解释的机会。如下：

①王小姐，意见书里说你迟到过两次，你说说具体的情况。

②王小姐，意见书里说你着装不合适，你们公司对员工在车间工作时的着装有什么要求吗？

③2008 年 6 月 4 日，汉密尔顿和陈石对你的着装分别是什么反应？

④其他员工对你的着装是什么反应？

(3) 直接询问证人李玉。

再比较下面两组询问：

学生一：王萍是怎么进入公司来的？
面试结束后，汉密尔顿对你说了些什么？

学生二：王萍是怎样来到公司工作的？
是汉密尔顿先生面试她的吗？
那么汉密尔顿先生在面试王萍后当即就做出了雇用的决定吗？
汉密尔顿除了告诉你雇用了王萍，还说了其他话吗？
你确定他当时强调漂亮两个字吗？

学生一：那天下午下班时发生了什么？
你知道那个东西是什么吗？

学生二：你能具体讲一下你知道的情形吗？
之后呢？
你确定是你亲眼所见，他握着王萍的手不放吗？
你知道那是什么礼物吗？
王萍在接受礼物时，并不知道礼物是什么吗？
王萍看到这份礼物后有什么反应？

评析：这两组分别是王萍进入公司时情形的询问和接到礼物时情形的询问，学生二把一些细节放大，说明汉密尔顿对王萍进行性骚扰。

演练：按照本章所讲的理论和上述对直接询问的评析，请作为被告方的律师制作对被告汉密尔顿和证人陈石的直接询问提纲。

三、交叉询问

交叉询问被认为是发现事实的最有效的方法，它也最能体现律师的水平和经验。美国律师界对交叉询问有句名言："律师之声誉，生于交叉询问，死于交叉询问。"戈帕尔吉·梅罗特拉也曾说过："许多案件的胜诉仅仅因为律师具有很高的盘询技巧。一个好的盘询者的提问总是又简洁又击中要害，他提出的问题是如此的巧妙，以至于无论被问者怎样回答，都对他的辩护有利。"

训练 8—4

交叉询问训练

1. 交叉询问的目的和内容

原告的律师对陈石的间接询问，目的在于证明陈石对于王萍有着根深蒂固的偏见以及和汉密尔顿的特殊关系，以此证明王萍被解雇并非因自己的能力不足，而是在汉密尔顿的授意和陈石的偏见下做出的决定。因此，在问题的设计上突出强调汉密尔顿对陈石的一手提拔，以及公司没有对着装的规定，对于员工的衣着是否合适，完全是陈石自己的看法。

如下面律师对汉密尔顿的交叉询问：

在你升为经理之后，陈石就被提升为领班了，是吗？

你作为陈石的直接上司已经有很多年了，是吗？

那么，你们一定非常默契，对于你的很多意思，陈石能够领会得很好，是吗？

对于车间谁被雇用、谁被解聘，你有最终决定权，是吗？

评析：通过上面的几个问题，通常能够达到律师想要的结果。

有时候问题提得不当，反而会产生相反的效果。如原告律师在对陈石的交叉询问中，为了体现陈石对王萍有偏见，接连对陈石提了三个问题：

您从王萍进入公司时，就怀疑王萍是否能胜任工作，是吗？

您还认为王萍有点卖弄风情，是吗？

您还觉得王萍喜欢引起别人注意，是这样吗？

被告律师对王萍的交叉询问，主要从两个方面进行：一是和汉密尔顿的关系。王萍明知维护权益的渠道而没有寻求救济，是因为根本不存在性骚扰；汉密尔顿对王萍的言行并未违背王萍的意志，而是在追求王萍。二是王萍的工作表现。

评析：这里的“不能胜任工作”“卖弄风情”“喜欢引起别人注意”是对原告极其不利的，适得其反，造成对王萍不好的印象。

2. 交叉询问的技巧

（1）如何提出具体的问题？

交叉询问与直接询问不同的是尽量不要用开放式的询问，即所提的问题要明确具体，使证人无法自由发挥。只能答“是”或“不是”。如下面对王萍的交叉询问：

在你收到第一份违纪意见书的时候，汉密尔顿提醒过你，违纪意见书会影响你是否转成正式员工，是吗？

你收到三份违纪意见书的时候，你只签了字，而没有提出任何异议，是吗？

也就是说，你承认违纪意见书上对你的评价，是吗？

评析：上面的问题都很具体，证人只能答是，这样的话使得律师牢牢地控制着询问。

（2）如何降低证言的可信度？

被告律师对李玉的交叉询问，可以从其证言的可信性入手，因此就可以设计如下的问题：

你和王萍高中起就是好朋友，是吧？

你们的关系很密切，是吧？

是你推荐王萍来到你所在的公司的，是吧？

评析：通过王萍和李玉关系不一般，有着多年的好朋友关系以降低其证言的可信性。

再有，也可以运用证人之间的证言矛盾，说明一方证言的不可信。如对王萍的交叉询问。

王萍在证言中提到自己在陈石生日当晚虽然一直坐在汉密尔顿的旁边，但是没有和汉密尔顿说一句话，而李玉、陈石的证言中都提到看见王萍当晚和汉密尔顿聊得很开心，所以在对王萍和李玉的交叉询问中设计同样一个问题，以显示两者的证言矛盾，从而达到削弱王萍证言证明力的效果。这样也为下面做铺垫，王萍自己提到汉密尔顿摸她的大腿、约她喝酒、约她跳舞、索要生活照片、送黑色内衣，这些事情也只有王萍的一面之词，没有其他证言佐证，李玉的证言也只不过是间接的证言，达到法官认为王萍证言虚假的效果。

(3) 如何间接地提出问题?

还有因交叉询问的对象是对方的证人，通常不会配合询问的律师，所以有些问题律师可以不直接提问，而是采用间接询问的方式。例如以下对王萍的询问：

你和其他员工相处很融洽，是吗?

所以你经常和其他员工聊天，是吗?

评析：对于该问题如果一开始律师直接问王萍是否在上班时经常聊天，是很难得到肯定的答复的，但是如果有前一问题做铺垫，有时就能得到律师想要得到的答复。

(4) 对于对己方不利的证据怎么去质证?

有的律师就回避了，但是会给人们产生某种印象，客观事实是存在的。比如，本案中汉密尔顿送内衣的事情，其实从本案来讲证据是有漏洞的，虽有李玉的证言，但是李玉只是在办公室外面看见汉密尔顿先生递给王萍一件“东西”，而且王萍从办公室出来以后并没有立即将这件“东西”打开，而是在回家的路上才告诉李玉刚才汉密尔顿送给她一件“礼物”，打开盒子，是一件内衣。从李玉的一系列证言中，其实我们也是可以将其攻破的：第一，“东西”并不等于“礼物”，李玉看见的只是汉密尔顿递给王萍一个“东西”，而且李玉是在王萍告诉她这是一件礼物时，才知道刚才汉密尔顿送的是一件礼物，也就是说从李玉亲眼所见并不能确定汉密尔顿送礼物给王萍了。第二，从办公室出来到打开盒子有一段间隔，而且证言并没有强调王萍打开的盒子是汉密尔顿送的那个盒子，所以我们也可以认定王萍在这段间隔中是有机会将那件东西换成其他礼物的，因为这件黑色内衣很有可能是王萍自己买的或是别人送的，所以这一系列并不严谨的证词是有漏洞可寻的。因此，对于这一部分的交叉询问李玉可以进行如下设计：

你在办公室外面看见的只是汉密尔顿递给了王萍一件东西，是吗?

你们从汉密尔顿的办公室走出来的时候，并没有立即打开那件东西，是吗?

你们是在回家的路上，王萍告诉你汉密尔顿送了一件礼物，是吗?

随后王萍从包里掏出一个盒子，打开一看里面是一件黑色内衣，是吗?

四、结案陈词

结案陈词是辩论而不是事实的陈述，可以从事实、法律以及事实和法律的相印证性等多个方面进行论证。

训练8—5

结案陈词训练

比如该案原告的律师应说明汉密尔顿的言行构成性骚扰，性骚扰和被解雇之间有因果关系。如下面的结案陈词：

在认定汉密尔顿构成性骚扰之前，我们首先要界定的是，什么是性骚扰？这是我们对汉密

尔顿的系列骚扰行为做出公正、合理定性的前提。我国《妇女权益保障法》第40条明确规定：禁止对妇女实施性骚扰。受害妇女有权向单位和有关机关投诉。也就是说，我国明令禁止对于妇女的性骚扰行为。北京市人大常委会对于性骚扰案件的规定，则更为详细、明确。北京市规定“禁止违背妇女意志，以具有性内容或者与性有关的语言、文字、图像、电子信息、肢体行为等形式对妇女实施性骚扰”。这个定义强调两点：第一，违背妇女意志；第二，通过与性有关的形式。

对于我的当事人来说，痛苦的记忆开始在一次并不愉快的酒吧之行。王萍作为公司新人，有幸参加同事陈石的生日聚会，谁知就在大家开怀畅饮之时，王萍却遭遇到尴尬，身边的经理汉密尔顿竟然把手放在王萍的腿上。在聚会结束后，汉密尔顿提出送王萍回家，在这个过程中，汉密尔顿又再一次对王萍做出抚摸大腿的动作，并且亲吻王萍的嘴唇。汉密尔顿还对王萍说，雇用与否的决定权在他的手里，这对于初入职场、仍处于实习期的王萍来说，无疑是一种压力。接下来，王萍屡次接到汉密尔顿的邀请，或去酒吧喝酒，或去舞厅跳舞。但是王萍从未接受，从始至终排斥和汉密尔顿独处的机会。6月11日，汉密尔顿通知王萍到他的办公室，在办公室里，王萍却受到汉密尔顿特殊的礼遇。他先是问王萍迟到是不是因为男友没有叫醒王萍，后在王萍签字的时候把手放在王萍的肩部，后来移至腰部，紧贴着王萍的身体，让王萍很不舒服。当天下午，汉密尔顿又一次让王萍去他的办公室，送给王萍礼物，并借机一直摸着王萍的手，更为夸张的是汉密尔顿送给王萍一套性感的黑色内衣。从那晚起，我的当事人王萍就开始出现睡眠问题，因为这样的状况，对于王萍这样一个初入社会的女孩显然是无法处理的。

评析：该段结案陈词从性骚扰的构成要件分析，再结合汉密尔顿的言行，从而说明构成性骚扰。

法庭辩论要注意不要重复调查部分的内容，因为已经是两个环节了。有些学生因法庭辩论是提前准备的，法庭调查事实都发生了变化，但是仍然照本宣科。在法庭辩论中注意运用在法庭调查中所得的证据。

在论辩中，选择辩论的重点，而且精彩的辩论应当针尖对麦芒，而不是“你言寂寞，他述忧伤”地跑偏。如果在有限的庭审时间内不能抓住要害，则会被牵着鼻子走，陷入一种难以解脱的境地。如王萍案中，原告律师可以针对被告指责王萍没有反抗、态度暧昧，而且汉密尔顿对王萍是出于长辈对晚辈关心的问题进行反驳。

本案中的性骚扰是发生在职场这一特殊背景中，而且是发生在男上司和女下属之间，女下属在遭遇性骚扰时面临进退两难的尴尬境地。如果强硬而又直接地拒绝，无疑会给自己将来的顺利工作埋下隐患，上司难免公报私仇，故意刁难，给小鞋穿。不仅如此，王萍作为刚毕业的女大学生，在当前大学生的就业形势不好和经济危机的双重压力下，她害怕因为自己的鲁莽冒失行为而失去这份得来不易的工作。所以她一方面委婉地拒绝被告汉密尔顿，一方面又通过打招呼等方式表示自己不希望恶化与被告汉密尔顿的工作关系。这怎么可以称得上是态度暧昧甚至半推半就呢？正是因为被告掌握着雇用解雇的最后决定权，才导致受害人在面临性骚扰时被动消极回应。由于性骚扰的实施者是受害人每天都需要面对的上司，作为女下属的王萍不可能像在公共场合遭遇性骚扰那样，激烈而毫不留情面地反抗。况且我们有理由相信身为经理的被告汉密尔顿先生所具有的学识和修养，足以使他能够明白王萍委婉拒绝的含义。然而他不仅视而不见、步步紧逼，甚至在目的不达时，解雇受害人。

评析：有时候学生在法庭辩论中各说各的，缺乏针对性。而上述辩词即针对被告对原告的指责给对方以有力的回击。

在庭上要不失时机地寻找对己方有利的线索和机会：一方面要善于发现对方举证中的矛

盾，另一方面一定要避免自相矛盾。在表述上，措辞用语要简练、准确、有力。做到简练是相对容易达到的，而准确、有力则是和个人的语言能力有关。对于法律的问题，如果是表达事实和法律条文，那么最好的方式就是和原文一字不差，表述准确。在进行法律推理之时，则应当逻辑严谨，按照三段论的方式去做推论。在辩论中，如何找到对方的破绽，从而迅速有力击破对方的观点是辩论中的上乘武功。

辩论不是重复先前的事实，而是从证据中提取对自己有利的事实支持自己对案件的主张。好的结案陈词并非仅仅是总结，如果把证人在诉讼中所说的话平铺直叙地复述一遍，不仅浪费精力，而且也没有必要。结案陈词应当是一种辩论，涵盖己方的主题、案件的理论和支持本案的证据及法律，然后将它们熔铸成一个有说服力的整体，把逻辑和感情融合在一起。有效的结案陈词能够让法官听从己方的意见，达到胜诉的结果。

当今，在大学生就业难的背景下，工作已经成为毕业生的软肋。这根软肋是公司老板威胁职员的砝码、满足欲望的武器，被他们用来对付那些不顺从自己肮脏想法的职员。

评析：该开头部分简洁、清楚，表明了自己的观点。

原告律师的辩论可分为以下几个部分：一是对于性骚扰案件给出自己的定义和要件；二是把相关证据按照欲论证的目标重新组合，引导法官根据所给出的要件和相关事实做出判断。在最后的部分，针对对方可能提到的反驳点提前补漏，保持己方的信誉。最后的陈述可以渲染一些感情，达到引起共鸣的效果。如下面的最后陈述：

由于受社会传统观念的影响，大多数受害者在面临性骚扰时，最终选择了沉默。认同和鼓励女性为权利而斗争的社会氛围，以及改变女性在性骚扰面前“逆来顺受”的应对方式，是当下中国所急需的。我方当事人敢于运用法律武器维护自己利益的行为应当受到尊重。

第四节 推荐阅读

1. ［美］爱德华· T. 赖特著：《法庭胜诉之道》，卫跃宁等译，中国人民公安大学出版社 2005 年 1 月版。

作者是位律师，该书总结了他 44 年来参加诉讼、参加研讨会和阅读及写作庭审辩护著作的全部个人经验，更为重要的是他还在该书中汇集了全美最杰出的出庭律师的经验和思想。该书分为五个部分，分别是挑选陪审团、开庭陈述、出示你的证据、反询问证人、通过终局辩论取胜。每个部分又分成若干个小标题，还有特别提示及范例。该书对律师的诉讼经验进行了系统的归纳，可以说是一整套完备而实用的诉讼策略。

2. ［美］史蒂文·鲁贝特著：《现代诉辩策略与技巧》，王进喜等译，中国人民公安大学出版社 2005 年 1 月版。

该书是史蒂文教授的经典著作，多次出版，介绍了诉讼律师的诉辩策略、技巧和道德问题。审判诉辩技巧是美国法学教育中一个不可缺少的组成部分，该书揭示了审判和证据的各种思路，以及在处理特定问题时律师可以采取诸多方法以及如何选择。该书的内容包括：诉讼初步、案件分析与说书、直接询问、反询问、弹劾、再次直接询问和正誉、专家证言、异议、证据的铺垫与物证、开局陈述、终局辩论、陪审团遴选。每个部分有诸如作用、结构、内容、技巧、道德等方面的内容，并配以范例和要点。该书是一本非常细致地介绍美国法庭诉辩技巧的书。

3. ［美］丹尼尔·艾·斯默著：《走向法庭》，国立波译，法律出版社 2005 年 3 月版。

该书向执业律师提供在准备和庭审案件时所需的基本步骤、技巧和需要考虑的要点。分为上下两篇：上篇：申请准备，包括初次会面、设立卷宗、准备核心文件、应用科技手段、展开调查；下篇：走向法庭，包括提起诉讼、达成和解、准备出庭、开庭陈述、直接询问、交叉询问、反驳、总结陈述。该书为美国律师协会推荐律师必读书目，列入律师职业与生活丛书。

4. ［英］安迪·布恩著：《法律论辩之道》，姜冀凤、于丽英译，法律出版社 2006 年 6 月版。

该书的作者是英国威斯敏斯特大学法学院的院长，他曾经作为律师从业 10 年。该书包含从预备阶段到执行阶段进行有效辩护所要求的技巧，包括说服、行为、计划、开庭、提问、交叉询问、概括和总结、论辩练习、评价和反思、职业论辩训练计划等章。该书还提供了练习用的模拟辩护的详细资料，这些资料包括刑事与民事两个领域。该书为英国律师协会推荐律师必读书目，法律职业技巧快速指南丛书。

5. ［美］格里·思朋斯著：《胜诉法庭辩论技巧》，牟文富、刘强译，上海人民出版社 2008 年 5 月版。

该书的作者也是美国著名的律师，自 1969 年以来，从未在刑事案件和陪审团裁定的民事案件中败诉。该书同样是律师对自己多年的办案经验和技巧的总结。全书共分为两个部分，第一部分介绍了为胜诉所做的准备，包括发现自我的力量、独一无二的品格、不屈不挠的力量、感悟的魔力、倾听的力量、恐惧的力量、愤怒是充满危险的力量、理解的力量以及自助的力量；第二部分讨论了如何为胜诉辩护，包括挖掘案情，通过心理剧挖掘故事，备战决策人，故事开场白，通过证人讲述故事——直截了当地盘问，揭示隐秘事实——交叉询问，结束案件处理——最后辩论。该书为律师和法学院师生的辩论类指导用书，具有较强的实用性和可操作性，不仅可用于法庭辩论，还可用来指导生活中的辩论。

6. ［美］托马斯·A. 玛沃特著：《庭审制胜》（第七版），郭烁译，中国人民大学出版社 2012 年 5 月版。

该书将重点放在了陪审团审判上，一个律师能够成功说服陪审团，自然对于法官审判（bench trial）也会轻松处理。书中举的例子更多的是个人伤害以及刑事案件，因为这些案件更容易被分隔起来讨论，其中所展现出的诉讼技巧也构成了陪审团审判的实质部分。掌握了该书所列举的运用在简单常见案件中的技巧，你在面对复杂案件时亦能触类旁通。

7. 刘正江著：《胜诉之道：赢在辩论的 47 个典型案例》，法律出版社 2014 年 3 月版。

该书主要以真实案例为切入点，介绍了在实战中辩论技巧的重要性。该书作者刘正江律师，从业 30 余年，是我国改革开放以来最早迈入律师队伍的资深律师。在年近古稀之际，他从毕生承办的案例中选取 47 个具有代表性的予以汇集出版。这些案例涉及律师执业的主要方面，作者通过富有条理、重点突出的精彩辩论，使案件取得了胜诉或者当事人满意的结果。通过对案件的再现和还原，读者可以领略中国第一代律师办案的风采，借鉴作者辩论的方法和技巧，从而收获案件胜诉的经验和诀窍。

8. 张伟军、韦兴顺、闫沛垠著：《公诉人出庭辩论攻防谋略》，中国检察出版社 2014 年 4 月版。

从公诉人的角度出发，该书作者结合自己参加优秀公诉人法庭辩论赛的亲身体会，对法庭辩论中的技巧与谋略做了系统的研究和探讨。全书分为三个部分：上编为公诉人法庭辩论理论，系统研究和探讨公诉人法庭辩论的语言、修辞、逻辑规律及公诉艺术；中编为公诉人法庭辩论实践，着重从案件的审查起诉、法律文书的制作、出庭支持公诉等办案实践，探索公诉人法庭辩论的方法及策略；下编为公诉人岗位及策略，通过开展优秀公诉人法庭辩论赛，全面提升公诉人的辩论水平和综合业务素质。

9. 王璐著：《王璐讲辩论：6 堂口才训练与法庭实战课》，中国检察出版社 2014 年 8 月版。

该书的内容贯穿了法庭辩论的全过程，详细介绍了辩论赛技巧与实训、思辨技巧、公诉人法庭辩论技巧与实训等方面，全面地为我们介绍了辩论的技巧以及训练的方法、辩论前的准备、辩论时的各种技巧，是拥有 30 年辩论实战经验的资深检察官——王璐出庭公诉辩论智慧的结晶。

10. 尚永昕著：《法庭辩论》，南京大学出版社 2015 年 6 月版。

该书是法学实践教学系列丛书之一，共分三个篇章九个章节，各个章节讲述的主要内容包括：案件争议焦点的归纳、质证方法——单个证据的质证、对于证据材料进行综合质证的方法、法律适用问题的方法、法庭辩论的语言规范、法庭辩论中的逻辑与论证方法、法庭辩论的其他技巧、当事人的开庭陈述、证据开示等。

第九章
法律谈判

引 例

爱因斯坦为什么不离开普林斯顿大学

1932 年，普林斯顿高等研究院院长亚伯拉罕 • 弗莱克斯纳邀请爱因斯坦去他那里做研究工作。院长小心地询问："您期望的薪资待遇是多少呢?"爱因斯坦想了想说："3 000 美元吧"。院长斟酌了一会儿，答复道："这样吧，我给你 1 万美元。"惊讶不已的爱因斯坦当场就答应下来。1933 年，当得知自己的住宅被纳粹德国政府查抄后，爱因斯坦便申请加入了美国国籍，此后，再也没有回到德国。在 1955 年爱因斯坦去世前，哈佛、耶鲁等高校也曾以更高的薪酬聘请他去工作，但爱因斯坦都没有答应，他把他生命中最后的 20 多年留在了普林斯顿大学，普林斯顿大学也成为理论物理学的顶流研究机构。亚伯拉罕 • 弗莱克斯纳院长的聘请方式聪明吗? 他后来回忆称，爱因斯坦埋首书屋，根本不知道自己的学术影响力，也不关心美国的薪资行情。当时，美国顶级教授的年薪平均是 7 000 美元。他当然可以顺着爱因斯坦的报价承诺下来，"讨个便宜"。但爱因斯坦很快就会知道自己的真正身价的，"与其取巧省下几千美元，不如彻底征服这位天才的心"。爱因斯坦为什么再没离开普林斯顿，答案或许就在这儿。

课前阅读

以诚服人

目的：谈判不仅是话术、交流技巧，更是人格精神、魅力的展现，谈判是以人为中心进行的人际活动。谈判要去实现双方利益的最大化，但谈判的目标是双方在共同的利益平台上进行合作。学生在法律谈判中，协调当事人的诉求要心诚，为当事人博取利益要坦诚，以诚才能服人。

资料：

请阅读以上引例。

法律诊所教育一般不会给学生锻炼谈判的机会，但以合格法律职业人才培养为目标的诊所教育，应当通过谈判课程告诉同学们，谈判是人际活动，以人为中心，法律技能再多样，但"诚"字最重要。

第一节　谈判概述

一、谈判的概念与意义

1. 谈判的概念

谈判是指存在利益关系或者利害关系的当事人为了实现各自的利益，相互传递真实意思表示，交换信息，尤其是特定信息，旨在达成以利害关系为主内容的协议的过程。谈判作为一种社会活动，其范围广泛，各学科均有针对谈判形成的定义。但无论何种概念上的谈判，它都包含几个普遍性因素：当事人之间存在利益关系，特别是利益冲突关系；口头或者书面的信息交流和交换，如交谈、文件交换等；主观上是自愿的；活动的主体是产生利益关系的关联方；活动的目的是达成特定利益关系的特定处理方式；最终的载体一般是书面协议。

2. 谈判的两种类型

无论是法律谈判还是商业谈判，中心议题都可以分为两种：一种是试图达成某项交易，另一种是促进纠纷的解决。以交易为中心的谈判表现为谈判双方无论在先前有无建立联系，他们的目标都是寻求一个新的关系、一个发生在将来的关系。简而言之，双方都是本着“向前看”的态度。以纠纷为中心的谈判表现为谈判双方已经存在一个关系，而这个关系出现了问题，对于因何出现问题并如何处理它是双方要着手去解决的。简而言之，双方都是本着“回溯过去”的态度（见表 9－1）。

表 9－1　谈判的两种类型之比较

以交易为中心的谈判	以纠纷为中心的谈判
向前看	回溯既往
建立关系	声明诉求
着重于利益	着重于权利
替代性解决方式多种多样	替代性解决方式选择余地很小
自愿进入谈判	因已发生的关系而被迫进入谈判

3. 学习谈判技能的意义

谈判是诊所法律教育的重要组成部分。诊所法律教育以培养合格的法律职业人员为己任，训练和提高法律职业技能是诊所法律教育的主要目标。作为职业法律人员，解决各种形式的冲突、解决特定的“危机”是其职业活动的一大特点。正如“危机”一词的构成那样，“危”可以是“危险”，但“机”（会）也正蕴含在危险之中。从某种意义上来说，法律职业人员的生存之道离不开利益冲突所带来的“危机”，作为解决利益冲突的途径之一，谈判是重要的法律职业技能。

二、作为问题解决模式的谈判

（一）谈判是解决问题的一种方式

1. 谈判是一种社会活动

谈判是否一定是你死我活的斗争？谈判是否一定是那种让人心烦意乱的活动？谈判是否一定是那种要么接受、要么放弃的抉择？实际上，作为一种社会活动，谈判在日常生活中普遍存在，只是身处于谈判中的人并不清楚他们所进行的正是谈判。

2. 谈判的目的

对抗、妥协往往是人们对谈判的一般理解。适当的对抗与理性的妥协是谈判所采用的诸多手段和策略的一部分，但对抗和妥协并不是谈判的全部。谈判是至少两个以上主体参与的活动，将谈判主体吸引到谈判桌前的是交易或者冲突，谈判的目的是解决目前在谈判主体之间存在的问题：交易价格的高低、赔偿的多少和形式、契约履行的进程和阻碍等等。当然，也包括野游路线的规划。

3. 利益以及利益分配

社会行为的各方不同的目标、利益以及利益分配是产生问题的根源。分析利益以及利益分配产生的根源，问题才能得到解决，这是作为问题解决模式的谈判的核心内容。对问题所隐藏的目标、利益了解得越多，问题的实质根源也就越清晰，解决问题的方法也就自动浮出水面。

谈判的双方都强调自己的需要或者目标，不达到则不罢休。但这些需要或者目标很可能是更多的其他需要或者目标的表现形式而已，只要发现了，那么，谈判的对象和内容就改变了，很可能会得出双方都可以满意的结果。因此，了解和发掘当事人真实的需要，是谈判作为一种问题解决模式的真谛。

寻找一个位于海边或者湖边的山区，肯定不是一件很费劲的事情。

（二）谈判是双方合作解决问题

1. 谈判是合作的一种表现形式

谈判不是对抗，相反，它是一种合作方式，是合作的一种表现形式。想象一下汽车是怎样运动的：从静态的角度上，它是四个车轮在不断地围绕着各自的轴心转动；而从动态的角度上看，正是这样围绕着轴心的转动让汽车运动起来。假如轴心就是谈判双方利害攸关之处，那么，正是双方围绕着利害所形成的角力，使问题得到解决。

谈判作为人类文明社会历史悠久的社会行为关系的存在模式，早就摆脱了丛林世界弱肉强食的单一模式。人类在文明的发展进程中需要人与人的合作，只要有合作就必然会出现意见上的分歧，只要不是以“霸道”服人，那么，交流、劝说就会是合作过程中的常见方式，这些方式恰好是在谈判桌前所展现的那些方式。即便对抗是谈判中的一部分，但它绝不是谈判的全部。谈判就是在对立双方的利益中寻找相互依赖、相互共存的那部分内容的游戏。

2. 合作的目的：共同利益

谈判并不是简单的合作。例如，在市场上购买物品买卖双方讨价还价时，双方都希望自己的利益能够最大化。但一方利益的最大化，一定带来对方利益的受损，其结果往往是无法达成交易，这时候双方的利益都会受损。因此，讨价还价的过程是双方寻找共同利益的合作过程，这种共同利益是买卖双方都需要的。

谈判的“对手”与其说是“对手”，不如说是“伙伴”。谈判是如此神奇的一种合作关系，以至于你只要想象到你不可能把自己的衣服“卖”给你自己，就可以理解，谈判这一社会行为关系是基于“伙伴”间的合作，而非“对抗”。

（三）谈判解决问题是一个线性发展过程

1. 基本路径

谈判的内容和目的多种多样，但谈判的基本发展模式是线性的。作为问题解决方式的谈判的基本路径是：明确的定位、心态、行动、结果。从认知信息开始，谈判双方形成各自在谈判关系中的定位；接下来就是围绕各自观点和诉求的争论；其后，危机浮现；最终，要么达成协议，要么终止谈判。

法律职业人员基于其自身的法律职业技能，会较好地在信息认知过程中了解对方的行为方式、基本态度和大致的策略。基于这些信息认知，法律职业人员可以恰如其分地选择正确的策略和手段，并在谈判关系中正确地给自己定位。

2. 动态的线性发展

谈判双方在谈判关系中的定位是一个动态的过程，随着信息披露数量的增多、发展趋势的日渐明朗，各自的定位也在改变。对立场的执着或者固执是定位时最大的挑战。

3. 发现共同的选择

谈判的过程一定是“要么我接受”“要么我拒绝”这两种选择吗？好的谈判会在争论的过程中发现第三种选择，这个选择将是双方都可以接受的妥协。

4. 理顺谈判事项

谈判经常存在这样的问题：大的事项都解决了，但在签署协议时，双方会为一些小的事项争论不休，最终导致谈判无果而终。达成最终协议才是谈判的最后一幕，谈判者需要仔细地列明并理清双方所关心的各种事项。有时候，以一揽子解决方案的形式体现在协议中，有时候则一个一个事项，先易后难，逐个解决。

第二节 谈判理论

例 9—1

囚徒困境

1950 年，由就职于兰德公司的梅里尔·弗勒德（Merrill Flood）和梅尔文·德雷希尔（Melvin Dresher）拟定出相关困境的理论，后来由顾问艾伯特·塔克（Albert Tucker）以囚徒方式阐述，并命名为“囚徒困境”。经典的囚徒困境如下：

警方逮捕甲、乙两名犯罪嫌疑人，但没有足够证据指控二人入罪。于是警方分开囚禁犯罪嫌疑人，分别和二人见面，并向双方提供以下相同的选择：（1）若一人认罪并作证检控对方（相关术语称“背叛”对方），而对方保持沉默，此人将即时获释，沉默者将判监 5 年。（2）若二人都保持沉默（相关术语称互相“合作”），则二人同样判监 1 年。（3）若二人都互相检举（相关术语称互相“背叛”），则二人同样判监 3 年。

“囚徒困境”常用来说明为什么甚至在合作对双方都有利时，保持合作也是困难的。

一、谈判的方式

谈判之道是一门艺术，也是一门科学，其复杂性并不在于谈判这种活动本身，而在于谈判的内容和对象是多种多样的。一个孩子和父母之间的谈判肯定和两个商业伙伴就合同纠纷进行的谈判是不一样的，同样不一样的是谈判的方式。

一般来说，谈判的方式分为三种类型：

（1）对抗性谈判或以原则为中心的谈判：这种谈判方式是关注“输赢”，强调一方的利益最大化。它以谈判者或其当事人的基本诉求为基点，以原则问题不可妥协、不可改变为特点。

（2）妥协性谈判：正如其所谓的“妥协”二字显示，谈判者在谈判中回避矛盾，如果一定要处理矛盾或者冲突，也是越快越好，不使其扩大化。

（3）合作性谈判或以利益为中心、以问题解决为中心的谈判：其将谈判视为谈判双方以仔细分析分歧为基础的合作，发掘表面上的矛盾或者冲突背后所隐藏的真实诉求，并以这些诉求的解决为谈判的内容。

就法律职业人的职业技能培养而言，合作性谈判更具吸引力。但了解其他两种谈判方式也有必要，因为三种谈判方式并非独立存在，它们在特定的场合、特定的时间针对特定的对象都可以发挥其功用。

（一）对抗性谈判方式

对抗性谈判多发生在以财产为对象的纠纷领域，如人身损害赔偿、财产分割、保险索赔、消费者权益保护等等。

例 9—2

对抗性谈判方式示例

A从B处买了一辆车，价值10万元。车辆很快就出现了诸多小毛病，A为修车花了1万元。因为车辆维修使A花费了很多精力，占用了不少时间，A所任职的公司认为A在此期间工作出了很多问题而解聘了A。A为此对B提起诉讼，要求B赔偿其修车费用1万元，并双倍索赔购车款20万元，还要求B赔偿其因失去工作所造成的损失1万元。B则认为车辆没有质量问题，并非欺诈，不同意双倍赔偿；还认为车辆之所以出现问题主要原因是A是新手，对车辆驾驶不熟悉，对车辆这一特殊工业产品不熟悉，很多不是毛病的地方被认为是毛病，很多修车费用根本就不必花。此外，B还认为A失去工作和车辆销售无关。因此，B申请法院驳回A的诉讼。

假如上述纠纷由双方的律师去解决，而双方律师又同意谈判，并且双方当事人都给出了不可逾越的“底线”，那么谈判双方无非就是针对各自的诉求提出依据，并驳斥对方的诉求。就赔偿数额而言，双方的谈判取决于各自的底线是否存在交合的区域，如果不存在则谈判不会有任何结果。实际上即便双方就某个数额达成了协议，对于双方当事人的整个诉求而言都是有距离的。

对抗性谈判所能够采用的方法依照谈判过程大体上可以分为谈判前的准备和谈判中的技巧，就技巧而言也可以分为普遍方法和特殊方法。

（二）妥协性谈判方式

妥协性谈判多发生在一方对双方关系的存续和保持的重视程度远远高于其对双方所发生的纠纷或者冲突的关切程度。如夫妻在婚姻关系发生危机时，一方强烈希望维系婚姻；商业合作中一方出于预期利益的期待而愿意在某些合作领域让步；等等。简而言之，只要一方或双方对保持关系的愿望大于关系破裂的期望，则妥协性谈判就可能成为双方解决矛盾的方式。

例 9—3

妥协性谈判方式示例

新婚夫妇购置了一套新房。在房屋装修过程中，双方产生了诸多分歧：妻子希望用白色的墙面漆，丈夫希望不同房间用不同颜色的漆；妻子希望厨房设备用欧式风格的，而丈夫希望用中式风格；妻子希望用木地板铺设地面，而丈夫喜欢地毯……夫妻间真的愿意为了这些分歧而离婚吗？显然大多数人的选择是否定的。在否定的背后必然是一方“无原则”地退让，但这样的退让并不是无限制的，双方的谈判可以做到一方在某些方面“输”而在另一些方面“赢”。

（三）合作性谈判方式

如果认为谈判就是一方坚持“原则”，而另一方无奈地选择“妥协”，那么，谈判远非一项重要的法律职业技能了。与其分割“蛋糕”，不如合作起来将“蛋糕”做大，这是合作性谈判追求的目标。

例 9—4

合作性谈判方式示例

2004 年，路易斯安那州立大学橄榄球球队的教练和校方谈判下年度的工资。作为一名优秀教练，Nick Saban 认为自己的工资需要有一个大幅度的增长才能吸引他继续留在这所大学。而作为州立大学，路易斯安那州立大学的校方需要向州政府解释清楚为什么要给这位教练涨工资。谈判结果是校方提出只要在本赛季的大学橄榄球联赛里获得冠军，他就可以获得比大学联赛里拿最高工资的教练多 1 美元的年薪。在 2004 年的联赛中，路易斯安那州立大学最终获得了冠军。联盟管理方给出的拿最高工资的教练恰好是决赛对手俄克拉何马大学的教练，当时他的年薪是 230 万美元，而 Nick Saban 的年薪是 120 万美元。最终，Nick Saban 获得了新的年薪，2 300 001 美元。

以上三种谈判方式经常会出现在一个谈判场景中，谈判双方根据谈判事项的不同、双方关系的不同、谈判过程的不同而采取不同的谈判方式。因此，三种谈判方式虽具有各自的特点、拥有各自的最佳适用对象，但它们又是混合、交叉关系，共同实现谈判目的。

二、谈判的技巧

（一）谈判前的准备

1. 制订谈判计划

先谋而后动，是谈判必须要做足的功课。一个没有准备的法律职业者在进入谈判场景时是极为被动的，他不得不一次次翻看材料，不停地纠正数据上的错误。这些行为一方面降低了谈判者的自信，另一方面也会使对方控制谈判的进程。

如同写文章需要列出一个写作大纲，明确写作的中心和写作顺序，谈判也需要一个大纲式的计划书。计划书中首先要设定最优目标、预期达到的目标及最低承受的底线。实现预期目标是困难的，因为谈判，尤其是纠纷型谈判的难点就是双方预期的不同。因此，A 计划之外需要有 B 计划。但 A、B 计划的不同并不单纯地代表妥协或者让步，例如，当谈判过程中已确定不能达成主要环节的目标而被迫让步时，适当地在次要环节上据理力争，将有可能促使对方在这些环节上也做出让步，进而使整体的谈判目标接近最优目标，或使最低承受的底线不过早地进入谈判进程中。

在与谈判中心问题所关联的各种事项中，需要斟酌哪些事项可以放弃以便作为一种谈判策略将谈判引入预期的轨道、哪些事项可以用于迷惑对手而掩护主要目标的达成。这些事项需要量化指标，并且细分到各项议题。

三种谈判目标存在一定的内部关联性，是密不可分的谈判整体，需要通过计划有机地结合起来。制订各项目标时要进行严谨的分析，做到合情合理，不能偏离实际情况。另外还要预判对方的三种目标，设想对方对谈判目标实现的手段和方式。

其次要制订严谨的谈判日程安排。谨慎地设计谈判进度，根据谈判内容的复杂性有针对性地安排。例如，每个议题间都留出较充足的讨论时间有时候可行，有时候不可行。过多地在一些细枝末节上计较，会使谈判偏离主线。所以，要从总体上把握紧凑和有序的原则。

各项议题的排序需要认真研究，双方共同点或者己方优势点安排在前期，双方差异点或者己方劣势点安排在后期。此外，是否接受对方的谈判进程安排需要思考成熟后再做出答复。有些重要的谈判，双方会事先交换日程和事项安排，以便圈定谈判的主要议题和范围。

最后是谈判议题在计划书中要明确具体，避免含糊。谈判中所有议题需要有清晰的目标和底线，对让步的幅度与频率都要明确化、数据化，并且在计划中形成文字大纲。另外数据资料要准确无误，谈判中唯有翔实的数据才能够说服对方，当对方所准备的数据资料比己方更加全面和准确时，己方必将失去谈判优势。当然，计划书中的谈判议题在正式谈判中可能会发生变化，这时候，需要预先估计变化的可能性并做相应的准备。

2. 准备一个谈判环境

谈判地点应选择谈判双方都感到比较宽松的环境。如果谈判一方能够在自己的办公室主导谈判是最好的，这倒不是给对方增加心理压力，而是降低对方谈判主张的有效性。例如，一个充满活力的生产车间足以让订货商降低对交货时间和货物价格讨价还价的能力；一个人员充实、配置齐全、体系完善的律师事务所也可以让当事人对律师的业务能力有一定的评价，进而影响法律业务代理的谈判；而一个只有简陋家具、面积很小的住所，也可以打动人身损害赔偿的谈判者的心。如果谈判者代表受害者，面对这样的环境都会考量索赔的数额和支付能力间的关系；如果代表加害者，这样的环境也会激起普遍的同情心。

3. 选取好谈判的时间

谈判时间的选择并不具有普遍性，但在特殊的谈判事项中可以发挥一定的作用。在美国的一些法律援助机构中，援助律师在帮助穷人与政府谈判社会救济的获得和调整时，就采用过“时间策略”。他们经常在政府职员下班前的一小时去政府办公室谈判，利用“早八晚五”的政府职员的工作习惯，使谈判在下班时间到来之前完成。我国的一些法律援助部门也在一些特定类型的纠纷中使用“时间策略”，如消费者权益保护的纠纷在“3·15”前夕协商解决的可能性会高一些，劳资纠纷在年底前因各政府职能部门较为重视，与资方的协商也会顺利一些。

4. 确定谈判中的分工与合作

“红脸”“白脸”是人们通常描述谈判中分工合作的一种模式，但这样的模式是否在当今谈判知识与技能训练非常普及的情况下还有效果？一般来说，谈判中的分工与合作主要是确定主谈人员和辅助人员。懂技术的在技术层面的讨论中是主谈者，业务营销人员在产品销售体系的讨论中是主谈者，涉及法律条款的由律师去议定会更顺利，等等。总之，围绕谈判的核心议题，在达成谈判目标时，所有参与人员既可能是主谈者，也可能是辅助人员，但不能相互干扰。例如技术人员可以承认对方技术的先进性，但要适可而止，否则会影响议价。业务营销人员可以渲染己方销售体系的完备，但不能让这种渲染影响到销售成本的分担。律师也不能因某种可能的法律风险而一味地规避导致谈判失败。

（二）替代性解决方案

替代性解决方案的英文全称是“Best Alternative to a Negotiated Agreement”。替代性解决

方案是谈判者不空手而归的保障。与谈判相反，替代性解决方案最常见的就是诉讼。

1. 诉讼成本的评估

纠纷如果不能以协商的方式解决，那么，法律诉讼就是这类纠纷可能采取的另一种解决途径。诉讼成本评估是以诉讼为替代性解决方案必须要做的一项准备工作。

以合作型谈判和纠纷型谈判为对象，后者更可能朝法律诉讼的方向发展，而谈判双方都可能会在谈判前或谈判中对诉讼化纠纷的可能性进行评估。

"既然没法谈下去，那么，我们法庭上见。"这是谈判中经常遇见的场面。如果一方认为法律诉讼可以有效地解决纠纷，而之所以和对方协商，其目的仅在于获得比诉讼结果更多的利益，那么，给对方留下的应对手段和空间是很少、很小的。法律诉讼并非谈判能够回避或者刻意予以回避的。但法律诉讼解决纠纷需要考虑预期结果与成本负担之间的比例关系，这也是协商或谈判之所以能够成为解决纠纷或问题的办法的原因。

法律诉讼的成本不仅包括相应的诉讼费、律师费、交通、住宿费用，还包括时间、精力和感情上的成本负担，后者对当事人的影响会更大。因此，在进入谈判前以及谈判进行中，必要的诉讼成本评估是需要的。在评估完毕后，如果谈判双方都对诉讼成本与预期利益间的比重不满意的话，反过来可以促使双方坐下来去寻找一个双方利益最大化的办法。如果谈判双方都对法律诉讼可能获得利益充满信心，那么，这只能理解为其中一方的预估是错误的，另一方可以提出详尽的证据和证明方法指出其错误所在。只要双方的谈判代表都是具有一定经验的法律职业者的话，在此达成共识并不困难。如果谈判一方对诉讼预期感到乐观，而另一方确实不希望进入诉讼环节的话，这时也可以在综合权衡所有成本、付出与利益获得间的关系后，迅速达成协议。

2. 拓展思路

无论是A计划还是B计划，谈判总会有进入僵局的危险。为此，需要谈判者拓展思路，以发散性的思维设想替代性解决方案。举例来说，当你没有足够的钱去买一个新房时，房介公司的二手房项目就是你在和房介公司谈判购买新房时需要预先做的工作。由于法律诉讼进程和依法判决的程序与知识对于双方，特别是双方的谈判律师是共享的，因而诉讼也就成为最常见的替代性解决方案。如果双方都预估了谈不成的情况，例如，纠纷进入法律诉讼程序，那么，双方对预期诉讼成果的判断也会促使一方或双方避免谈判无果而终。劳资双方就劳动报酬进行谈判，双方完全可以首先阐明进入诉讼后己方、对方所可能面对的处境。资方可以展示自己的优势和劣势，劳方同样不用隐瞒对诉讼结果的期待和对长时间劳动诉讼结果的担心。替代性解决方案存在的关键点是：（1）双方都不希望费时费力的谈判没有任何结果；（2）不在于替代性方案的有无，而在于哪种方案对谈判的一方是最好的选择。

但也要看到，替代性解决方案并不适合于所有类型的谈判。员工想跟老板谈加薪，就没有替代性方案可循，只要员工不打算因为加薪谈判不成功就离职的话，他就只能寄希望于在谈判中加薪的理由获得老板的认可。围绕婚姻关系、家庭关系或一方极为强势等情形中的谈判，也不适合于替代性解决方案。

三、谈判的重点

（一）确立公平、乐观的谈判目标

一个典型的心理学试验说明了公平、乐观的谈判预期可以展现出什么样的结果。由两组试验人员进行买卖谈判，两组中的买方均被告知只要价格不超过100元就可以接受。试验中，第一组卖方被告知，只要能以25元成交，他们就可以获得奖励，而另一组的卖方则被告知，他们的价格如果谈到65元会更可能接近"合理"。谈判结果是，第一组的成交价就是25元，而第二组的成交价为68元。之所以出现成交价格上的差异，不同的暗示起了决定性作用。在实际谈判中，这样的暗示被转化为对目标设定的公平合理与积极乐观。

各种谈判都有所谓的“上”“中”“下”的目标设定。“上”代表着谈判者无法获得全部信息，或者谈判双方信息不对等，需要了解谈判目标的“范围”和“空间”。“下”则代表着欲望的缺乏，对预期不可能得到的事物避免尝试的态度。而“中”则代表着自信，帮助谈判者避免对谈判结果的遗憾或者后悔。这些目标的设定均与具体的谈判事项有关，但公平、乐观是任何谈判都不可缺少的要素。

1. 要有说服力

谈判一方提出的理由再好，证据再充分，最终也得靠话语表述出来，这样的话语要有说服力。无数的生活经验证明，同样一件事情不同的人说出来后却被听成了两件事。说话本身即是一种艺术，口才是谈判者需要掌握的技能。

一艘美国航母在大洋中航行，雷达发现前方有一个目标，看起来很像是一艘船。航母向该目标发送无线电信息：我要求你转向北方15度。这个目标的无线信号回应道：我要求你转向南方15度以避免碰撞。航母继续发送信息：我是美国海军的航母，现在要求你立即转向北方15度。该目标回应：我是××岛礁灯塔，如果你再不转向，你将会碰上礁石。

2. 所设定的谈判目标要具体、有据

合作性谈判要远离那种漫天要价，然后大杀大砍的“商贩”谈判场景。乐观、自信是谈判者应有的素质，但过于乐观和过于自信，就与利益最大化式的谈判相差不大了。常见的谈判不是那种强弱分明、供需失衡的谈判关系。在合作性谈判中，设定具体的目标需要有充分的依据。

例9—5

谈判目标示例

A打算与房介公司B商讨B公司推荐的一套房屋。B公司的报价是包含中介费30万元，而A设想的成交价格是包含中介费26万元。作为替代性方案的设计，A需要首先考虑购买这套房屋的关键因素：(1) 位置与自己的上班距离适中；(2) 附近有公园；(3) 小区有幼儿园了等等。其次，A需要考虑的是同等面积、同样房型的房间：(1) 在距离自己上班单位距离不同的地段间房屋价格之间的差额，例如差价是1万元；(2) 附近有公园或绿地的房屋价格之间的差额，例如差价是1万元；(3) 是否附设幼儿园的小区房屋价格之间的差额，例如差价是1万元。最后，如果A认为在距离自己上班单位较远、无绿地又无幼儿园的房屋价格是25万，而这个价格比较合理的话，那么，将上述3万元加上25万元，则28万元是房介公司B所推荐房屋价格较为合理的价位。此时，A就应预判28万元是谈判可能的结果。如果不能达到自己26万元的预期，又不想让自己和B公司的商谈没有任何成效的话，A需要有一个替代性的方案。

3. 要有创造性和灵活性

小孩子永远比他们的父母更具创造性，他们可以将一个鞋盒子看作玩具熊睡觉的家，想象书中的小鸟和松树如何交朋友，兴奋于将搭起的积木推倒。小孩子与他们父母的最大区别就在于前者从不以成见去看待某件事物，在父母看来习以为常的世界在小孩子看来永远是崭新的。事实上，对矛盾和纠纷的解决需要小孩子的视角，正如俗语所述“把坏的事情变成好事”，矛盾和纠纷的解决者需要新的视角，需要创造性的思维和灵活性的手段。

例 9—6

谈判创造性和灵活性示例

小区里的宠物爱好者和不养宠物的人经常会为小区草地上的宠物粪便而争吵。试想下列两种方式对问题的解决更为有效：

A：看到宠物大小便，而它们的主人不去清理，就上去要求他们清理宠物粪便。

B：看到宠物大小便，而它们的主人不去清理，自己拿起工具进行清理。

下面的例子更像是脑筋急转弯，但可以提供创造性思维的一种模式：

两个女性去申请工作，她们的脸形、身材、出生年月日、父母姓名都一样。公司招聘人员问道："你们是双胞胎吧？""不是！"她俩异口同声地回答。她们会是什么关系？

（二）理解对方的观点

既然谈判是用来解决问题的，理解对方的观点就是双方合作找寻共同利益的起点。

1. 共情的理解

在对方展示自身的需要、利益和期望的时候，共情是角色置换，期待对话的过程。例如，在对方陈述时，直视对方的双眼，聚精会神地倾听，不要去用判断性的词语，等等。共情的理解并非怜悯或者认同，它只是一种情绪的表现，是对于对方观点显示出理解。

例 9—7

共情的理解示例

你是一家公司的经理。有位女员工在最近的一次调整级别中没有得到晋升，虽然她做得不比其他员工差。她怀疑这是公司对女性员工的歧视，但事实是公司准备直接任命她为一个新部门的主管，但还没有告诉她。她来到你的办公室谈论此事。

女员工说：我做了那么多工作，为什么不晋升我？为什么在最初的初选名单里有我，而最终名单里没有我？这真是丢死人了。我觉得这件事情必须得有个了断了。

回答 1：对你的态度我可以谅解。

回答 2：请你冷静一会儿我们再谈。

回答 3：如果你觉得你是性别歧视的受害者，我真的感到非常同情，性别歧视在公司里是很难避免的一件事，但你的情况……

回答 1 是正常反应，回答 2 让人感到你和这位员工感情上的距离太过遥远，回答 3 反映了成熟的应对技巧。首先是表达同情，与该员工在谴责性别歧视问题上显示出共同的态度，从而建立信任关系，然后再就晋升的问题进行沟通。

2. 发掘对方观点中的有益之处

合作性的谈判是要求谈判双方去寻找共同利益之所在，由此，对方观点中是否存在有利于发现共同利益的内容，就是另一方要去发掘的。

首先，谈判者要整理自己的情绪，不能因对方的观点而愤怒、沮丧；其次，认真地审视纠纷因自身而起之处，审视谈判进入僵局是否是源于自身的目标设定、利益诉求。做到这两点是发现对方观点是否存在有益于谈判成功的内容的起点。

设身处地地换位思考是理解对方观点由来及其价值的简单技巧。只要承认对方观点有合理之处，有可供支撑的证据，那么，适当地平衡双方的利益诉求，共同利益就可能被发现。

（三）积极地倾听

纠纷大多来自误解。谈判者在听对方的谈话时积极地倾听是一个有效的消除隔阂的方式。

A：当我向你的当事人提出尽快付款的时候，他不光不表态，还告诉我不要再说了。

B：你的意思就是说我的当事人没给你付款，还认为你要求付款是错误的。你很愤怒是吧？

这就是积极的倾听态度，它表明作为谈判者理解了对方对此事的看法，对对方的感受持同情态度。

1. 倾听的态度

倾听的过程中不要轻易地去“判断”“断定”。即便谈判者似乎对对方的话语都予以了认可，但这仅仅是态度，是倾听的态度。谈判者不必经常去询问某件事的细节，法律诊所的学生要清楚，作为法律咨询中的倾听和作为谈判训练中的倾听是不一样的。

总的原则是，在谈判中的倾听，谈判者不要表现出对对方诉说情绪的满不在乎，不要自以为是地认为自己是理性的、客观的评判者。感受对方的情绪、理解对方诉说情绪后隐藏的事实和问题产生的最初原因，使自己的谈判策略得以调整和丰富，是谈判者得以在信任关系的基础上寻找问题的解决办法。

2. 有效地重复对方的表述

在倾听的过程中，可以有针对性地对对方所说的内容进行复述：一方面是去验证自己是否理解正确，进一步引导对方将其真正的观点表述出来，这样能够减少基于表述和理解错误而在沟通过程中的障碍；另一方面也使倾听与陈述目的明确、过程顺畅。并非所有人都有很好的言语表达能力，冗长的叙述、偏离中心的倾诉、情绪上的失控等等，都会给双方的沟通造成很多困难。在此时，适当地打断对方的叙述，段落式地复述可以使对方整理自己的思路，使陈述的内容与观点表达合拍，将倾听与陈述变成一个顺利的沟通过程。

3. 允许对方情绪的宣泄

每个卷入纠纷的人其心理承受能力和因纠纷而带来的压力是完全不同的，情绪的宣泄在话语交流中是常见的。尽管有时他们的方式有些过激，作为倾听者应该给予充分的理解，此时所需要做的不是阻止他们，更不是以情绪表达对抗情绪表达，而是让他们懂得发泄自己的情绪并不是问题解决的途径。当他们情绪平复后，对话会重新进入正常的轨道。有时候，一方对自己行为上的失态可能会感到愧疚，甚至会在谈判中以让步来表达歉意。

第三节　谈判训练

一、谈判前的方案制订

训练 9—1

谈判前的方案制订

（一）基本素材

1. 素材（A）

A 公司是一个享誉全球的电子产品制造商，它的核心业务在欧美和日本。去年它成功地和日本一家著名的建筑商签订了1亿美元的住宅局域网络设备和软件供应合同。但最近，A公司遇到了麻烦：在已经建成的一栋样板住宅楼内，工程师对所安装的网络设备的测试远未达到预期。上个月的测试证明，A公司拥有产权的配套软件在设计上存在问题，随着硬件性能的提高，这套软件固有的设计缺陷暴露无遗。如果修改这套软件，需要将近5个月的时间，但这样会导致设备供应和安装合同延期，并会导致巨额赔偿。因为按照合同规定，A公司本应在今年年底开始全面安装设备，明年3月份安装完毕。如果设备安装、调试延期，每一个月，A公司将赔偿500万美元。如果在合同期后的3个月设备依然无法安装完毕，建筑商有权终止合同，收回已付价款，A公司另行赔偿5 000万美元。

可以迅速解决目前问题的替代性软件属于一个中国公司B。B公司也曾经参与这个建筑商的招标，虽然他们的标价低，但他们提供的网络硬件设备在外界看来质量有问题。不过，他们开发的与该设备配套的软件从来没出过问题，而这套软件A公司曾做过测试，是完全可以和A公司硬件结合在一起的，而且软件运行很稳定。

B公司曾试图在欧美和日本销售其软件，不过很不成功。因为A公司一直采取硬件和软件捆绑销售的策略，专有设备安装专有软件。这一策略也遏制了其他公司的野心。因为B公司拥有积极的市场营销和售后服务体系，它在中国的市场地位无可动摇，所以A公司也无法进入中国市场。

在建筑项目关于网络设备的公开招投标中，A公司知道B公司的设备软件报价是每套2万美元，共计软件150套，总报价是300万美元。而A公司当时的软件报价是10万美元，总报价是1 500万美元。A公司试图以B公司当初报价所开出的价码购入该软件，然后装在A公司的硬件设备上，这一变通想法已经得到了日本建筑商的谅解。但作为软件，相关的测试和调试工作只能由B公司的工程师完成。所以，想从市场上买到软件又让B公司不知道是谁买的，这个办法行不通。而且，作为专业软件，行业内均是有针对特定的买家生产符合买家要求的软件，所以，B公司的商业意愿是必要的。现在的问题就是：B公司是否肯卖它的软件？它准备卖多少钱？建筑工程迅速进行，A公司迫切地希望所购买的这些软件能至迟在明年1月底之前提供完毕。关于A公司网络设备出现问题的消息，虽然业界内已有耳闻，但具体情况并没有外泄很多。A公司相信，B公司对于A公司在日本住宅项目上的窘境仅有猜测而已，现在还未错过谈判的时机。

你是A公司的律师，现在公司派你去中国和B公司谈判。公司希望以2万元一套的价码购买150套软件，最好在3个月内交付、调试完毕。公司认为，这件事最好不要被扩散出去，而且，无论如何不能因为工程延期导致公司名誉受损，因此，哪怕这份合同谈成了5 000万美元的价码，公司也可以接受。远隔重洋，公司授予你全权。

2. 素材（B）

B公司是一个中国的电子产品制造商，它的核心业务在中国，主要生产区域网络集成设备和相关配套软件。B公司一直希望扩大自己在全球的市场份额，但因为它的硬件设备质量不太稳定，所以，B公司的主营业务对象是低端市场，并集中在中国内地和香港地区。但是，B公司的软件开发是一流的。去年，公司曾试图在日本建筑市场寻求突破，参与了一个拥有150套住宅的区域网络设备软件的竞标。但和以往的经历一样，被A公司，一个享誉全球的美国电子产品制造商，也是投标项目住宅群的网络硬件设备提供商，给击败了，虽然B公司2万美元一套的软件报价远低于A公司10万美元一套的报价。

现在，B公司的硬件设备质量已经趋于稳定，而其核心软件的优势越发明显。公司相信在不远的将来一定会在全球市场，尤其是北美和日本市场有所突破。这些市场对产权的严格保护以及高利润是B公司一直很羡慕的，但那里恰好是A公司的地盘，想进去是很难的。

上个星期，B公司老板接到一份传真，是A公司发出的，A公司声称希望从B公司购买其核心软件，具体数量和价格由下周派去的律师面议。按照B公司的观点，A公司在软件开发上不好，但A公司的传统是将软件和硬件设备进行捆绑销售，而且无法加装第三方的软件，而它的硬件在质量上是无可挑剔的。因此，凡是购买A公司硬件产品的只能使用A公司的软件。当然，两个公司的软件实际上是通用的，只需要A公司在硬件上做些调整。

B公司曾听说，A公司在日本那套住宅项目的网络设备供应上出了问题，有可能面临上千万的巨额商业赔偿，当然，这仅仅是道听途说而已。如果真是这样，公司猜测可能是A公司的软件出问题了。一旦如此，B公司真是有心把这个消息传播给所有A公司的客户。当然，究竟有没有问题，问题有多大，B公司并不清楚。B公司以为，如果这次A公司能够使用B公司的软件，不啻给B公司的产品做了个广告，对进入欧美日市场是个绝好的契机。当然，如果能从A公司那好好捞一把那就更好了。

B公司的软件出厂价格是每套5 000美元。因为销量不大，所以每月只能生产20套。公司曾经有应急预案，即在特殊情况下，可以以招聘电子工程师的方式增加产量。按照核算，增加聘用100名合格的工程师，每月产量可增加到100套，但产品的出厂价格也会提高到1万美元；如果增加200名工程师，则产量可以增加到200套，出厂价会在1.2万美元。

你是B公司的律师，负责这次和A公司的谈判。公司希望你能够谈成一个让公司利益最大化的方案，但产品的价格最低不得低于1万美元，具体方案由你随机应对。

（二）训练项目

1. 谈判计划书的制订

将诊所学生分为两部分，分别代表A、B两家公司的律师。然后，以两人一组，分别在阅读谈判素材（A）、素材（B）之后，请学生围绕下列几个问题进行思考和讨论：

（1）我方谈判的有利条件是什么？

（2）我方谈判的不利条件是什么？

（3）谈判地点的选择，是直接在B公司进行好呢，还是在A公司谈判代表居住的商务酒店好呢？

（4）两位学生之间是否进行分工？如何分工？采用哪种分工模式？例如，是一位学生主谈、另一位学生辅助的方式好呢，还是一位学生扮“红脸”、另一位学生扮“白脸”的方式好呢？

（5）谈判的方式如何选择？

（6）这是否是一个必须要达成的谈判？有没有其他的替代性解决办法？

2. 谈判计划书的书写

请各小组学生书写一份谈判计划书，其基本内容包括：

谈判计划书
谈判主题：
谈判人员：
谈判背景介绍
谈判地点优劣分析

谈判方案：1. 实现目标的可能性分析（建立在相关信息分析的基础上） 2. 出价及出价顺序、理由分析 3. 对方可能的报价及理由分析 4. 谈判方式的选定 5. 谈判的主要事项、次要事项 6. 谈判其他注意事项
谈判程序：1. 以何种方式开始谈判，理由 2. 直接进入谈判主题还是逐步进入，分别分析优劣 3. 需要渲染或者淡化的谈判主题
谈判突破底线的可能性分析：
谈判突破底线后的替代性解决方案：1. 有无替代性解决方案 2. 如果有的话，是何种方案
谈判的日程安排：

3. 谈判计划书的评价

代表A、B公司谈判的各小组分别在内部相互交换谈判计划书，由各小组对谈判计划书进行点评，说明计划书制订的优点和缺点。

二、模拟谈判

代表A、B公司谈判的各小组，分别一对一地进行谈判。在谈判完毕后，填写谈判评价表。

谈判评价表
1. 谈判是否按预先计划进行？ 如果未能按计划进行，原因是什么？
2. 小组分工合作效果如何？ 效果很好，原因是什么？ 如果效果不好，原因是什么？
3. 谈判中由谁先提出报价？ 你认为先提出报价的一方，其行为是否影响了其后的谈判？
4. 对方都使用了哪些谈判方式？ 你认为对方所使用的谈判方式是否有效？
5. 是否在谈判中出现了威胁性话语？ 你认为这种威胁性话语是否有效？
6. 谈判在何处陷入僵局？ 原因是什么？ 如何打破僵局？
7. 哪些因素或者安排对谈判起到了有力的推进作用？ 哪些因素或者安排对谈判进程没有起到实际效果？
8. 谈判中是否做了让步、妥协？ 分析原因 让步、妥协在整个谈判中起了什么作用？
9. 谈判协议的不足之处。 哪些条款规定不尽完善？哪些条款未能出现在协议中？
10. 如果你认为所进行的谈判是解决问题的谈判模式，那么，你认为哪些方面体现出这一谈判的优势或者有效性？

三、纠纷型谈判训练

出现纠纷后，双方围绕纠纷的解决所进行的谈判不同于一般意义上的商务合作谈判或合作性谈判。

训练 9—2

纠纷型谈判

（一）素材

A 公司基本情况：

谈判 A 方为产品卖方。A 公司是 B 公司的模具供应商，它的模具供给量占 B 公司工厂使用模具的 80%。但是，A 公司的模具最近一直有质量问题，给 B 公司工厂造成了大量的额外损失。A 公司坚持认为 B 公司的质检部门在接受 A 公司的模具时就应该看清楚，如果是次品可以退货，而不是等到进了工厂投入使用以后才发现有问题，因而他们拒绝按照 B 公司的要求承担损失。A 公司不想失去 B 公司这个大客户。

B 公司基本情况：

谈判 B 方为产品买方。B 公司和 A 公司是两个长期的合作伙伴。A 公司生产的所有模具中的那些不合格模具造成了 B 公司工厂巨大的损失。但 B 公司不可能完全抛开这个供应商。B 公司提出，先前由于 A 公司的次品导致的损失必须由 A 公司承担。

A、B 公司谈判代表：

双方高层领导希望通过谈判解决争议。B 公司采购部和 A 公司销售部的经理迫于压力约定本周末碰面，准备通过谈判对此事做一个了断。而且双方谈判代表都非常清楚，如果这次谈不成，回去肯定会受到领导的斥责。

纠纷争议点：

合同中“模具合格率达到 95%以上”条款如何理解。当初两厂签订的协议中规定：A 公司提供的模具合格率达到 95%以上便可。但这是一条有歧义的条款，既可以理解为每套模具各个零件的合格率达到 95%以上，也可以理解为所有模具的总体合格率达到 95%以上。

谈判目标：

（1）确定对 95%以上合格率这一条款的理解。

（2）商议 A 公司赔偿 B 公司工厂损失的事宜。

（二）谈判训练

1. 在模拟谈判前，请所有诊所学生根据合同法、产品质量法等法律法规，分析这一产品质量赔偿纠纷：

（1）假如确实是 A 公司提供的模具造成了 B 公司工厂的损失，那么，根据上述法律法规如何理解纠纷中的争议合同条款？

（2）B 公司需要采取哪些方式才能证明是 A 公司提供的模具造成了本方的损失？

（3）A 公司可以采取哪些方式证明不存在合同履行上的纠纷，以对抗 B 公司的法律诉求？

2. 比较法律诉讼与谈判在维护双方利益方面哪一个更有效果？

3. 请学生分组设计谈判计划书，并模拟谈判。

第四节 推荐阅读

一、谈判的注意事项

谈判的交锋阶段是体现谈判本质的阶段过程。可以说，如果交锋，那么就不能算作真正的谈判。由于此阶段是全部谈判活动中最为重要的阶段，因而投入精力最多、占用时间最长、涉及问题最多。

在谈判的交锋阶段，谈判各方都有从谈判中获取利益的目标，而能否达到目标，就要依靠谈判人员正确、灵活、有效地运用智慧、策略、技巧和手段。谈判的交锋阶段贯穿着交替进行的激烈发言，充满着错综复杂的斗智场面，策略和技巧的作用在本阶段得到了充分体现。绝大多数的谈判策略在本阶段中适用。

（一）时机的把握

时机的把握是使谈判对手在谈判期限、谈判时间方面感到一种压力，从而与己方的时间与主动权形成一种对比。

任何谈判各方都有从开始到结束的时间限制。在时间限制中做好时机的把握就会对谈判对方的心理与情感产生影响。获取主动权，将对手置于被动地位，是控制谈判进程、调动或操纵谈判对手的一个重要手段。要想把握时机应做到：

1. 心理准备要足够

心理准备要足够就是要求谈判各方要忍受住谈判的时限，往往成功的谈判就是在让步和达成协议的时间都临近谈判的最后期限或者越过这个时限出现的。大量的谈判实践证明，在各方的讨价还价中，达成协议的范围可能较小。而且谈判各方所希望的补偿越多，通常为达成协议所耗费的时间就越长。同时，时间期限因素在这种谈判中所起的作用也就愈加明显。正因如此，在谈判中有足够的耐心、不急于求成、稳扎稳打的谈判人员，往往是比较容易成功的。

2. 要根据情况灵活把握

最后期限有一种无形压力，谈判各方一般都无法摆脱这种压力。为了减轻最后期限对己方形成的压力，最好在制订谈判计划时，在谈判时间进度表上针对各种不同情况安排几套方案，做到有备无患。一旦出现时机，就能用最新的方案来达到谈判目的。

（二）施压及合理让步的巧妙使用

施压是指在谈判过程中，给对方带来压力，激起对方的反感，削弱对方的气势，迫使对方尽量暴露他们的弱点或者在谈判较激烈或对方来势凶猛的时候使谈判中止或暂停。在使用这种方法的时候，谈判人员有时要表现得相对傲慢，甚至要求苛刻、态度强硬、狮子大开口，目的是使谈判对手对这种谈判产生极大的反感或者畏惧。当谈判气氛相当紧张，谈判陷入僵局的时候，则可以稍作让步，“合理”地对待对方，表现出极其和善的姿态。

合理让步是谈判中很重要的一环，虽然合理让步可能花掉部分成本，但是却因为给对方带来了好处而使谈判在陷入僵局的时候出现转机。没有让步，谈判各方就很难达成协议，也就很难使各方利益得到满足。因此，只要是一个谈判人员，无论是第一次谈判还是久经沙场，都会对让步阶段给予百分之百的重视。

怎样才能做到合理让步呢？

1. 让步时机要合理

从让步的时间上看，让步既不能提前，也不能靠后。提前让步会提高谈判对方的期望值，迫使己方继续让步。靠后让步则有可能失去谈判成功的机会。

2. 让步幅度要合理

让步幅度要合理也就是让步幅度不宜过大，也不宜太小，否则会使对方认为水分很大，从而不断要求让步。一般来说，不宜承诺同等幅度的让步，关键问题上力争使对方让步，次要问题上可考虑先作让步。

3. 让步原因要合理

在整个谈判过程中，要注意掩饰己方的真实意图，暴露真实意图对各方都是致命的。同时要强调合理让步对自己利益造成的损害，即使对方让步使自己获利不小，也不能喜形于色，让步原因一定要合理，才能使大家不互相猜忌。

在谈判中，像这种威胁、合理让步的技巧和方法也经常被谈判人员运用，并借此达到自己的谈判目的。谈判的形式是又打又拉、软硬兼施，使对手前俯后仰、不能定其意，从而达到软化对手立场的目的。该策略运用较广，也较自由，不受谈判地点、时间的限制，也是谈判人员运用较多的常规策略之一。但是在运用的过程中，要注意考察谈判对手的相关情况。如果对手具有丰富的谈判经验，并且整个谈判的形式对自己不利而对对手有利，该策略就很难达到预期的目的。反之，当谈判的形式对自己有利而对对方不利的时候，特别是在谈判对手达成协议的心情较为迫切的情况下，更容易奏效。

通常情况下，威胁和合理让步不是分开运用的，要交替运用，直到谈判的目的达到为止。

（三）心理素质的较量

在谈判的过程中，如果没有办法解决眼下的问题，为了争取时间和实现谈判计划，那么就该缓一缓，等找到对策再说。此即双方的心理素质的较量。很多人在谈判中都会运用心理素质的较量，这一技巧形式多样，目的也不尽相同。由于它具有以静制动、少留破绽的特点，因而成为谈判中常用的一种技巧手段。

心理素质的较量要求后发制人，也就是在一定条件下采用拖延的手段，以拖制胜适用心理煎熬的办法，一旦时机来临就速战速决，时机尚不成熟时，避免针尖对麦芒的直接交锋，一旦时机成熟，就可后发制人，取得谈判的成功。

心理素质的较量要求以柔克刚，也就是以劣势对优势、以弱小对强大。它是弱小的一方为了与貌似强大的谈判对手斗智斗谋、玩心理战术的一种谋略手段。利用对方麻痹的时间收集谈判信息，从而为后面分析问题、解决问题做准备，并最终促进谈判的进程，顺利达成协议。

心理素质的较量宜速战速决。拖延是一种有计划的策略，它的本质是缓对方之兵，为己方争取时间和机会，并寻找对策，从组织上、从表现上，不是消极等待，而是积极备战，因此能够获得针对对方的某些优势。当心理素质较量起作用时，要速战速决，避免为自己埋下隐患。

（四）律师的专家作用

经过谈判的各个阶段之后，各方认为已经基本实现自己的目标，便进入签订合同或协议阶段，这个时候作为律师要起到专家作用。主要表现在：

1. 谈判纪要的整理

每一次洽谈之后，对于重要的事情应制作一份简短的纪要，并向谈判各方公布，得到各方的认可。这样可以确保该共识以后不至于被违反。这种文件具有一定的法律效力，在以后的纠纷处理中尤为有用。所载内容便是起草书面协议或合同的主要依据。

2. 谈判协议的注意事项

谈判协议本身是谈判各方就谈判内容意思表达一致的文件，是对谈判各方相互权利义务关系的一致确定。协议一旦生效，对谈判各方便产生约束力。

3. 起草协议文本

一般来说，协议由哪一方来起草，哪一方就掌握了主动权，对己方有利，也可避免陷入对方的文字陷阱。

4. 审查协议

即使协议本身在法律上并无问题，但在缔结时仍应当注意具体事项与其他法令是否有抵触，内容是否具有合法性，同时审查协议的条款是否严密、详细、前后呼应、协调一致等相关内容。由于协议具有法律效力，一旦经各方签字并批准生效，就成为约束各方的法律文件。各方必须履行谈判协议中规定的各自应尽的义务，不然就要承担法律责任。

5. 注意协议的签署地

对于比较重要的涉外协议，要争取在己方所在地签署。因为如果发生了纠纷，则可以按照国际惯例，在协议签订地所在国进行诉讼或仲裁。[①]

二、推荐书目

1. 特赖布．法律谈判之道．高如华，译．北京：法律出版社，2006.

2. 弗拉斯科纳，赫瑟林顿．法律职业就是谈判：律师谈判制胜战略．高如华，译．北京：法律出版社，2005.

3. 费希尔，尤里，巴顿．谈判力．王燕，罗昕，译．北京：中信出版社，2009.

4. 肯尼迪．谈判是什么．陈述，译．北京：中国宇航出版社，2004.

5. 道森．优势谈判：一位王牌谈判大师的制胜秘诀．刘祥亚，译．重庆：重庆出版社，2008.

6. 约翰斯顿．劣势谈判：小人物的谈判策略．吴婷，李建敏，译．海口：南方出版社，2011.

7. 特普利．法律谈判简论．陈曦，译．北京：中国政法大学出版社，2017.

8. 韩德云，袁飞．法律谈判．北京：法律出版社，2018.

① 参见马宏俊主编：《公证与律师制度》，310～314 页，北京，北京大学出版社，2010。

第十章
调　解

引　例

新农村建设中因房屋质量引发的纠纷

某村新农村建设完工、村民入住后，村民陆续发现不同程度的房屋质量问题，全村70余户村民联合到法院反映房屋质量问题，要求工程施工承包方修缮房屋和赔偿损失。与此同时，承包方也到法庭咨询，准备起诉70余户村民，索要房屋建设工程尾款。该批纠纷涉及案件当事人众多，双方经过前期协商未果，村民情绪较为激动。法院收到村民的起诉材料后，首先进行入村走访调查和谈话，发现确有村民反映的房屋质量问题，而承包方以房屋超过质量保证期等原因拒绝维修、赔偿。经研判，法院认为案件如果进入诉讼程序，需要对房屋质量问题启动鉴定，鉴定程序复杂、费用高昂，对当事人来讲是一笔不小的费用。并且，类似纠纷在周边区域也存在，如果都通过诉讼方式解决将会有大量案件产生，不利于有效化解纠纷。法院最终认为，该案由政府主导化解纠纷能够使政府掌握新农村建设的实际情况，在解决纠纷过程中拉近政府与老百姓的距离，提升政府在老百姓中的公信和权威，因此，决定通过调解方式化解纠纷。

课前阅读

目的：通过阅读材料，促进学生了解调解在化解纠纷中的重要作用，调解对象、内容和方式在新时代具有新的内涵和外延。

材料：

“别着急，慢慢说。”一张大大的长桌围坐着几位当事人，给双方倒上几杯清茶，适当安抚情绪后，“老杨调解中心”负责人杨光照习惯性地拿出笔记本，聆听并耐心记录双方的诉求。在过去几十年的调解生涯里，这样的情形杨光照经历过无数次。从邻里矛盾到劳资纠纷再到工伤赔偿，在枫桥镇，遇到矛盾纠纷，大家习惯来到调解中心找杨光照“主持公道”，在他的调解劝说下，刚开始剑拔弩张的氛围最后往往能消弭于无形。“不怕有纠纷，就怕没人管，我们的目的是将矛盾化解在基层。”杨光照说。其身后的“老杨调解中心”，正是诸暨发展新时代“枫桥经验”的实践成果之一。

从曾经的基层民警到退休后专事调解，杨光照是新时代“枫桥经验”的忠实践行者，也是其发展见证者。2010年，本该退休的他在派出所和群众的挽留下，与几位退休干部成立了如今这个“老杨调解中心”，专门从事矛盾纠纷化解工作。12年里，中心调解矛盾纠纷3 100余起，调解成功率达97%以上。

随时间与数字跳动的，是因时而变的调解方法。这几年，无论是调解还是受邀去参与培训讲课，杨光照都习惯性地带着一份小册子，册子里记录着他总结而来的调解八法和详细案例。“我经常和年轻一辈说，时代在变，不同情况要用不一样的方法。”杨光照说。

“很多矛盾在显现之前就有苗头，我们可以改变以往的思路，从源头上预防矛盾。”跟着杨光照学习了两年调解技巧，枫桥派出所民警朱锷波就在日常工作中总结出一套“事前预防，事中化解，事后跟进”的矛盾全生命周期调解法。此前，他在一次走访中得知该村近期有两户人家对一块土地的归属存在一些争议。“这事可大可小，弄不好就会引发大矛盾。”捕捉到矛盾“苗头”，朱锷波立即在村里开展走访调查，确认了土地的归属权，将矛盾扼杀在了萌芽阶段。“时代变了，矛盾类型也在变，我们的调解理念也要与时俱进。”朱锷波表示。

如今，在诸暨当地，以“老杨调解中心”为代表的多个调解品牌遍地开花，就地化解矛盾的故事不时上演。步入新时期，在坚持和发展新时代“枫桥经验”的基层实践中，诸暨的干部、群众还总结出了“矛盾不上交、平安不出事、服务不缺位”的新内涵。紧随时代而转变，使得“枫桥经验”在新时代焕发出新的生命力。

第一节 调解概述

一、调解的概念与特征

无论是在纠纷解决机制尚不发达的古代社会，还是在纠纷解决机制日益多元化的现代社会，公力救济都不能包揽所有社会纠纷的处理，各个时代的各个国家大都寻求诉讼外解决社会纠纷的方法。作为一种古老的纠纷解决方式，调解在中国历史悠久，它根植于中国独特的文化传统，反映着中国人的文化心理。对被誉为“东方经验”的中国的调解，美国学者柯恩曾有这样的评说：“中国法律制度最引人注目的一个方面是调解在解决纠纷中不寻常的重要地位。”①

（一）调解的概念

我国调解制度的历史最早可以追溯至奴隶社会西周时期，当时，地方官吏中就有“掌司万民之难，而谐和之”的“调人”② 之职。所谓“调人”，在今天看来，就是调解纠纷的官吏。至两宋时期，随着民事纠纷的不断增多，调解呈现制度化趋势；明清时期，调解已至臻于完善阶段。③ 在我国新民主主义革命时期，尤其在抗战时期的边区和解放战争时的解放区，调解发展较充分，形成了著名的“马锡五审判方式”。当时根据地政权刚建立，政治形势尚不稳固，要求司法机关尽可能用平和的方式解决民事纠纷，避免激化矛盾，团结一切可以团结的力量。新中国成立后，调解在化解矛盾纠纷方面继续发挥着重要作用。虽然调解在我国解决纠纷的历史长河中地位不可或缺，但时至今日，如何界定调解，仍然没有形成一致的意见。

《中国大百科全书：法学》对调解的解释为，“双方或多方当事人之间发生民事权益纠纷，由当事人申请，或者人民法院、群众组织认为有和好的可能时，为了减少讼累，经法庭或者群

① 强世功编：《调解、法治与现代性：中国调解制度研究》，88页，北京，中国法制出版社，2001。

② 《周礼·地官司徒·叙官》按“调人”，注疏谓：“‘调犹和合也’，人相杀伤，共其难者，此调人和合之。会赦之后，设教使之相避。”

③ 参见张晋藩：《中国民事诉讼制度史》，15页，成都，巴蜀书社，1999。

众组织从中排解疏导、说服教育，使当事人互相谅解，争端得以解决，是谓调解”[①]。也有人认为，调解是指在第三方主持下，以国家法律、法规、规章和政策以及社会公德为依据，对纠纷双方进行斡旋、劝说，促使双方互相谅解，进行协商，自愿达成协议，消除纠纷的活动。[②]在日本学者棚濑孝雄看来，调解又称“调停”，是指具有中立性的第三人，通过当事人之间的意见交换或者提供正确的信息，从而帮助当事人达成合意、解决纠纷的活动。[③] 还有人将调解简要界定为在第三方协助下进行的、当事人自主协商性的纠纷解决活动。[④]

上述关于调解的概念虽然表述不一，但是它们之间并不存在实质性的差异。不难发现，调解概念的确定涉及以下因素：第一，调解以双方当事人存在纠纷为前提；第二，调解以中立第三方协助当事人解决争议为标志；第三，调解要求双方当事人自愿达成纠纷解决的协议。因此，只要符合这三个特征的纠纷解决方式都可以称为调解。由此，调解可以表述为：在中立第三方的协助下，发生纠纷的双方当事人自愿进行的解决纠纷的协商过程。

（二）调解的特征

调解是由调解员作为公正、中立的第三方帮助双方当事人自愿达成协议解决纠纷的活动。其主要特征有：

第一，自愿性。调解是非强制性的纠纷解决程序，从本质上来看，无论是在调解的启动还是在协议达成方面，都要求当事人自愿。双方的协商、谈判过程虽然有第三方的协助，但是整个过程不能违背双方当事人的意愿，仍然要由当事人自主、自愿地进行协商，以双方当事人的意思自治作为达成协议的基础。

第二，中立性。调解区别于和解、谈判最大的特点就在于中立第三方的介入。由于缺乏经验以及有意见分歧等，当事人往往难以通过和解、谈判直接协商达成协议；中立第三方的介入则容易让当事人在某些问题上相互妥协，从而达成协议，解决纠纷。调解程序本身就是一种人际间信赖关系的延伸，因此要取得当事人的信任，第三方就必须是中立的，他应该保持独立和公正，不代表任何一方当事人，也不偏向任何一方当事人。[⑤] 不论第三方在调解过程中是以“协助”的身份还是以“主持”的身份出现，都不得偏向任何一方当事人，动摇中立立场，否则，该调解员就不再适宜继续担任该纠纷的调解工作，应该回避。

第三，保密性。保密是调解得以建立和发展的基石。调解活动的保密性表现在两方面：一方面是过程的保密性，调解应该在保密的环境中进行，其过程不应被外人知晓；另一方面是内容的保密性，双方当事人在调解过程中透露的信息以及为达成协议而做的承诺不得对外公布，也不得在日后的其他程序中作为证据使用。保密性的重要意义在于：当当事人知道他们的言行将被严格保密并且不会在其后的法庭上出示和被法庭采信时，他们在解决争议的讨论中才有可能更加诚实和坦率，只有在他们的利益和兴趣被充分地表露出来以后，双方才能够共同找到满足双方利益需要之所在，从而达成协议，解决纠纷。

二、调解的模式

当前我国社会纠纷解决实践中提出的“大调解”工作机制，是调解制度适应我国国情的又

---

① 《中国大百科全书：法学》，589 页，北京，中国大百科全书出版社，1984。

② 参见江伟、杨荣新主编：《人民调解概论》，1 页，北京，法律出版社，1990。

③ 参见［日］棚濑孝雄：《纠纷的解决与审判制度》，王亚新译，13 页，北京，中国政法大学出版社，1994。

④ 参见范愉：《ADR 原理与实务》，310 页，厦门，厦门大学出版社，2002。

⑤ 参见上书，311 页。

一次嬗变。对此，有人指出，“一般认为，‘大调解’一词有广、狭两义。狭义的‘大调解’是指市、县、乡、镇近年来成立的调解中心。广义的‘大调解’是指在党委、政府的统一领导下，由政法综合治理部门牵头协调、司法行政部门业务指导、调解中心具体运作、职能部门共同参与，整合各种调解资源，对社会矛盾纠纷的协调处理。其目的是将民间调解、行政调解、司法调解等其他各种调解资源整合在一起，把纠纷化解在基层”[①]。这样一种统合了多方面社会资源、适用于各种纠纷解决领域的调解最新制度样态，完成了调解的主体由单一到复合、调解的方式由简单到综合的转变。

（一）调解的种类

按照调解员的身份和性质不同，我国司法实践中的调解类型主要有：

第一，诉讼调解。诉讼调解是指法院在受理案件以后对能够适用调解结案的案件，由法官担任调解员而进行的调解。诉讼调解主要是在案件诉讼过程中进行的，其调解协议可以作为法院结案的一种方式，与法院裁判一样具有直接的法律效力。

第二，行政调解。行政调解是指由行政机关主持，以国家法律、法规及政策为依据，以当事人双方自愿为原则，通过对争议双方的说服与劝导，促使双方当事人达成协议，解决有关争议的活动。目前，行政调解主要包括两类：一是行政机关在日常管理或指导工作中附带性的纠纷解决，二是行政机关为解决特定纠纷专门设立的行政性非诉讼程序。[②]

第三，仲裁调解。仲裁调解是指依照国家法律法规规定成立的仲裁委员会作为第三方，在双方当事人自愿以书面形式选择仲裁解决争议之后，由仲裁员遵循法律规定的原则和程序，居中对双方当事人发生的争议进行调解。仲裁裁决一经做出，即具有直接的法律约束力。

第四，人民调解。人民调解是指群众性组织以中立第三方的名义介入纠纷解决中，不通过国家机关和严格的法律程序，而是依靠社会力量促成当事人达成合意，从而解决纠纷的活动。[③] 在人民调解委员会的主持下，人民调解员对纠纷当事人进行说服教育、规劝疏导，促使纠纷各方当事人互谅互让、平等协商、自愿达成协议。根据充任调解人的社会组织、团体和个人的不同，人民调解又可细分为社会团体调解、自治组织调解、行业协会调解、营利性机构调解等。

（二）调解种类的异同

作为解决争议的一种手段和方式，调解被广泛地运用于各种解决民事纠纷。上述各种调解方式都由其调解员在各自主管范围内解决当事人之间的纠纷。其共同之处在于：它们都是建立在当事人自愿基础上的纠纷解决方式，在调解纠纷的过程中始终要贯彻自愿原则。调解能否开始取决于当事人是否同意接受调解，调解过程中是否做出让步取决于当事人的意愿，调解结束时双方能否达成调解协议、达成何种内容的调解协议取决于当事人的选择。同时，作为调解的主持者或协助者，调解员的核心工作是引导当事人就争议进行协商，求同存异，化解双方当事人之间存在的对立情绪，从妥善解决纠纷的角度说服各方当事人做出必要的妥协和让步，从而达成调解协议解决纠纷。

然而，具体到不同的调解方式，它们之间存在着以下区别：

第一，性质不同。诉讼调解具有司法的性质，仲裁调解具有准司法的性质，其他组织的调解不具有司法或准司法性质。虽然行政调解是行政机关基于行政职责的行政管理活动，其调解

① 章武生：《论我国大调解机制的构建——兼析大调解与ADR的关系》，载《法商研究》，2007（6）。

② 参见范愉：《ADR原理与实务》，315页，厦门，厦门大学出版社，2002。

③ 参见宋明：《人民调解纠纷解决机制的法社会学研究》，吉林大学2006年博士学位论文，18页。

协议的达成是行政机关行使行政权的一种表现，但也只具有合同上的约束力。人民调解虽然国家权力也对其进行监督和扶持，但这只体现出纠纷解决过程中国家与社会共同参与的互动关系。

第二，权威不同。诉讼调解和行政调解最具有权威性，中立第三方是具有司法权力或行政职能的法官或国家行政人员，是国家权力主持下的调解形式，属于国家对纠纷解决权进行垄断的纠纷解决方式。仲裁调解的权威性次之，但是仲裁调解协议仍然具有准司法效力，可以作为法院执行的依据。人民调解是权威性最弱的调解形式，人民调解中的第三方是不具有国家强制力并具有相对自治性质的组织及其成员，在解决纠纷的过程中体现了纠纷解决权社会化的性质。

第三，效力不同。诉讼调解协议及仲裁调解协议与生效判决、仲裁裁决具有同等的法律效力，可以作为法院强制执行的根据。行政调解协议和人民调解协议虽然也具有民事合同效力，但这种效力并不具有直接的强制执行力，必须经过法院认定才能够获得相应的执行力，才能作为法院强制执行的依据。

三、调解员的作用

调解员的作用在于协助发生纠纷的当事人达成调解协议从而解决纠纷。调解员不会像律师那样提供法律意见，也不会像仲裁员或法官那样为争议做出裁判。[①] 因此，调解员在调解一开始就应该向当事人说明，其只负责提供调解知识和技能来协助当事人达成调解协议，能否达成调解协议以及调解协议的内容仍然取决于当事人。具体而言，调解员的作用主要体现在：

1. 提供调解说明

一般而言，发生纠纷的当事人都是在双方谈判无果的情况下才寻求第三方居中进行调解。因此，调解员在接到调解请求之后，首先需要确定当事人是否是自愿参与调解，然后告知当事人在调解过程中的权利与义务，以及调解过程中涉及专业事项向独立第三方寻求帮助或建议的权利，并就调解的保密、调解的程序、调解的费用、调解的中止或终结以及调解员的更换等事项向当事人做出具体说明。

2. 选择调解策略

调解过程中，调解员必须根据纠纷的具体情况并结合自身的调解经验来选择合适的调解方式，从而避免或者打破调解中出现的僵局，以促进当事人的信任和沟通。同时，调解员还需要注意当事人在调解过程中情绪或态度的变化，察言观色，及时把握有关信息，根据调解进展的具体情况来调整下一步的方法和步骤，保证调解的时间尽可能地都用于解决当事人之间的核心争议和诉求上，避免拖延或者调解失败。

3. 促进调解沟通

调解员要营造一种相互信任的调解氛围，选择合适的调解场所、调解时机和调解时间，促使当事人善意地参与调解。在调解过程中，调解员应该解答当事人提出的与调解有关的技术性问题，仔细聆听当事人的发言，适时总结纠纷的争点，引导当事人将其核心诉求表达出来，逐步化解矛盾，推动调解进程。遇到调解过程中可能出现的争吵或其他阻碍调解正常进行的情况，调解员要及时中止调解，以中立的身份安抚当事人的情绪，尝试帮助当事人站在对方的角度去思考问题，劝说当事人回到调解过程，在自愿、公平的基础上达成调解协议。

---

① 参见江仲有：《解决冲突与调解技巧》，18页，香港，香港大学出版社，2010。

第二节 调解理论

一、调解的适用

在当今社会，人们之间一旦有了纠纷，首先是通过谈判这种非正式的途径来解决，但是谈判双方的地位不对等或信息不对称，往往使得当事人之间的谈判难以进行下去。此外，基于中国传统的“低头不见抬头见”等人情观念，发生利益纠纷的双方又不愿意通过带有法律强制性的或僵硬的方式处理以免双方丧失日后交往的基础。于是，在双方当事人谈判或和解无望的情况下，他们并不排斥通过中立的第三方来帮助解决纠纷。劳动争议、民商事纠纷、家庭纠纷等双方甚至多方当事人之间的利益冲突，绝大多数可以通过调解的方式解决。即使在国际事务中，也不乏通过调解来解决纠纷的实例。

（一）调解的优劣

调解、仲裁、诉讼等方式都是纠纷解决的重要途径，人们之所以在纠纷发生之后倾向于首先选择调解的方式来化解纠纷，是因为与仲裁和诉讼比较而言，调解具有以下优势：

第一，与仲裁相比，调解更为灵活，不受第三方人数的限制，往往更具有保密性。由于调解不受仲裁程序的约束，当事人能够控制整个进程，争议双方有机会向调解员全面、自由地表达各自的观点，讲述事情的来龙去脉，使调解员在了解“内情”的基础上协助当事人找到最符合他们意愿的解决方式。同时，调解也不会因为仲裁员意见不同而影响调解进程，这就使得调解能够较快地解决争议。

第二，与诉讼相比，调解更侧重于争端的平息，化解双方因为纠纷而产生的情感、利益等方面的冲突，而非刻意强调分清是非、谁赢谁输。以调解方式平息争端，不仅能解决当事人之间一时的矛盾，还能实现各方当事人对公平、道义、亲情、友谊、名誉等多重价值的追求，着眼于长远地杜绝类似纠纷的发生，使双方的关系能够得到更好的维持。

尽管调解不能最终解决全部纠纷，有的争议还是要通过仲裁或诉讼的方式才得以最终解决，但这并不意味着调解不起任何作用，毕竟当事人通过调解过程对争议的本身有了进一步的了解，也厘清了自己的核心利益诉求，有益于后一阶段更好地解决争议。不过，我们也应当注意到调解这种纠纷解决方式自身的不足：

第一，调解协议不具有法律强制力。调解解决问题的基础是双方信守诺言，调解协议的履行依赖于当事人的自我约束。如果调解不成或虽调解成功但当事人没有切实履行协议内容，调解便无法体现其节约成本的特点，无法实现预期目标。特别是如果一方当事人存在通过调解来拖延诉讼以达到其不当目的时，就损害了调解的权威性，使得日后的当事人不再愿意通过调解解决纠纷。

第二，调解容易掩盖非法目的。由于调解往往不必查明案件事实，不必严格按照法律条文去做出判断，因而调解不可能与仲裁或诉讼那样严格遵从公平原则。这就使得表面上看似合法的调解有时会掩盖一些潜在的不合理甚至违法行为。如果协议达成是以当事人一方过多地忍让或付出为代价，而这一方力量又相对薄弱，忍让或付出是不得已而为的，协议便有失公平。另外，调解着重促成当事人双方达成调解协议，就可能发生调解协议内容侵害案外第三人合法利益的情况。

因此，调解员应该审查当事人在调解过程中是否自愿参加、有无调解拖延诉讼或实现非法目的等企图，一旦发现，应当立即停止调解程序，向有关部门报告，并建议当事人通过诉讼的方式来解决纠纷。

（二）影响调解的因素

调解在理论上的优缺点并不能为我们指明法律实务中调解介入解决纠纷的适宜时间。因此，调解员在接到当事人调解的申请之后，必须要考虑什么时间介入更有利于纠纷的解决。一些人主张在纠纷发生之初调解就介入，可以防止争议的扩大或矛盾的激化，当事人也能较早地从包容、协商的角度来考虑问题，把纠纷化解在萌芽状态。也有一些人主张调解不能过早地介入当事人的纠纷，一方面，当事人完全有可能通过谈判等直接沟通的方式自行解决纠纷，第三方的介入反而可能使得纠纷复杂化；另一方面，在纠纷发生的初期，纠纷最终的发展方向往往并不确定，一些当事人可能为了更大的共同利益而放弃在小利益方面的纠缠，一些当事人可能为了表面上是小利益而实质上关系核心利益不肯让步而导致纠纷的升级。这些都需要观察，如同病人在生病初期一样，必须要有一段观察期，这样才能对症医治，真正解决问题。因此，哪一种方案好一些，哪一种方案差一些，并没有一个明确的界限，关键是调解员要结合自身经验，根据纠纷的具体情况确定一个比较适当的介入时间。在确定调解是否适合介入纠纷方面，有以下因素可供参考：

1. 纠纷的持续时间

纠纷发展到一定阶段才能成为法律意义上的争议，才有调解介入的必要。因此，当事人在将争议提交中立第三方进行调解之前，应该审视自己所涉纠纷持续的时间、发展的程度。虽然调解可以解决多数纠纷，但是对双方通过谈判或协商就能解决的纠纷，调解员应该建议当事人自行解决，这样更有利于维系双方的关系。另外，对于已经持续较长时间的纠纷，特别是经过仲裁、诉讼等方式处理之后又发生的纠纷，往往情感冲突大于事实冲突，调解应该谨慎介入，避免激化矛盾，调解无望的，应该及时终止，建议当事人通过诉讼途径解决。因此，在纠纷发生的初期，当事人之间还没有就纠纷解决进行谈判或协商的，一般情况下不适用调解；对于经过仲裁、诉讼之后又发生的纠纷，当事人有通过调解实现其他非法目的的，一般情况下也不适用调解。

2. 纠纷的复杂程度

纠纷的复杂程度是影响当事人是否选择调解方式解决的一个重要因素，也是调解员考虑是否适合调解的考量因素之一。具体而言，对涉及三方甚至多方利益纠纷的冲突，其涉及的事实和法律问题就会比较复杂。一方面，当事人要决定是将全部纠纷还是部分纠纷交由调解。在涉及多个事实和法律关系的纠纷中，对于化解整个利益冲突而言，不同的纠纷采用不同的解决方式相比较采用单一的解决方式可能是更好的选择。另一方面，调解员要根据不同纠纷的复杂程度来制订不同的调解方案，越是复杂的案件，调解员介入的程度就越深，这样就容易发生情感上的偏离。对于比较复杂的案件，调解员不宜匆忙介入，首先应该对案件的事实和法律问题进行梳理，在确信可以调解并且自己能够胜任的情况下，再启动调解程序。对于自己不能胜任的案件，应该建议更换调解员；对于不适宜调解的案件，则应该建议通过仲裁或诉讼的方式解决纠纷。

3. 当事人之间的地位

发生纠纷的当事人之间地位是否平等，关系调解的成功率。一般而言，当事人之间平等性越是接近，调解的成功率就越高；反之，则越低。因此，对于发生在地位明显不平等的当事人之间的纠纷，一方面涉及双方当事人参与调解的自愿性问题，另一方面则涉及双方信息是否对称的调解平等性问题。对于当事人之间地位略有不平等，或虽然不平等但是经过调解员的努力能够保持双方在权利、义务方面平衡的，调解员可以采取有关的策略保障调解的公平与自愿。如果当事人之间地位差距过于悬殊、信息明显不对称的，调解员一般情况下应该依据调解的职业伦理建议当事人通过诉讼的方式解决，以避免调解过程中可能发生的立场偏离。

4. 当事人对调解的态度

调解应该以发生纠纷的当事人自愿为原则，如果一方或者双方当事人不愿意由第三方调解，或者对调解有抵触情绪，那么调解员就应该建议当事人以协商或者其他方式解决纠纷。只有当事人自愿，或者虽有抵触情绪，但是经过调解员对调解过程的讲解，认可调解价值的，调解员才能启动调解程序。

5. 当事人参与调解的目的

调解成功与否取决于双方当事人解决纠纷的诚意度。如果双方当事人认同调解的价值，并善意地参与调解，绝大多数能够达成双方比较满意的调解协议。但是，不排除部分当事人意图通过调解来达到探知对方底线、拖延诉讼时间等非法目的。因此，调解员需要在调解的过程中一直注意观察当事人对争议的态度，如果发现当事人参与调解的目的不是平等地解决纠纷，而是为了在日后其他纠纷解决方式中占据更有利的地位时，调解员应该终止调解。

二、调解的原则

由于调解没有严格的法律程序要求，并且调解的过程和结果都对外保密，因而调解的过程中就有可能发生侵犯当事人合法权利的现象，也有可能发生双方当事人密谋通过调解来侵犯第三方或其他主体的合法权利的情况。因此，调解需要遵循以下原则：

（一）自愿原则

自愿原则，是指调解过程中，调解员对纠纷进行调解的前提必须是双方当事人自愿，不强迫一方或双方参加。

自愿原则主要体现在以下两个方面：

第一，调解的启动必须是双方当事人真实的意愿。当事人真实意思表示的形式应当是书面协议或口头上的明确确认，而不能以当事人的沉默推定为认可。因为当事人才是发生利益纠纷的主体，只有他们才清楚争议的本身以及自身的诉求。在法律授权的范围内，当事人有权自主决定是否通过调解方式解决他们之间的纠纷。因此，缺乏当事人自愿基础的调解，就是对当事人意思自治权利的侵犯，违背了调解的初衷。然而，调解自愿原则并不意味着调解员在调解过程中不能说服一方或双方当事人进入或回归调解，但是这种说服不应带有强制性或欺骗性，当事人最终是否选择调解还是以他们的意思自治为前提。

第二，调解协议的内容必须是双方当事人真实的意思。调解协议的内容直接涉及双方当事人的权利、义务，应当由当事人按自己的意愿进行处分，必须是双方当事人自愿协商的结果。调解员只能根据政策、法律进行一定的说明或说服工作，引导当事人达成协议以解决纠纷。

（二）合法原则

合法原则，是指调解员协助双方当事人达成调解协议的过程以及调解协议的内容，必须符合法律的规定，不得违反法律法规的禁止性规定，不得损害国家、社会公共利益和他人合法权益及社会公序良俗。

合法原则具体有两个要求：

第一，调解的过程要合法。虽然法律并没有明文规定调解要遵循法定的程序，但是调解员仍需要维持调解最低的程序正义，一方面，不得剥夺或限制当事人的权利；另一方面对于当事人之间地位不平等的，要对处于弱势的一方在程序方面予以保护，保障其知情权，避免因信息不对称而导致非自愿的调解。

第二，调解的协议要合法。尽管调解在程序方面有较大的弹性，但是在调解协议的实体方面要符合有关政策、法律的规定。虽然调解中允许当事人双方互谅互让，对自己民事权利在法律许可的范围内进行处分，但当事人处分权利不得违背政策、法律的规定或损害国家、集体和其他公民的利益。

（三）及时原则

及时原则是指调解员在调解的过程中应尽可能早地促使当事人达成调解协议，在发现不能调解或一方有通过调解实现其他非法目的时，应该及时终止调解，告知当事人通过其他方式解决纠纷。虽然法律并没有规定调解员必须在特定的时间里完成调解，但是也必须遵循及时原则：一方面，调解员要及时调解，不得故意拖延或者以拖促调，变相强迫当事人接受调解协议；另一方面，调解员要遵循能调则调、不能调则终止的要求，在发现当事人不愿继续调解的或者有借调解实现其他非法企图的，应该及时终止调解，告知当事人通过其他方式解决纠纷。

三、调解的伦理

调解以纠纷的存在为前提。纠纷是人类社会生活中自然而然的现象，从社会学的角度看，“纠纷是指社会主体之间的一种利益对抗状态”①。要对当事人之间的纠纷进行调解，必须有一定的依据才能使纠纷当事人心服口服，接受调解。现代社会调解的基准，主要是法律、法规、规章的规定和政策以及社会公德。法律规范来源于道德，以道德为根基形成、生长，“并使得道德成为法律有机体之内在血脉，现实中具体的法律规则几乎都是伦理精神的产物”②。调解作为一种法律制度，伦理自然是其应有之义。

调解的伦理主要指的是调解员在调解过程中在遵循调解原则之外，还应该遵循的一套道德原则与价值体系，它确定规则与标准来判断某一职业从业人员行为的是非对错，也可以称为“职业伦理”③。如果说调解原则是对调解员的外部约束，受到当事人权利制约的话，那么调解伦理则是对调解员的内部约束，靠的是调解员的自我约束。如果调解员在调解过程中违背了调解的职业伦理，轻则要遭受行业谴责，重则要遭受行业除名。因为一旦调解的伦理不能得到有力的维持，就会引发社会公众对调解正当性和公正性的质疑，从而对调解这一司法之外的纠纷解决方式丧失信心，进而导致调解制度的衰落。具体而言，调解的伦理主要体现在保密、中立、公正等方面。

（一）保密

调解的保密，一方面是指调解过程的保密性，即调解活动应该在保密的环境中进行，不被当事人和调解员以外的人知晓调解过程中所透露的信息，为达成调解而做出的意思表示或让步不得在日后的其他纠纷解决方式中援引；另一方面是指调解协议内容的保密性，即双方当事人有权要求不公开调解协议的内容。调解的保密性并不必然要求以保密的方式进行调解，当事人要求公开调解的，调解员应该允许。根据我国司法解释，保密性的要求主要体现在调解过程和调解协议的保密性上。《最高人民法院关于进一步发挥诉讼调解在构建社会主义和谐社会中积极作用的若干意见》（法发［2007］9号，自2007年3月7日起生效）第12条规定：“……人

① 何兵：《现代社会的纠纷解决》，1页，北京，法律出版社，2003。

② 胡旭晟：《论法律源于道德》，载《法制与社会发展》，1997（4）。

③ 赵云：《调解实务与技能》，25页，北京，清华大学出版社，2011。

民法院调解案件，当事人要求公开调解的，人民法院应当允许；办案法官和参与调解的有关组织以及其他个人，应当严格保守调解信息，当事人要求不公开调解协议内容的，人民法院应当允许。”

在调解过程中，保密主要是针对调解员的职业要求，主要体现在保密的告知和保密的遵守两个方面，具体而言：

第一，保密的告知义务。调解员在调解开始之时，就应该告知当事人调解中关于保密性的要求，以及法律、法规明确要求必须公开的事项。不论当事人是否要求公开调解，都应就保密的内容、保密的范围等内容让当事人先进行协商，必要时让当事人拟定相关保密条款，或者采用调解机构通用的保密规则作为日后调解协议的一部分。即使当事人申请公开调解的，也应该告知其有权要求对调解过程中透露的某一或某些具体信息以及具体调解协议的内容进行保密。

第二，保密的遵守义务。调解员对调解过程中所知悉的所有事项都负有保密义务，不论调解是否公开进行，除非当事人明确表示某一或某些具体信息可以公开；但是调解员有权根据法律、法规的要求将特定事项公开。为了促使当事人达成调解协议，调解员在调解过程中与一方当事人单独进行会谈所获得的信息，如果该当事人要求需要对另一方保密的某一或某些具体信息，调解员也不得对其他当事人透露。

（二）中立

调解的中立，一方面是指调解员在调解纠纷的过程中不能有个人的利益牵涉其中；另一方面是指调解的过程中调解员要恪守中立第三方的角色，不能在心理上或行动上偏向争议的任何一方。具体而言，主要体现在利益无涉和客观中立两个方面。

第一，利益无涉。首先，调解员要在处理纠纷的过程中做到利益无涉，一旦发现自己或者亲属与当事人的纠纷有利害关系，以及存在其他可能影响调解中立的，应该主动回避，由其他调解员负责该纠纷的调解。其次，调解员还应该在调解协议方面做到利益无涉，不能为了完成调解任务或者因为外界因素的影响，说服或者迫使当事人非自愿接受调解协议。

第二，客观中立。调解员在调解纠纷的过程中不能有任何先入为主的偏见，也不能以纠纷是非对错的评判者身份自居，而是要客观地对待纠纷事实，同等地对待纠纷的当事人，时刻秉承第三方中立的立场来协助当事人达成调解协议。尽管调解员可以使用一些调解技巧来促成当事人达成协议，但是这些技巧的使用应该以不违背中立立场为前提，并且要尊重当事人的意思自治。如果调解员认为自己难以克制对当事人一方的喜好或厌恶、赞同或反对一方当事人的主张，那么该调解员应该退出，由其他调解员接任该调解。

（三）公正

调解的公正，是指调解员在调解过程中不应偏向任何一方当事人，不介入针对某一方当事人的具体争论。调解的公正不仅要求调解员促成当事人达成的调解协议是公正的，还要求调解员在调解的过程中维护调解程序的正义，具体而言：

第一，维护实体公正。调解员对双方当事人都应表现得公允而不徇私，避免对任何一方当事人有所偏袒。[①] 尽管调解员不能干预当事人的意思自治，尽管当事人可以为了达成协议处分自己的权利，但是调解员对调解协议的内容需要进行审查，如果发现当事人一方的权利处分是非自愿的，或者侵犯了国家、社会或其他人合法权利的，应当告知当事人调解协议涉及该部分内容的规定是无效的，建议当事人通过其他方式解决纠纷。

第二，维护程序公正。虽然调解员应该中立地主持调解过程，但是不能以牺牲程序公正为

① 参见赵云：《调解实务与技能》，29页，北京，清华大学出版社，2011。

代价。调解员应该协助当事人在自愿、公平、知情的情况下达成调解协议，每一方当事人应该都有机会陈述事实和表达意见，并被对方当事人和调解员倾听。此外，调解员在调解过程中要注意自己的言行举止，避免当事人对调解产生不公的质疑，即调解员不得违反规定私自会见当事人，不得接受当事人的请客、送礼以及其他有价物品或服务，不得在当事人讨论调解协议内容之前表达其个人对纠纷的看法，否则，调解员的行为将影响当事人对调解公正性的看法，不利于调解长远的发展。

（四）伦理冲突

伦理冲突是指调解员在调解过程中遇到两个或两个以上的正当伦理准则之间互相矛盾、冲突的情况，不论调解员采用哪种调解策略都将违反一个或多个伦理要求。如果说保密是从权利自由角度给调解员设定的伦理要求的话，那么中立和公正则是从社会秩序角度给调解员设定的伦理义务。“自由强调的是主体个性的发挥，而秩序强调的是有序状态的建立与维持；自由难免有打破既有平衡——秩序的趋势，秩序又在一定程度上制约自由维持平衡的规定性，因此二者之间的冲突就在所难免。”[①] 如调解员在调解双方当事人地位不对等的纠纷时，如果调解员以中立作为调解的首要价值追求的话，则会违反公正的要求；又如调解员在与一方单独交谈过程中获得的明显侵犯另一方当事人利益的信息，主观上感觉应该告知另一方当事人却又被要求保密时，其又会面临保密和中立的冲突。在调解过程中，受具体情境、个人风格、文化差异等各种因素的影响，各种伦理冲突可谓五花八门，这样就难以得出统一的解决方案或一劳永逸的答案。[②]

人与人关系中的自由最重要的方面是如何使自由共存的问题，即如何保证一个人的自由与其他所有人平等的自由相协调，因此，自由即是寻求人的自由度和可为度。人与人之间秩序的标志就是利益的共存、冲突的消解。限制自由的地方就是秩序建立的地方。[③] 调解员要处理好调解过程中遇到的伦理冲突，一方面需要靠自己的调解经验和调解技巧去化解和平衡，另一方面则需要遵循公正、中立、保密的价值位阶，在三者之间发生伦理冲突的，调解员应该首先顾全较高价值位阶的伦理，兼顾较低价值位阶的伦理，如果难以兼顾，则应该终止调解，建议当事人选择诉讼的方式解决纠纷。例如，调解员认为纠纷的当事人之间地位不平等，或者信息不对称，可能对调解的公正性造成影响的，调解员应该在调解的程序设置方面对弱势一方予以适当倾斜，给予更多的说明，并对协商的内容适时进行提问和概括，保证弱势一方与强势一方在平等的基础上沟通；必要时调解员应该建议弱势一方获取独立的专业人士的建议，以平衡当事人之间的地位。但是，调解员以过分干预的方式来平衡当事人之间不平等的地位时，就会引发当事人对调解员中立性的质疑，进而导致调解协议公正性的危机。因此，如果调解员认为当事人之间的地位差距难以通过程序倾斜或专业建议弥补，严重影响调解的自愿和公平的，则应该终止该调解，并建议当事人通过诉讼解决纠纷。

第三节　调解训练

虽然调解过程不受严格的限制，但是这并不意味着调解过程可以任由调解员天马行空，不

① 谢晖：《法律信仰的理念与基础》，635～636 页，济南，山东人民出版社，1997。

② 参见赵云：《调解实务与技能》，36 页，北京，清华大学出版社，2011。

③ 参见吴宁：《权利·自由·秩序》，载《社会科学战线》，2005（3）。

尊重调解过程。事实上，要促使当事人就纠纷达成调解协议，还是有一定的规律可循的。本节将根据本书附录王萍诉派尼科包装公司劳动争议仲裁案这一案例主线，结合前两节关于调解理论的内容，介绍针对具体的案例如何开展调解。

一、调解的准备

准备阶段对调解能否顺利进行是非常重要的。调解的准备主要涉及调解员的选任，以及调解员针对争议的事实需要在调解开始之前所做的准备工作。

（一）调解员的选任

当事人发生纠纷到调解机构要求调解解决的，调解机构的接待员先要告知当事人是自己选任调解员还是由调解机构帮助指任。如果当事人选择自己选任调解员，则接待员需要给出可供选择的调解员名单库，其中包括调解员的姓名、性别、年龄、从事调解工作的年限以及专长的调解领域等必要信息，由当事人协商之后确定人选。如果当事人委托调解机构指任的，则由调解机构负责人综合考虑纠纷事实的类型、复杂程度以及调解员的专长之后，确定推荐人选，由当事人确认。一般而言，调解机构参与当事人调解的，应该有调解员和书记员两人，以提高调解的效率，维护调解的公正。

（二）调解员的准备

在当事人确定纠纷的调解员之后，调解员则开始着手准备工作以保障日后调解程序的顺利进行。具体而言，调解员在这一阶段需要准备的事项主要有：

1. 记录当事人的联系方式

调解员可以通过面谈、电话、邮件、传真、微信等方式与当事人沟通，但是应该选择最为有效的一种或几种方式，以提高调解的效率。如果一方当事人不能参与调解而委托他人参加的，还应记录被委托人的有效联系方式。

2. 确认调解的自愿与善意

如果纠纷的当事人都希望以调解的方式而非诉讼的方式来平和地解决纠纷，自愿参与并且是善意参与调解的，那么这些争议绝大多数可以通过调解的方式来解决。但是调解员在调解正式开始之前需要确认当事人参与调解是否是自愿的，并且是善意的。以下几个问题可以帮助调解员进行判断：

（1）发生纠纷的当事人是否认识？如果认识的话，他们之间是什么关系？

（2）一方当事人是否收到过另一方当事人必须参与调解的指令或威胁？

（3）一方当事人是否存在利用调解来拖延时间或获取某些信息，从而使其在日后纠纷解决中占据优势地位的目的？

（4）一方当事人在调解协议达成之后如何处理与另一方当事人的关系？

在确认双方当事人都是自愿且善意参与调解的情况下，可以进入下一个准备阶段。否则，一旦发现一方当事人是非自愿的或者有其他非法目的时，调解员就应该终止调解，告知当事人通过诉讼解决纠纷。

3. 收集与纠纷相关的材料

调解员需要首先了解纠纷中真正的权利、义务关系人是谁，谁是能够做出最后决定的，这些人无疑应当作为调解的参加人，而其他无直接关系的人，包括证人，考虑到调解的便利性和保密性，一般不要求他们参加调解。在这一准备阶段，调解员可以要求当事人提供与纠纷相关的材料，然后通过分别与当事人会谈的方式了解争议的背景、当事人参与调解的目的，确定当事人是否需要专业人士辅助，梳理纠纷中有利于调解的因素和不利于调解的因素，评估调解过程的安全性。

只有在确定调解过程中不会发生危及一方当事人或调解员人身安全情况的基础上，调解员再结合纠纷的持续时间、纠纷的复杂程度、当事人之间的地位、当事人对调解的态度以及当事人参与调解的目的等因素，综合考虑该纠纷是否适合调解。

4. 了解与纠纷有关的法律

调解常常是当事人对调解的便利性、友好性、保密性，以及纠纷解决成本较司法途径成本低廉等进行总体衡量之后的选择。虽然法律不是调解中的决定因素，并不等于法律在调解中不起作用。在调解的过程中，法律的相关规定、当事人的法定权利和义务，无时无刻不在影响当事人双方的意见，影响着调解的进程。调解员具备法律知识，在调解过程中适时地为当事人提供法律信息方面的协助，有利于当事人做出客观的、理智的决定，同时保证调解协议的公正。

5. 确认能否胜任该项调解

调解员在开始调解之前，必须要对自己能否胜任该具体纠纷的调解做出评估。首先，要从有无利益冲突或情感偏好方面进行判断。如调解员与一方当事人有利害关系或存在其他可能影响公正调解因素的，又如调解员在婚姻家庭纠纷中对违反忠诚义务的一方反感或憎恶的，调解员发现有这种情况的则应该回避，并建议更换调解员。其次，要从专业训练、教育背景、从业经验和纠纷的具体情况等方面进行判断。对于比较复杂的纠纷，调解员在对纠纷的事实和涉及的法律问题进行梳理之后确信能够胜任的，再进行下一步的准备。调解员认为自己不能胜任调解该纠纷的，应该建议更换调解员。

6. 签署同意参与调解的协议

在确定能够胜任某一特定纠纷调解的工作之后，调解员应该向当事人解释调解员在调解中的作用、当事人的权利和义务、调解的优点与缺点、调解如何解决纠纷、调解的具体过程、调解协议的形式和效力、调解的保密要求以及调解的时间和费用。在确信当事人了解上述内容之后，调解员着手与当事人就调解过程中的相关事项签订协议，该协议的主要内容有：

（1）调解员在调解过程中是中立的，不会偏袒任何一方，也没有提供法律建议的义务；

（2）当事人有权就专门问题寻求独立的专业人士的帮助；

（3）当事人有权在调解的过程中要求终止调解；

（4）当事人应该善意地参与调解；

（5）调解员和当事人应该对调解过程中获得的信息保密，除非双方当事人同意披露或法律要求公开；

（6）一方当事人为达成调解协议做出妥协所涉及的对案件事实的认可，不会被用于其他纠纷解决方式中；

（7）调解的费用及其支付方式（调解费用一般在调解机构受理调解之时由当事人预交）。

7. 确定调解的时间与场所

调解员确认当事人的纠纷适合调解，并且自己能够胜任调解该纠纷的，则可以进一步确定调解的时间与场所。在确定调解的时间和地点时，可以征求当事人的意见，但应该以便于调解为前提。

在确定调解时间时，一方面要给当事人适当的时间让他们为参加调解做准备；另一方面要为调解过程预留足够的时间，对于比较简单的纠纷，可以要求当事人事先安排半天时间，而对于比较复杂的纠纷，最好建议当事人事先安排一天时间。安排调解时间时应该事先征得各方当事人的同意。

调解可以在调解机构的工作场所、法律援助中心、司法行政机关或者当事人都同意的场所进行，但是一般不选择一方当事人的居住场所或工作场所。在确定调解场所时要考虑两方面因素：一方面要考虑调解的安全性，避免可能发生的冲突，或者在发生冲突之后调解员或者一方当事人可以迅速撤离。一些调解员特别指出：调解场所必须有两扇门，而自己要坐在靠门近的地方，如果发生冲突，调解员能够尽快离开现场，寻求帮助。[①] 另一方面要考虑调解的保密性。调解地点应该安静，没有噪声干扰；独立于其他办公场所，没有其他人出入，不被外界偷听或窃听；有隔音的休息室，供单独谈话时使用。调解场所应该有电话、传真、电脑、打印机等调解所需要的设备，还应该有茶水供应以及卫生间。此外，调解场所应该干净、整洁，温度和湿度适中，让当事人能够集中精力参与调解。

训练 10—1

王萍诉派尼科包装公司劳动争议仲裁案调解当事人

调解员在接到王萍案当事人请求调解的申请之后，应该首先确定需要参与调解的人员，这一点对于调解能否顺利进行是非常重要的。如果本来不需要参与调解的人参与调解的话，将会使调解的保密性和便捷性受到影响；如果应该需要参与调解的人没有参与调解的话，则会导致调解欠缺公正性。在王萍案中，当事人王萍的诉求是要求派尼科包装公司赔偿相关损失，表面上看，参与调解的当事人应该是王萍和派尼科包装公司的负责人或代表，实则不然。当事人王萍之所以要求派尼科包装公司赔偿相关损失，是因为王萍认为其被解雇的原因是她拒绝了该公司车间经理汉密尔顿的追求。因此，汉密尔顿也需要参加调解，否则仅有王萍和派尼科包装公司的负责人或代表参与的调解无法解决汉密尔顿是否追求过王萍的问题，因而也不能就派尼科包装公司是否需要赔偿王萍相关损失达成协议。

在确定王萍、汉密尔顿、派尼科包装公司的负责人或代表是必需的调解参与人之后，并不意味着这些人在调解过程中享有相同的权利和义务。具体而言，在王萍案中，调解需要依次解决两个争议的问题，才能达成是否对王萍进行赔偿的调解协议。当然，派尼科包装公司也可以置汉密尔顿是否追求过王萍这一纠纷于不顾，直接要求调解员解决其是否对王萍进行赔偿这一纠纷。那么，在这种情况下，王萍和派尼科包装公司的负责人或代表则是必须参与调解的当事人。本节以下内容则是建立在调解员需要解决汉密尔顿是否追求过王萍、派尼科包装公司是否需要赔偿王萍相关损失这两个纠纷的基础上。特此说明。

首先，在解决汉密尔顿是否追求过王萍这一纠纷的过程中，王萍和汉密尔顿是必须参与调解的当事人，基于调解的保密性和便捷性，派尼科包装公司的负责人或代表不能参与这一调解过程。除非王萍和汉密尔顿均同意其参加，但是派尼科包装公司的负责人或代表在这一纠纷的解决过程中只能旁听，不能发表意见。不论派尼科包装公司的负责人或代表是否参与汉密尔顿是否追求过王萍这一纠纷解决的过程，派尼科包装公司都有权知道汉密尔顿是否追求过王萍这一纠纷的认定结果，因为这涉及其是否赔偿王萍的相关损失。

其次，在解决派尼科包装公司是否需要赔偿王萍相关损失这一纠纷中，王萍和派尼科包装公司的负责人或代表是必须参与调解的当事人。基于调解的便捷性，汉密尔顿不能参与这一调解过程，除非王萍和派尼科包装公司的负责人或代表均同意其参加。同时，汉密尔顿在这一纠

① 参见赵云：《调解实务与技能》，42页，北京，清华大学出版社，2011。

纷的解决过程中也只能旁听，不能发表意见。

二、调解的程序

回到王萍案，杭州市西湖区劳动争议仲裁委员会在接受该案当事人的仲裁申请之后，拟采用调解方式结案的，则需要征得王萍和派尼科包装公司的同意。在双方当事人同意调解的情况下，其可以选择一名仲裁员担任调解主持人，也可以委托西湖区劳动争议仲裁委员会为其指定一名仲裁员担任主持人。在调解准备工作完成之后，可以进入正式的调解程序。

（一）调解前介绍

调解员应该在当事人到达调解场所前布置好调解场所，确认相关设备功能完好。一般来说，当事人应该坐在调解员的两侧，并且与调解员的距离相等，以表明双方当事人之间平等的地位和调解员中立的立场。在双方当事人到齐之前，先到的一方应该由书记员安排在休息室等候，待当事人都到达之后，再由书记员带到调解室，然后通知调解员。调解员到场之后，应该先从问候开始，并介绍自己和书记员以及分工，介绍调解场所的相关设施情况，为调解的开始创造一个良好的氛围。具体而言，调解员在调解正式开始之前需要做以下工作：

1. 自我介绍

调解员在开始之前应该首先作自我介绍，并就调解员在调解中的角色向当事人进行讲解，需要特别指出调解员不为任何一方当事人提供法律建议，如有需要，可以向专业人士寻求帮助。此外，调解员还应该就其遵循的保密、中立、公正等职业伦理做出说明，请当事人监督。

2. 核实身份及授权

调解员要核实当事人的身份，再一次确认其在纠纷中的地位及其可能存在的授权。因为本案涉及的一方当事人是公司，调解员要核实代表派尼科包装公司参与调解的人的身份及其授权，如果该代表被授予的权利有限，则需要根据另一方当事人的诉求来判断能否继续调解。如果另一方当事人王萍明确表示在其授权范围内不接受调解的话，则调解员应该决定中止调解，通知派尼科包装公司要么扩大其所派代表的授权范围，要么重新指派新的代表。

一般情况下，为了保证调解的保密性和便捷性，当事人聘请的专业人士，如律师，不能直接参与调解过程，当事人遇有疑问时可以要求暂停调解，在休息室接受专业人士的建议之后再恢复调解。如果一方当事人坚持要求其聘请的专业人士在场的，则该专业人士需要签署保密协议，并对此负责；但是该专业人士仍然不能在调解过程中发表意见，只能在必要的时候为其当事人提供建议。当然，如果一方当事人不能参加而聘请专业人士作为代表参与调解的，则该专业人士可以直接参与调解，并发表意见。

3. 制定调解规则

调解员应该向当事人说明调解的便捷性在于其作为一种非司法的纠纷解决方式，不适用司法程序中的证据规则，制定调解规则的目的在于规范调解过程中可能发生纠纷事实以外的争议。

训练 10—2

王萍诉派尼科包装公司劳动争议仲裁案调解规则

就王萍案而言，调解员在启动调解程序之前，需要结合案情制定具体的调解规则，并询问双方当事人对调解规则的意见。如果当事人对调解规则有疑问的，调解员应当向当事人解释相关规定的含义；如果当事人对调解规则有异议的，调解员应听取当事人的意见，根据情况对规则进行相应修改。如果当事人对调解规则没有意见的，调解员应当向当事人说明调解过程中需要遵守该规则。王萍案调解规则参考如下：

(1) 发言的次序和次数。不论哪一方当事人先发言，另一方当事人都有权对其进行回应，发言的次序有先后之分，但是双方的发言次数是相同的，除非一方当事人明确表示放弃某次发言机会。

(2) 发言的规则。首先，在一方当事人发言的时候，另一方当事人应该给予尊重，不得打断其发言，待其发言完毕之后，再由另一方当事人进行回应；对方当事人回应的权利也应给予尊重，不能被打断。其次，当事人的发言应该用语文明，不得在发言的过程中侮辱或诽谤对方或者其他人员，否则，调解员有权予以制止。最后，当事人发言应该简明扼要，不应多次重复，否则，调解员同样有权予以制止。

(3) 调解的秩序。一方面，双方当事人应该善意地参与调解，互相尊重，保持克制；调解一旦开始，不得随意退出调解。另一方面，调解员需要就调解的时间安排与当事人协商一致，包括调解的持续时间、休息时间、用餐时间等。

(4) 争议的解决。当事人之间就若干问题不能达成一致的，可以要求暂时搁置争议，调解下一个问题，或许在其他问题解决之后，当事人就不愿意对搁置问题过多纠缠；也可以要求调解员中止调解，启动单方会谈，由调解员与当事人分别进行会谈，提出解决方案，再考虑是否继续调解。

(5) 第三方介入。为了实现调解的保密性和便捷性，一般而言，不建议当事人以外的其他人员直接参与调解，如证人、律师等。但是双方当事人均同意或者调解员认为有必要引入第三方的，则该第三方可以参加调解并可以发言，但是需要签署保密协议。

(6) 调解记录。在调解过程中，书记员会记录调解内容，以供制作调解协议时参考，当事人也会做一些记录。一般情况下，不论调解是否达成协议，在调解终止之后，书记员的记录和当事人的记录都应该在双方当事人的见证下销毁，除非双方当事人一致要求保留调解记录。

4. 告知调解程序

在完成上述工作之后，调解员应该告知当事人调解程序依次主要有当事人陈述、争点整理、争点调解、达成协议等环节，并简要介绍各环节主要解决的问题及相关要求。

(二) 当事人陈述

在这一阶段，由调解员组织双方当事人分别就纠纷事实进行陈述。当事人陈述阶段的目的，对于调解员而言，就是通过当事人的陈述来了解争议事实的全貌、当事人的特点、双方的立场，为其整理争点做准备；对于当事人而言，则是让当事人通过倾听另一方当事人的陈述，了解其对纠纷事实的看法。此外，当事人陈述还有舒缓当事人情绪的作用。这一阶段为当事人表达心中的想法提供了一个平台，这种把自己的观点或立场表达出来的方式有利于减轻当事人之间对抗的心理压力，为下一步调解创造条件。

在这一阶段，调解员的主要工作是：

1. 告知陈述要求

调解员应当告知当事人在陈述时只需要从各自的角度表达纠纷的起因、经过和结果。一方在陈述时另一方不得打断，对纠纷事实有不同意见或有疑问的，可以先记录下来，等陈述结束之后，在自己的发言中予以回应。当事人在这一阶段提供解决纠纷建议的，调解员首先应当肯定其解决纠纷的积极表现，但是需要告知其现阶段主要解决的是陈述争议事实，为下一步的调解做准备，建议可以在后面的环节里提出。

2. 确定发言顺序

在确定哪一方当事人首先发言时，应该征求当事人的意见，并告知发言的顺序不是固定不变的，即一方当事人在上一轮发言中首先发言的，则由另一方当事人在下一轮发言中首先发言。如果当事人之间不能确定谁先发言的，则由调解员根据当时的具体情况决定。如果当事人争先要求发言或者相互推诿发言的，调解员则可以采用抽签的方式决定谁先发言；如果一方当事人比较活跃，要求首先发言的，另一方当事人未置可否的，则可以让比较活跃的一方当事人先发言。

3. 聆听总结陈述

调解员在聆听双方当事人的发言时，可以适时记录一些重点内容，也可以通过与发言人进行目光对视等方式确保陈述一方意识到调解员在认真听其发言，以显示对其的尊重，创造一个和谐、信任的氛围。在聆听总结的过程中，调解员应该保持中立，特别是在总结当事人陈述时用语要适当，应该体现出自己在总结发言人的观点，而不是在表达自己的观点。因此，在当事人陈述阶段，调解员使用“我觉得”“我想”这样的用语来总结就不适当，会引起另一方当事人的反感，不利于树立调解员中立的形象；相比较而言，使用“你认为”“你指出”等用语则比较稳妥。在一方当事人陈述之后，调解员应该对其表述进行归纳总结，以确保要点的准确性，必要时，调解员可以向当事人提问，该发言方可以补充，再由调解员进行观点重述，得到其认可之后，记录下来，作为调解的基础。另一方当事人对一方当事人的陈述有异议的，可以进行回应或反驳，然后由调解员对其发言进行归纳总结，得到其确认之后，记录下来，作为调解的基础。当事人依次发言，由调解员依次总结归纳，直到双方当事人就纠纷事实的发言全部结束。

调解员在总结陈述的过程中，必须保持中立，不能因为双方当事人在某一事实方面陈述的差异而偏向一方当事人。调解员的总结陈述并不是对当事人所讲内容的再次陈述，而是给予当事人一个准确表达自己思想、观点、立场的机会，将准确信息传达给另一方当事人。通过总结陈述，调解员可以控制调解的进程，一方面可以避免一方或双方当事人情绪过于激动而影响调解进程，另一方面则可以在当事人心中树立中立、公正解决纠纷的形象，从而赢得当事人对调解员的信任，有助于调解协议的达成。在陈述阶段，调解员还应该注意双方当事人的情绪，以保证调解在平和、信任的环境下进行。如果一方当事人有明显的烦躁不安的情绪的话，调解员应该建议暂停调解，中间休息，待当事人情绪平息之后再开始调解。如果一方或双方当事人情绪过于激动，一时难以平息的，调解员应该暂停调解，让书记员将双方当事人带至不同的房间，调解员适时进行单方会谈，听取当事人的陈述，劝说当事人平息情绪，促使当事人重新回到调解中；如果当事人有发生身体冲突可能，且劝说无效的，调解员则应该建议中止调解，过一段时间再与当事人商量调解的事情，如没有调解可能的，则通知当事人终止调解，告知其通过其他方式解决纠纷。

（三）争点整理

在当事人陈述之后，为了便于之后调解的进一步开展，调解员需要对纠纷的争点进行整理，以便调解能够集中解决双方当事人核心的关切。在这一阶段，调解员要继续秉承中立立场，让双方当事人都有平等的机会表达意见，陈述自己希望调解解决的若干问题。这一阶段同样需要注意当事人的发言次序，一般情况下，如果一方在当事人陈述阶段首先发言的，则在这一阶段由另一方首先发言，除非当事人明确表示不在意发言先后次序。不论当事人具体的发言次序如何，调解员都需要保证每一方当事人发言的机会均等，一方发言结束之后，调解员都需要安排另一方发表意见，除非另一方明确表示放弃该次发言机会。具体而言，调解员在争点整理阶段需要遵循以下次序：

第一，调解员需要根据调解记录逐条与双方当事人分别核对，询问当事人是否同意该记录的内容。在询问的基础上，调解员将调解记录划分为没有异议的事实和存在异议的事实两类，分别逐条列出单个具体事实。

训练 10—3

王萍诉派尼科包装公司劳动争议仲裁案调解的事实清单

就王萍案来讲，调解员在双方当事人陈述结束之后，在分别征询双方当事人意见的基础上，分别列出没有争议的事实清单和有争议的事实清单，举例如下：

没有争议的事实清单

序号	没有争议的事实
1	2008 年 5 月 16 日王萍开始在派尼科包装公司上班。
2	2008 年 6 月 2 日下班之后汉密尔顿递给王萍一张纸条，其内容是：“我很喜欢你，也真的希望能看到你成功。”
3	2008 年 6 月 11 日王萍上班迟到。
4	2008 年 6 月 18 日下班后，汉密尔顿开车到工厂主门那里问王萍要不要搭便车。
5	2008 年 6 月 27 日王萍上班迟到。
6	2008 年 6 月 27 日下班后，王萍祝汉密尔顿生日快乐。
7	2008 年 6 月 30 日王萍被派尼科包装公司辞退。
8	2008 年 6 月 30 日派尼科包装公司发给王萍剩余工资 1 000 元和 100 元的遣散费。
⋮	……

有争议的事实清单

序号	有争议的事实
1	2008 年 5 月 23 日陈石生日庆祝活动中王萍是否频繁地碰到汉密尔顿？
2	2008 年 5 月 23 日汉密尔顿提出开车送王萍回家后是否将手放到王萍的大腿上？
3	2008 年 6 月 11 日午饭休息时，汉密尔顿在其办公室是否将手从王萍肩部放到腰部，贴近她的身体，是否向她要过生活照片，是否约她周末跳舞？
4	2008 年 6 月 11 日下班之后，汉密尔顿在其办公室是否送给王萍一套黑色女士内衣？
5	2008 年 6 月 19 日上班之前，汉密尔顿在其办公室是否对王萍说过：可以想象王萍穿湿 T 恤的样子有多么的性感。送王萍回去的话，不仅会请她吃饭，还会送她比上次更有趣的礼物？
6	2008 年 6 月 23 日汉密尔顿在车间是否问过王萍：周末有没有跟张维约会，是不是在商场把工资全花完了？
7	2008 年 6 月 24 日下班后，汉密尔顿是否在办公室告诉王萍周六是他的生日，想和王萍单独出去庆祝？
8	2008 年 6 月 27 日下班后，汉密尔顿是否问过王萍有没有改变主意与其周六共赴晚宴？
⋮	……

第二，对于双方当事人没有异议的一类事实，调解员需要告知当事人这些事实不再进入调解下一步处理的范围，将直接作为调解协议的基础，并请当事人发表意见，确定这一类事实中

是否有需要进一步处理的事项。

第三，对于双方当事人有异议的事实，调解员需要进一步询问双方当事人认为哪些需要进入下一阶段处理、哪些不需要进入下一调解阶段。对于双方当事人都认为不需要进入下一步调解处理程序的个别争议，则调解员需要告知当事人对于这些争议，调解将不再对其做出处理。

第四，调解员还应分别询问双方当事人就他们之间的纠纷是否还有其他需要在调解中解决的事项。不论调解员觉得当事人提出需要解决的事项是否有价值，都不应该拒绝将其列入下一阶段需要解决的问题清单中，应该相信解决该问题的必要性。毕竟，当事人提出需要解决的问题至少对其而言是重要的，因为当事人才是纠纷的真正承受人。

在争点整理阶段，调解员应该避免将争点问题与一方当事人联系起来，即在整理争点问题的过程中，调解员只需要列出具体的争点问题，而不需要指出是哪一方当事人提出的，以保持问题的中立性。这样不仅可以避免当事人为了争取调解员的重视而相互攀比提出争点问题的数量，造成大量对解决纠纷没有实质帮助的问题进入争点问题清单，还可以避免一方当事人在解决非自己提出的争点问题时可能出现漠不关心或针锋相对的情绪，破坏调解的氛围，影响调解的进行。此外，调解员还应该指出，争点问题清单上的先后顺序并不代表问题的重要性与否，只是表明需要解决的问题数量，如果当事人认为某一或某些问题重要，应该首先解决的，则可以变换解决问题的先后次序。

训练 10—4

王萍诉派尼科包装公司劳动争议仲裁案调解的问题清单

在列出上述王萍案有争议的事实清单之后，调解员需要进一步询问双方当事人认为哪些需要进入下一阶段处理，删除双方当事人都认为不需要进入下一步调解的争议，然后列出双方当事人认为需要解决的问题清单，如下表：

需要解决的问题清单

序号	有争议的事实
1	2008 年 6 月 11 日午饭休息时，汉密尔顿在其办公室是否将手从王萍肩部放到腰部，贴近她的身体，是否向她要过生活照片，是否约她周末跳舞？
2	2008 年 6 月 11 日下班之后，汉密尔顿在其办公室是否送给王萍一套黑色女士内衣？
3	2008 年 6 月 19 日上班之前，汉密尔顿在其办公室是否对王萍说过：可以想象王萍穿湿 T 恤的样子有多么的性感。送王萍回去的话，不仅会请她吃饭，还会送她比上次更有趣的礼物？
4	2008 年 6 月 24 日下班后，汉密尔顿是否在办公室告诉王萍周六是他的生日，想和王萍单独出去庆祝？
5	2008 年 6 月 27 日下班后，汉密尔顿是否问过王萍有没有改变主意与其周六共赴晚宴？
⋮	……

在列出双方当事人认为需要解决的问题清单之后，调解员还需要询问当事人就纠纷事实是否还有其他需要解决的问题。在王萍案中，当事人王萍向杭州市西湖区劳动争议仲裁委员会申请仲裁，要求派尼科包装公司赔偿相关损失，因此，王萍还会提出解决赔偿的问题，另一方当事人派尼科包装公司也可能提出汉密尔顿是否追求过王萍等需要解决的问题。这样，王萍案中最终需要解决的问题清单如下：

最终需要解决的问题清单

序号	有争议的事实
1	2008 年 6 月 11 日午饭休息时，汉密尔顿在其办公室是否将手从王萍肩部放到腰部，贴近她的身体，是否向她要过生活照片，是否约她周末跳舞？
2	2008 年 6 月 11 日下班之后，汉密尔顿在其办公室是否送给王萍一套黑色女士内衣？
3	2008 年 6 月 19 日上班之前，汉密尔顿在其办公室是否对王萍说过：可以想象王萍穿湿 T 恤的样子有多么的性感。送王萍回去的话，不仅会请她吃饭，还会送她比上次更有趣的礼物？
4	2008 年 6 月 24 日下班后，汉密尔顿是否在办公室告诉王萍周六是他的生日，想和王萍单独出去庆祝？
5	2008 年 6 月 27 日下班后，汉密尔顿是否问过王萍有没有改变主意与其周六共赴晚宴？
6	汉密尔顿是否追求过王萍？
7	派尼科包装公司是否给予王萍赔偿，赔偿多少？
⋮	……

（四）争点解决

在调解员的帮助下，双方当事人厘清了纠纷中的争点问题，这就为争点的调解建立了对话的基础。争点解决阶段是调解过程中非常重要的一个阶段，事关调解成败。在了解纠纷的事实之后，调解员应该引导当事人控制自己非理性的言行，将精力集中到已经列出的最终需要解决的问题清单上。在这一阶段，调解员应该给予当事人充足的时间就争议的问题表达意见，考虑解决纠纷涉及的收益和成本以及调解解决纠纷存在的潜在利益，思考可能的解决方案。调解员应该为当事人提供一个平等、友好的对话氛围，让当事人自己去解决争议，体现意思自治。具体而言，这一阶段调解员的工作要点有：

1. 逐一解决争点问题

调解员应该告知双方当事人这一阶段主要的目的就是逐一解决上一阶段提出的最终需要解决的问题。这一阶段不同于前面的几个阶段，其特点就是双方当事人会有更多的沟通，分别就某一具体争点问题直接向对方陈述自己的看法或解决建议，然后由另一方当事人进行回应。双方当事人的发言次序可以参照前一阶段的模式解决，依次就具体的争点问题先后发言，直到解决问题清单上的全部问题。调解员应该确保当事人有足够的时间讨论问题清单上的每一个问题，不要因为时间的缘故催促当事人，当事人提出需要思考或者需要征求专业人士建议的，调解员应该尽可能满足其要求。在每一个问题讨论结束之后，调解员对讨论的结果进行总结，然后分别询问双方当事人是否还有补充意见，如果没有的话，则告知当事人就问题清单上的下一个问题进行讨论，同时告知当事人有权在调解协议确定之前就该问题进行讨论。

在当事人沟通的过程中，调解员应当尊重当事人自主解决纠纷的权利，一般不应干涉当事人的交谈，但可以在不违反中立立场的前提下提出一些问题，以促进当事人更深入地讨论问题。一旦出现一方当事人故意拖延时间或双方就主要事实意见达成共识的情况，调解员可以建议当事人进入下一个问题的讨论。此外，在这一阶段，调解员应该将精力集中于当事人的交谈过程，注意当事人的情绪和言行举止，保障交谈在友好的氛围中进行，帮助当事人顺畅地进行沟通。此外，调解员对这一阶段当事人沟通的过程一般不作记录，只记录双方就具体争议问题所达成的最终意见。

2. 引导当事人的情绪

虽然在这一阶段当事人非理性的情绪可能会减少许多，但是不排除当事人在个别争点问题上会发生情绪或行为失控的情形。在这一阶段，调解员除了聆听当事人的发言之外，还需要特别注意观察当事人在讨论过程中的言行举止，避免发生一方或双方当事人言行过激的行为，以有效控制调解的进程，保障当事人的沟通顺利进行。

对于一方当事人在讨论中夹杂过激言语的，调解员应该适时打断或阻止，避免引起另一方当事人激烈的对抗。这时，调解员一方面可以劝导当事人平息情绪，这样才有利于解决问题，另一方面可以帮助当事人用中立的言辞来总结其意见，然后询问其是否继续发言，如果其不愿继续发言的，则安排另一方当事人就调解员的总结发表意见或建议。如果当事人的情绪一时难以平息的，调解员应该表明希望当事人理性地参与调解，这样才能解决纠纷的态度。视具体情况，调解员可以暂停调解，适当转移话题，暂时搁置该争议，留待其他问题解决之后再来讨论；也可以以中间休息的方式对较为激动的一方进行劝解，让其调整情绪之后再回到调解现场。

对于一方或双方当事人出现的不合作情况，如质疑调解的合理性、中立性，不愿意发言，不如实陈述，迟到、早退等，调解员必须严格控制调解进程，根据具体情况可以采取以下平息举措：

（1）针对当事人质疑调解的合理性、中立性的，调解员要先听取当事人的意见，然后针对性地予以解答。调解员始终要以理服人，劝说当事人回归调解；一定要保持中立、冷静的态度，避免使用有倾向性的言语，避免与当事人发生争执。在不能打消当事人质疑的情况下，调解员应该告知当事人有权要求更换调解员或者终止调解，由当事人进行选择。

（2）针对当事人不愿意发言的，调解员应该结合当时的氛围分析原因，然后确定解决方法。如果是当事人需要时间来思考问题的，则调解员需要根据正在讨论的具体问题对当事人进行指引，必要时以双方当事人都能够理解的方式重新组织该问题的讨论。如果是氛围过于紧张的，或者当事人在精神上或身体上感觉疲惫的，则调解员应该暂停调解，中间休息，让当事人恢复平静或精力，再继续调解。如果是当事人对某一问题感到拘束的，调解员应该向当事人讲明当事人的反应是正常的，这些问题迟早需要面对，这样才能达成调解协议，但是当事人可以选择是现在就解决还是放到最后解决。如果是当事人不愿意透露、认为属于个人隐私或者不便于在对方当事人面前讲述的，调解员则应该向其说明这个问题对解决纠纷的重要性，并且告知调解是保密的，如有信息泄露，可以追究相关人员的法律责任；当事人坚持不讲述的，调解员可以建议当事人通过单方会谈的方式讲出，对于当事人已经明确表示不愿提及或者不愿意做进一步说明的，调解员不能强迫当事人继续陈述该事实。

（3）针对当事人不如实陈述的，迟到、早退等，调解员应该明确指出其行为的不当性及对调解可能造成的负面影响，强调双方在调解之初签署的善意参与调解的规则，希望当事人继续遵守调解规则，建立一个相互信任的调解氛围。这时，调解员应该给予当事人一定时间让其思考能否善意参与调解，如果当事人不能改正的，应该告知当事人调解员有权做出终止调解的决定，让当事人选择是否继续调解。

3. 适时举行单方会谈

应该说让双方当事人坐在一起，就争议的问题相互讨论，进而达成共识，是解决纠纷的一种最佳模式。一旦双方当事人沟通陷入困境，导致调解不能继续的，调解员应该通过举行单方会谈的方式帮助当事人克服僵局，重归调解。因此，单方会谈只是为了打破调解遇到的困境，不是调解所有纠纷的必经程序，也不限于在争点解决阶段使用。

调解员在单方会谈阶段应该进一步发挥中立第三方的作用，帮助当事人提出更为灵活的问题解决方案，促使当事人重新回到讨论阶段，解决问题。

在这一阶段，调解员的主要工作有：

（1）确定单方会谈的次序。

调解员应该让双方当事人决定哪一方先参与单方会谈。如果当事人能够达成共识的，则按照当事人的意见决定先后顺序；如果当事人不能达成共识的，则由调解员决定在上一阶段中后发言的一方先参加单方会议；但是在特殊情况下，如双方当事人地位不平的，调解员应该决定让处于劣势地位的一方先参加单方会议。

一旦调解员决定与其中一方当事人先进行单方会议的，则由书记员将其带至休息室，同时，调解员需要告知另一方当事人在调解室需要等待的大致时间，可以使用的相关设备，以及需要思考的相关问题。在第一个单方会谈结束之后，由书记员将第一个参加单方会谈的当事人带至调解室并告知其需要等待的大致时间，可以使用的相关设备，然后将另一方当事人带至休息室开始单方会谈。调解员与各方当事人进行单方会谈的时间应该大致相同，以保持调解的中立性。

（2）告知当事人注意事项。

在与当事人开始单方会谈之前，调解员应该告知当事人单方会谈的保密性，会谈中的任何信息都不会向第三方透露，调解员没有义务，也不会帮助一方当事人向另一方当事人转达意见或建议，该意见或建议是否在调解过程中提出，由当事人自行决定。

（3）协助当事人克服困境。

单方会谈开始之后，调解员应该询问当事人对争点问题的看法以及对调解结果有什么期望，还可以就问题清单上的问题逐一询问当事人的态度。一般来说，调解员需要根据进入单方会谈的原因询问当事人，引导当事人去思考争议的关键问题，分析另一方当事人的立场，考虑可能的解决方案，促使当事人积极克服困境。如果调解员发现当事人不愿意承认一些问题，则调解员可以通过现有的证据让其意识到其存在的问题，从有利于解决问题的角度调整自己的主张。如果调解员认为当事人提出的建议不合实际的，调解员可以建议其站在另一方当事人的角度去思考问题，让当事人回归现实的解决方案。如果是因为一方当事人在调解过程中情绪或言行过于激烈而进入单方会谈的，则调解员有必要单独对其进行劝解或安抚，并让其意识到如果不能达成调解协议，通过其他方式解决纠纷可能涉及的时间和费用，促使其回归调解。

训练 10—5

王萍诉派尼科包装公司劳动争议仲裁案调解的单方会谈

在王萍案中，如果王萍或汉密尔顿不愿就2008年6月11日午饭休息时，汉密尔顿在其办公室是否将手从王萍肩部放到腰部，贴近她的身体；2008年6月11日下班之后，汉密尔顿在其办公室是否送给王萍一套黑色女士内衣；2008年6月19日上班之前，汉密尔顿在其办公室是否对王萍说过，送王萍回去的话，不仅会请她吃饭，还会送她比上次更有趣的礼物等问题进行讨论而形成调解困境的话，则双方当事人可以要求与调解员举行单方会谈，调解员也可以决定与当事人举行单方会谈。

一般来说，单方会谈主要用于解决下列问题：

（1）一方当事人在当事人陈述阶段、争点整理阶段或争点解决阶段不愿在另一方当事人面前透露的信息；

（2）一方当事人提出一些不合实际或者不合法的想法或建议时，调解员为了让当事人以更务实的态度参与调解而进行劝说的；

(3) 一方当事人在调解过程中情绪或言行过于激烈，调解员认为有必要单独对其劝解或安抚的；

(4) 双方当事人就某一具体争议事项不能达成共识时，调解员为了促使当事人之间达成调解协议而单独询问当事人能够接受的最低限度的利益诉求；

(5) 当事人在调解过程中认为有必要与调解员单独会谈的其他情形。

需要注意的是，单方会谈的目的不是查清事情，而在于帮助当事人克服困境，让他们重归调解，从而解决纠纷达成调解协议。因此，调解员在单方会谈中应该注意引导当事人着眼于未来，不要纠结于判断是非对错，而是应将精力集中于如何选择一个让双方当事人都能够接受的问题解决方案。回到王萍案，如果王萍或派尼科包装公司的代表就赔偿的数额不能达成共识的话，调解员可以决定与当事人举行单方会谈。调解员通过询问当事人认为其在案件中的优势和劣势，让其从另一方当事人的角度思考该纠纷事实在得以解决的情况下会出现的最好结果和得不到解决的情况下会出现的最差结果，让当事人摒弃不现实的想法，更务实地讨论可行的纠纷解决方案。

（五）达成协议

在这一阶段，调解员应该让双方当事人就最终需要解决的问题清单分别提出自己的问题解决方案，并告知这些方案在达成协议之前都没有优劣之分，鼓励当事人尽可能多地提出自己的方案以备选择。需要注意的是，调解员在记录这些方案时，只做序号的区别，不标记由哪一方当事人提出，并告知当事人序号只代表该方案提出的先后次序，并不表示该方案的重要性，在方案全部提出之后，当事人有权对其重新排序。在方案提出之后，调解员则需要协助当事人从中选择一种或几种方案作为协议的框架，进而解决纠纷。具体而言，调解员的工作要点是：

1. 逐一分析方案的可行性

在双方当事人提出各种解决方案之后，调解员需要引导当事人逐一分析现有方案的可行性。调解员在这一阶段还需要帮助当事人确定发言先后次序，方式同之前确定当事人发言的先后次序，在此不再赘述。在当事人发言之前，调解员应该告知当事人评析某一具体方案时，应该从自己的立场出发，指出某一方案的优、缺点，然后由当事人共同评判该方案的可行性，以此类推，直到所有的方案都分析完毕。同时，调解员还应该让双方当事人注意到，虽然对各个方案的评析是独立的，但是当事人可以综合几个方案的优、缺点再提出新的解决方案，再进行评析。

2. 细化选定方案的实施

在双方当事人共同选定使用某一方案来解决问题之后，调解员需要引导当事人对该方案如何实施进行细化。如调解员可以建议双方当事人应该就他们之间的权利和义务，方案实施的时间、地点、方式，有无附加条件，方案的保密程度、保密范围，以及该方案在不能实现的情况下如何解决纠纷等问题进行细化。方案的细化是调解过程的一个关键程序，如果在这个环节出现问题，会导致之前的调解努力功亏一篑。

3. 协助当事人拟定协议

在双方当事人就选定方案如何实施问题进行细化之后，调解员需要协助当事人拟定调解协议书，并让双方当事人再次确认协议书的条款是否符合自己的意愿。

4. 当事人签署调解协议

在调解协议书起草完毕且当事人确认符合自己意愿之后，调解员需要告知双方当事人该协议自双方签字之后即发生法律效力，然后让双方当事人签字，调解员和调解机构一般不需要在调解协议上签字或盖章，除非双方当事人都要求。该调解协议一式两份，分别由双方当事人各存一份。除非双方当事人都同意交调解机构保存第三份，否则，调解机构不应保留该调解协议的文本。

5. 调解结束的善后工作

双方当事人在调解协议书上签字之后，调解就宣告终结。调解结束之后，调解员一般情况下还应该做好善后工作，主要有：确定调解费用以及支付当事人，在当事人的见证下销毁调解的记录，告知当事人应该遵守调解规则中保密条款的规定，建议当事人善意地履行调解协议，感谢当事人的配合以及调解员事后自我总结此次调解的经验。

即使调解结束后当事人没有达成调解协议，调解员都要对当事人参与调解表示感谢，向其说明未达成调解协议的原因，当事人之间已经达成的共识，以及仍然需要遵守调解规则中保密条款的规定。

第四节　推荐阅读

一、课后练习

1. 什么是调解？
2. 调解有哪些优点与缺点？
3. 如何判断一起纠纷是否适合通过调解解决？
4. 调解员应当遵守的调解伦理有哪些？
5. 调解员遇到调解伦理冲突时应该如何处理？
6. 如何确定一起纠纷的争点问题清单？
7. 调解员在什么情况下应该启动单方会谈？
8. 以王萍案为例，组队进行模拟调解。

二、扩展阅读

1. 强世功．调解、法治与现代性：中国调解制度研究．北京：中国法制出版社，2001.
2. 常怡．中国调解制度．北京：法律出版社，2013.
3. 徐昕．调解：中国与世界．北京：中国政法大学出版社，2013.
4. 赵云．调解实务与技能．北京：清华大学出版社，2011.
5. 江仲有．解决冲突与调解技巧．香港：香港大学出版社，2010.
6. 克雷比尔，等．冲突调解的技巧：全3册．南京：南京大学出版社，2011.
7. 史密斯．如何当好调解员：美国调解经典案例评析．湘潭：湘潭大学出版社，2013.
8. 张宏伟．类型化纠纷调解方法．北京：人民法院出版社，2014.
9. 谢勇，邬欣言，廖永安，等．社会心理学在调解中的运用．湘潭：湘潭大学出版社，2016.
10. 黄鸣鹤．调解员培训简明教程．北京：中国法制出版社，2013.
11. 刘爱君．调解沟通艺术．北京：中国政法大学出版社，2016.
12. 吴军营．人民调解案例汇编与评注．北京：中国法制出版社，2012.
13. 司法部基层工作指导司，中华全国人民调解员协会．金牌调解案例．北京：法律出版社，2016.

14. 王树民，王哲．公安民警如何做好调解工作．北京：中国人民公安大学出版社，2016.
15. 宋鱼水，等．36 场百姓官司与法官的调解艺术．北京：法律出版社，2015.
16. 冯正骏，霍增辉，刘方．医疗纠纷人民调解实务．杭州：浙江工商大学出版社，2016.
17. 廖永安，等．中国调解的理念创新与机制重塑．北京：中国人民大学出版社，2019.
18. 廖永安，胡仕浩．新时代多元化纠纷解决机制：理论检视与中国实践．北京：中国人民大学出版社，2019.
19. 龙飞．多元化纠纷解决机制促进法研究．北京：中国人民大学出版社，2020.

三、相关规定

最高人民法院《关于人民调解协议司法确认程序的若干规定》

（2011 年 3 月 21 日最高人民法院审判委员会第 1515 次会议通过）

法释〔2011〕5 号

为了规范经人民调解委员会调解达成的民事调解协议的司法确认程序，进一步建立健全诉讼与非诉讼相衔接的矛盾纠纷解决机制，依照《中华人民共和国民事诉讼法》和《中华人民共和国人民调解法》的规定，结合审判实际，制定本规定。

第一条　当事人根据《中华人民共和国人民调解法》第三十三条的规定共同向人民法院申请确认调解协议的，人民法院应当依法受理。

第二条　当事人申请确认调解协议的，由主持调解的人民调解委员会所在地基层人民法院或者它派出的法庭管辖。

人民法院在立案前委派人民调解委员会调解并达成调解协议，当事人申请司法确认的，由委派的人民法院管辖。

第三条　当事人申请确认调解协议，应当向人民法院提交司法确认申请书、调解协议和身份证明、资格证明，以及与调解协议相关的财产权利证明等证明材料，并提供双方当事人的送达地址、电话号码等联系方式。委托他人代为申请的，必须向人民法院提交由委托人签名或者盖章的授权委托书。

第四条　人民法院收到当事人司法确认申请，应当在三日内决定是否受理。人民法院决定受理的，应当编立“调确字”案号，并及时向当事人送达受理通知书。双方当事人同时到法院申请司法确认的，人民法院可以当即受理并作出是否确认的决定。

有下列情形之一的，人民法院不予受理：

（一）不属于人民法院受理民事案件的范围或者不属于接受申请的人民法院管辖的；

（二）确认身份关系的；

（三）确认收养关系的；

（四）确认婚姻关系的。

第五条　人民法院应当自受理司法确认申请之日起十五日内作出是否确认的决定。因特殊情况需要延长的，经本院院长批准，可以延长十日。

在人民法院作出是否确认的决定前，一方或者双方当事人撤回司法确认申请的，人民法院应当准许。

第六条　人民法院受理司法确认申请后，应当指定一名审判人员对调解协议进行审查。人民法院在必要时可以通知双方当事人同时到场，当面询问当事人。当事人应当向人民法院如实陈述申请确认的调解协议的有关情况，保证提交的证明材料真实、合法。人民法院在审查中，认为当事人的陈述或者提供的证明材料不充分、不完备或者有疑义的，可以要求当事人补充陈述或者补充证明材料。当事人无正当理由未按时补充或者拒不接受询问的，可以按撤回司法确认申请处理。

第七条　具有下列情形之一的，人民法院不予确认调解协议效力：

（一）违反法律、行政法规强制性规定的；

（二）侵害国家利益、社会公共利益的；

（三）侵害案外人合法权益的；

（四）损害社会公序良俗的；

（五）内容不明确，无法确认的；

（六）其他不能进行司法确认的情形。

第八条　人民法院经审查认为调解协议符合确认条件的，应当作出确认决定书；决定不予确认调解协议效力的，应当作出不予确认决定书。

第九条　人民法院依法作出确认决定后，一方当事人拒绝履行或者未全部履行的，对方当事人可以向作出确认决定的人民法院申请强制执行。

第十条　案外人认为经人民法院确认的调解协议侵害其合法权益的，可以自知道或者应当知道权益被侵害之日起一年内，向作出确认决定的人民法院申请撤销确认决定。

第十一条　人民法院办理人民调解协议司法确认案件，不收取费用。

第十二条　人民法院可以将调解协议不予确认的情况定期或者不定期通报同级司法行政机关和相关人民调解委员会。

第十三条　经人民法院建立的调解员名册中的调解员调解达成协议后，当事人申请司法确认的，参照本规定办理。人民法院立案后委托他人调解达成的协议的司法确认，按照《最高人民法院关于人民法院民事调解工作若干问题的规定》（法释〔2004〕12 号）的有关规定办理。

人民法院在线调解规则

（2021 年 12 月 27 日最高人民法院审判委员会第 1859 次会议通过，
自 2022 年 1 月 1 日起施行）

法释〔2021〕23 号

为方便当事人及时解决纠纷，规范依托人民法院调解平台开展的在线调解活动，提高多元化解纠纷效能，根据《中华人民共和国民事诉讼法》《中华人民共和国行政诉讼法》《中华人民共和国刑事诉讼法》等法律的规定，结合人民法院工作实际，制定本规则。

第一条　在立案前或者诉讼过程中依托人民法院调解平台开展在线调解的，适用本规则。

第二条　在线调解包括人民法院、当事人、调解组织或者调解员通过人民法院调解平台开展的在线申请、委派委托、音视频调解、制作调解协议、申请司法确认调解协议、制作调解书等全部或者部分调解活动。

第三条　民事、行政、执行、刑事自诉以及被告人、罪犯未被羁押的刑事附带民事诉讼等法律规定可以调解或者和解的纠纷，可以开展在线调解。

行政、刑事自诉和刑事附带民事诉讼案件的在线调解，法律和司法解释另有规定的，从其规定。

第四条　人民法院采用在线调解方式应当征得当事人同意，并综合考虑案件具体情况、技术条件等因素。

第五条　人民法院审判人员、专职或者兼职调解员、特邀调解组织和特邀调解员以及人民法院邀请的其他单位或者个人，可以开展在线调解。

在线调解组织和调解员的基本情况、纠纷受理范围、擅长领域、是否收费、作出邀请的人民法院等信息应当在人民法院调解平台进行公布，方便当事人选择。

第六条　人民法院可以邀请符合条件的外国人入驻人民法院调解平台，参与调解当事人一方或者双方为外国人、无国籍人、外国企业或者组织的民商事纠纷。

符合条件的港澳地区居民可以入驻人民法院调解平台，参与调解当事人一方或者双方为香港特别行政区、澳门特别行政区居民、法人或者非法人组织以及大陆港资澳资企业的民商事纠纷。

符合条件的台湾地区居民可以入驻人民法院调解平台，参与调解当事人一方或者双方为台湾地区居民、法人或者非法人组织以及大陆台资企业的民商事纠纷。

第七条　人民法院立案人员、审判人员在立案前或者诉讼过程中，认为纠纷适宜在线调解的，可以通过口头、书面、在线等方式充分释明在线调解的优势，告知在线调解的主要形式、权利义务、法律后果和操作方法等，引导当事人优先选择在线调解方式解决纠纷。

第八条　当事人同意在线调解的，应当在人民法院调解平台填写身份信息、纠纷简要情况、有效联系电话以及接收诉讼文书电子送达地址等，并上传电子化起诉申请材料。当事人在电子诉讼平台已经提交过电子化起诉申请材料的，不再重复提交。

当事人填写或者提交电子化起诉申请材料确有困难的，人民法院可以辅助当事人将纸质材料作电子化处理后导入人民法院调解平台。

第九条　当事人在立案前申请在线调解，属于下列情形之一的，人民法院退回申请并分别予以处理：

（一）当事人申请调解的纠纷不属于人民法院受案范围，告知可以采用的其他纠纷解决方式；

（二）与当事人选择的在线调解组织或者调解员建立邀请关系的人民法院对该纠纷不具有管辖权，告知选择对纠纷有管辖权的人民法院邀请的调解组织或者调解员进行调解；

（三）当事人申请调解的纠纷不适宜在线调解，告知到人民法院诉讼服务大厅现场办理调解或者立案手续。

第十条　当事人一方在立案前同意在线调解的，由人民法院征求其意见后指定调解组织或者调解员。

当事人双方同意在线调解的，可以在案件管辖法院确认的在线调解组织和调解员中共同选择调解组织或者调解员。当事人同意由人民法院指定调解组织或者调解员，或者无法在同意在线调解后两个工作日内共同选择调解组织或者调解员的，由人民法院指定调解组织或者调解员。

人民法院应当在收到当事人在线调解申请后三个工作日内指定调解组织或者调解员。

第十一条　在线调解一般由一名调解员进行，案件重大、疑难复杂或者具有较强专业性的，可以由两名以上调解员调解，并由当事人共同选定其中一人主持调解。无法共同选定的，由人民法院指定一名调解员主持。

第十二条　调解组织或者调解员应当在收到人民法院委派委托调解信息或者当事人在线调解申请后三个工作日内，确认接受人民法院委派委托或者当事人调解申请。纠纷不符合调解组织章程规定的调解范围或者行业领域，明显超出调解员擅长领域或者具有其他不适宜接受情形的，调解组织或者调解员可以写明理由后不予接受。

调解组织或者调解员不予接受或者超过规定期限未予确认的，人民法院、当事人可以重新指定或者选定。

第十三条 主持或者参与在线调解的人员有下列情形之一，应当在接受调解前或者调解过程中进行披露：

（一）是纠纷当事人或者当事人、诉讼代理人近亲属的；

（二）与纠纷有利害关系的；

（三）与当事人、诉讼代理人有其他可能影响公正调解关系的。

当事人在调解组织或者调解员披露上述情形后或者明知其具有上述情形，仍同意调解的，由该调解组织或者调解员继续调解。

第十四条 在线调解过程中，当事人可以申请更换调解组织或者调解员；更换后，当事人仍不同意且拒绝自行选择的，视为当事人拒绝调解。

第十五条 人民法院对当事人一方立案前申请在线调解的，应当征询对方当事人的调解意愿。调解员可以在接受人民法院委派调解之日起三个工作日内协助人民法院通知对方当事人，询问是否同意调解。

对方当事人拒绝调解或者无法联系对方当事人的，调解员应当写明原因，终结在线调解程序，即时将相关材料退回人民法院，并告知当事人。

第十六条 主持在线调解的人员应当在组织调解前确认当事人参与调解的方式，并按照下列情形作出处理：

（一）各方当事人均具备使用音视频技术条件的，指定在同一时间登录人民法院调解平台；无法在同一时间登录的，征得各方当事人同意后，分别指定时间开展音视频调解；

（二）部分当事人不具备使用音视频技术条件的，在人民法院诉讼服务中心、调解组织所在地或者其他便利地点，为其参与在线调解提供场所和音视频设备。

各方当事人均不具备使用音视频技术条件或者拒绝通过音视频方式调解的，确定现场调解的时间、地点。

在线调解过程中，部分当事人提出不宜通过音视频方式调解的，调解员在征得其他当事人同意后，可以组织现场调解。

第十七条 在线调解开始前，主持调解的人员应当通过证件证照在线比对等方式核实当事人和其他参与调解人员的身份，告知虚假调解法律后果。立案前调解的，调解员还应当指导当事人填写《送达地址确认书》等相关材料。

第十八条 在线调解过程中，当事人可以通过语音、文字、视频等形式自主表达意愿，提出纠纷解决方案。除共同确认的无争议事实外，当事人为达成调解协议作出妥协而认可的事实、证据等，不得在诉讼程序中作为对其不利的依据或者证据，但法律另有规定或者当事人均同意的除外。

第十九条 调解员组织当事人就所有或者部分调解请求达成一致意见的，应当在线制作或者上传调解协议，当事人和调解员应当在调解协议上进行电子签章；由调解组织主持达成调解协议的，还应当加盖调解组织电子印章，调解组织没有电子印章的，可以将加盖印章的调解协议上传至人民法院调解平台。

调解协议自各方当事人均完成电子签章之时起发生法律效力，并通过人民法院调解平台向当事人送达。调解协议有给付内容的，当事人应当按照调解协议约定内容主动履行。

第二十条 各方当事人在立案前达成调解协议的，调解员应当记入调解笔录并按诉讼外调解结案，引导当事人自动履行。依照法律和司法解释规定可以申请司法确认调解协议的，当事人可以在线提出申请，人民法院经审查符合法律规定的，裁定调解协议有效。

各方当事人在立案后达成调解协议的，可以请求人民法院制作调解书或者申请撤诉。人民法院经审查符合法律规定的，可以制作调解书或者裁定书结案。

第二十一条　经在线调解达不成调解协议，调解组织或者调解员应当记录调解基本情况、调解不成的原因、导致其他当事人诉讼成本增加的行为以及需要向人民法院提示的其他情况。人民法院按照下列情形作出处理：

（一）当事人在立案前申请在线调解的，调解组织或者调解员可以建议通过在线立案或者其他途径解决纠纷，当事人选择在线立案的，调解组织或者调解员应当将电子化调解材料在线推送给人民法院，由人民法院在法定期限内依法登记立案；

（二）立案前委派调解的，调解不成后，人民法院应当依法登记立案；

（三）立案后委托调解的，调解不成后，人民法院应当恢复审理。

审判人员在诉讼过程中组织在线调解的，调解不成后，应当及时审判。

第二十二条　调解员在线调解过程中，同步形成电子笔录，并确认无争议事实。经当事人双方明确表示同意的，可以以调解录音录像代替电子笔录，但无争议事实应当以书面形式确认。

电子笔录以在线方式核对确认后，与书面笔录具有同等法律效力。

第二十三条　人民法院在审查司法确认申请或者出具调解书过程中，发现当事人可能采取恶意串通、伪造证据、捏造事实、虚构法律关系等手段实施虚假调解行为，侵害他人合法权益的，可以要求当事人提供相关证据。当事人不提供相关证据的，人民法院不予确认调解协议效力或者出具调解书。

经审查认为构成虚假调解的，依照《中华人民共和国民事诉讼法》等相关法律规定处理。发现涉嫌刑事犯罪的，及时将线索和材料移送有管辖权的机关。

第二十四条　立案前在线调解期限为三十日。各方当事人同意延长的，不受此限。立案后在线调解，适用普通程序的调解期限为十五日，适用简易程序的调解期限为七日，各方当事人同意延长的，不受此限。立案后延长的调解期限不计入审理期限。

委派委托调解或者当事人申请调解的调解期限，自调解组织或者调解员在人民法院调解平台确认接受委派委托或者确认接受当事人申请之日起算。审判人员主持调解的，自各方当事人同意之日起算。

第二十五条　有下列情形之一的，在线调解程序终结：

（一）当事人达成调解协议；

（二）当事人自行和解，撤回调解申请；

（三）在调解期限内无法联系到当事人；

（四）当事人一方明确表示不愿意继续调解；

（五）当事人分歧较大且难以达成调解协议；

（六）调解期限届满，未达成调解协议，且各方当事人未达成延长调解期限的合意；

（七）当事人一方拒绝在调解协议上签章；

（八）其他导致调解无法进行的情形。

第二十六条　立案前调解需要鉴定评估的，人民法院工作人员、调解组织或者调解员可以告知当事人诉前委托鉴定程序，指导通过电子诉讼平台或者现场办理等方式提交诉前委托鉴定评估申请，鉴定评估期限不计入调解期限。

诉前委托鉴定评估经人民法院审查符合法律规定的，可以作为证据使用。

第二十七条　各级人民法院负责本级在线调解组织和调解员选任确认、业务培训、资质认证、指导入驻、权限设置、业绩评价等管理工作。上级人民法院选任的在线调解组织和调解员，下级人民法院在征得其同意后可以确认为本院在线调解组织和调解员。

第二十八条 人民法院可以建立婚姻家庭、劳动争议、道路交通、金融消费、证券期货、知识产权、海事海商、国际商事和涉港澳台侨纠纷等专业行业特邀调解名册，按照不同专业邀请具备相关专业能力的组织和人员加入。

最高人民法院建立全国性特邀调解名册，邀请全国人大代表、全国政协委员、知名专家学者、具有较高知名度的调解组织以及较强调解能力的人员加入，参与调解全国法院有重大影响、疑难复杂、适宜调解的案件。

高级人民法院、中级人民法院可以建立区域性特邀调解名册，参与本辖区法院案件的调解。

第二十九条 在线调解组织和调解员在调解过程中，存在下列行为之一的，当事人可以向作出邀请的人民法院投诉：

（一）强迫调解；

（二）无正当理由多次拒绝接受人民法院委派委托或者当事人调解申请；

（三）接受当事人请托或者收受财物；

（四）泄露调解过程、调解协议内容以及调解过程中获悉的国家秘密、商业秘密、个人隐私和其他不宜公开的信息，但法律和行政法规另有规定的除外；

（五）其他违反调解职业道德应当作出处理的行为。

人民法院经核查属实的，应当视情形作出解聘等相应处理，并告知有关主管部门。

第三十条 本规则自 2022 年 1 月 1 日起施行。最高人民法院以前发布的司法解释与本规则不一致的，以本规则为准。

附录

王萍诉派尼科包装公司劳动争议仲裁案

一、案情简介

2008 年 5 月 16 日，派尼科包装公司雇用申请人王萍在其车间工作。根据公司规定，申请人有 60 天的试用期。同年 6 月 30 日，车间经理汉密尔顿解雇了申请人，申请人称被解雇的原因是她拒绝了汉密尔顿的追求，因此向杭州市西湖区劳动争议仲裁委员会申请仲裁，要求派尼科包装公司赔偿相关损失。

二、证据

证据 1：违纪行为意见书

时间：2008 年 6 月 2 日
员工：王萍
评价：效率低下，完不成流水线上的配额工作，离开工作位置的时间过长。
领班：陈石
经理：汉密尔顿
员工意见：
员工确认：王萍

证据 2：违纪行为意见书

时间：2008 年 6 月 11 日
员工：王萍
评价：迟到 10 分钟，两次着装不合适，效率低下。
领班：陈石
经理：汉密尔顿
员工意见：
员工确认：王萍

证据 3：违纪行为意见书

时间：2008 年 6 月 27 日
员工：王萍
评价：迟到 20 分钟，效率低下，完不成流水线上的配额工作，休息时间过长。
领班：陈石
经理：汉密尔顿
员工意见：

员工确认：王萍

证据 4：终止劳动合同通知书

尊敬的王萍女士：

2008 年 5 月 16 日你与我公司签订了劳动合同，其中规定了 60 天试用期，在试用期期间由于你效率低下，经常迟到，各方面表现不佳，不能令本公司满意，公司决定不再与你继续执行劳动合同，公司即日与你终止劳动关系。

根据有关规定，公司发给你剩余工资 1 000 元和 100 元的遣散费，共计人民币 1 100 元。请在 6 月 30 日中午 12 时前办理交接手续，并领取本月的工资及相关费用。

派尼科包装有限责任公司（公司印）

签发人：汉密尔顿

2008 年 6 月 30 日

证据 5：劳动合同

〈派〉劳合 17 号

甲方（用工单位）名称：派尼科包装有限责任公司

地址：杭州市××路 5 号××大厦 3 楼

电话：0571－288653××

法定代表人：Bryan Allen

乙方姓名：王萍

性别：女　　年龄：22　　学历：本科

籍贯：广州　身份证号码：4406811977021736l××

现住址：杭州市天目山路××号×单元×室

电话：137322890××

根据《中华人民共和国劳动法》《中华人民共和国劳动合同法》《杭州市劳动合同条例》及其他法律规章及政策，经平等、自愿协商，甲乙双方签订本合同。

第一条　工作任务及工种

1.1　乙方在甲方担任营销部职员，乙方应根据甲方的要求完成甲方安排的具体工作。

1.2　乙方同意甲方认为必要时可安排乙方从事其他工作，包括试用期期间的转岗实习。

1.3　正式录用后，如甲方发现乙方不适应或难以胜任工作，甲方可将乙方调整到更适合乙方的工作岗位并相应调整其工资。如乙方仍不能胜任新的工作岗位，甲方有权解除本合同。

第二条　合同期及试用期

2.1　本合同有效期自 2008 年 5 月 16 日至 2010 年 5 月 16 日，试用期 60 天。

2.2　甲方在试用期届满前有权对乙方进行评估，如经评估乙方不符合录用条件，严重违反员工手册或出现法律规定的其他情形，甲方有权解除本合同或调整乙方的工作岗位并相应调整其工资。

2.3　本合同期满前，甲方有权对乙方工作表现进行评估考核，并与乙方协商合同续订事宜。

第三条　工作时间

标准工时制：每日工作不超过 8 小时、每周工作不超过 40 小时的工时制度。每个工作日享有 30 分钟的用餐，上午和下午各有 15 分钟的休息时间，该段时间不计算在每周 40 小时的工作时间内。

第四条　劳动报酬

试用期阶段为每月 1 200 元，试用期合格后转为正式员工，收入按下表计算：

乙方每月税前工资总额为　　　　[1 500] 元人民币
其中基本工资为　　　　　　　　[1 000] 元人民币
生活津贴　　　　　　　　　　　[500] 元人民币
其他　　　　　　　　　　　　　[　　] 待定

4.1　甲方于每月 26 日前（含）向乙方发放当月工资。

4.2　乙方自入职工作满一年后，可根据甲方内部规定享受两个月基本工资金额的年终奖金，具体规定详见员工手册。之后年终奖金计算截止到每年的 12 月 31 日。

4.3　甲方根据经营情况及乙方的工作业绩和表现向乙方发放奖金，具体办法甲方制定。

4.4　加班工资的计算方法：

4.4.1　甲方安排乙方延长工作的时间，甲方向乙方支付加班工资（乙方小时工资乘以加班小时乘以 150%）；

4.4.2　甲方对乙方在休息日加班给予调休或支付加班工资（乙方小时工资乘以加班小时乘以 200%）；

4.4.3　如乙方在法定休假日加班，甲方应支付的加班工资为乙方小时工资乘以加班小时乘以 300%。

4.5　乙方的加班及加班工资应根据本合同第三条规定的乙方具体适用的工时制而定。具体有关加班工资的计算以及支付方式请参照员工手册。

第五条　劳动保险和福利待遇

5.1　甲乙双方必须依法参加社会保险，按月缴纳社会保险费。乙方缴纳部分，由甲方在其工资中代为扣缴。

5.2　劳动合同解除时乙方经济补偿（生活补助费）按国家有关法律、法规、政策以及甲方依法制定的规定执行。

5.3　乙方患病或负伤的医疗期及其待遇按国家有关法律、法规、规章、政策执行。

第六条　休假

6.1　乙方除了可以享有法定假期外，还享受带薪假，带薪假包括带薪年休假和公司带薪假。乙方工作第一年可享有 6 日的带薪假，第二年可享有 10 日的带薪假，第三年开始至第 20 年内可享受每年 12 天的带薪假，满 20 年后每年可享有 15 日的带薪假。

6.2　带薪年休假和公司带薪假的定义以及带薪假的使用请参照员工手册中的带薪假条款。

6.3　其他休假按国家有关法律、法规、规章、政策执行。具体见员工手册。

第七条　劳动纪律

7.1　乙方应自觉遵守国家的法律、法规和社会公德、职业道德，自觉维护甲方的声誉和利益。

7.2　乙方在合同期内必须遵守甲方现今及今后依法制订和不断修改的各项制度和纪律，包括员工手册、行为准则和操作程序指南等。

第八条　劳动合同的变更、解除、终止

8.1　符合《劳动合同法》规定的条件或者经甲、乙双方协商一致，可以书面形式变更本劳动合同的相关内容或者解除合同。

8.2　除因乙方不胜任工作，甲乙双方无须签订书面变更协议甲方即可依法适当调整乙方工作内容外，其他对本劳动合同的变更，双方应当签订《变更劳动合同协议书》。

8.3　本合同部分条款变更后，未变更的部分仍然有效。

8.4　《劳动合同法》规定的终止条件出现的，本劳动合同予以终止。

8.5　在本劳动合同解除或终止后，乙方办理工作交接。应当支付经济补偿的，在办结工作交接时支付。

第九条　违约责任

甲乙任何一方违反本合同规定，给对方造成经济损失的，应当承担赔偿责任。

第十条　争议解决

甲乙双方因履行本合同发生争议，当事人可以向劳动争议仲裁委员会申请仲裁。对仲裁裁决不服的，可以向人民法院提起诉讼。

第十一条　法律适用及合同执行

11.1　本合同适用中华人民共和国法律。

11.2　本合同未尽事宜，按照国家及省市有关规定执行。

11.3　本合同如与今后国家的法律法规相抵触时，以国家新的法律法规为准。

11.4　凡本合同中涉及的附件包括员工手册、行为准则和操作程序指南是本合同不可分割的一部分，与本合同具有同等法律效力。如附件与本合同之间有不一致，以本合同内容为准。

11.5　本合同经甲乙双方签字或盖章后生效。本合同一式三份，具有同等法律效力。甲乙双方各执一份，其余用于人事档案备案。

甲方：派尼科包装有限责任公司（公司印）　　　　乙方：王萍
签字：汉密尔顿　　　　　　　　　　　　　　　　签字：王萍
时间：2008 年 5 月 16 日　　　　　　　　　　　时间：2008 年 5 月 16 日

证据 6：申请人王萍的陈述

我的姓名是王萍，1986 年 3 月 21 日生，学历是大学本科。2008 年 5 月，通过我的好朋友李玉的介绍到了派尼科包装公司工作。当时填完工作申请表后，我受到了汉密尔顿经理的面试，并顺利签订了雇佣合同，5 月 16 日开始正式上班。

根据当时公司的规定，所有新员工要下车间实习 60 天作为试用期，期满后另行分配工作，我的实习工种是车间包装工，工作时间是每天 8 小时，一周 40 小时左右，午餐时间休息半小时，上午下午各有 15 分钟轮休，实习阶段月工资 1 200 元人民币，转正后进入采购部工作，月工资将是 1 500 元人民币，表现好的话，每年还有一定的奖励。试用期开始后，我开始从事包装工作，领班是陈石。周一开始上班，第一个星期安然无事。

周五是陈石的生日，这个流水线上的员工下班后和他一起去喝酒。我们去了距离公司一公里远的“九点半”酒吧。因为整个星期我都是和李玉一起去挤公交车上班，所以我们也是一起去的酒吧。到了那里大概有 20 个员工在聚会，因为开始没有足够的座位，所以我们都站着，等到 7 点之后，我和李玉把两张桌子拼到一起，然后坐下来。汉密尔顿一个小时后才到，那天晚上我没有与他讲话。他坐我旁边时，我有点惊讶。当然，陈石也坐在那里，和汉密尔顿坐对面。

我们又聊了一会儿，汉密尔顿为桌上的每个人买了一瓶酒。我喝了 4 瓶，因为空腹喝酒我感到有一点头疼。派尼科包装公司着装要求很随便，那天我穿了 T 恤衫和牛仔裤。我们大家一起聊天，后来李玉的男友马克也来了，由于座位比较挤，我又正好坐在汉密尔顿的旁边，所以只能 4 个人挤在一张沙发上了，但是过了一会儿汉密尔顿突然就把他的手放在我的膝盖上。我不知道该怎么做，所以我什么也没说。我试图做得像什么也没发生，继续我们的谈话。很明显，汉密尔顿因为我什么也没做而大胆起来，他的手又移到我的大腿上。我只能坐得更靠近李玉，把我的腿移开，他才住手。

之后我们一群人一起准备离开酒吧，无意中，我和汉密尔顿落在了后面一点，等到我们出来的时候，其他人已经走掉了，这时汉密尔顿说他有车可以送我，我虽不太乐意，但是当时头很痛，所以也就勉强答应了。当车在我家楼下停下时，他告诉我我工作做得很好，还说当我试用期结束后会得到提升。还说通常陈石提出提升建议，但是他才是最后决定者。当他跟我说话的时候他又把手放到我的大腿上。我当时很害怕，因为只有我们两个人，而且街上的灯光不好。我没有离开，但告诉他我得走了。他说想给我一个 Goodbye Kiss，我想这是美国人说再见的礼节，所以也不好意思拒绝，但是没想到我在把面颊转向他时，他突然吻了我的嘴唇，我当时很惊讶，所以没有抵抗或把他推开。我很快下了车。当我进到楼里以后，我给李玉打了电话告诉她刚才发生的一切，我告诉她我的心里怪怪的，很不舒服。她当时说汉密尔顿是要追求我吧，我说我才不要，他都可以做我爸爸了。

2008 年 5 月 26 日我早上 8 点上的班。我看见汉密尔顿在他的办公室里跟陈石说话。他的办公室靠近员工去车间的入口。他办公室的前面几乎全是玻璃。下面的三尺是混凝土块，其他的全是窗户。

汉密尔顿还是照样在上班时间到车间转几次。有时他会停下来跟某个员工或者陈石说话，其他时候他会查看一下车间是否运行正常。大约 9 点 30 分的时候，汉密尔顿走到我这里，问我是否过了个好周末。他没有多说什么，我们谁也没说周五晚上的事情。

在第一个星期我跟陈石在工作上没有什么问题。周一时，陈石指责我说我的工作拖沓，不够快并且在浴室休息的时间过长。周一那天汉密尔顿对我的工作表现什么也没说，他只是早上跟我说了那一次。在接下来的一周中，陈石一直监视我，指责也没有停息过。李玉不在这条流水线上工作，但是我还是向她抱怨过陈石。

2008 年 6 月 2 日周一我继续去工作，陈石拿着一个书面意见书在等我，上面说我不在工作岗位上的时间太长，而且达不到要求的生产配额。他告诉我在开始工作之前他不得不和汉密尔顿见一下。我和陈石在汉密尔顿办公室等他来，陈石给了他一份意见书复印件。汉密尔顿看了之后提醒我说我在试用期，再有任何书面意见书将会影响他是否决定将我转成全职员工。我和陈石离开办公室时，汉密尔顿告诉我说我得在意见书上签名，我签完名还给他。在我离开办公室之前他告诉我，我笑时更漂亮。当时我因为工作受指责心里很难过，就说我不喜欢笑，他说我不用为工作担心。当我转身要走时，汉密尔顿问我下班后要不要跟他一起去喝几杯缓解一下情绪，我拒绝了他。我直接去了我工作的地方，在汉密尔顿办公室里的延长逗留激怒了陈石。我尽我所能去努力工作，尤其当陈石在旁边时。

那天汉密尔顿还是照常在车间转。在前几次，他完全无视我的存在，我感到他是对于我的拒绝感到恼火，这让我有些不安，我不想因为这个影响到我获得一份稳定的工作，于是决定找个机会和他打个招呼以缓和一下这种气氛。下午下班的时候我经过他的办公室和他说再见，他走过来说了几句客套话，然后递给我一张纸条，叫我回去再看，事后我看到了纸条的内容是："我很喜欢你，也真的希望能看到你成功。"我还把这张纸条给李玉看了，李玉说他对我有意思。

之后的日子我尽力好好工作，但没有想到陈石没什么可以挑剔我的，竟在服装上开始找我的茬。公司本来对于员工在车间工作时的服装就没有很具体的要求，又是五六月，杭州的天气很热，车间内又没有空调，我们大家基本上都穿着 T 恤。我认为我的 T 恤没有太紧或有挑逗性。但是 6 月 4 日陈石开始指责我的着装。那天，因为太热，我将 T 恤袖子卷至肩膀，并在腰际那儿打了个结。当他说这样着装不合适，会影响到其他员工时，我马上放下袖子，打开结。马小强在我旁边工作，他告诉陈石他没有被我的着装骚扰到，陈石评价说我是在工作不是在海滩上。

汉密尔顿曾先于陈石15分钟经过我这里，他没有对我的着装作任何评价。事实上，当他经过时他朝我笑了。几天之后，为了避免陈石再次指责，我就穿了一件宽松得体的T恤去上班。T恤的前面写着："当你在读这些文字时，你正在盯着看。"当马小强看见时，他说他要做一个慢读的人。林珑在旁边工作，当她听到他的话时，她说他这个文盲终于有回报了。我只是在笑这个笑话，对他俩没说任何事情。

过了一会，汉密尔顿来车间转，看到了我的T恤，对上面的文字说了几句，马小强说汉密尔顿视力不好，需要近一点看，汉密尔顿听到后笑了，我也在笑他们的笑话，但没有任何评论。不一会儿陈石到了，麻烦开始了。他告诉我那件T恤不合适，我得反着穿。马小强建议我立即在那里换下来，但是陈石对我说休息时反过来穿。

我工作的第四周开始时平安无事，我想我的工作表现进步多了。陈石在我身上不会花他更多的时间。然而，2008年6月11日，当我来上班的时候陈石在等我。我那天睡过头了，因为前一天没有设置闹铃，手机也关了，李玉也没联系到我，我早上8点10分才到，迟到了10分钟。这是我到这个公司上班第一次迟到。陈石告诉我他在写我迟到和平时的表现。书面意见书上说我迟到，着装不得体，还是个效率低下的员工。

陈石给了汉密尔顿一份意见书复印件。当汉密尔顿早上转到车间时通知我休息时到他办公室去。我在午饭休息时去他办公室，汉密尔顿的桌上有一份意见书复印件，他看了看，问我有什么要说的。我告诉他我早上睡过头了，汉密尔顿问我的男友为什么没有叫醒我，我告诉他我没有男友，所以自己睡。他笑了笑，然后提醒我说我在试用期，我没说什么，始终低着头，他拍我的肩膀，然后对我说如果我再有什么问题的话，我将不会转成固定员工，更不用说去做正常的白领工作了。后来，他让我在意见书上签名，这段时间他的手一直没有拿走，而是从肩膀的位置放到了我的腰部，然后贴近我的身体，我很不舒服，但是又不能说什么，毕竟两个月时间就快要结束了。他递给我一支笔，然后凑到我耳边很近，对我说"签字吧"。我赶紧签了，因为这种姿势太让我尴尬了。当我转身要逃离的时候，汉密尔顿挡在了我和门之间，问我有没有漂亮的生活照，希望我能给他一些；还说既然我没有男友他希望可以周末带我去"雷迪森"跳舞，他说他跳得很好，但是特别想和我跳，我说周末已经有其他安排了，急忙走出办公室。整个下午我的心情都很紧张，一直在想中午的事情，我很想去和人力资源部的冯静反映这个事情，但是想想毕竟汉密尔顿才是对我的工作做决策的人，说了肯定没用。下午汉密尔顿转到车间的时候走到我身边悄悄对我说下班时候到他办公室去一下。我下班的时候还是去了，但是让李玉等在门口，让她超过5分钟的时候就给我打手机。我进到办公室后，汉密尔顿一直对我微笑，说其实我可以表现得更好些，因为我是个聪明的人，我什么也没说，然后他从抽屉里拿着一个礼盒走到我面前，拿起我的手对我说这个是送给我的礼物，我说不要，他说不要会让他不高兴，这期间他一直摸着我的手不放，我希望赶快走，所以接过了礼物说了声"谢谢"，就赶紧出来了。在路上，李玉叫我打开礼物，我打开后看到是一套黑色女士内衣，李玉当时叫了起来说这也太夸张了，汉密尔顿一定是对我有意思。我说这让我太苦恼了，因为我并不喜欢他，但是这样的情况好像已经不是我能控制得了的。从那天晚上开始，我的睡眠出现问题，满脑子都在想自己应该怎么办。

那个周六下午，我离开公寓去见几个朋友和买东西。当我刚要走出住所的单元门时，我看见汉密尔顿开着车从小区的通道经过。我等了一会确定他走了才走出去。当我正走出小区门的时候，看见汉密尔顿从对面方向开过来了，为了避开他，我赶紧逃进附近的一家小店装着买东西，但我没有看到汉密尔顿伸出头来。

2008 年 6 月 16 日周一我去上班，汉密尔顿走出办公室停下来向我打招呼，问我周末过得好不好，我说很好，并问他周末干什么，他笑着说他很寂寞，在等我的电话，可是我没有打。我什么也没说，而且我们两个谁也没有说周六下午时他开车经过我的公寓这件事。

周一又是很热的一天，那天早上什么特殊的事情也没发生。在午饭休息时间结束时我往脸上和脖子上泼了一点冷水凉快一下，当我回去工作的时候我的 T 恤有点湿。马小强说了些关于我参加湿 T 恤比赛的话，我问他我会不会赢。林珑听到了他的话后，对他说她要用冷水浇他。马小强说他会握住水管的，做我和林珑之间的湿 T 恤比赛的裁判。一会儿的嘲弄之后我们三个开始回到工作中。

陈石碰巧经过，看到了我的 T 恤，他又一次指出我的着装不合适。马小强对他说那天下午公司有湿 T 恤比赛。陈石只是看了看马小强，告诉他不要怂恿我。

6 月 18 日周三，李玉被东西砸到了脚不得不离开车间去拍 X 射线片。在下午休息时我给我的一个男性朋友张维打了电话，要他下班来接我。我在 4 点 30 分晚一点就离开了公司，走到大门那里等他。5 点不到时汉密尔顿开车到主门这里，并问我要不要搭便车。我告诉他说我在等一个朋友，不需要搭车。他问我张维是男是女，我告诉他我这个朋友是前一份工作时和我一起工作的人。我没有告诉他我的朋友是男的，是因为我想这跟他无关。他没有重复问题但是他继续闲聊，我知道他在等着看谁会来。几分钟后，我的朋友来了，我立刻和汉密尔顿说再见。

周四早上，因为李玉仍在看医生，所以我自己坐公交车上班，当我到时汉密尔顿在车间入口处站着。他要我去他的办公室，告诉我陈石指责湿 T 恤事件。他说陈石在工作上没有太多的幽默感，但是当你了解他时会发现他是一个很好的人，然后他说他可以想象我穿湿 T 恤的样子有多么的性感，并说如果我花时间去了解他，我会发现他也是一个很好的男人。当我问汉密尔顿我是否可以去工作时，他问我下班之后去哪里，我告诉他张维是我唯一的朋友，他会送我回家。汉密尔顿说如果我让他送我回去的话，他不仅会请我吃饭，还会送我比上次更有趣的礼物。我一想到上次的礼物脸就红了，他说他喜欢看我害羞的样子，很美。我没说什么，尴尬地笑了笑后就去工作了。因为这个耽搁，我到岗时大约 8 点 15 分，陈石在等我。在他说话之前我告诉他说刚才汉密尔顿在和我谈话，他叫我不要觉得自己年轻就老是在老板面前晃，然后就走开了。我很恼火，因为是汉密尔顿骚扰我在先，而且我没有鼓励他这样做。

2008 年 6 月 23 日周一，汉密尔顿在车间入口处又一次叫住我问我周末过得好不好，我说很好，他又问我有没有见张维，我说对不起这是我的事情，他说他觉得张维在追求我，我又一次告诉他我们只是朋友不是在约会。他又问我是不是在商场把工资全花完了。这句话把我吓坏了，我想他怎么知道我去买东西的。我对汉密尔顿什么也没说，但我担心他在跟踪我。当我一来到岗位上时，陈石就来到我这里了。他告诉我他知道我没有迟到，因为看到我在跟汉密尔顿调情。我告诉他不是这样的，是汉密尔顿在我进车间的时候叫住我的。陈石说如果我以前好好工作的话，我就可以不跟汉密尔顿调情了。我当时很生气，但没有发作，心情开始变得越来越紧张，人也慢慢地开始变得比以前安静了很多，有时候同事从我身边走过我总以为是汉密尔顿，在之后的工作和生活中李玉偶尔也说我好像变得有些神经兮兮的。

周二那天汉密尔顿下班时叫住我，他要我进他的办公室，我照做了，他告诉我周六是他生日，想和我单独出去庆祝。我告诉他对我来说跟老板约会不是很方便，委婉地拒绝了他。汉密尔顿站在我和门之间，我感到很不舒服，我告诉他我要走了就从他身边走过去了。

周五，我挤的公交车途中抛锚了，等我赶到车间的时候已经 8 点 20 分了，陈石已经在等我了。我解释了，但是他仍然说要给我一份书面意见书。周五那天汉密尔顿去车间逛了几次，而且都没看我，我感觉到自己陷入了麻烦，因为陈石会给我另一份意见书而汉密尔顿不理我，这样我的工作很可能出现大问题。为了改善一下不良的气氛，下班时，我在汉密尔顿的办公室那里停下来祝他生日快乐并祝他有个愉快的周末。他问我是否改变主意周六共赴晚宴了，我告诉他说没有。由于连续的情绪紧张，我老是失眠、心慌，总是担心害怕什么。前段日子，几个在杭州工作的大学同学聚会，讲到同班女同学小霞自杀未遂，据说她得了抑郁症。我知道她找工作时不顺利，交往多年的男朋友又分手了。我担心自己也得抑郁症了，所以周末我去浙一医院看了医生，医生诊断说我是轻度抑郁，让我减轻一些思想负担，调整好情绪，适当注意休息，并建议我休息 3 天。我决定周一拿着病假单到单位去请假。

2008 年 6 月 30 日周一，这是李玉受伤后我们第一次同行。我要她早点走因为我不想迟到。我到车间的时间是 7 点 50 分，我没有看见陈石或汉密尔顿。几分钟后林珑就到了，她说看见陈石和汉密尔顿在车间的入口处。她说他俩并没有真的在谈话，看上去好像在找人。我知道这不是一个好兆头。十几分钟后，马小强到达了工作岗位，他说迟到了，而且必须从陈石和汉密尔顿之间穿过。他说他只是笑笑，尽快地走过去。

当陈石走到我这里来时大概 8 点 15 分，我正在工作。我继续工作试着不理他，但他还是走到我这里，手里拿着一张意见书。他对我说："你是怎么溜进来的？"我告诉他我 8 点之前就来上班了，如果不信可以查我的时间卡。我拿出自己的病假单递给陈石，陈石接过来看了看就扔在一边，说正好有礼物要送给我，可以让我好好休息休息，于是递给我一张 6 月 27 日做出的意见书，上面写着周五我迟到，而且效率低下，休息时间超过规定时间。他告诉我汉密尔顿要立即见我。

我去了汉密尔顿的办公室，他拿着一份意见书的复印件在等我，他告诉我陈石从开始就在指责我，他试图劝陈石给我时间去适应新工作。他走近我说看来不仅我的能力不够，而且不够聪明，所以我不能再继续工作了，我应该打卡出去，上交我的工作证。他递给我一份文件，是"终止劳动合同通知"。我很沮丧，因为我尽力了，我请求汉密尔顿再给我一次机会，我告诉他我这么早来上班就是因为我周五迟到了不想再迟到。汉密尔顿告诉我没有机会了，他已经给过我很多机会了，是我不懂把握，他对我很失望，他已经做出了最终的决定。我太生气了，也顾不得什么了，大声斥责汉密尔顿我被解雇是因为我没有和他出去，他说我失去了另一次机会，然后叫了保安带我到人力资源部办理离职手续，之后我被带出工厂。

当我被派尼科包装公司雇用时，我有一本员工手册，我知道手册中包含着禁止骚扰，并向人力资源部报告的规定。这些管理人员在车间旁边的大楼里面，我被雇用时到该部门去填写那些文件了。在我被解雇之前我从没有向人力资源部报告，我不止一次看到冯静（人力资源部主任）经过车间，我从没有向她举报汉密尔顿。

王萍
2008 年 8 月 1 日

证据 7：汉密尔顿的陈述

我的姓名是汉密尔顿，1952 年 6 月 26 日出生。2003 年 2 月，我的妻子跟我分居。几周之后，她提出离婚，并且申请了禁令。我们刚分居时，我待在我们的房子里，我和她吵了一架。我们两个都冲着对方嚷，我很生气。我从没有打过她或者朝她扔东西，但是她的律师向法官申请了禁令。我意识到我们不可能和解，所以我没有反对禁令。我也从没有违反禁令。我们于 2003 年 8 月 19 日离婚。

我自 1985 年 9 月就在派尼科包装公司工作。1993 年 1 月我成为两条包装流水线的领班。陈石在我下面工作，1996 年 10 月我被提为车间经理时他被提为领班。

李玉在陈石下面的包装流水线工作。2008 年 4 月流水线出现一个空缺时，李玉说她有一个朋友，叫王萍，正在找工作。李玉是个好员工，所以我愿意接受她的推荐。我告诉李玉她的朋友可以填写一张人力资源部的求职申请表。

2008年5月王萍来面试，我给了她这份工作，我同意她2008年5月16日开始上班。我把她送去人力资源部见冯静，完成文件登记手续。

所有新员工有60天的试用期。60天之后他们就转成固定员工，享有医疗保险和其他福利。我向王萍说明了这些，而且在新员工拿到的员工手册中也写明了这些内容。

我一天会到车间几次去看看一切是否运行正常。我知道所有员工的名字，我会跟他们简短地打个招呼或说会儿话，尤其是在他们休息时。我进车间后走到李玉那儿对她说我给了王萍一份工作，谢谢她的推荐。我知道李玉说我说过要雇用她所有的漂亮朋友。我可能这样开过玩笑，不过我不记得我们说了什么。

王萍在陈石下面工作。王萍和李玉在不同的流水线工作，从流水线一个工作位置是看不到另一条流水线发生了什么的。即使员工在不同流水线工作，他们休息时仍然可以聊天。

陈石负责监管流水线，并且负责解决发生的问题。如果问题很严重的话，员工会收到一份书面意见书，我会和员工一起看一下。大多时候陈石和其他交意见书的领班也会参加会议。员工应该在意见书上签字，如果对发生的事件有争议的话可以在上面注明。

我对车间里谁被雇用或者解雇有最后的决定权，即使我会注意车间里发生了什么，但是我通常会依靠领班的评价做最后的决定。

我不记得王萍的第一个星期工作上有什么不平常的状况。有几次我看到她正在工作，她看上去在学习怎样工作。在第一个星期，新员工会由某人培训，所以王萍有人帮着工作。我注意到她在举重一点的箱子时很费力。

我和王萍会偶尔打个招呼。在第一个星期，我只跟她说了两三次话，问她是否顺利。她没有抱怨工作或者陈石。

2008年5月23日，有些员工决定下班后留下来喝酒给陈石庆祝生日。他们告诉我去“九点半”酒吧，我说我做完车间的工作就去，我是在一小时以后才离开的。

当我到“九点半”酒吧时有些员工已经离开了。李玉和其他人把桌子拼到一起，所以每个人都可以坐下。我跟陈石坐对面，当我坐下时发现王萍坐在我的右边，李玉在她旁边。后来来了一个年轻男子坐在李玉另一边，王萍说那是李玉的男朋友。

李玉的大部分时候在跟她男朋友讲话，所以王萍跟我和陈石谈了很多。我不知道我来之前王萍喝了多少，但是我确实给桌上的人各买了一份。王萍很友好，我看不出她和陈石在工作上有任何问题。

王萍紧靠着我坐着，而且频繁地擦到我或者碰到我。大约一个小时之后，我把手放到她的膝盖上。王萍什么也没说，也没推开我，所以我继续放了一两分钟。王萍和其他员工一样穿着牛仔裤。

可以说王萍玩得很开心，并没有打算一会儿就离开。等我们一群人一起准备离开酒吧时，她和我一起走在最后，我不知道她是不是有意想跟我单独相处，但是等我提出用我的车送她回家时，她丝毫没有犹豫就接受了。

王萍住在流水苑小区的公寓里面，我们几分钟就到了那里。我们在公寓楼前停下来，又聊了几分钟。我不记得我们谈了些什么，但她看上去非常放松，不急着下车。我弯下身子亲吻了她，她没有推开我或者进行反抗，还说了声晚安才下车。她看上去并没有因为我吻她而烦恼。

当王萍离开后，我意识到不应该吻她因为我是她的老板，而且我们年龄差距太大。我想周一不再向王萍提起这件事，看看她有什么反应。

2008年5月26日我在车间转时看到了王萍，我们相互问了好，谁也没提周五晚上发生的那件事。我也没跟陈石或者任何人提过。

那个星期的有些时候陈石告诉我他对王萍的工作表现不满意。他说她是个效率低下的员工，当她的休息时间结束时她不能及时回去工作。我告诉陈石如果这些问题继续的话就告诉我。

那个星期我去车间巡视的时候就非常留意看王萍的工作表现是不是进步了。王萍很友好，我经常看见她跟其他的员工说话，尤其是她去休息或休息回来的时候。她举重一点的物品时还是有问题，我希望她能变得更强壮，工作学习上有所进步。

周四时，陈石告诉我如果王萍周五的工作还没有进步的话，他会给她一份书面意见书。我告诉他这是他的决定，如果他给她书面意见书的话我周一早上将会跟他和王萍谈一下。周五傍晚，陈石离开之前对我说王萍周一上班时他会给她一张书面意见书。

周一早上上班时（6月2日），我发现王萍和陈石在我的办公室里。陈石给了我一份书面意见书的复印件，我快速看完了，提醒王萍她是在试用期，如果她再收到书面意见书的话可能就不会转成全职员工了。

意见书在送给人力资源部前要求员工在上面签名，陈石先走了，王萍留下来签名，她显得很沮丧，脸上都是愁苦的表情，我不希望她因此丧失工作热情，毕竟还是年轻的新人，所以我就鼓励她，说当她有更多经验后工作就会变得容易些。为了让她轻松一些，别老板着脸，我告诉她应当笑着，而且当她笑的时候更漂亮。可她明显没从沮丧中解脱出来，她回答我说不喜欢笑。

我看到王萍说在她离开办公室前我请她出去喝酒，我没有请她，因为刚讨论过她的工作表现，请她出去不合适。王萍在我告诉她笑的时候更漂亮时立刻就离开了办公室。那天晚些时候王萍在车间跟我打过招呼，我们简短地说了几句话，她看上去还是很重视我的意见，当然，她还是很沮丧，我不希望她因为一份书面意见书就彻底地否定了自己，希望看到她在工作上积极进步，作为领导和前辈，我也想给新员工最大的帮助和鼓励，所以我写了一张字条下班后给了她，内容是：“我很喜欢你，也真的希望能看到你成功”。

几天之后，王萍和陈石又起了冲突。车间里很热，王萍把她的T恤衫的袖子卷了起来，并且在T恤衫的下面打了个结。我看到她了，但对她的衣着什么也没说。过了一会儿我才知道后来陈石经过时要求王萍解开她T恤衫下面的结。

接下来的那个星期王萍和陈石在着装方面又起了冲突。她穿了一件上面写着“当你在读这些文字时，你正在盯着看”的T恤衫。我看到后说我在试图读这些文字呢，马小强在旁边听到我的话后说我应该走近一点，因为我的视力很差。王萍听到这些笑话的时候也在笑，很明显她很喜欢引起注意。当陈石过来时我不在旁边，但是下次我看到王萍时，她的那件T恤衫是反着穿的。

当我在车间里转时，我没有意识到王萍的工作表现有什么不同之处。她频繁向我问好或者短时间停下来问我一个问题。我知道她不是我们最好的员工之一，但是她看起来在进步。

2008年6月11日王萍迟到了，陈石给了她另一份书面意见书。意见书上提到她的日常工作表现和她的着衣问题。我告诉王萍下次休息时到我的办公室来，她午饭的时候进来了。她说她迟到是因为睡过了头，我说了她男朋友叫她起床的事，我把它看成一个玩笑。可是她没有开玩笑的心情，所以我就不说了。

我劝告王萍努力工作，提醒她如果她的工作表现还没有进步的话，她将不会被雇用为固定员工。我把书面意见书放到桌子上让王萍签字，然后她离开去吃午饭了。

我的桌子对着墙，我得走到王萍的后面去走出办公室。我经过她时没有碰她，也没有请她一起吃晚饭。那天下午，当我在车间转时王萍笑着向我打招呼，她绝对没有表现出她很厌烦我。这次收到书面意见书她不像上次那么沮丧了，但是我看得出她的情绪还是有些低落和紧张，我想她大概需要我的鼓励，所以我就让她下班的时候到我办公室，我跟她谈了一下，主要是鼓励她，希望她更有自信。

王萍的公寓在交通繁忙的天目山路上，在我知道王萍住在那之后，我有很多次经过那里。我知道王萍说她看到我开车经过她的公寓，而且在很短的时间内从相反的方向返回来。她可能看到我开车经过，但是我没有跟踪她，也没有在她的公寓前反复地开车过来过去。

我知道陈石很厌烦王萍的湿T恤衫，那个时候我没有在车间转，所以我什么也没看见，我知道王萍怂恿某些男员工看到她时发表评论。

2008年6月18日，李玉被什么东西砸了脚，不得不离开工厂去拍X射线片。王萍一直是跟李玉一起上班的，那天傍晚当我离开工厂时，看见王萍站在主门那儿，我问她需不需要搭便车，她说一个朋友会来接她。我等了几分钟以确定王萍有人接回家。我们边等边聊天，然后一个男的开车过来。我问王萍是不是她男朋友，她说只是同事关系。

第二天，当王萍上班时我看到她了，陈石已经跟我说过了湿T恤衫的事情了，所以在王萍进车间时我提起了这件事了。我问她晚上是否需要搭便车，她说她可以自己坐公交车。我告诉她说李玉不上班时如果她需要搭便车可以告诉我一声。我没有请她出去吃饭，但是我说过在回家的路上我会给她买一份麦当劳快乐餐。王萍谢过就去工作了。我没问她前天晚上她和朋友干什么了。那天我在车间看到王萍几次，每次她都笑着向我问好，看上去我请她搭便车没有惹怒她。

对我来说无论是在车间还是在休息室跟王萍谈话都不奇怪，我不记得2008年6月23日周一我们谈话的具体细节了。我确定我问她周末过得好不好，我没有问她周末有没有跟别人约会，因为上周五是发薪水的日子，我记得我问过她是不是把薪水花光买东西了。我不知道她是不是去买东西了，但是我以为她去了，开了这个玩笑。

那个星期余下的那几天我和王萍之间没发生什么事，周四或者周五王萍离开休息室时我跟她说过几句话，她问我周末有没有计划，我告诉她说周六是我的生日，我的一些朋友周六会带我出去吃晚饭，我没有请王萍加入我们。周五下班的时候王萍在我办公室那里停下来祝我生日快乐，我谢谢她并祝她周末愉快。

王萍离开车间后，陈石来到办公室告诉我那天早上王萍又迟到了，他还说王萍没有进步，应该被解雇。我们讨论了她的记录，我告诉陈石周一上班时我会解雇王萍。陈石写好意见书，说周一他会把意见书送给王萍。

2008年6月30日周一，当王萍的轮班开始后她进了我的办公室，我告诉她事情没有解决，陈石不断指责他的工作表现，她被解雇了，然后叫保安护送她出去。

第一次王萍说她被解雇是因为没有跟我出去，我说不对，她已经收到好几次警告了，我告诉她是李玉给她介绍的这份工作，但是她自己没有好好利用这次机会。我想她当时这么想是因为她被解雇了很烦恼，当她静下心来以后应该没什么事了。

王萍是唯一一个没做满60天试用期的员工，陈石告诉我王萍没有进步，我们认为剩下的几星期里也不会有所改变。

汉密尔顿

2008年8月7日

证据 8：李玉的证言

我是李玉，我自从 2004 年就在派尼科包装公司工作。我在包装流水线上工作，领班是陈石。车间经理是汉密尔顿，陈石直接向他报告。

陈石负责两条相互挨着的包装流水线，从我开始工作的时候他就是我的直接上司。两条流水线上的员工互相看不到。

2008 年 4 月，我听说另一条流水线有一个空缺，我想到了王萍，我们从高中开始就是朋友，我知道她当时正在找工作。我向汉密尔顿介绍了一下王萍的情况，他让我拿一张申请表给王萍填写，然后带回来给他。几天后，汉密尔顿在他办公室面试了王萍，办公室前面差不多全是玻璃，我能看到他们在交谈。一会儿后，我看见汉密尔顿在和王萍转着介绍车间。

当我午饭休息时间结束回去工作时汉密尔顿走过来告诉我他雇用了王萍。我谢谢他，他说我应该告诉我所有其他的漂亮朋友来申请工作。

2008 年 5 月 16 日王萍开始上班，我们都是一起去乘公交车。第一个星期王萍没有任何问题，但是她的确说过这是份辛苦的工作。

5 月 23 日周五下班后，我们决定去“九点半”酒吧庆祝陈石的生日。我和王萍一起去的酒吧，并且打电话给我男朋友马克，告诉他下班后在哪儿见我们。酒吧很挤，我们都站着喝酒。有些人离开了，所以我们可以把几张桌子拼在一起围着坐下来，王萍坐在我旁边。汉密尔顿开始没在那儿，当我坐下后才第一次见他。他坐在王萍旁边，陈石坐在他对面。后来我男朋友马克来了，他坐在我另一边，这样我们 4 个人坐了一张沙发，座位比较挤，大家都往中间凑了凑。

当我们坐下后，汉密尔顿给每个人买了一份酒。我大部分时间都在跟马克和我们对面的人说话，偶尔会跟王萍说话，但她大部分时间都在跟陈石和汉密尔顿说话。我们大约坐了一个小时后王萍开始向我这儿靠。开始我没在意，但是不一会儿她又向我这儿靠。我觉得不太对劲儿，就用眼神询问她，她含蓄地说她需要更多的空间，并且眼睛瞟向汉密尔顿。我看到他正向王萍靠近，所以我向外移了一下，好给王萍多一点地方。

之后我们一群人一起离开酒吧，我跟男朋友在一起。大约半个小时后，王萍给我打电话，说汉密尔顿送她回家时吻了她，她有点不知所措。我告诉她汉密尔顿可能想追求她，并说汉密尔顿不是她吻的男人中最坏的，她说是最老的，都可以做她爸爸了。我们的谈话很短，但是我没感觉到王萍很烦恼。

我跟王萍直到周一一起坐公交车时才又一次见面，我告诉她如果她跟汉密尔顿约会她一定会转正，但是王萍说她没打算跟汉密尔顿约会，那天亲吻时他们都喝了酒。她没有因那件事烦恼，但是我可以确定她不想因这件事受嘲弄。

我和王萍走进车间时我们看到汉密尔顿和陈石在他的办公室里。王萍直接去了她工作的地方，我也去了我工作的地方。我从工作的地方看不到另一条流水线，所以我不知道那天发生了什么。那天回家的路上王萍也没说关于汉密尔顿和陈石的任何事情。

汉密尔顿一天通常要去车间转几次，陈石负责两条流水线，他不可能一直监视着我们。我在汉密尔顿办公室里看见陈石很多次，他给工厂的其他部门打电话确定生产和运输发货。

我们一天之中有两次 15 分钟的休息时间和 30 分钟的午饭休息时间。我们不能同时休息，因为我们得保持流水线的运行。我们休息时不需要把工作时间卡插入计时钟打上时间。有时我休息时会看见王萍，我知道王萍不会总是按时回到她的工作岗位上。有几次我进休息室时她已经在那儿了，但是她还会跟我一起待着，一起回到工作岗位。我也看到王萍回到工作岗位时在与其他员工说话。每个人都会在某些天多待几分钟，王萍跟别人没什么区别。

直到这个星期的后几天我才知道王萍和陈石之间出现了问题。王萍抱怨说陈石一直在监视她并且指责她的工作。我跟陈石之间没有问题，所以我鼓励王萍尽最大努力坚持。

如果员工拿到书面意见书，他就得见汉密尔顿和陈石。员工需要在意见书上面签名，上面为员工留出来一个地方可以写任何评论。我认为意见书是放到员工档案里的。接下来的那个星期一（6月2日），我听到流言说王萍收到了一份书面意见书，并且被汉密尔顿叫去办公室了。下班后，王萍告诉我她收到了书面意见书，汉密尔顿和陈石跟她谈过话了。当陈石离开后，汉密尔顿约她一起出去，并且提醒她他才是最后决定她以后能否留在公司的人，但是她拒绝了一起出去的要求。王萍还给我看了一张纸条，说是汉密尔顿下班后偷偷递给她的，上面写着“我很喜欢你，也真的希望能看到你成功”。我当时还逗她说：“看来经理是认真了，他肯定对你有意思，你好好考虑一下吧。”

有一天王萍穿着一件写着“当你在读这些文字时，你正在盯着看”的T恤衫时，我告诉她这件T恤衫会让她引起更多注意，她只是笑。我不知道陈石指责过她卷起T恤衫的事情。如果我知道，我可能对王萍说她穿这件T恤衫不合适。下班后我看到王萍时，那件T恤衫是反着穿的。王萍告诉我是陈石要求她在休息时反过来穿的。

2008年6月11日，当我正要离开公寓时王萍给我打电话让我先走吧，她睡过头了，自己过去。我不知道她几点到的，不过不一会儿我看到她时，她告诉我她又收到陈石的另一张意见书。后来她也说了跟汉密尔顿见面的情况。很明显，汉密尔顿说过她和她男朋友睡觉的事，并在让王萍签字的过程中刻意跟她进行亲密的身体接触，还跟她要生活照片，并且再一次提出带王萍外出，到“雷迪森”跳舞，但是王萍还是没有答应，她说即使她丢了这份工作，她也不会跟他一起出去。

下班的时候王萍告诉我汉密尔顿要在办公室见她，她有点担心，就让我等在门口，如果超过5分钟她没出来就给她打电话。我透过窗子看到汉密尔顿递了一件东西给王萍，还一直握着王萍的手不放。回家的路上，王萍告诉我汉密尔顿刚才给了她一件礼物，她为了赶紧离开只好收了，我让她打开看看，居然是一套黑色女士内衣，我觉得太夸张了，就打趣王萍说汉密尔顿肯定对她有意思，为她神魂颠倒了，这种礼物都能送出来！但是王萍看起来并不轻松，她说自己并不喜欢汉密尔顿，所以他这样的举动只会让她感到苦恼和惶恐，她很担心自己控制不好这种情况，一晚上她都显得忧心忡忡。

6月18日，我失手把箱子砸到了脚上，不得不离开工厂去拍X射线片。离开前，我告诉王萍她得自己去坐公交车或者搭便车回去了。

在我出事的前几天，王萍跟陈石又起冲突了。那天很热，当王萍午饭后离开休息室时我看到她了。她的头发和T恤衫都湿了。我没对她说什么，但是当她一会儿告诉我说陈石指责她的湿T恤衫时我一点也不觉得惊讶。王萍还笑着说如果汉密尔顿经过的话，那件湿T恤衫会保证她得到一份固定工作的。

我直到2008年6月30日才上班。我不上班的那几天跟王萍谈过几次，我觉得她好像精神差了很多，而且很容易被惊吓到，一点小的响动她就很紧张地左顾右盼，好像很没有安全感。我很担心她，问她怎么了，她突然就哭起来，说汉密尔顿老是骚扰她，约她出去，关心她的社交生活，甚至可能在跟踪她，自己已经冷淡地拒绝了，可是他还是不肯放过自己；而陈石又误会自己在老板面前卖弄风情。她觉得自己很累，又要防着汉密尔顿，又要被陈石冤枉，又要保住工作，真是心力交瘁，她还说不知道自己能不能撑下去。她周日打电话给我约我周一一起坐公交车上班时，她说我们最好早一点去，因为她不想迟到。我告诉她我得在工作之前去一下人力资源部，是应该早去一会儿。我们早到了20分钟，王萍直接去了车间。我知道她在8点之前就开始工作了。

那天晚些时候，我听到王萍被解雇了。我知道一些其他试用期的员工没有被转成全职的正式员工，但是这是我第一次看到有人在 60 天的试用期内被解雇。

那天我回到家给王萍打电话，她告诉我今天在汉密尔顿办公室里听到汉密尔顿宣布解雇自己的时候，她大声斥责汉密尔顿，说自己被解雇是因为她没有和他出去，汉密尔顿说她失去了两次好机会。

李玉

2008 年 8 月 15 日

证据 9：陈石的证言

我叫陈石，在派尼科包装公司工作了 16 年。9 年前，汉密尔顿成为车间经理时，我代替他成了两条流水线的领班。李玉在我的流水线上工作了 4 年。

流水线出现空缺时，李玉告诉我她有个朋友正在找工作。我告诉李玉她得跟汉密尔顿说，因为他做雇用或解雇的决定。几周后，王萍被雇用了。

根据公司的规定，所有新员工都有 60 天的试用期。在包装流水线上工作很累，因为你必须快速工作，并举起一些重的包裹。从一开始，我就怀疑王萍能否胜任这项工作。

第一个星期，王萍接受培训，跟我或者其他的员工在一起工作。我注意到王萍喜欢聊天，而她应该花更多的时间工作。我开始对王萍做出评论以促其提高工作效率。

每个员工上下午各有 15 分钟的休息时间，加上午饭 30 分钟的休息时间。流水线不能关闭，所以员工一般会在运行慢的时候或者有人休息回来时去休息。我们没有要求员工记录休息时间。如果有人滥用休息时间的话，我会加以指责的。

王萍从一开始在休息时间上就有问题。有时她会跟要休息或者休息回来的员工说话。员工有时会快速地离开去休息，而王萍看起来并不想利用她的休息时间去休息室休息。

在王萍工作的第一周结束时，我们去酒吧庆祝我的生日。王萍和李玉一起来的，和汉密尔顿一起离开的。在他们离开前我们坐了一两个小时。在酒吧我没有看到王萍和汉密尔顿之间的接触。他们双方离开时看上去也没有什么不高兴。

王萍被解雇后，我听到了一些汉密尔顿骚扰她的议论。汉密尔顿没有告诉我他请王萍出去，也没有对我说应该怎样对待王萍。当汉密尔顿在车间转时，我看到他俩经常谈话。因为王萍有点卖弄风情，我以为她在巴结老板呢。

2008 年 6 月 2 日星期一我给了王萍第一份书面意见书。那是因为她工作拖拉，不在工作的时间太长。如果我给了某个员工一份书面意见书，那个员工和我就要去见汉密尔顿来谈这个问题。

我们俩同汉密尔顿见面平静无事。他告诉王萍她想试用期满后转成固定员工就必须更好地工作。员工必须在意见书上签字，还可以在上面写意见。当王萍在签字时我离开了办公室。他们谁也没对我说我离开后他们的谈话。

那个星期的另一天，我口头指责了她的着装。车间里很热，王萍把 T 恤衫的袖手卷起来，并且把 T 恤衫的下面打了个结，所以她的腹部就露出来了。我告诉她她的着装不合适，把结打开，把袖子放下来。马小强说王萍很漂亮，但是我说我们不是在海滩上。

几天以后，王萍穿了一件上面写着“当你在读这些文字时，你正在盯着看”的 T 恤衫。我告诉她不应该穿那样的 T 恤衫来上班，休息时反过来穿。马小强又说要让王萍立即换过来，王萍觉得很有意思，可我没觉得。

后来一周王萍的工作表现也没有大的改变。有时她工作得很努力，但是我感觉当我在旁边时她才会更努力地工作。2008 年 6 月 11 日，王萍迟到了。我因为她的迟到、全部的工作表现和不合适的着装又给了她一份书面意见书。

我给了汉密尔顿一份意见书复印件，他说他会跟王萍谈谈的。那天上午很忙，我没有参加王萍和汉密尔顿的谈话。我不知道他们说了些什么，但是下午晚些时候我看到当汉密尔顿在车间里转时王萍走过去了，他们交谈了一两分钟。

下个周一我和王萍又发生了另一件事。那天车间里很热，王萍应该是在她午饭休息时把水从头上浇下来。当我在车间看见她工作时，她的头发和T恤衫全湿了。我告诉王萍她的外表不合适，马小强又说了些话。我感觉到王萍喜欢她所引起的注意。

2008年6月27日周五，王萍又迟到了。当我遇见她时，她说路上堵车。这是她第二次迟到，而且她的工作表现没有丝毫进步。与其再给她一张书面意见书，我决定不如直接找汉密尔顿谈谈这个问题。

周五一整天都很忙，直到员工们离开后我才有机会跟汉密尔顿说话。我告诉他王萍又迟到了，应该被解雇。我们讨论了所有的问题。汉密尔顿说周一王萍来工作时他会解雇她。

我准备了最后一份书面意见书，计划6月30日周一王萍来上班时交给她。我没有看见她进来，大约在8点15分我在她工作的地方见到了她。我把意见书给她，对她说她得立即去见汉密尔顿。我没有去汉密尔顿的办公室，但是一会儿我就看见保安人员护送她出去了。

王萍被解雇几个星期后人力资源部的冯静联系我。她说王萍已向劳动争议仲裁委员会申请仲裁，声称汉密尔顿对她性骚扰。我告诉冯静，汉密尔顿没有跟我说起过请王萍一起出去，而且对王萍的所有指责是我指出的而不是汉密尔顿。

据我所知，王萍是唯一的一个试用期60天未满即被解雇的人，我觉得没有理由拖延这个决定，因为她的工作表现没有进步。

陈石

2008年8月12日

证据10：马小强的证言

我叫马小强，从2001年6月就在派尼科包装公司上班。2008年5月的一天，王萍被公司雇用，并且和我在一条流水线上工作。汉密尔顿是车间经理，陈石是我在的流水线和旁边的那条流水线的领班。

我不善于记日期，但是王萍刚工作不久我们就去一个酒吧为陈石庆祝生日。我们都站着因为酒吧太挤了，我们没地方坐。我记得那天晚上我跟王萍只是简短地说了说话，我那天喝了一瓶就走了。我不记得在我离开前汉密尔顿是否到那里了，但是有些员工把桌子拼在了一起，这样可以坐下来。在坐下之前我已经走了。周一时我没有听到我离开后发生了什么的传言。

我所在的这条流水线很多人来了又走。这是份很累的工作，因为你一直很忙，还要搬重箱子。王萍是中等身材的女人，在搬重箱子时吃力。她看上去工作很努力，可以跟上流水线的运行。我没有一直监视她，我们也不是搭档。但是她工作很好，尤其是对一个新员工而言。

王萍很友好，对在那个地方工作的任何员工都说话。她很吸引人，有时有点像戏弄人。车间没有空调，夏天会很热。一天，王萍把她的T恤衫的袖子卷起来，下面的衣服打了个结，露出一部分腹部。当然，流水线上的一些男员工很乐意，并在议论。王萍回应了某些议论，看上去很喜欢引起注意。不一会儿，陈石来到这条流水线，叫王萍把T恤衫的结打开。王萍照做了，一些男员工说陈石破坏了有趣的事。

大概一星期之后，王萍穿着那件写着“当你在读这些文字时，你正在盯着看”的T恤衫。一些男员工在谈论。我说要做一个慢读的人，林珑说我是文盲之类的话。汉密尔顿经过时看到T恤衫了。我听不清楚汉密尔顿和王萍在说什么，但是他们在笑。王萍看上去很喜欢这些嘲弄，直到陈石出现并且指责这件T恤衫。他告诉王萍下次休息时反过来穿，我建议说立马换下来，但是陈石并不觉得有趣。

一两个星期后，王萍午饭休息后回来工作时又惹怒了陈石。那天车间很热，王萍用水龙头的水或其他东西从头上浇下来凉快一下。当她回来工作时她的头发和T恤衫都湿了。当然，我和一些男员工看到了并谈论了几句。我建议公司举办一次湿T恤衫比赛。王萍和另一位员工回应了几句，我以为事情就这样结束了。然而，陈石过来了，被王萍的外观惹恼了。

由于某种原因，陈石好像从一开始就想伺机惩罚王萍。我们上下午各休息15分钟，午饭休息30分钟。我们休息时不用计时，有时一些人回去时晚一点。陈石好像在监视王萍，当她没有按时回来工作或工作时跟其他人说话时他就会注意。

王萍没有对我说起过汉密尔顿。每当汉密尔顿来车间转时，王萍会特意跟他说话。他们的谈话不长，大多数时候我听不到他们在说什么。我觉得王萍是个卖弄风情的人，当她和汉密尔顿在一起时就表现的那样。

我知道王萍从汉密尔顿那儿收到几张书面意见书，因为这件事她被叫去汉密尔顿办公室好几次。她没有告诉我任何细节，只是说陈石对她很挑剔。当得知王萍在试用期满前被解雇时我很吃惊。我知道有些人60天后没有被雇用，但是我不记得有人在试用期没结束就被解雇了。我认为王萍工作很努力，尽她的最大努力了。一些不如王萍工作努力的员工在解雇前都被允许完成了60天的试用期。

马小强

2008年8月25日

证据11：林珑的证词

我是林珑，自从2001年就在派尼科包装公司工作。陈石是两条流水线的领班，直接负责两条相互挨着的包装流水线，从我开始工作的时候我就在陈石的下面工作，他总是对我很公平。

2008年5月王萍被雇用到我所在的这条流水线工作。所有的新员工第一个星期都被安排跟一个有经验的员工学习。王萍被安排跟我学习。王萍不是一个强壮的女人，搬一些重箱子时很吃力。但是，她学得很快，工作也很努力，可以让流水线运行。在第一周我没听到陈石指责王萍，我告诉陈石，王萍下周可以不需要我的帮助自己工作了。

有些员工计划周五出去为陈石庆祝生日。我家有两个孩子，就没有去。据我所知，聚会应该是平静无事的，因为周一我没听到任何言论。

王萍一周后自己工作。王萍看上去工作很努力，但是一个新员工通常赶不上一个更有经验的员工。王萍还是搬重箱子很吃力，但随着时间的过去，她在这方面也有提高。

我们一天有两次15分钟的休息时间，30分钟的吃午饭时间。员工可以在浴室里休息，但是我们会在运行慢一点时离开流水线去浴室或喝点水。我们不用在每次休息时计时。

员工休息时一般不会延长几分钟。如果休息时间滥用的话陈石会做出评价的。王萍很友好，对在那地方工作的任何人都讲话，很喜欢帮助人。她很可爱，也很漂亮，大家都喜欢和她交往。王萍休息经常会多于15分钟，但很少会超过20分钟。

汉密尔顿一天会到车间转几次。王萍和汉密尔顿之间总有话说。他们谈论时间不长，但是汉密尔顿对王萍说的话比对我们其他人说的话要多。

在王萍被解雇前她多次向我抱怨陈石。她感觉陈石总是监视她，任何小事都对她很挑剔。王萍不是最好的员工，但她很努力，并且越来越好。

王萍没有对我说起汉密尔顿请她一起出去或骚扰她。但我有一次透过玻璃无意中看到汉密尔顿摸王萍的腰，王萍转开身子，好像是想躲开。

王萍因为穿着被口头指责过三次。我不记得准确的时间了。第一次是那天车间很热，王萍把袖子卷起来，在T恤衫的下面打了个结，这样就露出了肚脐，引起了这条流水线上的一些男员工的注意。马小强在王萍的旁边工作，他谈论了几句。我听不到陈石说了什么，但是王萍把结打开，放下袖子。

第二次发生在一周后。王萍穿着一件上面写着“当你在读这些文字时，你正在盯着看”的T恤衫来上班。马小强谈论说要做慢读者，我对他说，他不是慢读者，是文盲。汉密尔顿经过时看到她的T恤衫，我听不到谈论的内容，但是，汉密尔顿、马小强和王萍在笑。当陈石过来时事情就结束了，我敢说陈石对王萍不满意。在王萍休息时，她将那件T恤衫反过来穿了。

第三次发生在车间很热的另一天。王萍应该将头发放在水龙头下浇了，因为当她午饭回来时，她的头发和T恤衫全湿了。这一次，马小强又在谈论，我对他说他需要用水龙头浇一下。几分钟后，陈石过来了，我听不到他说了些什么，但从他的面部表情可以看出他不高兴。

我知道陈石给了王萍几份书面意见书，也知道她去过汉密尔顿办公室去见汉密尔顿。有一次，王萍回来时很烦，但她没有和我谈论什么。在汉密尔顿办公室里好像没有发生严重的事情，因为当汉密尔顿经过时王萍和他继续相互问好和谈话。我记得2008年6月30日周一那天的事，因为那天发生的事比较特殊。那天我大概8点到车间，我到后发现王萍已经在了，她和我打了招呼但似乎不像平时那么开心，我还问她：“今天怎么来那么早啊?”她说：“林组长，我可能要请假几天，我周末去看医生了，医生建议我休息几天。”那天上午陈石来找过王萍，他把王萍叫到一边，陈石手里拿着一张纸，我猜想那是意见书，他们似乎争执着什么，稍后，王萍气呼呼地去汉密尔顿办公室，忽然，汉密尔顿办公室传出争吵声，透过窗户，我看到王萍很激动说着，情绪有点失控。不久保安带她出去了。从那天后，我再也没在车间看到过王萍。

我知道王萍被解雇时很惊讶。其他试用期内有问题的员工都被允许待到60天结束时。

林珑

2008年8月10日

证据12：冯静的证词

我的姓名是冯静，从1999年1月就成为派尼科包装公司人力资源部的主任。我职责的一部分是处理员工招聘进来或离开的文件工作，也负责执行我们均等就业机会委员会的计划。因为种族、性别或者民族出身而歧视员工是违反公司规定的，公司也禁止任何形式的骚扰。

每个员工都有一本员工手册，上面有我们均等就业机会委员会的规定，以及如何投诉违反规定的行为。员工被鼓励而不是被要求向他们的直接上司投诉问题。手册中还向员工说明他们可以直接到人力资源部提出投诉。

我的办公室在行政楼，跟车间紧挨着。所有被雇用的新员工都要到人力资源部去填写一些要求的文件。员工如果有工资或者附加福利方面的问题他们也来人力资源部。每一个员工都知道人力资源部在哪儿。

车间的员工不到50人，而且变化不大。我可以喊出所有员工的名字。我不是每天都会去车间，但如果我在休息室见到他们时总会与他们谈话聊天。

当王萍被雇用时我给她办了登记文件工作，并给了她一份员工手册的复印件。我在车间看见王萍不止一次，她没有对我说起任何汉密尔顿对她性骚扰的话。在王萍被解雇前她没有向人力资源部提交正式的投诉。

我负责管理员工的个人档案。如果一个员工收到了一份书面意见书或者其他训诫行为，我会收到一份复件，把它放到员工的档案里。如果对员工只是口头上的提醒或意见我是不会被通知到的。

如果员工不同意书面意见书，可以在上面写上自己的意见。我不负责调查意见书上的所有争议，除了涉及违反公司均等就业机会委员会规定的争议。如果王萍在她的任何一份意见书上写明汉密尔顿因为她不跟他一起出去而骚扰她的话，我会进行调查的。

当王萍被解雇时，王萍的工资是 1 200 元人民币。根据当时公司的规定，所有新员工要下车间实习 60 天作为试用期，期满后另行分配工作，王萍的实习工种是车间包装工，工作时间是每天 8 小时、一周 40 小时左右，午餐时间休息半小时，上午、下午各有 15 分钟轮休，实习阶段月工资 1 200 元人民币。如果王萍能干完 60 天的试用期的话，她将享有医疗保险。如果王萍转正的话，她将进入采购部工作，月薪将是 1 500 元人民币。一年以后，王萍将会加工资。如果表现好的话，王萍每年还有一定的奖励。

当收到西湖区劳动争议仲裁委员会向我们公司送达的副本时，我才知道汉密尔顿和王萍的事。我调查了这件事，跟汉密尔顿、陈石还有与王萍一起工作的员工进行了谈话。在我任人力资源部的主任期间，有几个员工在试用期结束后没有被雇用为全职员工，但王萍是唯一一个试用期结束前被解雇的。

冯静

2008 年 8 月 20 日

证据 13：王萍的医疗诊断说明书

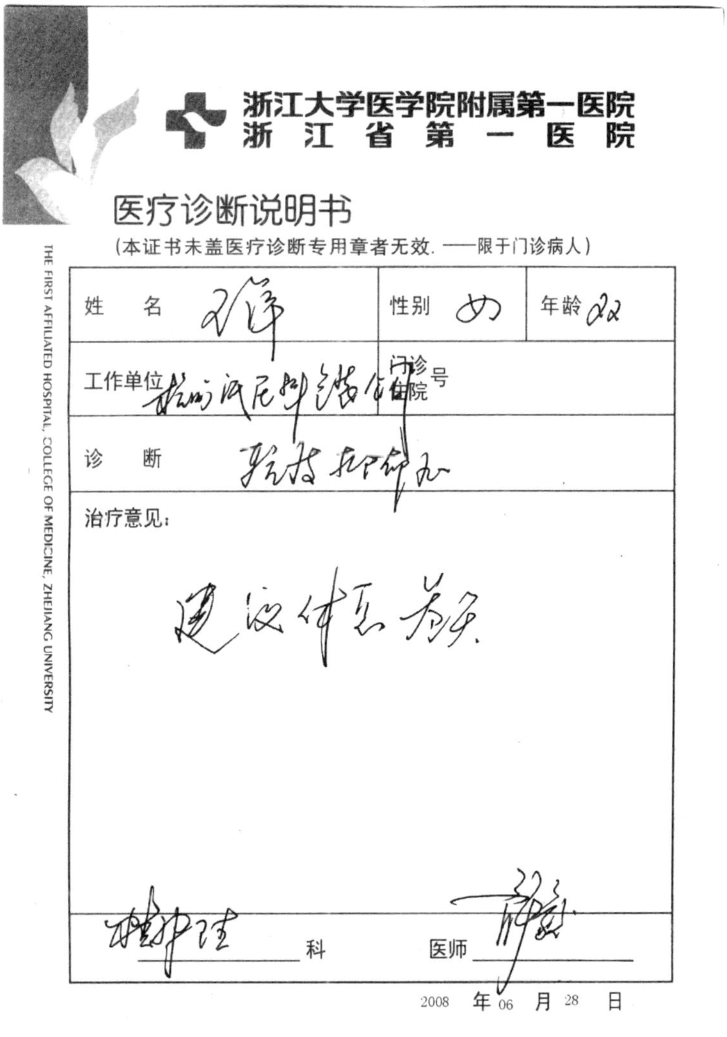
浙江大学医学院附属第一医院
浙江省第一医院

医疗诊断说明书
（本证书未盖医疗诊断专用章者无效. ——限于门诊病人）

THE FIRST AFFILIATED HOSPITAL, COLLEGE OF MEDICINE, ZHEJIANG UNIVERSITY

姓　名	王萍	性别	女	年龄	22
工作单位	[illegible]	门诊/住院号			
诊　断	[illegible]				
治疗意见：	[illegible]				

[illegible]＿＿＿科　　医师＿＿[illegible]＿＿

2008 年 06 月 28 日

图书在版编目（CIP）数据

法律诊所 / 许身健主编．-- 3版．-- 北京：中国人民大学出版社，2023.8

21世纪普通高等教育法学系列教材

ISBN 978-7-300-31860-8

Ⅰ.①法… Ⅱ.①许… Ⅲ.①法学教育-中国-高等学校-教材 Ⅳ.①D92－4

中国国家版本馆CIP数据核字（2023）第122021号

21世纪普通高等教育法学系列教材

法律诊所（第三版）

主　编　许身健

副主编　袁　钢

Falü Zhensuo

出版发行	中国人民大学出版社		
社　　址	北京中关村大街31号	**邮政编码**	100080
电　　话	010－62511242（总编室）		010－62511770（质管部）
	010－82501766（邮购部）		010－62514148（门市部）
	010－62515195（发行公司）		010－62515275（盗版举报）
网　　址	http://www.crup.com.cn		
经　　销	新华书店		
印　　刷	北京市鑫霸印务有限公司	**版　　次**	2014年2月第1版
开　　本	787 mm×1092 mm　1/16		2023年8月第3版
印　　张	19 插页1	**印　　次**	2024年9月第3次印刷
字　　数	504 000	**定　　价**	49.00元

《　　　　　　　》※任课教师调查问卷

为了能更好地为您提供优秀的教材及良好的服务，也为了进一步提高我社法学教材出版的质量，希望您能协助我们完成本次小问卷，完成后您可以在我社网站中选择与您教学相关的1本教材作为今后的备选教材，我们会及时为您邮寄送达！如果您不方便邮寄，也可以申请加入我社的**法学教师 QQ 群：436438859（申请时请注明法学教师）**，然后下载本问卷填写，并发往我们指定的邮箱（cruplaw@163.com）。

邮寄地址：北京市海淀区中关村大街31号中国人民大学出版社806室收

邮　　编：100080

再次感谢您在百忙中抽出时间为我们填写这份调查问卷，您的举手之劳，将使我们获益匪浅！

基本信息及联系方式：※

姓名：__________ 性别：__________ 课程：__________

任教学校：__________ 院系（所）：__________

邮寄地址：__________ 邮编：__________

电话（办公）：__________ 手机：__________ 电子邮件：__________

调查问卷：※

1. 您认为图书的哪类特性对您使用教材最有影响力？（　　）（可多选，按重要性排序）
   A. 各级规划教材、获奖教材　　B. 知名作者教材
   C. 完善的配套资源　　D. 自编教材
   E. 行政命令
2. 在教材配套资源中，您最需要哪些？（　　）（可多选，按重要性排序）
   A. 电子教案　　B. 教学案例
   C. 教学视频　　D. 配套习题、模拟试卷
3. 您对于本书的评价如何？（　　）
   A. 该书目前仍符合教学要求，表现不错将继续采用。
   B. 该书的配套资源需要改进，才会继续使用。
   C. 该书需要在内容或实例更新再版后才能满足我的教学，才会继续使用。
   D. 该书与同类教材差距很大，不准备继续采用了。
4. 从您的教学出发，谈谈对本书的改进建议：__________

选题征集：如果您有好的选题或出版需求，欢迎您联系我们：

联系人：黄　强　联系电话：010-62515955

索取样书：书名：__________

书号：__________

备注：※ 为必填项。